Alexander Jordis-Lohausen

Mitteleuropa 1658 - 2008: Die Chronik einer Familie

Verlorenes und Vergessenes

disserta
Verlag

Jordis-Lohausen, Alexander: Mitteleuropa 1658 - 2008: Die Chronik einer Familie.
Verlorenes und Vergessenes, Hamburg, disserta Verlag, 2014

Buch-ISBN: 978-3-95425-394-4
PDF-eBook-ISBN: 978-3-95425-395-1
Druck/Herstellung: disserta Verlag, Hamburg, 2014
Covermotiv: © Rainerbund Salzburg

Bibliografische Information der Deutschen Nationalbibliothek:
Die Deutsche Nationalbibliothek verzeichnet diese Publikation in der Deutschen Nationalbibliografie; detaillierte bibliografische Daten sind im Internet über http://dnb.d-nb.de abrufbar.

Das Werk einschließlich aller seiner Teile ist urheberrechtlich geschützt. Jede Verwertung außerhalb der Grenzen des Urheberrechtsgesetzes ist ohne Zustimmung des Verlages unzulässig und strafbar. Dies gilt insbesondere für Vervielfältigungen, Übersetzungen, Mikroverfilmungen und die Einspeicherung und Bearbeitung in elektronischen Systemen.

Die Wiedergabe von Gebrauchsnamen, Handelsnamen, Warenbezeichnungen usw. in diesem Werk berechtigt auch ohne besondere Kennzeichnung nicht zu der Annahme, dass solche Namen im Sinne der Warenzeichen- und Markenschutz-Gesetzgebung als frei zu betrachten wären und daher von jedermann benutzt werden dürften.

Die Informationen in diesem Werk wurden mit Sorgfalt erarbeitet. Dennoch können Fehler nicht vollständig ausgeschlossen werden und die Diplomica Verlag GmbH, die Autoren oder Übersetzer übernehmen keine juristische Verantwortung oder irgendeine Haftung für evtl. verbliebene fehlerhafte Angaben und deren Folgen.

Alle Rechte vorbehalten

© disserta Verlag, Imprint der Diplomica Verlag GmbH
Hermannstal 119k, 22119 Hamburg
http://www.disserta-verlag.de, Hamburg 2014
Printed in Germany

*Pour Christine,
qui a toujours voulu
que j'écrive ce livre.*

Für Sophie und Tristan

Inhaltsverzeichnis

Das Buch der Abwesenden 13

Das Heilige Römische Reich -- Die Reichs- und Handelsstadt Frankfurt am Main – Die Jordis und die Brentanos 14

    Absolutismus 14
    Die Reichs- und Handelsstadt Frankfurt am Main 15
    Kriegswirren, Verfolgungen und Flüchtlinge 17
    Die „Pomeranzenkrämer" 18
    Die Brentanos 20
    Clemens und Bettina Brentano 22
    Aufklärung 24
    Das „gotische" Frankfurt 25
    Die Goethes 26
    Goethe und Bettina Brentano 29
    Hochkultur „in tempore belli" 31
    Kriegswirren 32

Das Kaiserreich Österreich – In Armee und Staatsdienst 34

    Das Entstehen eines Vielvölkerreiches 34
    Das Regiment von Jordis 35
    Friede 36
    Anton Edler von Jordis und sein Sohn Johann 37
    Revolutionen und Gegenrevolutionen 38
    Das Königreich Lombardei-Venetien – Der Delegat von Verona 39

Das Herzogtum Sachsen-Coburg und Gotha – Die Geschwisterkinder 55

    Coburg und die Geschwisterkinder 55
    Niedergang und Aufstieg des Hauses Sachsen-Coburg 55
    Der „Familien-Verein" Coburg 57
    Das trojanische Pferd und der Sankt Petersburger Schutz 58
    Schwarzes Schaf oder Opferlamm 61
    Der versteckte Sohn 62
    Unabhängigkeit 64

Eduards Kindheit 66
Adelige Namensgebung 68
Lehr- und Wanderjahre 69
Das Märchen vom Waisenmädchen, von der bösen Stiefmutter und vom
schönen Prinzen 72
Seitensprünge 73
Die versteckte Tochter 74
Hochzeit der Geschwisterkinder 77
Weichenstellung 79
Der Kammerherr des Erbprinzen 82
Häuslicher Segen 83
Das spanische Wirtshaus im Spessart 83
Ausschweifendes Junggesellenleben 85
Trotzalter und viktorianische Erziehung 87
Biedermeierszenen 89
Feste im Hause Löwenfels und anderswo 89
Besuche in Coburg 91
Thronfolge 92
Der Besuch der Queen Victoria 92
La petite Grandmaman 94
Revolutionen und Gegenrevolutionen 95
Herzog Ernst II. und Deutschlands Einigungsversuche 98
Große Politik -- Paris 99
Osborne House 100
Wien 101
Der Tod der Großfürstin 102
Wieder ein Besuch der Queen Victoria in Coburg 103
Nachkommen – Sophie und Emma 104
Ernst und Albert von Löwenfels 105
Versöhnung 106
Goldene Hochzeit 107
Rückkehr zu den Stätten der Kindheit 109
Der Herzog und sein Hoftheater 111
Die Meyern-Hohenbergs in Coburg 114

Tod und Beerdigung mit königlichen Ehren 115

Die Österreich-Ungarische Monarchie – Emma und Amélie von Meyern-Hohenberg , August Frhr. Jordis von Lohausen 117

Ein Land und eine Zeit für Genies 119

Ein Vielvölkerreich 120

Kaiser Franz Josef I. 121

August Jordis von Lohausen und Amélie von Meyern-Hohenberg 124

Der frühe Tod Leopolds von Meyern-Hohenberg 125

Lebenskünstler und Künstlerleben 127

Fifi 128

Einsamkeit und Geselligkeit 129

Katastrophen in Wien 129

Große Welt 130

Lili 132

Winter in Coburg 132

Improvisierte Ferien am Land 133

Andere Wohnungen, andere Ateliers 135

Am Attersee 137

Brüheim, Gotha, Coburg, Wien 138

Die junge Generation wird erwachsen. 139

Die k. u. k. Armee 142

Das Regiment 143

Leutnant Gustl -- Brautzeit 144

Ein letztes Mal Coburg 146

Hochzeit 148

Garnisonsleben 149

Schon wieder eine neue Generation 150

Zusammenhörigkeitsgefühl 152

Pola und Seebach 153

Garnisonskindheit 154

Die „wilhelminische" Zeit 157

„Herrliche Zeiten" 157

Jahrhundertwende 159

Die Freiherren von Wangenheim 159
Die Junker 161
Das Berlin der Jahrhundertwende 163

Europas dreißigjähriger Selbstvernichtungskrieg 1914-45 .... **165**
Spannung vor dem Ausbruch 165
Viribus Unitis 167
Der Kampf als inneres Erleben 171
Niederlage 172
Der letzte Kaiser 172
Ein Frieden als Fortsetzung des Krieges mit anderen Mitteln 173
Überleben oder nicht Überleben 174
Hungersnot 175
Deutsch-Österreich 177
Heinrich und seine Schwestern 177
Schiffbrüchige 178
Die Salzburger Festspiele 179
Heinrich Jordis-Lohausen 179
Die Weimarer Republik 180
Krysia und ihre Brüder 181
Heinrich Jordis-Lohausen und Krysia von Wangenheim 182

Das Buch der Anwesenden **185**
Rückblick 186
Die erste noch lebende Generation 186
Staatsbesuche, Weltausstellung, Filme 187
Anschluss 188
Eine Ehrensache 190
Der Anfang vom Untergang des deutschen Ostens 191
Schlesien 192
Gorgast 192
Rommel und das Afrikakorps 194
Erwachen 197
Die Ausrottung der Juden und ihrer tausendjährigen Kultur in Mittel- und
Osteuropa 199

Bei Charkow eingekesselt 200
Ein Bruder mitten im ersten Bombenterror über Berlin 203
Kasperltheater 205
Cattolica 206
Graz 207
Berlin wird zerstört 207
Kindertrost 208
Senka 209
Vergeltung 209
Kinderleiden, Kinderfreuden 211
Freunde, Ausflüge, Einladungen 212
Steinhaus 213
Klein-Spiegel in Hinter-Pommern 214
Flucht 217
Vae victis 218
Jetzt fahren wir gefahrvolle Wege und haben nicht Haus noch Hof noch Herd 219
Vertreibung 221
Langfeld 225
Überleben 225
Letzter Einsatz 226

Kriegsende und Nachkriegszeit –Wirre Zeiten und ein Sich-Wiederfinden ... 228
Kriegsende 228
Zusammenbruch 228
Muttersorgen 229
Kinderfreuden 230
Gelbsucht 231
Prekäre Existenzen in unruhigen Zeiten 231
Abschied vom Norden 232
Meine Großmutter 233
Wieder Graz 233
Zum ersten Mal Familienleben 234
Hunger 235

Schicksale 236

Ferien in Pörtschach 237

Das Akademische Gymnasium 238

Kulturträchtige Jahre 239

Theater 240

Opern und Konzerte 241

Ein russischer Märchenfilm 242

Sport und Sommerferien 243

Salzburg 244

Wien 245

Reisen 246

Jahrhundertmitte -- Gärung, Sichtung und Kalter Krieg, erste Initiativen zur Einigung Europas 248

Epilog: Europa – Einigung oder Untergang 252

Danksagung 255

Bildhinweise 257

Anhang I – Stammtafeln 259

Anhang II -- Bilder 267

Das Buch der Abwesenden

Befreit mich, Ihr Götter, von Raum und Zeit,
In längst verlor'ne Reiche lasst mich Brücken schlagen!
Lasst in die alten Mythen mich vertiefen,
Und lang Verflossenes heraufbeschwören!

Auf Spuren meiner Ahnen lasst mich wandeln,
Wo immer sie gelebt, geliebt, gelitten!

Legt Zeugnis ab, Ihr, die Ihr nun schon lange schweigt!
Tut kund, Ihr Stimmen der Vergangenheit!
Erwacht, Ihr Cherubine, Ihr Dämonen!

Das Heilige Römische Reich -- Die Reichs- und Handelsstadt Frankfurt am Main – Die Jordis und die Brentanos

Absolutismus

Wir befinden uns in der Mitte des 17. Jahrhunderts. Der Dreißigjährige Krieg hat weite Teile Deutschlands völlig verwüstet. Die Mitte Europas bleibt zersplittert. Das Abendland steht im Zeichen des Absolutismus. Leopold I. wird römisch-deutscher Kaiser. Ludwig XIV. herrscht in Frankreich, der „Große Kurfürst" in Brandenburg. In England wird Karl I. hingerichtet und Oliver Cromwell regiert als Lordprotektor. Das Osmanische Reich belagert Wien.

Der italienische Hochbarock tritt seinen Triumphzug durch Mitteleuropa an. Baldassare Longhena baut seit fast zwei Jahrzehnten an der Kuppelkirche Santa Maria della Salute in Venedig. Johann Bernhard Fischer von Erlach ist gerade geboren. Rembrandt malt den „Mann mit dem Goldhelm", Velazquez „König Philipp IV. auf der Saujagd". Claudio Monteverdi bringt in Venedig kurz vor seinem Tod die Oper „L'Incoronazione di Poppea" zur Aufführung, Heinrich Schütz komponiert die „Die sieben letzten Worte Christi am Kreuz". Archangelo Corelli und Johann Pachelbel werden aus der Taufe gehoben.

Calderon de la Barca kreiert Dramen für den spanischen Hof. Jean-Baptiste Molière und Jean-Baptiste Lully arbeiten gemeinsam an comédies-ballets für den französischen. Hans Jakob Christoph von Grimmelshausen schreibt seinen „Simplicissimus". Daniel Defoe wird geboren. René Descartes formuliert ein neues mechanistisches Weltbild und eine rationale Selbstbegründung der menschlichen Existenz.

Lissabon, Sevilla, Amsterdam und London haben sich als Zentren eines rasch anwachsenden Überseehandels durchgesetzt. Nationale Überseehandels-gesellschaften werden gegründet. Genua bleibt erster europäischer Geldplatz. Aus Frankreich verbreitet sich der Gruß durch Hutabnehmen.

Man schreibt das Jahr 1658, als dem Simon Jordit, Landwirt im Dorfe Fêternes im Herzogtum Savoyen, ein Sohn geboren wird, den er auf den Namen Johannes Franciscus tauft. Soweit lässt sich die Familie Jordit oder Jordis zurückverfolgen. Was davor geschah, liegt im Dunkel der Vergangenheit, denn die Kirchenbücher des Ortes Fêternes sind während der Französischen Revolution verbrannt. Kamen diese Jordits aus Katalonien, wo ja Georg Jordi heißt? Oder aus dem Norden Europas, wo Jordis heute noch ein bis auf die alte Edda zurückgehender weiblicher Vorname ist? Oder vielleicht aus dem nahen Schweizer Kanton Fribourg, wo eine Bürger- und Handwerkerfamilie mit dem Namen Jordil bis ins 15. Jahrhundert zurückreicht. Wir wissen es nicht.

Sicher, dagegen, ist, dass es in dieser Familie immer wieder Brückenbauer gegeben hat, die Bogen zu neuen Horizonten, zu neuen Möglichkeiten geschlagen haben. Durch einen solchen Brückenschlag werden die Jordits wohl auch irgendwann nach Savoyen gekommen sein. Und schon der Sohn jenes Johannes

Franciscus, der Andreas hieß, war wieder einer jener Brückenbauer. Im Jahre 1688 in Fêternes geboren, verließ er als junger Mann seine Heimat, wanderte in die deutsche Handelstadt Frankfurt am Main und wurde dort ansässig. Und so wird diese Stadt für über ein Jahrhundert seine Wirkungsstätte und die seiner Nachkommen.

Die Reichs- und Handelsstadt Frankfurt am Main

Zu einer Zeit, in der es der Stadt Frankfurt nach jahrzehntelanger mühsamer Arbeit gelungen ist, sich aus den Trümmern des 2. Weltkriegs wieder ein, wenn auch ganz anderes Profil zu schaffen und als „Mainhattan" zum ersten Finanzplatz und Wolkenkratzer-City Deutschlands zu werden, kann man sich kaum mehr vorstellen, wie diese Handelsmetropole am Main Ende des 17. Jahrhunderts ausgesehen haben mag. So will ich versuchen, ein notwendigerweise unvollkommenes Bild der alten Kaiserstadt in all seiner Pracht, seiner Handelstüchtigkeit, seinem malerischen Charme und, damals schon, in seiner oft turbulenten völkischen Vielfalt zu skizzieren.

Als freie Reichsstadt unterstand Frankfurt direkt den Kaisern des Heiligen Römischen Reiches Deutscher Nation. Dieses erste mitteleuropäische Reich begann mit Kaiser Otto I. im Jahre 962. Seitdem galt der deutsche Herrscher, zugleich Herr Norditaliens, als allein berechtigt zur Kaiserkrone. Trotz verschiedener Wandlungen hielt sich die Kaiser- und Reichsidee das ganze Mittelalter hindurch und das Heilige Römische Reich behielt seinen übernationalen Charakter als Lehensverband bis zu seiner Auflösung im Jahre 1806. Es war damit nie ein Nationalstaat wie Frankreich oder England und die Macht des Kaisers über die Stände des Reiches war beschränkt. Dieses vor- und übernationale Reich erstreckte sich Anfang 17. Jahrhunderts im Westen von Dünkirchen am Ärmelkanal über Lothringen, Franche Conté, Savoyen bis Nizza am Mittelmeer, im Osten von Königsberg an der Ostsee über Pommern, Schlesien, Böhmen und Mähren, Österreich bis Kroatien und es umfaßte ganz Norditalien, mit Ausnahme von Venetien, aber einschließlich der Toskana. Ursprünglich fand die Krönung der Kaiser durch den Papst in Rom statt, später in Frankfurt am Main.

Frankfurt am Main war ein selbstständiges Staatswesen innerhalb dieses Reiches. Es wurde vom „Rath," einer bürgerlichen Oligarchie von Patrizierfamilien regiert. Besonderes Ansehen genoss Frankfurt unter den deutschen Städten überdies seit 1356 als Stadt der Wahl des deutschen Königs durch die Kürfürsten und seit 1562 als Stätte der Kaiserkrönung.

Handwerk und Handel schafften den Reichtum der Stadt und vermehrten ihre Bedeutung. „Mit der Gründung des Doms hängt der Beginn einer Einrichtung zusammen, die eine irdisch nährende Quelle der Größe Frankfurts bedeutet, nämlich die Messe. Die neue Weihe der Kirche zu Ehren des heiligen Bartholomäus[1] gab Anlass zu der Kirchweih, aus der die Messe sich entwickelte, anfangs eine Herbstmesse, zu der etwa hundert Jahre später eine Ostermesse hinzukam. Von den Kaisern begünstigt, erlangte sie bald großen Ruf und legte den Grund zu Frankfurts

---

[1] Die Domkirche

Blüte als Handelsstadt."[2] Wie auch heute noch waren diese „Messen" die wichtigsten und größten Handelsveranstaltungen. Sie boten den Kaufleuten eines durch Zoll- und Gewerbeschranken zersplitterten Deutschlands, die Möglichkeit uneingeschränkt Waren zu kaufen und zu verkaufen. Von überall her kamen sie angereist.

Alle großen Städte Deutschland versuchten solche kaiserliche Messeprivilegien zu erwerben und fremde Kaufleute anzuziehen. Die Konkurrenz war groß, doch Frankfurt hatte durch seine Lage im Schnittpunkt zwischen Nord-Süd und Ost-West, einen beachtlichen Vorteil. So erlebte der Messehandel in Frankfurt, der jeweils zwei Wochen dauerte, während des 14. Jahrhunderts einen Höhepunkt. Die Stadt erwarb sich zu der Zeit den Ruf das „Kaufhaus Deutschlands" zu sein. Sie wurde wohlhabend und schuf von da an jenes großartige gotische Stadtbild (vgl. Bild 1), das bis 1943/44 erhalten blieb. Waren es im Mittelalter vorwiegend deutsche Handwerker- und Landwirtschaftsmessen gewesen, so verwandelten sie sich ab dem 16. Jahrhundert zunehmend in Großhandelsmessen, an denen eine immer größere Anzahl von ausländischen Kaufleuten teilnahmen. Im Laufe der folgenden Jahrhunderte ging zwar ein vorwiegender Teil des Handels mit Ost-Elbien und Ost-Europa an die günstiger gelegene Stadt Leipzig verloren, doch behauptete sich Frankfurt als Hauptmessestadt im Westen des Reiches.

Außerhalb der Messewochen wurden für die laufenden Bedürfnisse an Lebensmitteln und Gewerbeartikeln zweimal wöchentlich, mittwochs und samstags, Wochenmärkte abgehalten, zunächst auf dem engen Platz um den Dom herum, später zunehmend auch auf den umliegenden Gassen und Plätzen, besonders auf dem „Samstagsberg". Jedes Gewerbe hatte seinen festgesetzten Standort. Der Weinmarkt, zum Beispiel, befand sich am Mainufer unterhalb der Leonhardskirche.

Und schließlich gab es noch den täglichen Ladenhandel.

War diese Handelstätigkeit strengen städtischen Regeln unterworfen, so schuf sie doch ein buntes, vielfältiges Durcheinander. „Da schlich man zum Weinmarkte, bewunderte den Mechanismus der Krahne, wenn Waaren ausgeladen wurden; besonders aber unterhielt uns die Ankunft der Marktschiffe, wo man so mancherlei und mitunter so seltsame Figuren aussteigen sah. Ging es nun in die Stadt hinein, so ward jederzeit der Saalhof, der wenigstens an der Stelle stand, wo die Burg Kaiser Karls des Großen und seiner Nachfolger gewesen sein soll, ehrfürchtig gegrüßt. Man verlor sich in die alte Gewerbstadt, und besonders Markttages gern in dem Gewühl, das sich um die Bartholomäuskirche herum versammelte. Hier hatte sich von der frühesten Zeit an die Menge der Verkäufer und Krämer übereinander gedrängt, und wegen einer solchen Besitznahme konnte nicht leicht in den neueren Zeiten eine geräumige und heitere Anstalt Platz finden....Nur selten aber mochte man sich über den beschränkten, vollgepfropften und unreinlichen Marktplatz hindrängen... Der Römerberg war ein desto angenehmerer Spaziergang."[3]

---

[2] Ricarda Huch „Von Kaisern begünstigt", in „Liebe zu Frankfurt", Hilde Kathrein/Laura Krüger (Hrsg.), Societäts-Verlag,, 1990, Seite 92.
[3] Aus J.W. v. Goethe, „Wahrheit und Dichtung", Erster Teil, Erstes Buch

Kriegswirren, Verfolgungen und Flüchtlinge

Andreas Jordit aus Fetêrnes etabliert sich also Anfang des 18. Jahrhunderts in diesem geschäftigen Frankfurt, und zwar als Weinhändler. Es erscheint einleuchtend, dass er in der freien Reichs- und Handelstadt mehr Entwicklungsmöglichkeiten sah als in seinem kleinen Dorf in den Bergen über dem Genfersee. Aber verhielt sich das wirklich noch so? Hatten nicht viele freie Handelsstädte wie Augsburg, Ulm, Nürnberg, Straßburg, Köln oder Lübeck seit der Mitte des 16. Jahrhunderts durch die Konkurrenz der Nachbarstaaten, durch die Verschiebung alter Handelswege, und vor allem durch die Religionskriege an Bedeutung eingebüßt? Vielleicht traf das auf einige zu. Doch für Frankfurt, Hamburg, Leipzig oder Danzig hatte gerade diese Entwicklung das Gegenteil bewirkt. Die kluge Haltung ihrer Bürgerschaft in den Religionskriegen und die freundlich-tolerante Aufnahme in großer Anzahl vertriebener Protestanten aus den spanischen Niederlanden und Frankreich hatten sie, im Gegenteil, bereichert, ihnen einen neuen Aufschwung gegeben. Und so übernahm Hamburg die hanseatische Herrschaft in der Nordsee, Danzig die in der Ostsee, Leipzig zunehmend den Handel mit Osteuropa, während Frankfurt durch die Tatkraft einer zugewanderten ausländischen Kaufmannschaft das Erbe der oberdeutschen und rheinischen Städte antrat. Es wurde zum deutschen Hauptsitz aller ausländischen Protestanten sowie einer immer zahlreicheren Judengemeinde.

Die große Einwanderung begann in der zweiten Hälfte des 16. Jahrhunderts, als in Frankreich die Hugenottenkriege tobten und die Spanier in den Niederlanden wüteten. Sie dauerte das ganze 17. Jahrhundert an, als die geflüchteten Protestanten in katholischen Städten, wie Köln, Aachen oder Worms nochmals verfolgt wurden, und als auch das Dasein in kleineren Städten während des 30-jährigen Krieges (1618-48) und später während der deutsch-französischen Reichskriege (1674-1714) immer unsicherer wurde. Zuletzt hatte noch die Aufhebung des Toleranzediktes von Nantes durch Ludwig XIV. ab 1685 eine neuerliche Flut von Hugenotten aus Frankreich nach Deutschland kommen lassen. Diese geistig und wirtschaftlich unverhoffte Bereicherung war ein Segen für das ausgeblutete Land und seine Städte.

Denn zunächst hatte der Dreißigjährige Krieg viele Teile Deutschlands verwüstet: Ganze Landstriche lagen brach, die Dörfer waren verbrannt, die Bauern umgebracht oder in die Städte geflüchtet. Später erfüllten die Raubkriege Ludwig XIV. und die von seinen Heeren begangenen Grausamkeiten und Verwüstungen, „dergleichen auch in denen Heydnischen und Türkischen Kriegen nie erhöret", ganz Deutschland mit Schrecken. Es war eine Zeit völliger Unsicherheit. Bis es zwei illustren Feldherrn, dem Prinzen Eugen von Savoyen, „dem edle Ritter", der das kaiserliche Heer befehligte, und seinem englischen Verbündeten, dem Duke of Malborough, gemeinsam gelang die Machtbestrebungen des französischen Königs vorübergehend einzudämmen. Denn England war in seiner Europapolitik stets darauf bedacht gewesen, das Kräfteverhältnis auf dem Kontinent ausgleichend zu beeinflussen, um kein Königreich jemals zu stark werden zu lassen.

Die „Pomeranzenkrämer"

Doch noch eine dritte Einwanderungswelle ganz anderer Art erreichte seit etwa der Mitte des 17. Jahrhunderts Frankfurt. Es handelte sich diesmal hauptsächlich um eine zunehmende Anzahl norditalienischer Kaufleute, die nicht mehr aus politischen oder religiösen, sondern aus rein geschäftlichen Gründen in der Mainmetropole Fuß zu fassen versuchten. Diese rührigen Italiener, die ursprünglich nur ihre eigenen landwirtschaftlichen Erzeugnisse nach Deutschland ausführten, begannen in Laufe der folgenden Jahrzehnte im größeren Stil mit Lebensmitteln und vor allem mit Gewürzen Handel zu treiben und in Deutschland Handelsgesellschaften zu gründen. Die politischen Umstände begünstigten diese Unternehmungen. Denn durch die Türkenkriege im Osten und die Franzosenkriege im Westen hatten die nord-südlichen Handelswege an Bedeutung gewonnen. Diese führten in südlicher Richtung über die Alpenpässe nach Italien und in nördlicher den Rhein abwärts in die Niederlande. Die italienischen Händler wählten Frankfurt als Hauptstützpunkt nördlich der Alpen, denn als sie „damals vom Hausierer- und Kleinhandel mit Südfrüchten zum Großhandel mit Spezereiwaren übergingen, war die besonders günstige Lage der Stadt zwischen Genua und Amsterdam, ihren Warenbezugsquellen, maßgebend."[4]

Andreas Jordis[5] zählte als Savoyarde[6] auch zu diesen Italienern. Doch war er Weinhändler, nicht Gewürzhändler. Und man findet im Frankfurter Bürgerverzeichnis des Jahres 1733 folgenden Eintrag: „Jordis, Andreas, Händler mit französischen, italienischen und spanischen Weinen." Dieser rührige, tatkräftige junge Mann verlor offensichtlich keine Zeit. Denn, so heißt es in einer Frankfurter Chronik, „die bedeutendste Handlung mit... ausländischen Weinen, welche zugleich am längsten bestanden hat, wurde von dem Savoyarden Andreas Jordis oder Jordit gegründet....Wie so viele Italiener erhielt er im Jahre 1733 durch seine Verheiratung mit einer Bürgertochter, Ursula Margaretha Lindt, einer Tochter des katholischen Bierbrauers und Weinhändlers Stefan Lindt in der Benderstrasse, das hiesige Bürgerrecht."

Schon hundert Jahre zuvor, bei der ersten großen Immigrantenwelle, verlief die Einbürgerung oder Integration, wie man heute sagen würde, nicht immer reibungslos. Jetzt war es aus zwei Gründen noch schwieriger: Einerseits, wurde „in der rein lutherischen Reichsstadt die Einwanderung so zahlreicher katholischer Personen als eine Gefährdung des herrschenden Religionsbekenntnisses betrachtet". Daher wurde bestimmt, dass Katholiken ohne Einheiratung erst dann Bürger werden durften, wenn sie sich zum Luthertum bekehrt hatten. Die Heirat einer Bürgerwitwe oder

---

[4] Diese und die folgenden Zitate, und ganz allgemein, die meisten Informationen über Frankfurt als Handelsstadt stammen aus Dr. Alexander Dietz, Frankfurter Handelsgeschichte, in fünf Bänden, im Eigenverlag, Frankfurt am Main, 1910-25

[5] Er muss wohl damals seinen Namen von Jordit in Jordis geändert haben. Warum ist nicht bekannt. Wir wissen, dagegen, dass es seit 1631 eine sehr angesehene protestantische Immigrantenfamilie Jordis in Frankfurt gab, die aber keine verwandtschaftlichen Beziehungen mit den savoyardischen Jordis hatte.

[6] Das Herzogtum Savoyen mit Hauptstadt Turin war eine der italienischen Fürstentümer des Heiligen Römischen Reiches. Der in den Westalpen gelegene Teil davon, das eigentliche Savoyen, fiel erst 1859 unter Napoleon III. an Frankreich.

Bürgerstochter war deswegen „der sicherste und billigste Weg zur Erlangung des Bürgerrechtes," und so waren „zu diesem Zwecke...von katholischen Einwanderern die Töchter der wenigen katholischen Bürger sehr gesuchte Partien." Auch hier befindet sich Andreas Jordis im Brennpunkt des Geschehens, wurde doch die töchterreiche Bierbrauerfamilie Lindt, seine Schwiegerfamilie, dadurch stadtbekannt, dass sie durch Verheiratung ihrer vielen Töchter so manchem katholischen Einwanderer zum Bürgerrecht verhalf und dass man ihren Namen daraufhin in den Stammbäumen fast aller italienischen Familien Frankfurts wiederfindet. „Eine von den Lindtschen Töchtern konnte sich sogar rühmen, durch ihre Hand drei Italienern... zum Bürgerrecht verholfen zu haben."

Doch für Andreas Jordis werden auch für den Aufbau seines Geschäfts die Beziehungen des Schwiegervaters, vielleicht aber auch die Schwippschwägerschaft mit einer Reihe von später einflussreichen italienischen Familien von Vorteil gewesen sein.

Andererseits, waren die Streitigkeiten und die Reibereien mit den italienischen Neuankömmlingen wirtschaftlicher Natur, fühlten sich doch „die herrschenden Geschlechter in ihrer Stellung bedroht und die Kaufmannschaft verfolgte mit Besorgnis und Neid den geschäftlichen Aufschwung und zunehmenden Reichtum der Fremden." Die eingesessene Bürgerschaft warf den Italienern -- es handelte sich hauptsächlich um Landwirte und Südfrüchtehändler vom Como-See, die sogenannten Comenser, auch Pomeranzenkrämer oder Citronengänger genannt -- unfaire Konkurrenz vor, nicht nur verkauften sie ihre Zitronen, Pomeranzen, Limonen, Granatäpfel, Kapern, Oliven und zunehmend auch Gewürze, unter Verletzung der festgesetzten Marktregeln des Frankfurter Rats, sondern sie führten überdies ihre Gewinne nach Italien ab, um dort, in ihrer Heimat, Liegenschaften zu erwerben und Schlösser zu bauen.[7] Durch „ihre rücksichtslose und aufdringliche Geschäftsführung" seien die Italiener schon in Straßburg und Basel aufgefallen und vertrieben worden, jetzt versuchten sie es in Frankfurt, beschwerte man sich. Wo immer möglich, trachtete der Frankfurter Rat daher ihre Tätigkeiten einzuschränken. Man gestattete ihnen lediglich als „Hocker" (Zwischenhändler) an den beiden Wochenmärkten teilzunehmen sowie den täglichen Verkauf in ihren Läden. Man verbot ihnen jedoch ausdrücklich das „Umtragen", das Hausieren mit Waren, in Wirthäusern oder sonst wo. Doch die italienischen Händler kümmerten sich wenig um diese Bestimmungen oder versuchten sie zu umgehen. Auf diese Weise gelang es ihnen, im Laufe der Jahrzehnte weitgehend den lukrativen Groß- und Kleinhandel mit Gewürzen und anderen Spezereiwaren zu übernehmen.[8] Wohl konnte in vielen Fällen die erste, oft auch die zweite und dritte Generation der eingewanderten Italiener noch nicht

---

[7]Tatsächlich erinnern bei den Brentanos beispielsweise die damals entstandenen Palazzi Brentano in Genua und Mailand und die zierliche Barockvilla Sola-Busca in Tremezzo an diese Zeit.
[8] Man kann nicht umhin an die Übernahme eines Großteils des einfachen Gastgewerbes in Westdeutschland durch Italiener Ende des 20. Jahrhunderts zu denken
[10] Die meisten Informationen und Zitate dieses Abschnitts sind entnommen Peter Anton von Brentanos Buch, „Schattenzug der Ahnen", Druck und Verlag von Josef Habbel, Regensburg 1940, sowie der Monographie von Alfred Engelmann, „Die Brentanos am Comer See". verlegt von Niklas Frhr. von Schrenck, 1974.

die Vollbürgerschaft erwerben, sondern mussten sich begnügen Beisassen oder Schutzbürger zu sein. Das heißt, sie genossen den Schutz der Stadt, hatten aber keine Bürgerrechte. Daher suchte 1705 Joseph Brentano durch seinen einflussreichen Vetter Jakob in Wien beim Kaiser Josef I. um Unterstützung an und „erwirkte bereits am 22. Januar 1706 ein Reskript, wonach dem Rat aufgetragen wurde, die Italiener nicht nur in ihrer bisher geführten Handlung kontinuieren zu lassen, sondern auch in die Zahl der Bürger aufzunehmen". Der Rat konnte nun den italienischen Gewürzhandel nicht mehr offen verbieten, es wäre auch zu spät gewesen, aber ein Kleinkrieg zog sich während des ganzen 18. Jahrhunderts hin. Es vollzog sich nur insofern eine gewisse Normalisierung, als die folgenden, schon in Deutschland geborenen Generationen, nicht mehr so regelmäßig oder gar nicht mehr nach Italien zurückkehrten. So wurde eine Anzahl jener italienischen Familien in Frankfurt in Laufe des 18. Jahrhunderts zu stolzen, einflussreichen Kaufleuten und Bürgern der Stadt. Und für viele von ihnen hatte diese Einbürgerung in Geiste nicht einmal eine Veränderung ihrer Landeszugehörigkeit bedeutet, war doch das Herzogtum Mailand, wie das Fürstentum Savoyen, schon seit dem Mittelalter ein Teil des Heiligen Römischen Reiches gewesen.

Die Brentanos[9]

Die zweifellos bedeutendste der zahlreichen italienischen Familien, die im 17. und 18. Jahrhundert in Frankfurt Fuß fassten, war die der Brentanos. Sie haben in den folgenden Jahrhunderten einen wichtigen Beitrag zur Kultur, Wirtschaft und Politik Deutschlands geleistet und sind dort wesentlich bekannter geworden als in ihrem Ursprungsland.

Die Brentanos waren ihrem Ursprung nach weder Bauern noch Händler. Sie entstammten einer jener alten norditalienischen Familien des niederen Landrittertums und waren seit Anbeginn Ghibellinen gewesen. Das heißt, ihre Familiengeschichte ist eine Saga Jahrhunderte langer Kämpfe, Triumphe und Niederlagen, auf der Seite der Kaiser des Heiligen Römischen Reiches gegen die Guelfen, die Parteigänger der römischen Päpste. Auch der Stammvater der Familie, Johannes de Brenta, um 1250 in Brenta bei Varese geboren, nahm an diesen Kämpfen teil und trug dazu bei, dass das ghibellinische Geschlecht der Visconti die Herzogsmacht in Mailand errang. Als Anerkennung dafür durften die Brentanos seit der Zeit die Schlange der Visconti in ihrem Wappen führen. Dieser Johannes war es auch, der Brenta verlässt, um sich in Bonzanigo am Como-See niederzulassen. Seine Söhne und Enkel erweitern den dortigen Grundbesitz der Familie, der aus Feldern, Olivenpflanzungen, Weinbergen, Weiden und Viehherden besteht. Doch der Kampf der Ghibellinen gegen die Guelfen flammte erneut auf und diesmal gewinnt die päpstliche Partei die Oberhand. Die Kämpfe arten in einen regelrechten Vernichtungskrieg aus, ganze Geschlechter werden ausgelöscht, ihre Kastelle verbrannt, ihre Besitzungen verwüstet. Zur selben Zeit fordert die Pest ihre Opfer unter den Überlebenden. Erst die Mitte des 15. Jahrhunderts bringt Frieden und weitgehende Versöhnung. Das Land wird neu besiedelt und erholt sich langsam. Die Brentanos haben überlebt und dehnen ihre

Besitzungen weiter aus. Die durch Jahrhunderte kinderreiche Familie teilt sich in mehrere Stämme, die wiederum in zahlreiche Häuser zerfällt. Sie führen den Titel „nobilis" und „magnificus", einige Häuser werden später in den kaiserlichen Freiherrn- oder Grafenstand erhoben.

Als der Condottiere Franceso Sforza den letzten Visconti als Herzog von Mailand ablöst, erlebt die Lombardei noch einmal eine ungeahnte wirtschaftliche und kulturelle Blütezeit. Doch sie sollte nicht lange anhalten. Schon 1535 zog Kaiser Karl V., nach dem Tod des letzten Sforza, das Herzogtum Mailand als Reichslehen ein und unterstellte es seinem Sohn, dem späteren Philipp II. von Spanien. Diese spanische Fremdherrschaft wirkt sich lähmend auf die Entwicklung der Lombardei aus. Sie endet erst zwei Jahrhunderte später als das Herzogtum Mailand nach dem Spanischen Erbfolgekrieg 1706 wieder an die österreichischen Habsburger fällt. War die Verbindung der Brentanos mit dem Kaiserreich nördlich der Alpen nie abgerissen, so verstärkte sie sich noch zu dieser Zeit.

Aus dem Hause der Brentano-Toccia wird Graf Guiseppe Brentano kaiserlicher Generalschatzmeister in Italien und Mitglied des Geheimen Staatsrates im Herzogtum Mailand. Graf Giovanni Pietro Brentano, aus dem Hause Montecelli, kaiserlicher Gouverneur in Como und Statthalter in der Lombardei.

Als Offiziere im kaiserlichen Heer machten sich vor allem die Brentanos aus dem Hause Cimaroli durch drei Generationen einen glänzenden Namen. Der bekannteste, der spätere Feldmarschallleutnant, Josef Anton Freiherr von Brentano, steht bereits als siebzehnjähriger im Kampf gegen die Türken. Im Siebenjährigen Krieg gegen Friedrich II. tut er sich in zahlreichen Schlachten und Gefechten durch ungewöhnliche Kühnheit und strategisches Können hervor.

Währenddessen ist sein Bruder Josef Andreas Senator in Mailand sowie kaiserlicher Konsul in Genua und Triest. Dessen Sohn, Anton Josef, dagegen, trifft man, fünfzehnjährig, wieder unter den kaiserlichen Fahnen. Er macht den Siebenjährigen Krieg, den bayrischen Erbfolgekrieg und den Russisch-Türkischen Krieg mit, wird General und Inhaber des Infanterie-Regimentes Nr. 35 und Ritter des Maria-Theresien-Ordens. Er kämpfte bei Novi und vor Belgrad und verteidigt schließlich die Stadt Trier erfolgreich gegen die Franzosen. An den bei Novi erlittenen und schlecht verheilten Wunden stirbt er achtundvierzigjährig im

Hause seines Vetters Peter Anton Brentano 1793 in Frankfurt am Main.[10] Er wurde „in großer Pracht und Feierlichkeit im Domstift" zu Frankfurt beigesetzt.

Und schließlich, und das betrifft nun auch die Jordis, sind es die schon erwähnten Handelsherrn aus dem Hause Brentano-Tremezzo und Brentano-Gnosso, die ihre

---

[10] Peter Antons Tochter Bettina Brentano, damals noch ein Kind, ist Augenzeugin seines Todes und berichtet viel später darüber an Goethe: „da lag der General Brentano in unserm Haus an schweren Wunden: die Mutter pflegte ihn, und er hatte sie so lieb, dass sie ihn nicht verlassen durfte. Sie spielte Schach mit ihm, er sagte: ‚Matt!' und sank zurück ins Bette; da lag er blass und still; die Mutter rief ihn: ‚Mein General!' Da öffnete er die Augen, reichte ihr lächelnd die Hand und sagte: ‚Meine Königin!' – und so ist er gestorben. Ich seh' die Mutter noch wie im Traum, dass sie vor dem Bett steht, die Hand dieses erblassten Helden festhält und ihre Tränen leise aus den großen, schwarzen Augen über ihr stilles Antlitz rollen...."

Brücken über die Alpen nach Deutschland und vor allem nach Frankfurt am Main schlagen. Auch sie werden sich durch ihre Jahrhunderte alte Ghibellinen-Tradition in Deutschland fast ebenso zu Hause gefühlt haben wie in der Lombardei.

Carlo Brentano aus dem Hause „Gnosso", „magnifico domino" aus Bolvedro am Comersee, taucht schon 1673 als Beisasse und Handelsmann, sowie Teilhaber der Firma „Bellini, Brentani & Forni" in Frankfurt auf. Seine erste Handlung befindet sich noch in einem gemieteten Laden im Schweizerhof. Sein jüngster Sohn -- eben jener oben genannte Guiseppe oder Joseph Brentano, der durch seinen Vetter in Wien beim Kaiser vorstellig wird -- und später sein Enkel, Karl Anton Maria, führen das Geschäft erfolgreich fort, jetzt schon im eigenen Haus in der Töngesgasse. Dagegen gründet der Urenkel des alten Patriarchen, Anton Maria Brentano, Beisasse und Handelsherr in Frankfurt, seine eigene Firma im neuerbauten Haus zum „Goldenen Adler" in der Schurgasse 41.

Andreas Jordis, inzwischen der erfolgreichste und wohlhabendste Weinhändler am Platz, hatte von seinem Schwiegervater das Haus „Zum grünen Baumgarten" gekauft, ebenfalls in der Töngesgasse.[11] Er wird also die Brentanos in derselben Gasse durch nachbarliche Beziehungen gekannt haben. Vielleicht haben auch die Kinder und Enkelkinder miteinander gespielt. Wahrscheinlich ist er ihnen auch schon im Hause seines Schwiegervaters Lindt, der ja nun mit vielen der italienischen Händler verschwägert war, begegnet und hatte geschäftliche und gesellschaftliche Beziehungen mit ihnen gepflogen. Es ist jedenfalls nicht verwunderlich, dass sein dritter Sohn, Andreas Georg Friedrich, 1747 in Frankfurt geboren, im Jahre 1777 Maria-Theresia, die jüngste Tochter jenes Anton Maria Brentano aus der Schurgasse heiratet. (Vgl. dazu Stammtafel I. und Bild 2)

Clemens und Bettina Brentano

Ich möchte die Brentanos nicht verlassen, ohne ihrer vielleicht berühmtesten Mitglieder, Clemens und Bettina, gedacht zu haben. Ihr Vater Peter Anton stammt aus dem Hause „Tremezzo", ist also nicht direkt mit den Jordis verwandt. Dennoch hat Andreas Friedrich ihn gut gekannt, war doch Peter Anton in erster Ehe mit seiner Schwägerin Paula Maria Walpurga Brentano, der älteren Schwester seiner Frau, verheiratet. Sie waren also Schwippschwäger. Peter Antons Sohn Franz, direkter Cousin der Jordis, stammt aus dieser Ehe. Denn Peter Anton hat dreimal geheiratet und zwanzig Kinder gezeugt, von denen dreizehn überlebten. Franz wurde nach dem Tod seines Vaters Chef des Frankfurter Brentano Familien-Clans und zu einer bedeutenden Persönlichkeit des wirtschaftlichen, öffentlichen und gesellschaftlichen Lebens weit über Frankfurt am Main hinaus. Er war nicht nur erfolgreicher Geschäftsmann, sondern -- seit Katholiken nach 1815 erstmals öffentliche Ämter in Frankfurt bekleiden durften -- ein um das Wohl der Stadt bemühter Stadtrat und Schöffe. Als Oberhaupt der Familie hat er für seine zahlreichen jüngeren Halbgeschwister den Vater ersetzt. Sein Halbbruder Clemens schreibt viele Jahre später an

---

[11] In der Töngesgasse des heutigen Frankfurts bedeckt ein riesiges Beton-Parkhaus die Stätte, auf der bis zum Bombenhagel von 1944 dieses Haus und seine Nachbarhäuser malerisch gestanden hatten.

ihn: „Du warst uns bis jetzt von Jugend auf....der Vater, die Familie, das Hab und Gut, Du warst mir der Schutz und das fruchtbringende Heiligtum der Familie." Die zwanzig Jahre jüngere Bettina beschreibt ihn als „einen Mann von entzückender Milde, Heiterkeit und Güte".

Clemens und Bettina, stammen aus der zweiten Ehe ihres Vaters, mit Maximiliane von La Roche. Clemens kam als neuntes Kind 1778 zur Welt, Bettina als dreizehntes 1785. Ihr Vater betrieb im eigenen Hause „Zum Goldenen Kopf" in der Großen Sandgasse seine Geschäfte unter eigener Firma. Er war erfolgreich und wohlhabend und „wählte sich – etwa 1777 – ein modernes Haus mit repräsentativer Fassade im Stil des Vorklassizismus, die Front gegliedert wie zwei Risalite[12], die das Haus wie einen kleinen Palast in Mittelbau und Seitenflügel teilten."[13] Hundert Jahre früher im Geschäft seines Großvaters, waren es noch Laufburschen gewesen, die in Stadt und Land die Waren ihres Geschäftsherren vermarkteten, jetzt waren es zahlreiche kleinere italienische Geschäftsleute, die von den großen Handelsherren in Frankfurt mit Geld und Waren versehen wurden und diesen einen ständigen Umsatz sicherten. Die von Peter Anton Brentano geführten Waren, die er im Norden aus London sowie aus seinem Einkaufskontor in Amsterdam bezog, im Süden aber aus Marseille, Genua, Venedig und aus seiner Heimat am Como-See, bestanden aus Gewürzen aller Art (Pfeffer, Muskatnüssen, Gewürznelken, Zimt, Anis), verschiedene Sorten Zucker (Melis, Kandis und holländisches Raffinat), Kaffee, Tee, Schokolade, Tabak, Lorbeerkörnern, Korinthen, Zitronat, Safran, Berliner Blau, Bleiweiß, Schwefel, Hirschhorn, Alaun, Baum- und Rüböle, Schinken, Würsten, Schweizer und Holländische Käsen, Kerzen und Steinkohle. Ein weitgestreutes Assortiment! Aber wenig, was aufgeweckte Kinder zur Literatur oder Dichtkunst inspirieren könnte – es sei denn, die exotischen, orientalischen Gewürze. Wie geschah es also, dass aus einer zugewanderten italienischen Händlerfamilie gleich zwei der bedeutendsten Vertreter der deutschen romantischen Literatur hervorgegangen sind? Die Antwort liegt wohl weniger in Frankfurt als in Koblenz.

Zum Rat des Kurfürsten von Trier und Finanzverwalter des kurrheinischen Kreises ernannt, überlässt Peter Anton das Geschäft in Frankfurt seinem Sohn Franz, und lebt im folgenden die meiste Zeit am Hofe des Kurfürsten in Ehrenbreitstein.[14] Er wird damit in „bessere Kreise" eingeführt und erlebt die „große Welt", soweit man bei den Klein- und Kleinstfürstentümern des damaligen Deutschlands von großer Welt sprechen kann. Dort lernt der neununddreißigjährige Witwer seine zweite Frau Maximiliane von La Roche kennen. Ihr Vater Georg Michael Anton von La Roche ist Minister am kurfürstlichen Hof, ihre Mutter Sophie Schriftstellerin und Hofdame. Es ist ein geselliges, schöngeistiges Haus. Schon Wieland[15] war dort zu Gast gewesen. Etwas später ist es Goethe, den ein „belletristisches und sentimentales Streben" mit der Mutter verbindet. Auch die Tochter bleibt ihm nicht gleichgültig, „welche freilich nicht anders als liebenswürdig war: eher klein als groß von Gestalt, niedlich gebaut; eine freie, anmutige Bildung, die schwärzesten Augen und eine Gesichtsfarbe, die

---

[12] Aus der Front eines Gebäudes senkrecht in ganzer Höhe vorspringender Gebäudeteil.
[13] Ernst Beutler, „Essays um Goethe, Inseltaschenbuch, 1995.
[14] Heute ein Vorort von Koblenz
[15] Christoph Martin Wieland (1733-1813), deutscher Dichter.

nicht reiner and blühender gedacht werden konnte." (Wahrheit und Dichtung). Doch die pragmatische Mutter verheiratet die 18jährige Maximiliane sehr bald an den „schon etwas ältlichen, langweiligen, sehr wohlhabenden Großkaufmann (Peter Anton) Brentano in Frankfurt".[16] Für letzteren ist diese Verbindung ohne Zweifel ein gesellschaftlicher Aufstieg. Maximiliane schenkt ihren Mann zwölf Kinder und stirbt jung. Bettina ist beim Tod ihrer Mutter erst acht Jahre alt, mit zwölf verliert sie auch den Vater. Peter Anton verstarb als Millionär -- trotz bedeutender Außenstände -- denn bei Hof war er von im Exil lebenden französische Prinzen „befreundet" worden und hatte ihnen Geld geliehen, das nie zurückgezahlt wurde. Dennoch hinterließ er jedem seiner Kinder ein erkleckliches Vermögen.

Aufklärung

Doch kehren wir noch einmal zurück in die Mitte des 18. Jahrhunderts, ins Zeitalter der Aufklärung, des ausgehenden Barock. Das Abendland erlebt den letzten Höhepunkt aristokratischer Lebenskultur, wie sie sich in den Barock- und Rokokopalästen eines Fischer von Erlach oder Pöppelmann und in den Symphonien eines Joseph Haydn wiederspiegelt. Johann Sebastian Bach ist in Leipzig gestorben und Händel hat in London sein letztes Oratorium „Jephta" vollendet. Wolfgang Amadeus Mozart kommt in Salzburg zur Welt. Josef Haydn komponiert sein erstes Streichquartett, Christoph Willibald Gluck kreiert mit „Orfeo ed Euridice" die erste italienische Reformoper gegen übersteigertes Virtuosentum.

Gotthold Ephraim Lessing schreibt „Miss Sara Sampson", Carlo Goldoni die „Mirandolina". Voltaire ist zu Gast in Potsdam, Emmanuel Kant promoviert in Königsberg. J.J.Rousseau schreibt die „Abhandlung über die Ungleichheit".

Österreich ist durch die Eroberungen auf dem Balkan auf Kosten des Osmanischen Reiches zur Großmacht aufgestiegen. Frankreich ist geeint, Deutschland zersplittert wie noch nie zuvor. Ludwig XVI. und Marie Antoinette werden geboren. Friedrich II. von Preußen, der sich zum „ersten Diener" seines Staates erklärt, kämpft im Siebenjährigen Krieg gegen Kaiserin Maria-Theresia und gegen König Ludwig XV. von Frankreich um Schlesien und um die Existenz seines Königreiches. Währenddessen, verdrängt Georg II. von Großbritannien Frankreich erfolgreich aus Indien und Nordamerika. Großbritannien wird damit erste Welthandelsmacht und legt den Grundstein zum britischen Imperium. In England bahnt sich die industrielle Revolution an.[17]

Andreas Jordis stirbt 1754 als wohlhabender Handelsmann. Man erzählt, „sein Weinlager bestand bei seinem Tode aus 35 Stück[18] meist Rüdesheimer und 74 ½ Piècen (20 000 Bouteillen) ausländischer Weine." Wie damals bei Kaufleuten üblich, hatte auch er einen Teil seiner flüssigen Gelder in Darlehen an den Hochadel angelegt, an den Fürsten Alexander Ferdinand von Thurn und Taxis, den Herzog Wilhelm von Sachsen-Eisenach, den Fürsten Waldeck, und andere. Doch war er in

---

[16] Richard Friedenthal, „Goethe, Sein Leben und seine Zeit", Deutscher Bücherbund, Seite 152.
[17] Vgl. dazu : Prof. Werner Stein (Hrgr.), „Der Neuer Kulturfahrplan", F.A. Herbig, München, 2004.
[18] Ein Stück (deutsches Hohlmaß) entspricht etwas 10-12 Hektolitern ; eine Pièce (französisches Hohlmaß) entspricht etwa 2.2 Hektolitern. Das Weinlager bestand demnach aus etwa 42.000 Litern inländischer und etwa 16.000 Litern ausländischer Weine.

Bankgeschäften offensichtlich weniger erfolgreich als im Weinhandel, denn die Chronik berichtet, das sein Gesamtnachlass 177.961 Gulden betragen habe. Doch ohne die „bösen Ausstände bei königlichen, fürstlichen, gräflichen und sonstigen Potentaten" wären es 235.918 Gulden gewesen. Geschäftsnachfolger wird sein ältester Sohn Stefan. Dessen jüngerer Bruder Andreas Georg Friedrich Jordis, mit Maria Theresia Brentano verheiratet, tritt aus der väterlichen Firma aus und macht sich selbstständig. Auch er wird Weingroßhändler. Leider ist uns nur wenig über die Jordis aus der Zeit überliefert, daher müssen wir uns damit behelfen, was Bettina Brentano, Goethe und andere über das städtische Umfeld und über das tägliche Leben in Frankfurt erzählt und aufgezeichnet haben.

Das „gotische" Frankfurt

Im 18. Jahrhundert erlebt Frankfurt noch einmal eine Blütezeit und wird immer vielschichtiger. Durch den starken Zustrom landfremder Elemente bestand die Frankfurter Kaufmannschaft nun aus einem bunten Gemisch deutscher, niederländischer, französischer, schweizerischer und italienischer Kaufleute und aus Lutheranern, Reformierten, Katholiken und Juden. Heute würde man sagen: eine multikulturelle Gesellschaft. Erstaunlich ist dabei doch die verhältnismäßig rasche Verschmelzung dieser vielen, in nationalem, religiösem und wirtschaftlichem Gegensatz stehenden Elemente zu einer einheitlichen und reichlich selbstbewussten Bevölkerung, „der Frankfurter Borjerschaft".

Die freie Reichstadt treibt weiterhin Handel, entwickelt sich, aber bleibt, zumindest äußerlich, immer noch eine mittelalterliche Stadt, bis ins 19., ja bis ins 20. Jahrhundert hinein.

Der französische Dichter Gérard de Nerval, ein großer Liebhaber deutscher Literatur und erster französischer Übersetzer von Goethes „Faust" beschreibt die Stadt bei einem Besuch 1838 folgendermaßen: „In den Gassen und Straßen findet man mit großer Freude noch das Bild einer gotischen Stadt, das man sich gerade für Frankfurt erträumt hat und das sonst vom modernen Stil unserer Zeit in fast allen anderen Städten Deutschlands verändert wurde. Da sind noch die engen gewundenen Gassen mit ihren geschwärzten Häusern, figurengeschmückten Fensterleibungen, vorragenden Obergeschossen; die Brunnen mit ihren kunstvoll geschmiedeten Bekrönungen oder geschmückt mit malerischen und drolligen Steinplastiken; Kapellen und Kirchen als Zeugnisse einer wundervollen Architektur...."[19] Und um 1860 wurde nach Zeichnungen von Peter Becker in einer Reihe von Lichtdrucken diese gotische Stadt festgehalten. Sie zeigt die auch damals noch prachtvolle, rein mittelalterliche Frankfurter Altstadt – neben Nürnberg die größte in Deutschland – mit ihren prunkvollen vier bis fünfstöckigen Fachwerkhäusern und hohen Giebeln, mit den engen Gassen und Durchgängen, den kleinen Plätzen, Brunnen und Innenhöfen. „An der Schmidtstube und an der Butterwaage", liest man dort, „am Krautmarkt, an der Stadtwaage und am Roseneck, zum Rebstock, der Arnsburger Hof, im gelben Hirsch,

---

[19] Zitiert aus: Hilde Kathrein/Laura Krüger (Hrsg.), op. cit., Seite 146.

das Höfchen im Römer, der Römerberg zur Zeit des Weihnachtsmarkts, Hinterhäuser in der Judengasse, der Rahmhof mit dem Zeughaus, u.a."

Die Goethes

In diese engen Gassen mit ihren Traditionen und Vorurteilen war Mitte des 18. Jahrhunderts die Aufklärung vielleicht noch nicht weit eingedrungen, aber sie hat dort ein, ebenfalls vom Wind der Geschichte hereingewehtes Samenkorn gestreut. In einer dieser engen Gassen, am Großen Hirschgraben, kam „am 28. August 1749, Mittags mit dem Glockenschlage Zwölf" Johann Wolfgang Goethe zur Welt. „Die Constellation war glücklich;" wie er viel später selbst erzählt, „die Sonne stand im Zeichen der Jungfrau und kulminirte für den Tag; Jupiter und Venus blickten sie freundlich an, Merkur nicht widerwärtig; Saturn und Mars verhielten sich gleichgültig, nur der Mond, der so eben voll ward, übte die Kraft seines Gegenscheins umso mehr, als zugleich seine Planetenstunde eingetreten war. Er widersetzte sich daher meiner Geburt, die nicht eher erfolgen konnte, als bis diese Stunde vorübergegangen."[20] Unter diesen Vorzeichen wurde Deutschlands größter Dichter geboren.

Entgegen landläufiger Meinung waren die Goethes keine alteingesessene Frankfurter Patrizierfamilie. Auch sie waren „Zugewanderte". Gewissermaßen verdankt Frankfurt seinen berühmtesten Sohn der Unduldsamkeit des französischen Sonnenkönigs! Denn Johann Wolfgangs Großvater Friedrich Georg Goethe, ein tüchtiger, unternehmungslustiger Schneidermeister, stammte aus Artern in Thüringen. Auch er war ein Brückenbauer. Und als ihm die Heimat zu eng wurde, begab er sich auf Wanderschaft nach Frankreich -- erst in die Modehauptstadt Paris und als es ihm dort nicht gefiel, in die Seidenstadt Lyon, wo er sich niederließ. Als nun durch die Aufhebung des Toleranzedikts von Nantes durch Ludwig XIV. alle Protestanten, die sich nicht zum „allein selig machenden Glauben" bekehren wollten, aus Frankreich vertrieben wurden, begab er sich noch einmal auf Wanderschaft und kam so 1686 als 29-jähriger nach Frankfurt am Main. Wie so viele Einwanderer heiratete auch er eine Frankfurter Bürgerstochter. Als Lutheraner hatte er es einfacher, die Auswahl war größer. Und als seine erste Frau früh verstarb, heiratete er noch einmal, eine reiche Witwe, die einen Gasthof mit in die Ehe brachte: den Weidenhof an der Zeil, „lange eines der ersten Häuser in Frankfurt. Die Geschäftskarte zeigt ein fast palaisartiges Gebäude, vierstöckig, mit Halbsäulen an der Mittelfront und einem Katalog der Entfernungen für internationale Gäste, der bis nach St. Petersburg und Rom reicht."[21] So hängte er den Schneiderberuf an den Nagel und ward Hotelier und ....Weinhändler. Als Zunftgenosse wird Andreas Jordis ihn vielleicht gekannt haben. Mit dem Weinhandel hat Friedrich Georg Goethe auch „einen großen Teil des Familienvermögens erworben, von dem auch der Enkel noch lange Jahrzehnte seinen Aufwand bestritt. Ein Patrizier war er nicht, aber er hinterließ 90.000 Gulden in Grundstücken, Hypotheken und siebzehn Ledersäcken mit Bargeld. Der Sohn, Goethes Vater, hat keinen

---

[20] J.W. v. Goethe, op.cit., Erster Teil., Erstes Buch.
[21] Richard Friedenthal, op. cit., Seite 9.

Gulden dazuverdient, sondern als ‚Particulier' gelebt, als der ‚Rat', was ein bloßer, vom Kaiser für 313 Gulden erkaufter Titel ohne jede Tätigkeit war."[22]

Der Enkel des tüchtigen Schneidermeisters, Johann Wolfgang, wächst gemeinsam mit seiner Schwester Cornelia im väterlichen Haus am Großen Hirschgraben auf. In seinen Kindheitserinnerungen zeichnet er uns ein anschauliches Bild seiner Heimatstadt. Erst das Haus seines Vaters in seiner Enge und Bedrohlichlichkeit: „Die alte, winkelhafte, an vielen Stellen düstere Beschaffenheit des Hauses war übrigens geeignet, Schauer und Furcht in kindlichen Gemütern zu erwecken."[23]. In den meisten anderen Bürgerhäusern der Altstadt wird es nicht anders ausgesehen haben. Und dann die „ernste und würdige" alte Stadt, die er in Begleitung seiner Schwester oder „munterer Gespielen" erforscht und deren bunte Vielfalt und Geschäftigkeit sein Interesse erweckt. Ob Wahrheit oder Dichtung, es ist eine genaue und aufmerksame Schilderung. „Was aber die Aufmerksamkeit des Kindes am Meisten an sich zog, waren die vielen kleinen Städte in der Stadt, die Festungen in der Festung, die ummauerten Klosterbezirke nämlich, und die aus früheren Jahrhunderten noch übrigen mehr oder minder burgartigen Räume: so der Nürnberger Hof, das Compostell, das Braunfels, das Stammhaus Derer von Braunfels, und mehrere in den späteren Zeiten zu Wohnungen und Gewerbsbenutzungen eingerichtete Festungen.[24].....Pforten und Thürme, welche die Grenzen der alten Stadt bezeichneten, dann weiterhin abermals Pforten, Thürme, Mauern, Brücken, Wälle, Gräben, womit die neue Stadt umschlossen war.... Eine gewisse Neigung zum Alterthümlichen setzte sich bei dem Knaben fest." Sicherlich hat er daraus für seinen noch in Frankfurt entstandenen „Götz von Berlichingen", und vor allem für den noch dort in ersten Umrissen skizzierten Faust geschöpft?

> „...Aus niedriger Häuser dumpfen Gemächern,
> Aus Handwerks- und Gewerbebanden,
> Aus dem Druck von Giebeln und Dächern,
> Aus der Straßen quetschender Enge,
> Aus der Kirchen ehrwürdiger Nacht...."[25]

Offensichtlich erschienen ihm die weiten, offenen Ausblicke reizvoller. „ Am liebsten spazierte ich auf der großen Mainbrücke...Der schöne Fluss auf- und abwärts zog meine Blicke nach sich." Auch ein Interesse an Menschen und ihrem Dasein in der Stadt erwecken diese Spaziergänge. „ ...wobei noch eine andere Lust, bloß menschliche Zustände in ihrer Mannigfaltigkeit und Natürlichkeit, ohne Anspruch auf Interesse oder Schönheit, zu erfassen, sich hervorthat. So war es eine von unseren liebsten Promenaden, die wir uns des Jahrs ein paarmal zu verschaffen suchten, inwendig auf dem Gange der Stadtmauer herumzuspazieren. Gärten, Höfe, Hintergebäude ziehen sich bis an den Zwinger[26] heran; man sieht mehrern tausend Men-

---

[22] Richard Friedenthal, op. cit., Seite 9.
[23] J. W. v. Goethe. op. cit., Erster Teil, Erstes Buch..
[24] Zu jenen gehörte auch der oben genannte Schweizerhof, in dem die Brentanos ihre ersten Läden gemietet hatten.
[25] Faust, 1. Teil, Osterspaziergang
[26] Gang zwischen innerer und äußerer Stadtmauer, hier wohl einfach Stadtmauer.

schen in ihre häuslichen, kleinen abgeschlossenen, verborgenen Zustände. Von den Putz- und Schaugärten der Reichen zu den Obstgärten des für seinen Nutzen besorgten Bürgers, von da zu den Fabriken, Bleichplätzen und ähnlichen Anstalten, ja bis zum Gottesacker selbst.....ging man an dem mannigfaltigsten, wunderlichsten, mit jedem Schritt sich verändernden Schauspiel vorbei, an dem unsere kindliche Neugier sich nicht genug ergötzen konnte.....Die Schlüssel, denen man sich auf diesem Wege bedienen musste, um durch mancherlei Thürme, Treppen und Pförtchen durchzukommen, waren in den Händen der Zeugherren, und wir verfehlten nicht, ihren Subalternen auf's Beste zu schmeicheln."[27] Doch Frankfurt hatte noch mehr zu bieten.

Als Zehnjähriger erlebt er während des Siebenjährigen Krieges die Besetzung Frankfurts durch französische Truppen. Im Hause des Vaters wird der „Königslieutenant" einquartiert, hohe Herren gehen ein und aus, so der Prinz Soubise und der Marschall de Broglio. Für die beiden Kinder, noch unangefochten durch die politischen Vorurteile der Erwachsenen, ist es eine aufregende und anregende Zeit.

Als Vierzehnjähriger erlebt Goethe ein Konzert des siebenjährigen Mozart im „Scharfischen Saal" hinter der Liebfrauenkirche. Noch im hohen Alter erinnert er sich „des kleinen Mannes mit seiner Frisur und Degen", der von seinem Vater wie ein Zauberkünstler angekündigt wird: „Der Knab wird ein Concerto auf der Violin spielen, bey Synfonien mit dem Clavier accompagnieren, das Manual oder die Tastatur des Clavier mit einem Tuch gänzlich verdecken, und auf dem Tuche so gut spielen, als ob er die Claviatur vor Augen hätte; er wird ferner in der Entfernung alle Töne, die man einzeln oder in Accorden auf dem Clavier, oder auf allen nur erdenklichen Instrumenten, Glocken, Gläsern und Uhren usw. anzugeben imstande ist, genaust benennen. Letztlich wird er nicht nur auf dem Flügel, sondern auch auf einer Orgel vom Kopfe phantasiren."[28] Armes Wunderkind Mozart!

Ein Jahr später findet in Frankfurt die prunkvolle, traditionelle Kaiserkrönung statt. Man krönt Josef II. Wieder ist ein Teil des väterlichen Hauses mit Gästen besetzt und die Stadt Szene prachtvoller Aufzüge.

„Ich wusste mich in dem Römer, den ich, wie eine Maus den heimischen Kornboden, genau kannte, so lange herumzuschmiegen, bis ich an den Haupteingang gelangte, vor welchem die Kurfürsten und Gesandten, die zuerst in Prachtkutschen herangefahren waren und sich oben versammelt hatten, nunmehr zu Pferde steigen sollten....Auch die Botschafter der abwesenden weltlichen Kurfürsten in ihrem goldstoffenen, mit Gold überstickten, mit goldenen Spitzentressen reich besetzten spanischen Kleidern thaten unseren Augen wohl; besonders wehten die großen Federn von den altertümlich aufgekrempten Hüten auf's Prächtigste....Was einem Frankfurter besonders wohl thun musste, war, dass bei dieser Gelegenheit, bei der Gegenwart so vieler Souveräne und ihrer Repräsentanten, die Reichstadt Frankfurt auch als ein kleiner Souverän erschein: denn ihr Stallmeister eröffnete den Zug.....Nun aber concentrirte sich die Reihe, indem sich Würde und Pracht steigerten, immer mehr. Denn unter einer ausgewählten Begleitung eigener Hausdiener-

---

[27] J. W. v. Goethe, op. cit., Erster Teil, Erstes Buch.
[28] Ernst Beutler, op. cit., Seiten 443-444.

schaft, die Meisten zu Fuß, Wenige zu Pferde, erschienen Wahlbotschafter, sowie Kurfürsten in Person nach aufsteigender Ordnung. Jeder in einem prächtigen Staatswagen. Unmittelbar hinter Kurmainz kündigten zehn kaiserliche Läufer, einundvierzig Lakaien und acht Haiducken die Majestäten selbst an. Der prächtigste Staatswagen, auch im Rücken mit einem ganzen Spiegelglas versehen, mit Malerei, Lackirung, Schnitzwerk und Vergoldung ausgeziert, mit rothem gesticktem Sammet obenher und inwendig bezogen, ließ uns ganz bequem Kaiser und König, die längst erwünschten Häupter, in aller ihrer Herrlichkeit betrachten."[29]

Wieder ein Jahr später, im Jahre 1765, schickt der „Rath" Goethe den zarten und kränklichen Sechzehnjährigen an die Universität nach Leipzig und dann nach Strassburg, um Rechtswissenschaften zu studieren. Gereift, kräftig und selbstbewusst kehrt er als Zweiundzwanzigjähriger nach Frankfurt zurück. Doch die Stadt ist ihm nun zu eng geworden. Er schimpft sie ein „leidiges Loch". Vier Jahre hält er es noch aus, bevor er seine Heimatstadt endgültig verlässt. Doch er schreibt während jener vier Jahre, unter anderem, den „Götz von Berlichingen", erfasst damit den Geist der Zeit und wird über Nacht bekannt. Er schwärmt aus, wann immer möglich, nach Darmstadt, nach Wetzlar oder nach Ehrenbreitstein ins schöngeistige Haus von Sophie von La Roche, fühlt sich zu ihrer Tochter Maximiliane hingezogen und lässt einige ihrer Züge, so die dunklen Augen, in seine „Lotte"[30] einfließen. Doch Maximilane ist verheiratet und der eifersüchtige Ehemann verbietet Goethe das Haus. Sein Briefwechsel mit ihrer Mutter Sophie von La Roche, hingegen, dauert noch eine Weile an. Er vollendet „Die Leiden des jungen Werthers" und wird mit diesem Werk mit einem Schlag weltberühmt. Im Jahre 1775 verlässt er Frankfurt endgültig und übersiedelt an den Hof von Weimar.

Die Jordis werden Goethe wohl kaum gekannt haben, sie waren keine Dichter, sondern Händler. Aber Andreas Georg Friedrich Jordis ist zwei Jahre vor dem großen Dichter, seine Frau Maria Theresia Brentano zwei Jahre nach ihm geboren. Sie sind also von derselben Generation und werden, aus ihrer Sicht, dasselbe von Goethe beschriebene Frankfurt erlebt und gelebt haben. Wahrscheinlich ist auch, dass sie „aus der Nachbarschaft", des Dichters Schwester Cornelia gekannten haben, denn auch sie lebte nach ihrer Heirat mit Johann Georg Schlosser in der Töngesgasse.

Goethe und Bettina Brentano

Doch kehren wir noch einmal zu Bettina Brentano (vgl. Bild 3) zurück. Früh verwaist, verbringt sie einen Teil ihrer Kindheit bei ihrer Großmutter in Ehrenbreitstein. Hochbegabt, sprunghaft, exaltiert, ist sie ein Irrwisch. „Solche Lebhaftigkeit, solche Gedanken- und Körpersprünge (denn sie sitzt bald auf der Erde, bald auf dem Ofen), soviel Geist und soviel Narrheit ist unerhört"[31] schreibt Wilhelm von Humboldt über sie nach einer Begegnung bei gemeinsamen Freunden viele Jahre später (1809) in

---

[29] J. W. v. Goethe, op. cit., Erster Teil, Fünftes Buch.
[30] Eine der Hauptfiguren aus Goethes „Werther"
[31] Zitiert in Hildegard Baumgart, „Bettine Brentano und Achim von Arnim , eine Liebesgeschichte in Träumen", Jahrbuch des Freien Deutschen Hochstifts 1997, Max Niemeyer Verlag Tübingen, Seite 152

München. In Ehrenbreitstein stößt die inzwischen Einundzwanzigjährige auf die 43 Briefe, die der junge Goethe seinerzeit ihrer Großmutter geschrieben hatte. Sie darf sie abschreiben und das gibt ihrem Leben eine entscheidende Wendung. Goethe wird ihr Idol, ja eine Zwangsvorstellung, sie muss ihn kennen lernen, ihm nahe sein. In Frankfurt nähert sie sich der noch lebenden Mutter Goethes, will alles über den inzwischen hochberühmten Mann erfahren, schreibt ihn an, beginnt einen Briefwechsel. Und erreicht, ein Jahr später von ihm in Weimar empfangen zu werden. „Da hat den doch die kleine Brentano ihren Willen gehabt....ich glaube im gegen gesetzten fall wäre sie Toll geworden". schrieb Goethes Mutter dazu. In hochgestochener, moderner Psychologensprache ausgedrückt, war es für Bettina „ein Ereignis von wahrhaft archetypischer Gewalt am Schnittpunkt aller wichtigen bettinischen Lebensdeterminanten: Vatersuche, Mutternachfolge, Literaturgeschichte als Familiengeschichte betrachtet; Selbstständigkeit und Abhängigkeit so ineinander verschlungen, dass je nach Bedarf das eine oder das andere zutage tritt; ebenso Kindlichkeit und Weiblichkeit: und über allem der Wunsch, in der Gesellschaft von außergewöhnlichen Menschen zu leben und dort auch gesehen zu werden, kleine Sonne unter großen Sonnen. All das führte zu dem ungewöhnlichen Auftritt der eben 22jährigen in Bubenkleidern angereisten, kinderkleinen Bettina beim 58jährigen Geheimen Rat von Goethe, dem sie auf den Schoß oder an die Schulter flog, gleichsam ins stille Auge ihres Lebensorkans."[32] Und er lässt es geschehen, amüsiert, geschmeichelt, aber auch angeregt durch diese frühreife „Orlanda furiosa", wie Fürst Pückler-Muskau sie später nannte. Viel dichterischer und in brüderlicher Liebe schreibt Clemens Brentano über den Auftritt: „...Dort war sie drei Stunden bei Goethe und er steckte ihr einen Ring an den Finger und gedachte unserer Mutter...Bettina ruhig wie ein Engel: sie ist geistreicher als je ein Mensch vielleicht gewesen, unergründlich genial, unschuldig. Ihr Gesang ist viel mehr geworden. Sie ist nicht mehr gespannt: sie ist ein Genius, der die Flügel öffnet und senkt."[33] Bettina Briefwechsel mit Goethe wird fortgesetzt. Sie wird ihn nach dem Tod des Dichters als "Goethes Briefwechsel mit einem Kinde" veröffentlichen. Mehrmals fährt sie in den nächsten Jahren noch nach Weimar. „Ihre Beziehung zu Goethe ist...eine wirkliche unerhörte Umformung von Realität zu Gunsten einer offenbar lebensnotwendigen Phantasie, etwas wie ein Traum, der das bewusste Leben überflutet, schmückt, begleitet und stützt.....Überdeutlich wird bei der Lektüre von Goethes Briefen, dass bei ihm von ähnlichen Gefühlen nicht im entferntesten die Rede sein kann."[34] Doch ganz gleichgültig scheint dem alten Goethe ihr Besuch nun auch nicht gewesen zu sein, schreibt doch seine Mutter anschließend an Bettina: ..."Du hast viel Vergnügen dort verbreitet – nur bedauert man, dass Dein Aufenthalt so kurz war...." Wie dem auch sein mag, was ihre Liebesphantasie sie erleben ließ und was sie darüber schrieb, „gehört zu den schönsten und poetischsten erotischen Texten der deutschen Literatur" (H. Baumgart). Und wenn sie Goethe „keck und scherzend" im vertrauten Frankfurter Tonfall, lebendig und märchenhaft von seiner Heimatstadt Frankfurt berichtet, wobei sie teils auf eigene Erfahrung zurückgreift, weitgehend aber auf das,

---

[32] Hildegard Baumgart, op. cit., Seite 126 ff.
[33] Zitiert in Peter Anton von Brentano, „Über Bettina und Clemens Brentano", in „Liebe zu Frankfurt", Seite 262
[34] Hildegard Baumgart, op. cit., Seite 183

was Goethes Mutter ihr über die Kindheit des Dichters erzählt hatte, ist der Geheime Rat berückt. Er bittet sie diese seine Kindheitserinnerungen ihm doch aufzuschreiben und „übernimmt vieles davon in Dichtung und Wahrheit und wird durch Bettina erst nachdrücklich dazu gebracht, nun sein Leben als großgefassten Bericht, zum Kunstwerk gestaltet, dem Publikum vorzuführen."[35] So haben wir es vielleicht weitgehend ihr zu verdanken, dass vieles aus „Wahrheit und Dichtung" über das Stadtbild, das Leben und die Ereignisse in der alten Reichsstadt, so wie Goethe, aber auch so wie die Jordis und die Brentanos es damals erlebt und gelebt haben, überhaupt auf uns überkommen ist.

Hochkultur „in tempore belli"

Jahrhundertwende 1800. Die alte Ordnung bricht in Frankreich zusammen. Ludwig XVI. und Marie Antoinette werden 1793 in Paris geköpft. Bald ist ganz Europa im Umbruch. Aus dem Terror der Französischen Revolution erwächst das Kaisertum Napoleons I., der durch zwei Jahrzehnte hindurch den ganzen Kontinent mit Kriegen überzieht, und versucht, ganz Europa zu erobern. In diesen Geburtsstunden des Nationalismus dankt Franz II. 1806 als Kaiser des übernationalen Heiligen Römischen Reiches Deutscher Nation ab und nimmt als Franz I. den Titel Kaiser von Österreich an. Napoleon wird 1815 bei Waterloo von Engländern und Preussen endgültig besiegt. Auf dem Wiener Kongress wird Europa neu verhandelt.

Wolfgang Amadeus Mozart ist 1791 gestorben, Joseph Haydn komponiert 1796 als eines seiner letzten großen Werke die „Missa in tempore belli". Die Romantik beginnt die Klassik abzulösen. Beethoven bringt 1803 seine 3. Symphonie „Eroica" zur Aufführung. Schubert wird 1797 geboren und komponiert 1811 seine ersten Balladen. Im selben Jahr wird C.M. von Webers Singspiel „Abu Hassan" uraufgeführt. Mit dem „Barbier von Sevilla" schuf Gioacchino Rossini 1816 einen der Höhepunkte der italienischen Buffooper.

1799 schreibt Hölderlin den „Hyperion", Novalis 1802 „Heinrich von Ofterdingen". Achim von Arnim und Clemens Brentano geben 1806 die Volksliedsammlung „Des Knaben Wunderhorn" heraus und Heinrich von Kleist den „zerbrochenen Krug". Schiller schreibt 1804 den „Wilhelm Tel", 1808 erscheint der erste Teil von Goethes „Faust". 1799 schreibt Fichte „Über den Grund unseres Glaubens an eine göttliche Weltregierung", Herder seine „Metakritik zur Kritik der reinen Vernunft", und Schelling „Erster Entwurf eines Systems der Naturphilosophie".

J.L. David malt 1800 das Portrait der Madame Recamier, Francisco Goya 1801 „Die bekleidet Maya" und „Die nackte Maya", und George Romney das Portrait der Lady Hamilton. C.D. Friedrich vollendet 1808 „Das Kreuz im Gebirge". 1810 wird die deutsche Malervereinigung der „Nazarener" gegründet.

Alexander von Humboldt unternimmt 1799-1804 eine Forschungsreise durch Mittel- und Südamerika.

In München findet 1810 das erste Oktoberfest statt. Ab 1813 wird der Walzer Gesellschaftstanz und ab 1814 beginnt die englische Mode zu dominieren.

---

[35] Richard Friedenthal, op. cit., Seite 511.

In England steigt die Bevölkerungszahl mit der und durch die industrielle Revolution. 1806 beträgt die Bevölkerung Deutschlands 29 Millionen Einwohner. Robert Fulton erfindet 1807 das Dampfschiff in den USA. 1811 werden in Essen die Krupp-Werke gegründet. Friedrich Koenig erfindet 1812 die Schnelldruckpresse. George Stephenson baut 1814 die erste Eisenbahnlokomotive. [36]

Kriegswirren

Die Kriegswirren der Französischen Revolution erreichen auch Frankfurt. 1792 besetzt Général Custine die Stadt und erhebt eine Brandschatzung[37] von zwei Millionen Franken. Vier Jahre später belagern und beschießen die Franzosen noch einmal die Stadt. Frau Rath Goethe, die damals schon seit 14 Jahren als Witwe allein in Frankfurt lebt, berichtet darüber in ihrer unvergleichlich direkten, sprunghaften und zuversichtlichen Ausdrucksweise an ihren Sohn in Weimar: „Lieber Sohn! Du verlangst die näheren Umstände des Unglücks unserer Stadt zu wissen. Dazu gehört eine ordentliche Rangordnung, um klar in der Sache sehen zu können. Im engsten Vertrauen sage ich dir also, dass die Kaiserlichen die erste Ursache sind – da sie nicht imstande waren, die Franzosen zurückzuhalten, da diese vor unseren Toren stunden. Da Frankfurt keine Festung ist, so war es Unsinn, die Stadt, ohne dass sie den mindesten Vorteil davon haben konnten, ins Unglück zu bringen – mit alle dem wäre aller Wahrscheinlichkeit nach kein Haus abgebrannt! Wenn der fatale Gedanke, den sich niemand ausreden ließe, die Franzosen würden plündern, nicht die Oberhand behalten hätte….In allen Häusern – waren die größten Bütten mit Wasser oben auf die Böden der Häuser gebracht – sowie eine Kugel zündete, waren nasse Tücher – Mist u.d.g. bei der Hand. – so wurden Gott sei Dank – die ganze Zeil – die große und kleine Eschenheimer Gasse – der Roßmarkt – die Tönges und die Fahrgasse gerettet – daß nicht ein Haus ganz niedergebrannt ist – ja besser zu sagen gar nichts das der Mühe wert wäre zu sehen. – Der andre Teil der Stadt, der Römerberg, Mainzergasse und so weiter kam ohnehin wenig hin – und tat gar nichts. Auf der Frieburger Gasse ist unser ehemaliges Haus abgebrannt – auch der gelbe Hirsch hinten hinaus……..Unsere jetzige Lage ist in allem Betracht fatal und bedenklich – doch vor der Zeit sich grämen oder gar verzagen, war nie meine Sache – auf Gott vertrauen – den gegenwärtigen Augenblick nutzen – den Kopf nicht verlieren – sein eignes wertes Selbst vor Krankheit, denn so was wäre jetzt sehr zur Unzeit, zu bewahren – da dieses alles mir von jeher wohlbekommen ist, so will ich dabei bleiben. Da die meisten meiner Freunde emigriert sind – kein Komödienspiel ist – kein Mensch in den Gärten wohnt; so bin ich meist zu Haus – da spiele ich Klavier, ziehe alle Register, pauke drauf los, daß man es auf der Hauptwache hören kann – lese alles durcheinander: Musenkalender, Weltgeschichte von Voltaire – vergnüge mich an meiner schönen Aussicht – und so geht der gute und mindergute Tag doch vorbei………"[38]

---

[36] Vgl. dazu : Prof. Werner Stein (Hrgr.), op. cit.
[37] Das heißt, wenn die Stadt nicht zahlt, wird sie niedergebrannt oder geplündert, meistens beides.
[38] Hilde Kathrein/Laura Krüger (Hrsg.), op.cit., Seite 84/85.

Und die „minderguten" Tage gehen tatsächlich vorüber. Zwar erpresst der kommandierende General Kléber diesmal 6 Millionen Franken. Und das ist nicht das Ende. Denn 1800 wird die Stadt von Maréchal Augereau abermals mit mehreren Millionen Franken gebrandschatzt. Aber Frankfurt überlebt.

Doch ist es, unter diesen Umständen, vielleicht nicht erstaunlich, dass Andreas Friedrich Jordis in späteren Jahren in finanzielle Schwierigkeiten gerät. Er zieht von Frankfurt nach Höchst und lebt bis zu seinem Tode im Jahre 1827 von einer Rente, die ihm sein Bruder Alexander Ferdinand ausgestellt hatte.

Wieder treten Brückenbauer unter den Jordis auf. Wieder sucht die Jugend nach neuen Horizonten, nach neuen Möglichkeiten. Auch patriotische Gefühle werden dabei eine Rolle gespielt haben. Doch diesem Falle sind die Brücken schon vorbereitet. Ein halbes Jahrhundert vorher, also um die Mitte des 18. Jahrhunderts, hatte Alexander Ferdinand Fürst von Thurn und Taxis, Erbgeneraloberstpostmeister des Reiches, in seinem prachtvollen Barockpalais in der Großen Eschenheimerstraße in Frankfurt am Main Hof gehalten. Wie schon erwähnt, hatten ihm die Jordis Geld geliehen, wie auch andere „Kapitalisten" Frankfurts es getan. Es ist nicht sicher, ob dies Geld jemals zurückgezahlt wurde, dagegen ist sicher, dass der Fürst Taufpate eben dieses Alexander Ferdinand Jordis wurde, der später seinem Bruder eine Rente ausstellte. Auf Veranlassung und unter Vermittlung seines Paten wanderte dieser Täufling später nach Wien aus, trat in kaiserliche Dienste, nahm an 15 Feldzügen teil. Er wurde Feldmarschallleutnant und Inhaber des zur Zeit der Türkenkriege 1682 gegründeten Infanterieregimentes No. 59[39], des späteren Salzburger Hausregiments. Sein eindrucksvolles Portrait in voller Uniform, hängt heute noch in der Festung Hohensalzburg (vgl. Bild 4). Er blieb ledig und lebte die letzten Jahre bis zu seinem Tode im Jahre 1821 in Graz. Diese erste Brücke hat dreien seiner Neffen, den Brüdern Anton, Andreas und Franz Jordis, den Weg in eine neue Heimat geebnet: Österreich. Die beiden ersten hat er in sein eigenes Regiment aufgenommen, der dritte diente bei den Husaren. Alle drei machten die Feldzüge gegen Napoleon mit und brachten es zum Oberstleutnant, Oberst und Generalmajor. Und alle drei setzten sich später, wie ihr Onkel es getan hatte, in Graz zur Ruhe. Anton ist der Ahnherr der österreichischen Linie der Jordis, seine beiden Brüder hatten keine Nachkommen.

---

[39]Die Rolle der Regimentsinhaber, (nicht zu verwechseln mit Regimentskommandanten), ursprünglich eine funktionelle Rolle, wurde im Laufe der Zeit immer mehr repräsentativ. Ausländische Fürsten, habsburgische Erzherzöge, Hocharistokraten oder pensionierte Generäle durften ihren Namen geben und bei feierlichen Anlässen in der Uniform des Regiments erscheinen. Alexander von Jordis war Inhaber des Regiments No. 59 von 1790 bis 1815, nach ihm waren es ab 1815 der Großherzog von Baden und ab 1852 Erzherzog Rainer.

Das Kaiserreich Österreich – In Armee und Staatsdienst

Das Entstehen eines Vielvölkerreiches

Der Traum eines zweiten habsburgischen Großreiches, nach dem Weltreich Karls V., eines Großreiches im Südosten Europas, sollte Ende des 17. Jahrhunderts Wirklichkeit werden. Doch bevor es dazu kam, musste jenes Habsburger Erzherzogtum an der Donau fast zugrunde gehen. 1683 belagerten die Türken Wien zum zweiten Mal und diesmal waren sie entschlossen, dieses wichtigste und letzte Bollwerk im Südosten des Abendlandes zu erobern. Sophia war schon türkisch, ebenso Belgrad und Budapest, sogar das ferne Kiew. Fiele jetzt auch noch Wien, so stünde das Tor nach Mittel- und Westeuropa offen. Europa musste sich mobilisieren. Es war der letzte Kreuzzug des christlichen Abendlandes gegen die „Ungläubigen". Doch die Christenheit war nicht mehr geeint. Der „allerchristlichste" König, Ludwig XIV. von Frankreich, paktierte heimlich mit den Türken gegen den Kaiser. Sonst aber kamen Fürsten und Ritter aus allen Teilen des Abendlandes, um Wien und die Christenheit zu retten. Polens König Jan Sobieski, an der Spitze seiner Flügelhusaren, übernahm den Oberbefehl. Über zwei Monate hatte die Stadt Wien unter dem Kommando des heldenmütigen Grafen Starhemberg allen Angriffen des türkischen Heeres getrotzt. Doch jetzt war sie am Ende ihrer Kräfte, als am 12. September 1683 das alliierte Ersatzheer die Türken vor den Toren der Stadt vernichtend schlug. Es war die Geburtsstunde der Großmacht Österreich. Und wieder hat Ludwig XIV., ohne es zu wollen, dabei eine Rolle gespielt. Als nämlich ein hässlicher, verwachsener, aber militärisch außergewöhnlich begabter junger Prinz den selbstherrlichen Sonnenkönig um ein Regiment in seiner Armee ersuchte, hat ihn dieser wie Luft behandelt. Da verließ der stolze Prinz Frankreich und hat sich geschworen, nur mit dem Schwert in der Hand wieder dorthin zurückzukehren. Und er hat seinen Schwur gehalten und ist als Prinz Eugen von Savoyen, „der edle Ritter", in die Geschichte und in die Legende eingegangen. Später als kaiserlicher Oberbefehlshaber hat er nicht nur Frankreich empfindliche Niederlagen beigebracht, sondern mit der Rückeroberung eines großen Teils Südosteuropas von den Türken, dem deutschen Kaiser und Erzherzog von Österreich ein einmaliges Vielvölker-Großreich geschaffen, das über zwei Jahrhunderte bestehen sollte.

Es handelte sich hier, wie ein Jahrtausend zuvor im Südwesten des Abendlandes in Karl Martells Schlacht bei Tours und Poitiers, und wie zwei Jahrhunderte zuvor bei der *reconquista* Spaniens, auch hier wieder, diesmal im Südosten Europas auf dem Balkan, um ein Zurückdrängen des Islams, der immer wieder versucht hatte, weite Teile Europas zu erobern, wie es ihm dauerhaft in Afrika und Asien gelungen war.

Als ein Jahrhundert später, nach der Französischen Revolution, Napoleon im Zuge seiner Eroberungen Europas Landkarte völlig veränderte, legte Kaiser Franz II. 1806 die Krone des Heiligen Römischen Reiches nieder und nahm als Herrscher dieses Südost- Reiches den Titel Kaiser von Österreich an.

Im Jahre 1813 veröffentlichte ein gewisser William Alexander in London ein Buch mit dem Titel: „Picuresque Representations of the Dress and Manners of the Austrians, illustrated in fifty coloured engravings with descriptions." Es ist ein hübsches Bilderbuch mit 50 kolorierten Stichen, welche die bunte, oft exotische Vielfalt der, meist ländlichen Bevölkerung des damaligen österreichischen Kaiserreiches darstellt – Bauern aus Oberösterreich, aus Krain und aus Tirol, aus Ungarn und Slawonien, aus Böhmen und Mähren, aus der Bukowina und aus Kroatien, Siebenbürger Sachsen aus Hermannstadt, polnische Juden und zuppanesische Grafen, ein Pope aus Cattaro, ein Serethier und ein Pandure, eine Bäuerin vom Fluß Hanna, ein russischer Bauer aus Marmoros und viele andere aus Gegenden, deren Namen uns heute oft nichts mehr bedeuten.

Das Regiment von Jordis

In dieses Reich folgten, ein knappes Jahrhundert nach den Siegen des Prinzen Eugen, die Brüder Anton, Andreas und Franz Jordis ihrem Onkel, um Österreich diesmal gegen einen Einfall von Westen, einen Einfall der revolutionären, später kaiserlichen französischen Heere zu verteidigen. Fünfundzwanzig Jahre lang, von 1790 bis 1815, standen sie von Holland bis Italien und von Frankreich bis an die türkische Grenze unentwegt im Felde und erlitten viele, zum Teil schwere Verwundungen. Und die Tapferkeit, die militärischen Erfolge nicht nur des Onkels, sondern auch seiner drei Neffen sowie die Schicksale des Regiments Jordis haben diesen Namen in der kaiserlichen Armee bekannt gemacht.

Schon während der italienischen Feldzüge gegen Napoleon tritt das Infanterieregiment No. 59, das damals in Verona in Garnison lag, und sein Inhaber Alexander Ferdinand von Jordis in Erscheinung. Im Jahre 1802 besetzt es das nun säkularisierte Erzbistum Salzburg für den Kaiser und wird Salzburger Hausregiment.

1809 kommt es in der Schlacht von Aspern zu Ehren. Andreas, der fast seine ganz militärische Karriere im Regiment Jordis machte, hat die Schlacht als Hauptmann mitgemacht. Ein zeitgenössischer kolorierter Stich zeigt, gegen den Hintergrund einer lichterloh brennenden Kirche, die dramatische Kampfszene, Mann gegen Mann, mit aufgepflanzten Bajonetten, der „Erstürmung des Kirchhofes von Apern durch das Regiment Benjovsky mit einem Bataillon von Jordis am 22. Mai 1809". Ein Bataillon des Infanterieregiments No. 59 war also daran beteiligt gewesen. In dieser überaus verlustreichen Schlacht Erzherzog Karls gegen Napoleon war Apern „inzwischen von Hiller[40] zu fünftenmal gestürmt worden. Um einer neuerlichen Besetzung durch Franzosen vorzubeugen ließ er die Kirche anzünden und die Friedhofsmauer einreißen. Für Napoleons Rückzug hatte der Ort aber noch immer nicht seine Wichtigkeit verloren. Er schickte also Divisionsgeneral Curial mit drei Bataillonen Gardetirailleure quer über das Schlachtfeld, um Massena nochmals die Einnahme des heißumkämpften Ortes zu ermöglichen. Der setzte sich selbst an die Spitze der Sturmkolonnen und nahm abermals Kirche und Friedhof. Doch um 1 Uhr Nachmit-

---

[40] Feldmarschallleutnant Hiller, Befehlshaber des 6. Korps.

tag hatten die Kaiserlichen Aspern mit Unterstützung ihrer hervorragenden Artillerie zurückerobert."[41]

„Die Beharrlichkeit des Feindes musste dem Heldenmut unserer Truppen weichen und der vollständige Sieg krönte die Anstrengungen unserer Armee." schreibt Erzherzog Karl am 23. Mai an seinen Bruder, den Kaiser. Historiker sehen das heute etwas anders. „Erzherzog Karl wurde bestürmt weiter vorzugehen. Er gab aber nur den Befehl, die ursprünglichen Positionen wieder zu besetzen, im Übrigen alles zu vermeiden, was zu ernsten Kämpfen führen könnte. Dies führte dazu, dass man die Ergebnisse der Schlacht bei Aspern später als unbefriedigend ansah.[42]" So gilt zwar Aspern als Sieg der Österreicher, aber kein nachhaltiger.

Bis zum Ende der Napoleonischen Kriege, noch während der Befreiungskriege von 1813, erfüllt das Regiment Jordis seine Pflicht: In der letzten Schlacht Napoleons auf deutschen Boden, der Schlacht von Hanau, unterstützt es die bayrischen Truppen unter General Graf Wrede[43] gegen das Gros der nach der Völkerschlacht von Leipzig zurückflutenden französischen Armee. Noch ein letztes Mal ist Napoleon siegreich: "Das österreichische Regiment Jordis und die Prinz Schwarzenberg Ulanen sind völlig vernichtet worden." schreibt er an Marie-Louise[44]. Das war erwartungsgemäß übertrieben, doch es ist wahr, daß die Jordis Grenadiere, die sich tapfer geschlagen haben, durch die erdrückende Überlegenheit des Gegners schwere Verluste hinnehmen mussten. Das 2. Bataillon wurde völlig aufgerieben. Durch falsche Meldungen irregeführt hatte General Wrede zu spät erkannt, dass seine 30.000 bayrischen und österreichischen Soldaten den Kerntruppen der französichen Armee (60-80.000) unter Napoleons persönlichem Kommando gegenüberstanden. Er hat somit trotz großer Verluste den Rückzug der Franzosen über Frankfurt am Main nach Frankreich nicht verhindern können. Andreas Jordis hat als Major an der Schlacht von Hanau teilgenommen.

Friede

Nach dem Sieg über Napoleon hatten sich 1815 unter dem Vorsitz Metternichs die Herrscher des Abendlandes auf dem Wiener Kongress versammelt, um die Geschicke Europas nach 25 Jahren napoleonischer Eroberungskriege wieder zu ordnen. Mit Weitsicht und staatsmännischem Können wollten sie einen langfristigen Frieden sichern, der dann auch, von kurzen, kleineren Konflikten abgesehen, ein Jahrhundert lang gedauert hat. Man hatte den langjährigen Störenfried Frankreich nicht aus dem Kreise der Königreiche verstoßen, hat ihn nicht bestraft und erniedrigt. Ja, durch den Großmut der Siegermächte und wohl auch durch die diplomatische Kunst Talleyrands hat Frankreich bei der Neuordnung Europas territorial sogar noch dazu

---

[41] Harald Skala, „Die Schlacht von Aspern am 21. und 22. Mai 1809", Militärhistorische Schriftenreihe, Heft 11, Heeresgeschichtliches Museum Wien, 1994.
[42] Harald Skala, op. cit.
[43] Die bayrische Armee war inzwischen auf die Seite der Alliierten gegen Napoleon übergewechselt.
[44] « Le régiment autrichien Jordis et les hulans du prince Schwartzenberg ont été entierèrement détruits.... » aus Napoleons Brief vom 31. Oktober 1813 an „S.M. Impératrice-reine et régente" in « Œuvres de Napoléon Bonaparte », Tome Cinquieme, C.L.F. Panckoucke, Editeur, 1821.

gewonnen! Im Zuge dieser Neuordnung fiel nicht nur die Lombardei zurück an Österreich, sondern es behielt auch Venetien, das ihm im Frieden von Campo Formio 1797 zugefallen war.

Anton Edler von Jordis und sein Sohn Johann

Anton Jordis, 1778 noch in Frankfurt geboren, begann 1794, sechszehnjährig, im Regiment seines Onkels Alexander Ferdinand seine militärische Laufbahn. Er blieb in diesem Regiment bis 1800 und hat dann den italienischen Feldzug mitgemacht. Danach wechselte er mehrmals das Regiment und nahm in den folgenden fünfzehn Jahren an zehn Feldzügen teil.

Im Jahre 1809 wäre er fast ums Leben gekommen. In der „Affaire bei Söll"[45] hielt er als Capitain Lieutenant mit seiner Compagnie den weit überlegenen Feind eine beträchtliche Zeit auf, bis endlich seine Compagnie geschwächt und ihm selbst der rechte Arm durch einen Schuss zerschmettert wurde, worauf er nach erfolgtem Rückzug der Compagnie am Kampfplatze liegen blieb……Sein Vetter (Peter Anton Jordis), der in feindlichen (bayrischen) Diensten stand und Offizier war, kam gerade dazu, wie ein bayrische Soldat meinem, durch die Zerschmetterung des rechten Arms zu Tode ermatteten Großvater mit dem Gewehrkolben den Garaus machen wollte. Mein Großvater wurde jedoch von seinem Vetter erkannt und so durch verwandte Hand vom Tode gerettet und gefangen genommen"[46]

Nach einer ausgezeichneten 44jährigen Dienstzeit wird er 1839 mit dem Titel „Edler von" in den Adelstand erhoben und lebte nach seiner Abrüstung bis zu seinem Tode im Jahre 1847 als Generalmajor a.D. in Graz. Schon 1808 hatte er sich mit Anna Maria von Nosky vermählt (vgl. Bild 5). Sein einziger Sohn Johann, und nach dem frühen Tode dreier Schwestern, einziges Kind, wurde am 23. April 1812 in Cilli[47] in der Untersteiermark geboren.

„Mein Vater war Hauptmann als ich zur Welt kam." schreibt dieser in seinen Lebenserinnerungen. „Beide (Eltern) waren vermögenslos, denn der Vater hatte nur seine Gage, die Mutter nur die Interessen ihrer damals bloß 6.000 fl. betragenden Caution. Ich blieb von vier Kindern der einzig Überlebende und meine armen Eltern opferten alles Mögliche, um die Kosten meiner Erziehung zu bestreiten. Ich studierte an den Gymnasien in Fiume[48], Triest und Görz[49] und vollendete die Rechtswissenschaften an der Grazer Universität im Jahre 1832. Durch einen Onkel, Obersten von Jordis, in die Gesellschaft eingeführt, habe ich die vier Jahre meiner juridischen Studien ungeachtet meiner sehr bescheidenen Mittel äußerst angenehm zugebracht,

---

[45] Ort zwischen Wörgl und Kitzbühel in Tirol.
[46] Aus den Erinnerungen seines Enkels, August Frhr. Jordis von Lohausen. Sein Retter ist der Sohn seines Onkels Stefan.
[47] Das heutige Celje in Slowenien.
[48] Das heutige Rijeka in Kroatien.
[49] Das heutige Gorizia/Gorica an der italo-slowenischen Grenze.

war ein beliebter Kamerad, ein gesuchter Tänzer. Noch jetzt denke ich mit Vergnügen an jene schöne, lustige Zeit zurück."[50]

Da Johann das einzige Kind war und sein Vater sowie seine Onkeln während der napoleonischen Kriege zum Teil schwer verwundet worden waren, untersagte ihm sein Vater, in die Armee einzutreten. „Darauf trat ich, als mein Vater mittlerweile Oberst geworden und in Triest stationirt war, bei dem dortigen Gubernium in Staatsdienst." Er machte seine ganze weitere Karriere im italienischen Teil der Monarchie, die ihn vom „küstenländischen Gubernium" in Triest über Görz nach Capo d'Istria führte, wo er 1850 zum Bezirkshauptmann ernannt wurde.

Revolutionen und Gegenrevolutionen

Mitte des 19. Jahrhunderts. Im Jahre 1848 erscheint das „kommunistische Manifest" von Karl Marx und Friedrich Engels. Im selben Jahr bricht in Paris die Februarrevolution los und beendet endgültig das französische Königtum. Prinz Charles Louis Napoleon wird Präsident. Es folgen die Märzrevolutionen in Deutschland und Österreich mit dem Ziel demokratischer Verfassungen, aber auch mit dem Ruf nach deutscher Einigung. Deutsche Nationalversammlung mit Erzherzog Johann als Reichsverweser. Oktoberrevolution in Österreich -- Kaiser Franz Josef I. folgt Ferdinand I. auf den Thron. Aufstände in den italienischen, tschechischen und ungarischen Teilen des Reiches. 1849 lehnt König Friedrich Wilhelm IV. von Preußen die ihm angebotene deutsche Kaiserkrone ab, weil er von den deutschen Fürsten, nicht vom Volk gewählt werden will. 1852 wird Prinz Charles Louis durch Staatsstreich als Napoleon III. Kaiser Frankreichs.

Bei etwa gleichbleibenden Reallöhnen hat sich die deutsche Industrieproduktion seit 1800 etwa versechsfacht – in der 2. Hälfte des Jahrhunderts verdoppeln sich die Reallöhne bei Verzehnfachung der Produktion. 1845-48 Vernichtung der Kartoffelernte in Irland durch Meltau, die folgende große Hungersnot führt zu Massenauswanderung. Bismarck gründet 1848 die konservative „Neue Preußische Zeitung", Karl Marx die „Neue Rheinische Zeitung". Goldfunde in Kalifornien führen zu Massenwanderungen. In Deutschland wird der 12stündige Arbeitstag gefordert. Schaffung eines Telegraphennetzes in Deutschland. 1850 erstes Unterseekabel Dover – Calais. Fast 15% der Bevölkerung der USA sind Negersklaven. Weizenexporte der USA nehmen zu. 1851 Eröffnung der ersten Weltausstellung in London, von Prinzgemahl Albert von Sachsen-Coburg und Gotha organisiert. 50% der englischen Bevölkerung wohnt in Städten. England dominiert wirtschaftlich und in der Mode.

Männermode: Zylinder, Gehrock, langes Beinkleid; Frack bei Feiern. Frauenmode: hellfarbig, Reifröcke aus leichten Stoffen, Dekolleté, große flache Hüte mit Samtbändern und Pleureusen.

Alexandre Dumas schreibt 1848 die „Kameliendame", Charles Dickens 1849 „David Copperfield", Fjodor Dostojewski wird zum Tode verurteilt und begnadigt. 1850 sterben Honoré de Balzac, Nikolaus Lenau und William Wordsworth. Clemens Brentanos „Romanzen vom Rosenkranz" werden posthum herausgegeben. Theodor Storm schreibt „Immensee".

---

[50] Diese und die folgenden Zitate stammen aus den Lebenserinnerungen des Johann Frhr. Jordis von Lohausen

1848 erster deutscher Katholikentag in Mainz, 1849 erster deutscher evangelischer Kirchentag in Wittenberg. Sören Kierkegaard schreibt 1849 *„Die Krankheit zum Tode"*, Arthur Schopenhauer 1850 *„Parerga und Paralipomena"*.

Alfred Rethel vollendet 1848 die antirevolutionären Holzschnitte *„Auch ein Totentanz"*, D.G. Rosetti gründet die präräfaelische Bruderschaft englischer Maler. 1849 stirbt der japanische Maler Katsushika Hokusai, 1850 malen Eugène Delacroix *„Die Löwenjagd"*, Adolph von Menzel die *„Tafelrunde in Sanssouci"* und Ferdinand Waldmüller die *„Praterlandschaft"*.

Schumann schreibt 1848 seine Oper *„Genoveva"*, Giacomo Meyerbeer 1849 *„Der Prophet"* und Otto Nicolai *„Die lustigen Weiber von Windsor"*. Richard Wagner muss wegen Beteiligung am Maiaufstand aus Dresden fliehen und schreibt ein Jahr später seinen *„Lohengrin"*. 1853 schreibt Johannes Brahms seine erste Klaviersonate und Giuseppe Verdi *„Rigoletto"*.

1848 erste telegraphische Wettermeldung in England. David Livingstone erforscht 1849 das Sambesigebiet in Afrika, 1850 L. Foucault's Pendelversuche zum Nachweis der Erdumdrehung. I.M. Singer verbessert und produziert Nähmaschinen.[51]

Das Königreich Lombardei-Venetien – Der Delegat von Verona

In Oberitalien hatte sich der Zeitgeist grundlegend geändert seit jenen Jahren zu Anfang des 18. Jahrhunderts, als die Lombardei nach den harten Jahrhunderten spanischer Herrschaft mit Freuden wieder zu Österreich gekommen war. Ein Brentano war damals kaiserlicher Generalschatzmeister in Italien und Geheimer Staatsrat im Herzogtum Mailand gewesen, ein anderer Statthalter in Como. Die Kaiserin Maria-Theresia hatte die Mailänder Scala gegründet. Handel und Kultur blühten.

Doch dann kamen die napoleonischen „Befreier", deren die Bevölkerung bald überdrüssig wurde. Und auf dem Wiener Kongress fiel die Lombardei wieder an Österreich. Auch Venedig und Venetien, die einstmals stolze Serenissima von San Marco, von Napoleon gestürzt, blieb Teil der Habsburger-Monarchie. Schon damals drang Metternich darauf, innerhalb des österreichischen Kaiserreiches, welches nun das Heilige Römische Reich abgelöst hatte, den italienischen Provinzen eine gewisse Selbständigkeit zuzugestehen. Doch der pathologische Zentralismus Franz I. hat diese Hoffnung der Italiener zunichte gemacht. Im Gegenteil, bald konnte „man nicht mal mehr den kleinen Finger bewegen ohne Bewilligung aus Wien" (Alviso Zorzi). Und so begann im Lauf der Jahrzehnte ein anfänglich rebellischer und später revolutionärer Wind nationaler Einigungsbestrebungen zu wehen.

Zuerst empfindet man die österreichische Herrschaft noch nicht als Unterdrückung. Die „österreichische Bürokratie ist gewissenhaft und tüchtig, die Justiz vorschriftsmäßig verwaltet, die örtliche Verwaltung, wenn auch unter Aufsicht der österreichischen Regierung, ist im allgemeinen Italienern überantwortet."[52] Mailand und die

---

[51] Vgl. dazu: Prof. Werner Stein (Hgr.), op. cit.
[52] Alvise Zorzi, « La République du Lion, Histoire de Venise », Librairie Académique Perrin, Paris 1988, Seite 356

Lombardei, die unter der klugen Verwaltung Maria-Theresias und Josefs II. einen bedeutenden wirtschaftlichen Aufschwung erlebt hatten, blühen weiter auf. Venetiens wirtschaftliche Entwicklung dagegen war schon seit langem zunehmend ins Stocken geraten. Die Serenissima hatte während des ganzen 18. Jahrhunderts fröhlich und anmutig über ihre Verhältnisse gelebt und dann unter der französischen Herrschaft gelitten. Die örtliche österreichische Regierung versucht nun die Privatinitiative wieder anzukurbeln, gibt ein weitläufiges Straßenprogramm in Auftrag und baut die Eisenbahnlinie zwischen Mailand und Venedig, den beiden Hauptstädten des neuen Königreiches Lombardei-Venetien. Man hatte sich mit der neuen Herrschaft mehr oder minder „arrangiert", als das Revolutionsjahr 1848 über Europa, und auch über die italienischen Provinzen hereinbricht. Venedig, die alte Dogenstadt, die immer noch von erneuter Unabhängigkeit und Größe träumt, bäumt sich 1849 noch einmal auf und leistet unter der nunmehr revolutionären Regierung Daniele Manins, einen fünfmonatigen, ebenso heroischen, wie völlig sinnlosen und heute unverständlichen Widerstand gegen die österreichischen Autorität (und überdies gegen die Cholera). Dieser ungleiche Kampf wird in der ganzen damaligen Welt als der Streit des kleinen liberalen, für seine Freiheit kämpfenden Davids gegen die Übermacht eines reaktionären Goliaths betrachtet und mit Spannung verfolgt. Doch diesmal unterliegt David erwartungsgemäß militärisch, trägt aber moralisch den Sieg davon. Und trotz relativ milder Friedensbedingungen und anhaltender Versöhnungsversuche von österreichischer Seite, wird von nun an, und besonders in der Stadt Venedig selbst, die österreichische Herrschaft als Unterdrückung empfunden.

Unter diesen nicht ganz einfachen Vorzeichen tritt Johann von Jordis im April 1850 seinen Posten in Capo d'Istria an. Seine viel später verfassten Lebenserinnerungen gewähren einen lebendigen Einblick in diese Zeit. Er muss diplomatisches Feingefühl und politische Fähigkeiten besessen haben, hatte doch, wie er selbst in seinen Erinnerung schreibt, „mein Wirken Staat und Bevölkerung derart zufrieden gestellt, dass, sobald ich zum Provinzial-Delegaten der großen Provinz Udine ernannt wurde, das Munizipium von Capo d'Istria die für mich sehr schmeichelhafte Erklärung durch die Zeitung veröffentlichen ließ, welche als theures Andenken sich unter meinen Schriften befindet, und welcher umso mehr Glaube und Gewicht beizumessen ist, als jene Körperschaft ganz italienisch und regierungsfeindlich gestimmt war".

Der sehr ehrenvolle Aufstieg vom Bezirkshauptmann in Capo d'Istria zum Delegaten in Udine im März 1851 ist von kurzer Dauer. „Kaum hatte ich mich in die neuen Verhältnisse und dort landesgültigen Verhältnisse eingelebt, kaum den halben Teil der größten Provinz des lombardo-venezianischen Königreiches bereist, erhielt ich mittels Estafette den Befehl des General Gouverneurs Feldmarschall Grafen Radetzky mich augenblicklich nach Verona zu verfügen und die Leitung der dortigen Provinz zu übernehmen."

Die höchste Instanz im Königreich Lombardei-Venetien war damals der General-, Zivil- und Militärgouverneur Feldmarschall Graf Radetzky. Unter ihm fungierten die Statthalter (Gouverneure) für Venetien in Venedig und für die Lombardei in Mailand. Und ihnen unterstanden die Delegationen. „Neun Delegationen gliederten das Verwaltungsgebiet der Lombardei in neun Provinzen; aus acht Delegationen, d.h. aus acht Provinzen, bestand das venezianische. Als jeweiliges Zentrum und als Sitz der Behörde dienten ebenso viele Provinzhauptstädte….Freilich unterschieden sich diese siebzehn Delegationen nicht unerheblich durch ihre administrative Qualität und Größe: Verona zum Beispiel, das elf Distrikte mit 304.000 Einwohnern umfasste, zählte zu den wichtigsten, weil ‚am meisten beschäftigten' Delegationen."[53] Der Name Jordis wird in Verona nicht ganz unbekannt gewesen sein, hatte doch das Regiment Jordis ein halbes Jahrhundert zuvor in der Stadt und Umgebung in Garnison gelegen.

Die Provinz Verona zerfiel in elf Distrikte, die jeweils von einem mit italienischen Beamten besetztem Distriktskommissariat verwaltet wurden. Diese Funktion des Distriktskommissar als unterste staatliche Instanz war von entscheidender Bedeutung. Denn er überwachte die Gemeinden, verwaltete die steuerlichen Angelegenheit und sorgte für die Erhaltung der öffentlichen Ruhe, das heißt, ihm unterstand die lokale Polizei.

Auf diese Distriktkommissare stützte sich der Delegat und er überwachte sie durch regelmäßige „Visitationen". Von ihrer Wirksamkeit hing auch seine eigene Effizienz ab. Denn die Liste der Verantwortungsbereiche der Delegation ist lang:

* Erhaltung der Rechte des Kaisers
* Organisation und Errichtung der Gemeinden
* Ein- und Auswanderung
* Einquartierung von Truppen
* Oberaufsicht über kirchliche und private Institutionen, Unterrichtsanstalten (außer Universitäten), Wohltätigkeitseinrichtungen, Weisen- und Armenhäuser, Bauten, Straßen und Brücken
* Überwachung der Gefängnisse.
* Überwachung von Fabrikserrichtungen,
* Überwachung von Landwirtschaft, Jagd und Fischfang
* Überwachung von Spettacoli
* Überwachung von Gewichten und Maßeinheiten

Bei einem geringen Beamtenstab war das eine Vielzahl von Aufgaben, die anfielen und erledigt werden mussten.

„Verona ist eine der schönsten Städte Italiens." bemerkte schon Carlo Goldoni ein Jahrhundert zuvor.[54] Und tatsächlich, mit seinen romantischen Etsch-Ufern, mit seinen romanischen und gotischen Kirchen, seinen barocken Palästen und mittelalterlichen Befestigungen, mit seinen engen Gassen, seinem bunten Gemüsemarkt auf der Piazza d'Erbe und den ehrwürdigen Regierungsgebäuden auf der Piazza dei Signori (wo sich auch die Delegation befand), ist Verona auch heute noch eine der reizvollsten und malerischsten Städte Norditaliens. Doch sein berufliches Leben scheint den jungen Delegaten zu sehr in Anspruch genommen zu haben, als dass er

---

[53] Brigitte Mazohl-Wallnig, „Österreichischer Verwaltungsstaat und Administrative Eliten im Königreich Lombardo-Venetion, 1815 – 1859", Verlag Phillipp von Zabern, Mainz 1993, Seite 70.
[54] Carlo Goldoni , « Mein Theater – mein Leben », Verlag Bruno Henschel und Sohn, Berlin, 1949, Seite 159.

dafür Sinn oder Augen gehabt hätte. Nirgends in seinen Erinnerungen erwähnt er die Schönheiten der Stadt.

„Ich traf am 14. August 1851 dort ein und nun begann für mich die interessanteste, aber auch die dornenvollste Epoche meiner Dienstzeit. Meinen Ehrgeiz befriedigende freudige Ereignisse wechselten mit demütigenden und kränkenden und nur in meinem glücklichen Familienleben fand ich Entschädigung für vieles Ungemach. Dieses Familienglück gründete ich durch die Wahl meiner theuren Gattin, welche ich am 4. Oktober 1853 heimführte und die 13 Jahre der für sie eben nicht angenehmen Existenz unter größtenteils italienischem Volke, fremdländischen Sitten und Gewohnheiten tapfer mit mir durchfocht..... Mir bangte anfangs vor meiner Stellung in Verona. Man denke sich nur dieselbe unter den Augen des General Gouverneurs und seiner militärischen Camarilla, die sich mit dem Bewusstsein, das lombardo-venezianische Königreich dem Kaiser gerettet zu haben, über alle Welt erhaben dünkte, an der Seite eines griesgrämigen Festungskommandanten Feldmarschallleutnant Lichnovsky, der während des Belagerungszustandes die wichtigsten Regierungsbefugnisse ausübte, inmitten einer wegen unserer Arretierungen äußerst aufgeregten Bevölkerung und lauter misstrauischen italienischen Beamten und man wird mein banges Gefühl gerechtfertigt finden."

Wenn man diese Worte liest und die Umstände kennt, kann man sich vorstellen, dass es der neue Delegat sicherlich nicht leicht hatte. Zwar bringt er hervorragende menschliche, diplomatische und akademische Fähigkeiten mit, doch fehlt ihm das gesellschaftliche Selbstbewusstsein. Weder gehört er dem selbstsicheren, um nicht zusagen oft arroganten österreichischen Hochadel an, noch stammt er aus einer jener alteingesessenen lokalmächtigen Adels- und Patrizierfamilien Venetiens. Er hat nie in Wien, geschweige denn bei Hof gelebt. Seine Familie ist erst seit zwei Generationen in Österreich, sein Großvater war noch Weinhändler in Frankfurt gewesen. Das einzige, was er vorzuweisen hat, ist, neben seinen beruflichen Qualifikationen, ein Name, den sein Vater und seine Onkeln durch ihre Tapferkeit in der kaiserlichen Armee hinlänglich bekannt gemacht haben, und ein Großonkel, der es sogar zum Feldmarschallleutnant gebracht hatte.

Erstaunlich hingegen mutet es an, dass er Italien als „fremdländisch" empfindet, anstatt sich seiner eigenen italienischen Vorfahren zu erinnern. Schließlich war ja seine Großmutter eine Brentano gewesen. Doch er betont das Gegenteil: „Alle Vorfahren meines Namens waren aus Frankfurt stammend." Vielleicht liegt seine italienische Vergangenheit zu weit zurück, vielleicht aber auch konnte man in der zunehmend nationalistischen Atmosphäre der Mitte des 19. Jahrhunderts, sogar im Vielvölkerstaat Österreich, nur einem Volk angehören: man war entweder Deutscher oder Italiener oder Ungar oder Tscheche oder sonst was, aber nichts dazwischen. Nur der Kaiser stand über seinen Völkern. So bleibt denn Johann von Jordis' einziger wirklicher Rückhalt in dieser zumindest zeitweisen Einsamkeit seine Frau, die er zwei Jahre nach Amtsantritt heiratet und bei der er Zuneigung, Verständnis und Vertrauen findet. Auch sie hat sich offensichtlich in Italien nie sehr wohl gefühlt.

Doch noch etwas anderes klingt in den Worten des jungen Delegaten an. Der politischen Macht Wiens und seiner Vertreter in Italien stand die lokale gesellschaftliche Macht des italienischen Adels gegenüber. Dieser hatte vor 1848 an der politischen

Macht wenig Anteil nehmen können, denn die Aussicht „das attraktive Amt eines Delegaten in einem einigermaßen attraktiven Alter erreichen zu können und die extreme Bevorzugung der ‚deutschen' Beamten, was das Tempo einer solchen Karriere betraf" zog nur mittelmäßige Elemente an, während „umgekehrt gerade die besten Köpfe die Partei der Revolution am eifrigsten ergriffen." Und selbst wenn „die postrevolutionäre Tendenz des Staates deutlicher auf die administrative Integration der vermögenden (bürgerlichen und adeligen) sozialen Oberschicht im Lande selbst zielte",[55] trug dieser Versuch nicht mehr die erhofften Früchte. Die politische Macht des Staates gewann nie den lokalen Rückhalt, den sie suchte und – es sind dies nur einige Beispiele – „der sozialen Macht eines Conte Lochis in Bergamo, eines Nobile Miniscalchi in Verona, eines Conte Taverna in Mailand, eines Guiseppe Olivi in Treviso konnte die delegierte Macht von Giosuè Magni und Johann Jordis, von Francesco Maggi und Angelo Paganuzzi nicht gewachsen sein."[56] Gesellschaftlich nicht, ja nicht einmal politisch. Zwar war „die Funktion des Delegaten (nach dem Gouverneur) die ranghöchste innerhalb der politischen Administration, die der Staat zu vergeben hatte.....die wichtigste zentrale Organisationseinheit an der Peripherie: die staatliche Provinz und (zugleich) ihre Hauptstadt," aber sie besaß eben doch nur eine *delegierte* Macht. Denn durch die extreme Zentralisierung des Reiches saßen die wirklichen Entscheidungsträger bestenfalls in Mailand oder Venedig in den jeweiligen Statthaltereien, meist aber in Wien in den Ministerien.

Doch Johann von Jordis gehörte zu dem Stand jener altösterreichischen Beamten, die ihre oft schwierige und undankbare Aufgabe mit einer Genügsamkeit, einer Redlichkeit und einem Pflichtbewusstsein, und beseelt von einer unerschütterlichen Kaisertreue, verrichteten, die man sich heute in einer Staatsverwaltung gar nicht mehr vorstellen kann. Der Kaiser hatte ihnen einen Auftrag erteilt und sie erfüllten ihn nach bestem Wissen und Gewissen. Sie waren es, die für Seine Allerhöchste Majestät dieses gärende, multikulturelle Reich bis zum Ende zusammenhielten. Wohl selten in der Geschichte ist ein so großes und so vielfältiges Reich von so wenigen Beamten so effizient verwaltet worden. In seinem Roman „Radetzkymarsch" hat ihnen Joseph Roth in der Gestalt des alten, einsamen Barons von Trotta ein bewegendes Denkmal gesetzt. In Axel Cortis gleichnamigen Fernsehfilm hat Max von Sydow ihn beeindruckend in seiner kargen Würde dargestellt. Auch dessen Vater, „der Held von Solferino" hatte seinem Sohn verboten, Soldat zu werden. Auch er ist, wie der Delegat von Verona, in den Staatsdienst eingetreten und wurde Bezirkshauptmann in einer kleinen Stadt in Mähren. Und der Kaiser dankte es jenen namenlosen Dienern des Staates, nicht mit Geld, denn die Bezüge waren bescheiden, aber mit Wohlwollen und Anerkennung.

Während der Revolution von 1848 hatte in Österreich Kaiser Franz Josef I. achtzehnjährig den Thron bestiegen. Er sollte 68 Jahre lang regieren, noch länger als die Queen Victoria, hinein in eine Zeit, die man sich damals noch gar nicht vorstellen konnte. Und während dieser unendlich erscheinenden Regierungszeit wurde dieser Kaiser langsam für sehr viele, und besonders für das einfachen Volk in allen Teilen des Landes, zum unerschütterlichen Symbol des Reiches und seiner Gerechtigkeit.

---

[55] Brigitte Mazohl-Wallnig, op. cit., Seite 143
[56] Brigitte Mazohl-Wallnig, op. cit., Seite 150-151

Der Kaiser wusste, dass er von Gottes Gnaden herrschte, dass Gott selbst ihn auf den Thron gesetzt hatte, und auch das Volk wusste es und konnte sich bald nicht mehr vorstellen, dass er jemals sterben könne. Er hatte, so weit man sich erinnern konnte, immer gelebt und würde sicherlich immer leben, um „seine Völker" zu beschützen.

Noch Ende des 20. Jahrhunderts, als dieses Reich schon seit langem zerschlagen war, konnte man im manchen Teilen des kommunistischen Osteuropas, in der „guten Stube" von alten Bauernhöfen, immer noch das Portrait des alten Kaisers an einem Ehrenplatz an der Wand hängen sehen.

Doch damals als er seinen Delegaten von Verona zum ersten Mal auszeichnete, war der Kaiser noch ganz jung, gerade 22 Jahre alt und viel Schmerzliches stand ihm noch bevor. „Bei der schon im September 1851 erfolgten Anwesenheit Sr. Majestät war es mir geglückt, Ihre Allerhöchste Zufriedenheit nicht nur über meine in so kurzer Zeit erlangte Kenntnis der Orts- und Personenverhältnisse, sondern auch über das zwischen Militär- und Civilbehörden festgestellte gute Einvernehmen zu erlangen und als Se. Majestät am März 1852 wiederkehrte, wurde mir vor Beginn der kaiserlichen Tafel von dem General Adjutanten Graf Grünne im Auftrag Sr. Majestät der Orden der eisernen Krone mit der Weisung überreicht, mich sogleich damit zu schmücken und so bei der Tafel zu erscheinen." Dieser Orden, ursprünglich von Napoleon gestiftet und von Österreich übernommen, war eine der höchsten Auszeichnungen für die in den italienischen Provinzen der Monarchie tätigen Beamten. Er entlieh seinen Namen der im Dom von Monza aufbewahrten Eisernen Krone der Langobarden aus dem 6. Jahrhundert, mit der im Mittelalter auch die meisten deutschen Könige als Herren Oberitaliens gekrönt worden waren.

Letztlich wurden die ersten Dienstjahre in Verona für Johann von Jordis weniger schwierig als er gefürchtet hatte, zumal er in Feldmarschall Radetzky einen Gönner gefunden hatte, der ihm den Rücken stärkte. „Doch schon nach kurzer Zeit schöpfte ich Hoffnung, dass alles gut gehen werde. Die äußerst wohlwollende Aufnahme von Seiten des allverehrten, liebenswürdigen Feldmarschalls Radetzky, welche ich vielleicht meinem damals in der Armee noch bekannten Namen zu verdanken hatte, bahnte mir den Weg bei den übrigen maßgebenden militärischen Factoren, die Bevölkerung gewann ich durch gleich anfangs gegebene Beweise, dass ich sie gegen Anmaßungen und Übergriffe von Seiten untergeordneter Militärs zu schützen vermag, die Beamten beruhigte ich durch gerechte, väterliche Behandlung."

Feldmarschall Radetzky, diese damals schon legendäre Gestalt, ist heute besser durch den von Johann Strauß Vater für ihn komponierten Radetzkymarsch bekannt, als durch seine geschichtliche Rolle. Als Generalstabchef Fürst Schwarzenbergs, des Oberbefehlshabers der vereinigten Heere Russlands, Preußens, Österreichs, Schwedens und Englands hatte er wesentlich zum Sieg über Napoleon in der Völkerschaft bei Leipzig 1813 beigetragen und sich damit europaweiten Ruhm erworben. Als 1848 der König von Piemont dem durch die Revolution geschwächten Österreich den Krieg erklärte, besiegte der inzwischen schon betagte Feldherr die piemontesische Armee in drei Schlachten vernichtend und erhielt damit Österreich seine norditalienischen Provinzen, deren Generalgouverneur er nun war.

„Ein glücklicher Zufall mochte viel zu dieser Gunst (des F.M.Radetzky) beigetragen haben. Ich hatte den Auftrag erhalten, das ärarische Gebäude, Palazzo Carli, worin der aufgelöste lombardo-venezianische Senat residiert hatte, der Finanzbehörde zu übergeben. Da dasselbe sehr sonnig gelegen und mit einem Garten umgeben ist, während der Feldmarschall stets darüber geklagt hatte, dass er weder ein sonniges Zimmer noch einen Garten in seiner Wohnung habe, so trug ich ihm den Tausch mit dem genannten Palazzo an und stellte mit seiner Ermächtigung den betreffenden Antrag in Wien, der noch am selben Tage telegraphisch genehmigt worden ist und ihm eine große Freude verursachte." Der alte Feldmarschall scheint den jungen Beamten beruflich und persönlich geschätzt zu haben.

„Im August desselben Jahres (1852) wurde ich beauftragt, die Stellvertretung des beurlaubten Sektionsrates beim Generalgouvernement zu übernehmen, welches mir die gewünschte Gelegenheit bot, in der Suite des Feldmarschalls die Fahrt nach Mailand, Monza und Como zu machen und einige Wochen mit demselben die Villa Reale in Mailand und das kaiserliche Lustschloss Monza zu bewohnen." Sicherlich eine Auszeichnung und eine interessante Erfahrung, aber erstaunlich auch hier wieder, das völlige Stillschweigen über seine vom Como-See stammenden Brentano Vorfahren!

Die zweifellos glänzende und interessante Zeit ging vorbei, er kehrte in die Routine seines Amtes zurück.

Die folgenden zwei Jahre sind für den Delegaten vor allem durch zwei für ihn persönlich und für seine Nachkommen entscheidenden Ereignisse geprägt: „Im Juni 1853 nahm ich längeren Urlaub nach Graz und Wien, sah meine dermalige Gattin, die ich schon als Kind gekannt hatte und die mittlerweile zur Jungfrau herangewachsen war, warb um sie und verlobte mich mit ihr am 3. Juli und führte sie nach 3 Monaten in Triest zum Traualtar, wo der damalige Bischof Legat, ein Freund aus der Zeit meiner Dienstleistung im Küstenlande, unseren Bund segnete" (vgl. Bild 6).

Marie, seine junge Braut, war 23 Jahre jünger als ihr Bräutigam und das einzige Kind des Generalmajors Heinrich Freiherr von Siegler-Eberswald,[57] der damals schon in Graz im Ruhestand lebte, und seiner Gemahlin Franziska Freiin von Brabeck. Sie gebar ihrem Mann neun Kinder, von denen fünf überlebten. (Vgl. dazu Stammtafel II).

Das zweite Ereignis trug sich im folgenden Jahr zu. „Im Mai 1854 wurde ich durch besondere Allerhöchste Gnade Sr. Majestät in den erblichen Freiherrenstand erhoben und da mich Gott mit Nachkommenschaft segnete, der Gründer eines neuen Adelsgeschlechtes in Österreich. Alle Vorfahren meines Namens waren aus Frankfurt stammend."

Johanns Schwiegermutter war die letzte derer von Brabeck zu Brabeck auf Lohausen, Hackfurt und Vogelsang. Und weil dieses alte westfälische Geschlecht mit ihr ausstarb, nahm der neu geadelte Delegat „Lohausen" in seinen künftigen Namen auf, um einen Teil des Namens seiner Schwiegermutter zu erhalten. Er hieß fortan

---

[57] Heinrich Frhr. von Siegler-Eberswald (1774-1862) hatte seit 1790 in der österreichischen Armee gegen Napoleon gekämpft, unter anderem auch bei Aspern, und war mit dem Maria-Theresien-Orden ausgezeichnet worden.

Johann Freiherr Jordis von Lohausen. Dieses Lohausen soll ein Besitz der Brabecks in Westfalen gewesen sein. Und es ist durchaus möglich, dass er sich dort befunden hat, wo sich heute der Flughafen Düsseldorf-Lohausen erstreckt.

„Zu seinen (F.M. Radetzkys) besonderen Gunstbezeugungen gehörte, dass ich zweimal wöchentlich an seiner Tafel theilnehmen musste, dass die Militärmusik einmal wöchentlich vor meiner Wohnung spielen musste, und dass mir die, früher vom Festungscommandanten besorgte Intendanz der großen Oper, welche dem Feldmarschall zu Ehren jährlich mit 20.000 fl subventioniert war, übertragen wurde." Die Tafelfreuden, die Tischgespräche und die Begegnungen mit illustren Gästen im Hause des Generalgouverneurs waren zweifellos eine große Auszeichnung. Und der Delegat wird es als schmerzlich empfunden haben, als diese Zeit einige Jahre später zu Ende ging. Denn „der greise Feldmarschall, 90 Jahre alt, hatte Se. Majestät wiederholt um Enthebung von der Stelle eines General-Gouverneurs gebeten und diese wurde ihm in Jänner 1857 bei Anwesenheit Sr. Majestät in Verona zu unserem großen Schmerz gewährt. Mit diesen bedeutenden Ereignissen endete die brillante Epoche Veronas. Denn es hörten nicht nur die häufigen Besuche erlauchter, gekrönter und sonstiger Fürstlichkeiten auf, welche nur dem Feldmarschall gegolten hatten und stets große Feste und Paraden verursachten, sondern es fehlte nunmehr das gastliche Haus, der Vereinigungspunkt für alle derartige Gesellkigkeit, es war alle Veranlassung ausgeschlossen, wie bisher ihn zu ehren, noch weiter Feste, theatralische Vorstellungen, lebende Bilder etc. zu veranstalten. Für mich persönlich war es ein empfindlicher Schlag. Denn ich konnte mir schmeicheln seine Gunst zu genießen; ihm verdanke ich großenteils die erhaltenen Auszeichnungen und sein huldvolles Abschiedsschreiben, so wie die mir geschenkten Vasen von geschliffenen Alabaster sind mir ein theures Andenken und wird es auch meinen Kindern bleiben."

Es ist hinlänglich bekannt, dass die Leitung einer „großen Oper" im Allgemeinen und vielleicht noch viel mehr im melomanen Italien, eine schwierige Angelegenheit ist. Leider schreibt der Delegat nichts weiteres darüber und wie er dabei gefahren ist. Wenn er geahnt hätte, was für monumentale Dimensionen die Opernaufführungen heute in der Arena von Verona angenommen haben!

Dagegen waren Platzkonzerte einer kaiserlichen Militärkapelle in ihren bunten Uniformen im Allgemeinen ein ungetrübtes Vergnügen. Und dieses wöchentliche Pläsier vor seiner Wohnung wird auch Johann Jordis genossen haben. Ein solch fröhliches Spektakel war damals aus dem Leben einer Garnisonsstadt gar nicht wegzudenken. Auch vor der Bezirkshauptmannschaft des Baron von Trotta in Mähren, wie in Hunderten von Städten der alten Monarchie, spielte einmal wöchentlich die Militärkapelle auf. „Es gab im ganzen Machtbereich der Division keine schönere Militärkapelle als die des Infanterieregimentes Nr. X in der kleinen Bezirksstadt W. in Mähren." schreibt Joseph Roth. „Der Kapellmeister gehörte noch zu jenen österreichischen Militärmusikern, die dank einem genauen Gedächtnis und einem immer wachen Bedürfnis nach neuen Variationen alter Melodien jeden Monat einen Marsch zu komponieren vermochten. Alle Märsche glichen einander wie Soldaten. Die meisten begannen mit einem Trommelwirbel, enthielten den marsch-rhythmisch beschleunigten Zapfenstreich, ein schmetterndes Lächeln der holden Tschinellen und endeten mit einem grollenden Donner der großen Pauke, dem fröhlich und kurzen

Gewitter der Militärmusik. Was den Kapellmeister Nechwal vor seinen Kollegen auszeichnete, war nicht so sehr die außerordentlich fruchtbare Zähigkeit im Komponieren, wie die schneidige und heitere Strenge, mit der er Musik exerzierte. Die lässige Gewohnheit anderer Musikkapellmeister, den ersten Marsch vom Musikfeldwebel dirigieren zu lassen und erst beim zweiten Punkt des Programms den Taktstock zu erheben, hielt Nechwal für ein deutliches Anzeichen des Untergangs der kaiserlichen und königlichen Monarchie. Sobald sich die Kapelle im vorgeschriebenen Rund aufgestellt und die zierlichen Füßchen der winzigen Notenpulte in die schwarzen Erdritzen zwischen den großen Pflastersteinen des Platzes eingegraben hatte, stand der Kapellmeister auch schon in der Mitte seiner Musikanten, den schwarzen Taktstock aus Ebenholz mit silbernem Knauf diskret erhoben. Alle Platzkonzerte – sie fanden unter dem Balkon des Herrn Bezirkshauptmanns statt – begannen mit dem Radetzkymarsch. Obwohl er den Mitgliedern der Kapelle so geläufig war, dass sie ihn mitten in der Nacht und im Schlaf hätten spielen können, ohne dirigiert zu werden, hielt es der Kapellmeister dennoch für notwendig, jede Note vom Blatt zu lesen. Und als probte er den Radetzkymarsch zum ersten Mal mit seinen Musikanten, hob er jeden Sonntag in militärischer und musikalischer Gewissenhaftigkeit den Kopf, den Stab und den Blick und richtete alle drei gleichzeitig gegen die seiner Befehle jeweils bedürftig scheinenden Segmente des Kreises, in dessen Mitte er stand. Die herben Trommeln wirbelten, die süßen Flöten pfiffen und die holden Tschinellen schmetterten. Auf den Gesichtern aller Zuhörer ging ein gefälliges und versonnenes Lächeln auf, und in ihren Beinen prickelte das Blut. Während sie noch standen, glaubten sie schon zu marschieren. Die jüngeren Mädchen hielten den Atem an und öffneten die Lippen. Die reiferen Männer ließen die Köpfe hängen und gedachten ihrer Manöver. Die ältlichen Frauen saßen im benachbarten Park, und ihre kleinen, grauen Köpfchen zitterten."[58] Und so ähnlich wird es sich wohl auch einmal wöchentlich vor der Delegation in Verona abgespielt haben.

So sehr für den Delegaten der Kaiser unantastbar war, so sehr er den greisen Feldmarschall Radetzky verehrte, so scharf und psychologisch präzise konnte er Kollegen oder Vorgesetzte, sogar Erzherzöge kritisieren. Ja, die Schwierigkeiten seines Berufslebens, von denen er schreibt, betreffen viel öfter seine Beziehungen zur übrigen österreichischen Zivil- oder Militärverwaltung als die zur italienischen Bevölkerung oder zu den italienischen Beamten. Noch vor dem Abtreten Radetzkys fand in der Statthalterei in Venedig ein Wechsel statt. „Bald darauf (Mitte 1854) wurde der Statthalter Ritter von Toggenburg, der mir stets freundlich gesinnt war, Handelsminister und an dessen Stelle kam Graf Bissingen, ein Cavalier vom Scheitel bis zur Sohle, aber kein Staatsmann, von mittelmäßigen Fähigkeiten und maßloser Eitelkeit, und mit seinem Amtsantritt begann für mich eine bittere Zeit. Nicht nur waren unsere Ansichten ganz verschieden und achtete er mehr auf minitiöse Berichte aber ganz unwichtiger Ereignisse, als auf erfolgreiche Amthandlungen, sondern er verfolgte mich auch mit Eifersucht wegen des Dienstverkehrs, welches das Armee Commando mit mir unterhielt. – Zu lächerlich!"

Aber auch vom neuen Generalgouverneur, der 1857 den Feldmarschall Radetzky ablöste, war er enttäuscht: „An die Stelle Radetzkys wurde der Erzherzog Ferdinand

---

[58] Joseph Roth, „Radetzkymarsch", Kapitel 2

Max zum General Gouverneur des Königreiches ernannt, der seine Residenz nach Mailand verlegte. Das Armee Commando ist dem Feldzeugmeister Grafen Gyulai übertragen worden. Nun hofften die deutschen Beamten auf bessere Zeiten, weil viele das Militärregime perhorrescirten, allein

es kam anders.[59] Der Erzherzog, wahrscheinlich mit dem Gedanken, in Italien eine Versöhnungs Aera herbeizuführen, umgab sich mit einer, aus bekannten Gegnern der Regierung zusammengesetzten Camarilla, entfernte gleich anfangs mehrere deutsche Würdenträger und Delegirte und brüskierte das Militär durch die, im Gegensatz zu der von Sr. Majestät dem Kaiser, angeordneten, strengen reglementmäßigen Beobachtung aller ihr gebührenden Ehrenbezeugungen. Sein Auftreten war das eines regierenden Fürsten. Es hat bei den Italienern nicht die Idee der Aussöhnung, sondern vielmehr die Hoffnung auf Unabhängigkeit von Österreich wachgerufen. Und viele echte Patrioten gaben manchen ernsten Besorgnissen Raum." Man merkt, wie sehr die Auflehnung vieler Italiener gegen den Kaiser den Delegaten beunruhigt und schmerzt, wie sehr er sie persönlich nimmt. Denn wer zum Verräter am Kaiser wird, wird auch an ihm zum Verräter. Und allen Beamten in diesem großen Reich, die, wie er, den Kaiser vor Ort vertraten, wird es ähnlich ergangen sein, wenn aus nationalen oder sozialen Gründen die Opposition sich stark machte. Wie Joseph Roth berichtet, erging es auch dem Baron von Trotta in Mähren so. „Es hatte gestern wieder eine Versammlung tschechischer Arbeiter gegeben. Ein Sokolfest[60] war angesagt. Delegierte aus „slawischen Staaten" – gemeint waren Serbien und Russland, aber im dienstlichen Dialekt niemals namentlich erwähnt – sollten morgen schon kommen. Auch die Sozialdemokraten deutscher Zunge machten sich bemerkbar. In der Spinnerei wurde ein Arbeiter von seinen Kameraden geschlagen, angeblich und nach den Spitzelberichten, weil er es abgelehnt, in die rote Partei einzutreten. All dies bekümmerte den Bezirkshauptmann, es schmerzte ihn, es kränkte ihn, es verwunderte ihn. Alles, was die ungehorsamen Teile der Bevölkerung unternahmen, um den Staat zu schwächen, Seine Majestät, den Kaiser, mittelbar oder unmittelbar zu beleidigen, das Gesetz ohnmächtiger zu machen als es ohnehin schon war, die Ruhe zu stören, den Anstand zu verletzen, die Würde zu verhöhnen, tschechische Schulen zu errichten, oppositionelle Abgeordnete durchzusetzen: all das waren gegen ihn selbst, den Bezirkshauptmann, unternommene Handlungen."[61] Wie ähnlich wird der Delegat in Verona empfunden haben!

Doch auch persönlich wurde er durch den neuen Generalgouverneur enttäuscht. „Ich namentlich musste eine sehr bittere Erfahrung bezüglich der Aufrichtigkeit Sr. Kaiserlichen Hoheit machen. Bei seiner Anwesenheit in Verona erkundigte er sich über das eben im Beginn der Ausführung begriffene großartige Projekt der Entwässerung der Thalgründe zwischen Po und Etsch (Valli Veronesi), welches meiner Leitung anvertraut worden war. Er schien über meine Relation derart befriedigt, dass

---

[59] Unter Radetzky fiel die zivile und militärische Macht im Königreich Lombardei-Venetien in der Hand des höchsten militärischen Befehlshabers zusammen, es handelte sich daher gewissermaßen um ein Militärregime. Nun wurde die zivile Regierung von Erzherzog Ferdinand Maximilan ausgeübt, dem die militärische Macht unter Feldzeugmeister Gyulai unterstand.
[60] Sokol = Falke = Name der slawischen Turnvereine.
[61] Joseph Roth, op.cit., Kapitel 10

er nicht nur bei der Gelegenheit seine Zufriedenheit äußerte, sondern mir noch beim Abschied seinen besonderen Dank für meine Bemühungen ausdrückte. Es musste mich daher befremden, dass über dem kurz vorher von meinem Statthalter gestellten Antrag, mir den Hofratscharakter zu verleihen, über zwei Jahre ohne Erledigung vergingen. Als aber nach dem Verluste der Lombardei das General Gouvernement aufgelöst wurde, zeigte mir der mit der Akten Liquidirung betraute hohe Beamte, den betreffenden Antrag, welcher von der Hand des Erzherzogs mit ‚ad acta' erledigt worden war."

Im Jahre 1859 verbünden sich Kaiser Napoleon III. von Frankreich und König Viktor Emanuel II. von Piemont/Sardinien gegen Österreich. Napoleon III. fordert von Viktor Emanuel die Provinz Savoyen und das Gebiet um Nizza, im Gegenzug ist er bereit, Viktor Emanuel in einem Krieg zu unterstützen, der Österreich seine norditalienischen Provinzen entreißen soll. Auf österreichischer Seite scheint dieser Feldzug denkbar schlecht vorbereitet worden zu sein. Es muss ein ziemliches Chaos geherrscht haben. „Im März 1859 ist dem Königreiche von Sardinien der Krieg erklärt worden und damit hat für mich die allerschwerste Zeit begonnen. Nach und nach durchzog die ganze für den Feldzug bestimmte Armee, über 300.000 Mann, die Provinz Verona, von Tag zu Tag steigerten sich die Anforderungen der Kriegsverwaltung wegen Unterbringung und Verköstigung der Truppen. Am 4. Mai stieß abends ein mit Cavallerie und Infanterie besetzter Eisenbahnzug durch ein falsches Signalement, bezüglich der Geleise, unmittelbar vor dem Bahnhof mit aller Gewalt auf einen mit Munition beladenen Train, wodurch eine furchtbare Explosion entstand, welche Hunderten von Soldaten das Leben und ebenso vielen Verstümmelung und Verkrüppelung kostete. Dieses entsetzliche Unglück betrachtete ich schon als üble Vorbedeutung für den Krieg. Über den Verlauf desselben und sein Ende berichtet die Geschichte."

Überall, und besonders in Verona, ist die Lage angespannt. „Se. Majestät der Kaiser hatte sein Hauptquartier nach Verona verlegt und verblieb daselbst bis nach der Entrevue mit Napoleon III. in Villafranca. Zur Garnison von Verona wurden einige Bataillone italienischer Regimenter[62] bestimmt, unter deren Mannschaft nicht der beste Geist herrschte. Man kann sich demnach meine Lage als verantwortlicher Chef der Provinz, meine Besorgnisse bezüglich der Allerhöchsten Anwesenheit vorstellen."

Den Militärkommandanten der Stadt und das Durcheinander, das er durch seine Kleinlichkeit verursacht, scheint er auch nicht geschätzt zu haben. „Dazu der tägliche Verkehr mit dem neuen Festungs-Commandanten F.M.Lt. Urban, einem rohen, barschen, rücksichtslosen Patron, der gegen alle Welt, selbst gegen mich, von Mistrauen erfüllt war und die Bevölkerung durch seine übel angeordnete Strenge und das unzweckmäßig eingerichtete Absperrungssystem fortwährend reizte. Alle Thore der Festung[63] waren selbst bei Tage gesperrt; niemand durfte ohne einen Zettel vom Festungs-Commandanten hinein oder hinaus gelassen werden. Statt aber dies lästige Geschäft einem seiner vielen militärischen Organe zu überlassen, hatte er es sich persönlich vorbehalten. Am Markttagen, an welchen der Proviant für Civil und

---

[62] Gemeint sind Regimenter der österreichischen Armee mit italienischen Mannschaften.
[63] Unter Festung wird wohl die Altstadt von Verona gemeint sein, die damals wohl noch von Verteidigungsmauern umgeben war.

Militär auf vielen Hunderten von Wagen und Karren zugeführt wurde, war das Gedränge der Einlassbegehrenden vor dem Festungs-Commando so ungeheuer, dass der ausgehende Herr Festungs-Commandant einmal der Schildwache das Gewehr aus der Hand riss und sich damit den Weg durch die Menge bahnte, welche geduldig die Rückkehr desselben abwarteten musste, um den Erlaubniszettel zur Einfuhr zu erhalten. Seine famose Proclamation an die Bewohner Veronas, sowie seine verunglückten Unternehmungen gegen Garibaldi werden ein interessantes Blatt in der Geschichte dieses Krieges bilden.

So wie die Führung der Armee eine unglückliche war, so bot auch ihre Verpflegung und Bekleidung das Bild der trostlosen Verwirrung. Wie oft musste ich über Ansuchen einzelner Commandanten mit der größten Schwierigkeit von wiederholt requisitierten Gemeinden Brot und Weinvorräte herbeischaffen, während Waggonladungen aus benachbarten Provinzen sich auf dem Bahnhofe befanden, welche wegen dringendem Bedarf der Waggons aus denselben geworfen wurden, zu beiden Seiten des Bahnkörpers lagen, so dass der Wein aus den Fässern rann und das Brot in der Feuchtigkeit verfaulte. Die Proviantochsen, welche an dem mageren und von der Sonne versengten Grase der Festungsmauern nicht hinreichende Nahrung finden konnten, gingen nach und nach zu Grunde. Ein wahrer Jammer!

Durch den unglücklichen Verlauf des Feldzuges wurde auch in den Reihen der Armee Ordnung und Disziplin gelockert. Nur so konnte es geschehen, dass, als nach der Schlacht von Solferino die Cernirung der Festung befürchtet wurde, und ich über Höchsten Auftrag für die schleunigste Verproviantierung derselben sorgen musste, ein über meinem Befehl im Bezirke Jorla della Scala zusammengestellter Zug von beladenen Proviantwägen von dem Commandanten eines vorüberziehenden Regimentes an sich gebracht und der k.k. Bezirkskommissär, welcher sich geweigert hatte denselben auszuliefern, als Gefangener von der Truppe mitgeschleppt wurde."

Schließlich kam es zu der unglaublich blutigen und verlustreichen Entscheidungsschlacht von Solferino. Eine Schlacht, die Joseph Roth zum Helden von Solferino in seinem Roman „Der Radetzkymarsch" inspirierte, und auf ganz anderer Ebene, nämlich durch das Grauen der Kriegsverletzungen, den Schweizer Henri Dunant zur Gründung des Roten Kreuzes. „Der Tag der Entscheidung des Krieges nahte heran. Die beidseitigen Armeen standen sich einige Stunden vor Verona gegenüber. Das Hauptquartier des Kaisers war in Valeggio am Mincio. Die Familien der deutschen Beamten mussten Verona verlassen. Mit gedrücktem bangem Gefühle sah ich den Morgen des 24. Juni (meines Namenstages) heranrücken. Die ersten telegraphischen Notizen aus Peschiera klangen günstig; einzelne Transporte französischer Gefangener rückten ein und wurden am Friedhof von St. Michele unter Aufsicht gehalten. Ich speiste eben mit ein paar Freunden und Offizieren im Hotel und toastirte mit ihnen auf den Sieg unserer Waffen. Da entfesselte sich plötzlich ein furchtbarer Sturm, der Staub wirbelte unheimlich durch die Strassen, ein Gewitter mit Regenschauern und Hagel. Als es sich bald wieder aufheiterte, ließ ich aufzäumen, es treib mich zu dem Thore hinaus, ich sprach mit einigen Gefangenen über den Verlauf der Schlacht und erhielt die entmutigende Antwort: „ça va bien, le canon s'approche!" und leider hatten sie recht gehabt; denn kaum war ich zur Stadt zurückgekehrt, als ich die traurige Nachricht erhielt, Se. Majestät sei eingetroffen, die Schlacht verloren!

Abends bei dem General d. Cavallerie Graf Wallmoden erfuhr ich die Bestätigung und die näheren Details. Mit welchen Gefühlen ich folgende Nacht zubrachte, kann man sich vorstellen. Eine große Panique hatte die höchsten Kreise erfasst; man sprach von Cernirung, Sprengung der Eisenbahnbrücke, ich erhielt den Auftrag, mich mit allen deutschen Beamten binnen 3 Tagen zum Abzug vorzubereiten. Und um Mantua stand noch die 1. Armee, ohne einen Schuss getan zu haben."

Was eintraf war vor allen das sichtbare Grauen des Krieges. „Über 6000 Verwundete beiderseits füllten die Spitäler, Kirchen, Schulen und öffentlichen Institute aller Art und es fehlte an hinreichenden Ärzten. Über meine Verwendung meldete sich eine bedeutende Zahl Zivilärzte und Chirurgen; sie wurden unbegreiflicherweise abgelehnt.

Um den französischen Verwundeten die Tröstungen der hl. Religion angedeihen zu lassen, kam ein höherer französischer Geistlicher nach Verona und zu dem ihm zu Ehren vom Bischof Edler von Rinabona gegebenen Diner wurde auch ich eingeladen. Da erzählte uns der französische Gast, dass bei der Schlacht bei Solferino die französische Armee bis auf den letzten Mann engagiert war und durch das Eingreifen einer auch unbedeutenden österreichischen Abtheilung im letzten Augenblicke die Affaire mit der Vernichtung des Feindes geendet haben würde." Diese Nachricht zusammen mit der Bemerkung, dass die erste Armee bei Mantua gar nicht zum Einsatz gekommen sei, lasst an den militärischen Fähigkeiten der österreichischen Heeresführung Zweifel aufkommen. Lakonisch meint dazu der Delegat: „Ich habe die feste Überzeugung, dass wir den Krieg, der uns diesen Verlust brachte, nicht verloren hätten, wenn noch der Vater Radetzky, ungeachtet seiner 93 Jahre, Oberbefehlshaber der Armee gewesen wäre! Doch dieser Held hatte im Jahre zuvor am 3. Jänner 1858 sein ruhmreiches Leben in Mailand beschlossen, tief betrauert von aller Welt, selbst von den Mailändern, die er im Jahr 1849 für ihren verrätherischen Abfall gezüchtigt hatte."

Es hätte noch schlimmer kommen können. Doch Napoleon schließt überstürzt mit Österreich einen Separatfrieden, nachdem in Deutschland kriegerische Stimmen laut werden. Österreich verliert zwar die Lombardei, aber behält Venetien. Frankreich streicht Nizza und Savoyen ein. Savoyen -- die Urheimat der Jordis liegt auf einmal nicht mehr in italienischen, sondern in französischen Landen. Aber daran erinnert der Delegat nicht, er beschränkt sich auf das unmittelbar Wesentliche: „Wenige Tage darauf erschien der Kaiserliche Prinz Napoleon (Plomplon) mit Waffenstillstandsanträgen, am 10. Juli fand die Zusammenkunft in Villafranca statt, worauf Se. Majestät der Kaiser Verona verließ und das Aufgeben der Lombardei bekannt wurde."

Mailand und die Lombardei, und damit auch Como und der Como-See der Brentanos, gehören nun nicht mehr zum Reich der Habsburger. Für viele Mailänder war das sicherlich eine etwas zwiespältige Entwicklung schon deswegen, weil Österreich für die inzwischen aufgeblühte norditalienische Industrie einen unverhältnismäßig interessanteren Absatzmarkt darstellte als die armen Länder Mittel- und Süditaliens, zu denen die Lombardei jetzt gehörte – ein Nord-Süd-Gegensatz der heute noch in Italien aktuell ist und in dem bitteren Witzwort der Mailänder „Milano lavora, Roma mangia!" (Mailand arbeitet, Rom isst!) seinen Niederschlag gefunden hat.

Nach diesem Sturm der Weltgeschichte, tritt in Verona, jetzt ganz an der südwestlichen Peripherie des Reiches gelegen, wieder Ruhe ein und alles läuft scheinbar wieder seinen gewohnten Lauf. Ja, für den Delegaten verbessert sich sogar die Arbeitsatmosphäre. Es folgen Jahre befriedigender Tätigkeit und hoher Anerkennung:

„Mit dem Verluste der Lombardei hatte das General Gouvernement ein Ende, der Sitz des Armee Commandos wurde wieder nach Verona zurückverlegt und F.Z.M. Graf Degenfeld mit diesem Commando betraut. Mir hat der Zürcher Friede zwei besondere Missionen verschafft: Die erste bestand in der Teilnahme an der Commission zur Bestimmung der neuen Landesgrenze gegen die an Italien abgetretene Lombardei, die zweite war das Präsidium der internationalen Commission zur Rückerstattung der beim Verlassen der Lombardei von der Armee mitgenommenen Depositen aller Gerichts- und politischen Behörden, worunter sich auch die im Dom von Monza aufbewahrte Eiserne Krone befunden hat. Da die italienischen Mitglieder dieser Commission lauter frühere österreichische Beamte waren, die in meinen Augen als Verräther galten, so kann man sich vorstellen, wie unerquicklich mir diese Aufgabe war. Als Balsam für alle während des Feldzuges und danach erlittenen Mühen und Aufregungen ward mir nach Beendigung der genannten Commission von Sr. Majestät das Ritterkreuz des Leopoldsordens verliehen. Der Statthalter Graf Bissingen wurde pensioniert und durch den vom Ministerium des Handels zurückgetretenen Ritter von Toggenburg ersetzt, durch dessen Rückkehr auf seinen früheren Posten mein Verhältnis zur Statthalterei wieder in das angenehme Geleise kam. Bald darauf wurde Graf Degenfeld Kriegsminister und F.Z.M. Benedek übernahm das Armee Commando.

Im Jänner 1862 beglückte uns Se. Majestät mit seiner Allerhöchsten Gegenwart und nach der ersten kaiserlichen Tafel kündigte mir Se. Majestät selbst beim Cercle die erfreuliche Nachricht mit, dass Sie mir den Hofratstitel und Rang zu verleihen geruhte. Sobald der Strahl der Kaiserlichen Sonne auf mich gefallen war, ward ich der Gegenstand allgemeiner Huldigung. Der Erste, der mich beglückwünschte war Erzherzog Albrecht, ihm folgten die Erzherzöge Wilhelm und Ernst, dann alle zur Tafel Geladenen, während vor diesem Akte der arme Delegat in diesem hohen Zirkel wenig beachtet worden war. Das ist der Lauf der Welt!"

Selbst in solchen Momenten verliert der Delegat, trotz aller Lyrik, nicht den nötigen kritischen Abstand.

In den folgenden Jahren kann er sich der Vollendung eines Werkes widmen, das ihm offensichtlich sehr am Herzen gelegen und das ihn noch im Alter mit Stolz erfüllt. Es handelt sich um eines jener Projekte, mit denen die Herrschaft Österreichs einen dauerhaften Beitrag zur wirtschaftlichen Entwicklung Venetiens geleistet hat – das schon erwähnte Valli-Veronesi-Entwässerungsprojet. Auch sein Sinn für Finanz und Rentabilität, der ihm wohl von seinen Frankfurter Vorfahren überkommen war, kommt hier zum Zuge.

„Die darauffolgenden vier Jahre der Ruhe widmete ich mich neben den gewöhnlichen Geschäften meines Amtes der Leitung der früher erwähnten Entwässerung von

15.000 Joch[64] sumpfigen Landes, auf dem nur Schilf wuchs, wovon das Joch im Durchschnitt zu 50 Kr. verpachtet wurde. Als Präses der autonomen Commission hatte ich den richtigen Zeitpunkt nach dem Kriege gewählt, um mit Bewilligung des Finanzministeriums eine auf Grund und Boden des Inundationsgebietes fundirte und versicherte Schuld von einer Million Gulden zu contrahiren, beziehungsweise die Emission von Actien von 1000 Lire zu veranlassen, welche lediglich mit meiner Unterschrift und jener von zwei Comité Mitgliedern versehen waren. Dieselben genossen so viel Credit, dass sie zum Preise von 95% hinausgegeben, in Kürze al pari gestiegen sind, und bald darauf von den Unternehmern der Arbeiten an Haftungsstatt angenommen wurden. Mit Hilfe des ausgezeichneten Oberingenieurs Zanella und einiger eifriger und tüchtiger Bauorgane war es mir gelungen, in diesen vier Jahren schon ¾ Theil des ganzen Projektes zu Stande zu bringen und die entwässerten Gründe in die fruchtbarsten Getreide- und Maisfelder zu verwandeln, wovon das Joch zu 2 Napoleon d'or verpachtet wurde.... Ich verweise meine Kinder, wenn sie Details dieser wichtigen Unternehmung interessieren, auf die von Zanella verfasste mir gewidmete Broschüre und dazugehörigen Pläne, welche sich in meiner Bibliothek befinden. Und ich empfinde es jetzt noch äußerst schmerzlich, nach 22 Jahren, dass der Krieg 1866 und die darauf erfolgte Abtrennung der venezianischen Provinzen es mir unmöglich machten, das großartige Werk, eines der schönsten Denkmäler der österreichischen Herrschaft in Italien zu vollenden."

Nein, dazu kommt es nicht mehr. Denn der Gegensatz zwischen Österreich und Preußen um die Vorherrschaft in deutschen Landen führt zum militärischen Konflikt. Und das Königreich Italien, das sich Venetien davon verspricht, hängt sich auf Seite Preußens an. „Im April 1866 musste Benedek, der gegen seinen Willen zum Commandanten der gegen Preußen marschirenden Armee ernannt worden war, Verona verlassen und gestand mir beim Abschied, dass er mit einem traurigen Vorgefühl diesem Aller Höchsten Befehl Folge leiste: Erzherzog Albrecht übernahm das Armee Commando in Verona mit dem tüchtigen Chef des Generalstabs John. Festungscommandant war F.M.Lt. Jacobs. Der Krieg gegen Italien begann unter günstigeren Auspizien, als jener vom Jahre 1859, obwohl die daran teilnehmenden Truppen kaum 1/3 derjenigen ausmachten, die damals dem Feinde gegenübergestanden hatten (circa 70.000 Mann) und obendrein hatte man die besten Regimenter und die bewährtesten Führer zur Nordarmee bestimmt. Aber die Oberleitung war in besten Händen und der vorangegangene Sieg unserer Flotte unter Tegetthof[65] bei Lissa hat den Mut der Truppen in Italien bedeutend gehoben; auch war für Verpflegung besser gesorgt und es gab keine solche Verwirrungen und Missgriffe wie damals; allerdings hatte man auch nicht für 200.000 Menschen zu sorgen." Italien wird zu See bei Lissa und zu Land bei Custozza von den Österreichern besiegt. Doch in Böhmen verliert Österreich den Krieg gegen Preußen in der Schlacht bei Königsgrätz, und wird damit aus dem Verband der deutschen Fürstentümer ausgeschlossen. Es muss überdies, unter preußischem und französischem Druck, Venetien an Italien abtreten. Paradoxerweise verschwindet damit für die stolze Stadt Venedig, die

---

[64] Altes Feldmaß = was ein Ochsengespann in einem Tag pflügt= etwa 50 Ar = 5000 m2. Das Projekt müsste demnach 7500 Hektar umfasst haben.
[65] Wilhelm von Tegetthoff (1827-71), Admiral und Begründer der österreichischen Kriegsflotte.

einst so mächtige und gefürchtete Serenissima Republica, jegliche Hoffnung erneuter Unabhängigkeit und Größe. Venedig sinkt nun endgültig zur kleinen Provinzstadt in einem großen neuen Staat herab und wird fortan zunehmend von Tourismus und Erinnerungen ihr Leben fristen.

Für Österreich ist damit, bis auf Trient und Triest und Umgebung, die letzte große italienische Provinz verloren gegangen. Und so geht auch die Karriere des Johann Frhr. Jordis von Lohausen zu Ende. Vorübergehend wird er noch der Statthalterei Steiermark in Graz zugeteilt, erhofft sich den dortigen Statthalterposten, wird jedoch letztlich schon 1868 in den Ruhestand versetzt. Heute würde man sagen in den Vorruhestand, denn er war erst 56 Jahre alt.

Das Herzogtum Sachsen-Coburg und Gotha – Die Geschwisterkinder

Kehren wir nun noch einmal ins 18. Jahrhundert zurück, um die Wurzeln eines anderen Generationsstroms zu suchen, der sich später mit dem der Jordis verbinden wird.

Coburg und die Geschwisterkinder

„Koburg ist eine alte kleine Residenzstadt mit malerischen Winkeln. Das Zentrum bildet der ‚Schlossplatz'. Auf dem einzigen, weitsichtbaren Berg der Gegend erhebt sich die stolze ‚Feste'. Als Sitz eines regierenden Fürsten war dieses Städtchen der Mittelpunkt einer Provinz und bekam als solcher den gefälligen Musterstempel einer kleinen deutschen Landeshauptstadt (vgl. Bild 7).

Das Leben seiner Einwohner floss in den gediegenen Bahnen altväterlicher Loyalität und Einfachheit dahin. Der Brennpunkt aller Wünsche, das Ziel einheimischen Ehrgeizes war der ‚Hof', dem in allen lokalen Angelegenheiten eine überragende Bedeutung zukam. Es fehlte natürlich nicht das wohldisziplinierte schmucke Infanteriebataillon; das vom Hof subventionierte, darum ‚Hoftheater' genannte dramatische Institut stand auf beträchtlicher Höhe. Die gewissenhafte und wohltuende Einrichtung der Mittel-, Bürger- und Fachschulen bewährte sich an der Bürgerschaft, die, durch Tradition gesittet, von diesen weise geleiteten Lehranstalten seit Generationen für den Alltag vorbereitet wurde." So beschreibt viele Jahre später Königin Maria von Rumänien, geborene Prinzessin von Sachsen-Coburg und Gotha und Enkelin der Queen Victoria, die Stadt ihrer Jugendzeit.

In Coburg, dieser „Stadt der Gemütlichkeit", wuchs auch Emma von Löwenfels auf. Und sie war doppelt mit dem Haus Wettin[66] verknüpft. Ihre Herkunft war, gelinde gesagt, abenteuerlich. Ihr Vater, Eduard von Löwenfels, war der illegitime Sohn der Großfürstin Anna Federowna von Russland, geborene Prinzessin von Sachsen-Coburg-Saalfeld, und ihre Mutter, Bertha von Schauenstein, die illegitime Tochter Herzogs Ernst I. von Sachsen-Coburg-Saalfeld, später Sachsen-Coburg und Gotha. Da Herzog Ernst und die Großfürstin Anna Federowna Geschwister waren, waren Eduard und Bertha nicht nur beide illegitime Kinder derselben Fürstenfamilie, sondern auch Cousin und Cousine ersten Grades. (Vgl. dazu Stammtafel III)

Niedergang und Aufstieg des Hauses Sachsen-Coburg

Das Kleinfürstentum Sachsen-Coburg im Thüringer Land ist spät in seiner Geschichte, erst im 19. Jahrhundert, zu internationaler Bedeutung aufgestiegen. „Bella gerant allii! Tu, felix Austria, nube!" (Kriege führen mögen die andern! Du, glückliches

---

[66] Der ursprüngliche Name des Coburger Fürstengeschlechtes, nach der Burg Wettin bei Halle.

Österreich, heirate!) sagte man am Anfang des 16. Jahrhunderts vom Erzherzogtum Österreich, ähnliches hätte man Ende des 18. Jahrhunderts von Sachsen-Coburg sagen können. Doch anders als Österreich wurde das Herzogtum Coburg dadurch nicht größer, es knüpfte nur durch eine bewusste Heiratspolitik erst einflussreiche Bande und pflanzte dann Coburger Könige über ganz Europa, wie andere Bäume pflanzen.

Aber zuerst einmal war das Herzogtum Sachsen-Coburg-Saalfeld tief verschuldet. Die land- und forstwirtschaftlichen Erträge – die Haupteinnahmequellen des Landes – reichten nicht aus, um die aufwendige Hofhaltung des kinderreichen Fürstenhauses zu decken. Daher war nicht nur die Staatskasse ständig leer, sondern der Schuldenberg schwoll so bedrohlich an, dass der kleine Fürstenstaat in Gefahr lief „im Schuldenchaos unterzugehen". Schließlich setzte der Reichshofrat in Wien, im Jahre 1773, eine kaiserliche „Debitkommission" in Coburg ein, welche die ganze Finanzverwaltung des Landes in die Hände nahm und dabei den herzoglichen Hofstaat empfindlich reduzierte. Wie auch in der späteren Geschichte dieses Fürstenhauses, kam die Rettung schließlich nicht durch den regierenden Fürsten Ernst Friedrich, sondern durch ein anderes Mitglied des Hauses, durch seinen Bruder, den Prinzen Friedrich Josias.

Dieser war schon 19-jährig als Rittmeister in die kaiserliche Armee eingetreten und hatte sich im Siebenjährigen Krieg verschiedentlich ausgezeichnet. Europaweiten Ruhm erwarb er sich jedoch als Heerführer im gemeinsamen Krieg Russlands und Österreichs gegen die Türken 1788-91, wo er durch seine Siege die Freundschaft und Achtung der deutschstämmigen Prinzessin von Anhalt- Zerbst gewann, die als Zarin Katharina die Große die Geschicke des mächtigen Reußenreiches leitete. Er wurde zum Feldmarschall ernannt und, fast wie sein Vorgänger, der Prinz Eugen, zur volkstümlichen Legende. Josef Haydns Bruder Michael widmete ihm seinen „Koburgermarsch". Dieser „Prinz Koburg" zog 1792 noch einmal ins Feld. Er übernahm den Oberbefehl der österreichischen Armee gegen die revolutionären Heere Frankreichs. Als er jedoch trotz anfänglicher glänzender Erfolge nicht die nötige Unterstützung im eigenen Lager fand, nahm er seinen Abschied, setzte sich in Coburg zur Ruhe und empfing hohe Besucher aus ganz Europa. Geblieben war diesem illustren Heerführer die Hochschätzung der Zarin Katharina, die ihr Wohlwollen auf das ganze kleine Fürstentum ausdehnte.

Trotz der immer noch prekären finanzielle Situation der Coburger hatten der Erbprinz Franz Friedrich, ab 1800 regierender Herzog von Sachsen-Coburg-Saalfeld,[67] und seine zweite Gemahlin Augusta, geborene Gräfin Reuss zu Ebersdorf, inzwischen sieben überlebende Kinder gezeugt, welche die ein Jahrhundert andauernde Europa-weite Stellung des Hauses begründen sollten. Es begab sich, dass zu der Zeit Katharina die Große eine deutsche Prinzessin als Frau für ihren Enkel, den Großfürsten Constantin Pawlowitsch, Bruder des späteren Zaren Alexanders I. suchte. Auch die drei Coburger Prinzessinnen Sophie, Antoinette und Juliane, von deren Liebreiz sich die Emissäre der Zarin bei ihren Besuchen beim alten Feldmarschall hatten

---

[67] Nach dem Tod des kinderlosen Herzogs von Sachsen-Gotha und Altenburg, fällt Gotha 1826 an Sachsen-Coburg, das demnach seit 1826 Sachsen-Coburg und Gotha heißt. Saalfeld wird im Zuge dieser Erbregelung an Sachsen-Meiningen abgetreten.

überzeugen können, werden im Sommer 1795 samt ihrer Mutter Augusta, damals noch Erbprinzessin in Coburg zur „Brautschau" an den Hof von St. Petersburg eingeladen. Diese Erbprinzessin ist eine kraftvolle, vielseitig interessierte und für ihr Geschlecht sehr ehrgeizige Persönlichkeit. Als strenge Protestantin wird sie sich am luxuriösen, intriganten und oberflächlichen russischen Hof nicht recht wohl gefühlt haben, doch das war Nebensache, für sie zählte vor allem der Aufstieg ihres kleinen Fürstentums. Die Zarin findet sie entsetzlich hausbacken und schickt sie so schnell wie möglich wieder nach Hause. Doch Auguste lässt ein „trojanisches Pferd" zurück. Von ihren drei Töchtern gefällt Juliane, die Jüngste. Sie ist erst 14 Jahre alt, lebhaft, fröhlich und hat einen schalkhaften Charme (vgl. Bild 8). Die Hochzeit mit dem Grossfürsten Constantin findet Anfang des folgenden Jahres statt. Aus der Prinzessin Juliane von Sachsen-Coburg-Saalfeld wird die Großfürstin Anna Feodorowna von Rußland. Für das kleine mitteldeutsche Fürstentum ist diese Verbindung mit den mächtigen Romanows ein ungeheuerlicher Prestigegewinn und der erste entscheidende Schritt zum Aufstieg zu europäischer Bedeutung. Auch finanziell verbessert sich die Lage des Landes, als beträchtliche Summen aus dem reichen Russland in Coburgs leeren Staatskassen fließen. Politisch sollte sich die Verbindung während der napoleonischen Unterwerfung Deutschlands insofern segenbringend für das Land auswirken, als der Korse es nicht wagte, allzu willkürlich mit diesem zwar winzigen, aber mit dem mächtigen Zarenreich verwandtschaftlich verbundenen Hause umzuspringen. Die beiden Brüder Julianes, Ernst (der spätere Herzog von Sachsen-Coburg und Gotha) und Leopold (der spätere König der Belgier) ließ Katharina II. als Hauptleute in das Regiment des Großfürsten Constantin aufnehmen.

Der „Familien-Verein" Coburg

Nach dem Ende des Heiligen Römischen Reiches und nach den Napoleonischen Kriegen wurden dann im Zuge der Neuordnung Europas unter Metternichs Leitung auf dem Wiener Kongress von 1815, die weiteren Voraussetzungen für den erstaunlichen Aufstieg des ehrgeizigen Coburger Fürstenhauses geschaffen. Leopold, der jüngste Bruder der Großfürstin Anna Feodorowna, hatte schon früh Erfahrungen gesammelt und Beziehungen angeknüpft, erst am Hofe von St. Petersburg und später in Paris, wohin er seinen Bruder Ernst (I.) zu Verhandlungen mit Napoleon begleitete. Als Generalmajor im Stab seines Schwagers des Großfürsten Constantin nahm er auf russischer Seite an den Befreiungskriegen gegen Napoleon teil und zog dann auch im Gefolge seines Schwagers Alexanders I. 1814 in Paris ein. Anschließend, begleitete er den Zar auf dessen Reise nach London. Und überall fiel dieser junge, damals erst 24-jährige Prinz durch seine Klugheit, sein diplomatisches Geschick und seine Schönheit auf. Und so kam es, dass dieser junge deutsche Prinz, auch des europäischen Gleichgewichts wegen, die englische Thronerbin Charlotte, Tochter Georgs IV., heiratete. Doch eineinhalb Jahre nach Leopolds Hochzeit stirbt Charlotte kinderlos. In Coburg herrschte große Bestürzung. Um die englische Beziehung zu retten wird Leopolds Schwester Victoire mit dem Herzog von Kent, dem Bruder König Georges IV. verheiratet. Und ein Jahr später kommt deren Tochter, die spätere Queen Victoria zur Welt. Leopold dagegen wird 1831 zum König eines neuen Staates erkoren und geht als Leopold I., König der Belgier, in die Geschichte ein. Als *éminence grise* berät er durch Jahrzehnte hindurch bis zu seinem Tode in wöchentlichem Briefwechsel seine Nichte, die Queen Victoria und arrangiert auch ihre Hochzeit mit seinem Neffen Albert von Sachsen-Coburg und Gotha. Im Jahre 1836 vermählt sich ein weiterer Neffe Leopolds, Ferdinand von Sachsen-Coburg, mit der Königin von Portugal. Und so kann Lytton Strachey in seiner Biographie der Queen Victoria behaupten: "Der Niedergang des Hauses Coburg während der Napoleonischen Kriege schien nur seine Lebenskraft vermehrt zu haben. Denn die fürstliche Familie hatte sich inzwischen in außergewöhnlicher Weise über ganz Europa ausgebreitet. König Leopold war wohl installiert in Belgien, seine Nichte war Königin von England, einer seiner Neffen Gemahl der Königin von England, ein anderer jener der Königin von Portugal, und noch ein anderer Herzog von Württemberg. Wo sollte das enden? Sobald unter den regierenden Familien Europas ein Platz frei wurde, schien der Coburger Familienverein bereit, eines seiner Mitglieder hinzuschicken, um ihn auszufüllen."[68] Kurz, während des ganzen 19. Jahrhunderts ist es diesem kleinen, ursprünglich unbedeutenden und verschuldeten Fürstenhause gelungen, über nationale Staatsgrenzen hinweg dynastische Bande zu knüpfen. Eine Politik, die später Queen Viktoria fortsetzte, sodass Anfang des 20. Jahrhunderts durch die Coburger ein Grossteil der abendländischen Fürsten- und Königshäuser eng miteinander verwandt und verschwägert waren.[69] Leider haben diese dynastischen Bande die Katastrophe des 1. Weltkriegs nicht verhindern können. Denn der Nationalismus, „den Kaiser Napoleon III. von Paris aus eifrig schürte, weil er sich nach dem Vorbild seines Onkels zum Patron der Nationalitäten in Europa stilisierte – ein gefährliches Spiel! -- mündete in einem großen Aufbruch des Nationalismus in Europa". Und mit dieser „Nationalisierung der europäischen Politik endete aber auch die kosmopolitische Karriere des Hauses Sachsen-Coburg als der Dynastie des geschäftstüchtigen aristokratisch-bürgerlichen Liberalismus."[70]

Das trojanische Pferd und der Sankt Petersburger Schutz

Der jungen Großfürstin Anna Feodorowna, welche diese Entwicklung eingeleitet, hat ihre Vermählung kein Glück gebracht. Der Großfürst Constantin stellt sich sehr bald als ein unsteter, liebloser, ja grausamer Tyrann heraus. Nach dem baldigen Tod Katharinas der Großen und der Krönung des gewalttätigen Paul I., wird ihr Leben am russischen Hof zunehmend zur Qual. Ihre deutsche Schwippschwägerin Elisa-

---

[68]"The ruin which had fallen upon the House Coburg during the Napoleonic wars had apparently served only to multiply its vitality, for that princely family had by now extended itself over Europe in an extraordinary manner. King Leopold was firmly fixed in Belgium; his niece was Queen of England; one of his nephews was the husband of the Queen of England, and another of the Queen of Portugal; yet another was Duke of Würtemberg. Where was this to end? There seemed to be a Coburg Trust ready to send one of its members at any moment to fill up any vacant place among the ruling families of Europe." in Lytton Strachey, « Queen Victoria », Classic Penguin Books, London, 2000, Seite 128
[69] Noch heute sind die Nachkommen der Queen Victoria und des Prinzen Albert Monarchen oder Thronanwärter in Deutschland, Griechenland, Großbritannien, Norwegen, Schweden, Russland, Rumänien, Jugoslawien, Dänemark und Spanien.
[70] Thomas Nicklas, „Das Haus Sachsen-Coburg, Europas späte Dynastie", Verlag W. Kohlhammer, Stuttgart 2003, Seiten 97/98.

beth, die Gemahlin des Großfürsten Alexander, eine Tochter Karl-Ludwigs von Baden, ist ihre einzige Stütze. Trotz häufiger Krankheiten, versucht sie so gut sie kann, den Verpflichtungen, die ihre Stellung bei Hof ihr auferlegt, gerecht zu werden. Ihre Familie in Coburg macht sich zwar Sorgen um sie, fordert sie aber zum Aushalten auf, sind doch die Vorteile für das Fürstentum zu groß, um sie aufs Spiel zu setzen. Umso mehr als die Ehe Alexanders und Elisabeths kinderlos bleibt und es daher nicht auszuschließen ist, dass eins von Anna Feodorownas eigenen Kindern später einmal den Zarenthron besteigen würde. Doch sie hat keine Kinder mit Constantin. Und als Paul I. ermordet wird und ihr Schwager als Alexander I. den Thron besteigt, verlässt sie mit dessen Zustimmung den Großfürsten Constantin und Russland und kehrt nach fünf Jahren 1801 wieder nach Coburg zurück. Zar Alexander ist ihr weiterhin in Freundschaft verbunden und stellte ihr eine großzügige Apanage aus, die aber nicht immer gezahlt wird. Sie bleibt als Großfürstin Mitglied der Zarenfamilie und ihr weiteres Leben wird auch weiterhin weitgehend in St. Petersburg bestimmt. Das bedeutet unter anderem, dass sie es all ihrer Bemühungen zum Trotz erst 1820 erreicht, dass ihre Ehe geschieden wird.

Doch das Coburg, in das sie zurückgekehrt, ist nicht mehr die Stadt, die sie verlassen hatte. Wie überall in Deutschland sieht es triste aus. Napoleon unterwirft ein Fürstentum nach dem anderen und verfügt über sie nach Gutdünken. Wer Aussicht haben will zu überleben, tut gut daran, dem neugegründeten Rhein-Bund beizutreten. Das kleine Herzogtum Coburg ist keine Ausnahme.

Denn das Heilige Römische Reich, jener Herrschaftsbereich der christlich-abendländischen Kaiser, der sich fast ein Jahrtausend lang als übernationaler Lehensverband erhalten hatte, geht zu Grunde und ebnet einem Europa der Nationen den Weg.

Die Herzogin Augusta, die Mutter der Großfürstin, schreibt in ihr Tagebuch:[71]

„1806 -- 2. April. Armes Deutschland, was wird dein Schicksal sein? Der Willkür eines Despoten preisgegeben, der kein Gesetz kennt, als seinen Willen, keine Grenzen seiner Herrschsucht, als die Welt und dem jedes Mittel recht ist, das diese Leidenschaft befriedigt.

15. August. Endlich ist der große Schlag geschehen, der Deutschlands Verfassung zertrümmert. Franz II. hat die deutsche Kaiserkrone niedergelegt. Mit all ihren Mängeln war die alte Verfassung doch wohl besser, als das, was man uns dafür geben will…Durch Schwäche und Eigennutz geblendet haben sich Deutschlands Fürsten vom Vaterland getrennt. Der Rheinische Bund schlug ihm die tiefste Wunde und Franzens feige Resignation einer Krone, die Habsburgs Enkel seit so vielen Jahrhunderten trugen, gibt es nun ganz dem glücklichen Abenteurer preis."[72]

Und der Krieg hält nun auch seinen Einzug gerade dort, wohin die fürstliche Familie sich geflüchtet hatte -- in Saalfeld.

---

[71] Falls nicht anders angegeben, stammen die Zitate dem gedruckten Band „ Auszüge aus dem Tagbuch der Herzogin Auguste von Sachsen-Coburg-Saalfeld, geb. Prinzessin Reuß-Ebersdorf, aus den Jahren 1805-1821".

[72] Wie schon erwähnt, legt Franz II. 1806 die Kaiserkrone des übernationalen Heiligen Römischen Reiches Deutscher Nation nieder und nimmt als Franz I. den Titel Kaiser von Österreich an.

11. Oktober. Wie viel ruhiger hat der heutige Tag geendet! Mit dem Maréchal Augereau[73] ist wieder ein Gefühl von Sicherheit zu uns armen Beängstigten zurückgekehrt. Kein Lärmen im Hause erinnert an den Sturm des gestrigen Tages.....Es mochte 4 Uhr gestern Nachmittag sein, wie der Maréchal Lannes im Schloss einzog, von einer unendlichen Suite von Adjutanten, Offizieren und Ordonnanzen begleitet. Matt und erschüttert, von so mancherlei Gemüthsbewegungen, standen wir in dumpfer Betäubung noch beisammen, wie er herein ritt. Die rohe Insolenz der Suite, der Stolz des Maréchal, das Lärmen im Schloss, wie ihn nur immer ungesittete Reisende in einem Wirthshaus machen können, vermehrte noch unsere trostlose Stimmung. Der Hof füllte sich ganz mit Gefangenen und Blessirten. Nun habe ich einen Begriff von dem Gefühl der Sklaverei, der höchsten Hülflosikeit. Alles, was die Küchenvorräthe vermochten, musste hergegeben werden....Nichts ist gut genug und unsere Leute wurden wie Kellner in einem Gasthof behandelt und misshandelt.

12. Oktober. Gestern früh verließ uns der Maréchal Lannes mit seiner zahlreichen und lärmenden Suite. Mitten im Geräusch von wegreitenden und ankommenden Offizieren lockte mich ein militärisches Schauspiel ans Fenster; ein Detachement Infanterie mit ihren Adlern und bärtigen Zimmerleuten voraus marschirten in den Hof; in ihrer Mitte trugen sie etwas auf Stangen. Erst als sie es niederlegten, konnte ich die Leiche des Prinzen Louis Ferdinand[74] erkennen, nackt, in ein grobes Tuch gehüllt, lag der große königliche Mann da, den schönen Kopf entblößt.

15. Oktober. Mit inniger Wehmuth habe ich das unglückliche, ausgeplünderte Saalfeld verlassen...Gleich hinter der Stadt mussten wir an dem Schlachtfeld vorbei, wo noch viele preußische und sächsische Husaren unbeerdigt bei ihren erschossenen Pferden lagen ...Die Dörfer längs der Straße waren rein ausgeplündert, und weinend standen die trostlosen Einwohner vor ihren Hütten und sahen neuen Peinigern entgegen.

18. Oktober. Eine fürchterliche Schlacht soll bei Jena vorgefallen sein, Jena geplündert und beinahe abgebrannt. O Gott, was ist aus Ernst geworden, in diesen Tagen der Zerstörung und des Mords! Seine hohe ausgezeichnete Gestalt vermehrt meine Angst um ihn.[75]

10. Dezember. Es ist vorüber! Das theure Leben ist verloschen." Mitten in diesen Kriegswirren stirbt ihr Mann, der schon lange kranke Herzog Franz Friedrich von Sachsen-Coburg-Saalfeld.

„20. Dezember. Ich schließe diesen Tag mit einem ganz eigenen Gefühl von Druck, das ich noch nie empfunden habe. Der französische Intendant Vilain ist heute angekommen. Wie einen Fürsten habe ich ihn müssen einholen lassen.

---

[73] Derselbe Augereau, der sechs Jahre zuvor die Stadt Frankfurt um „mehrere Millionen Franken gebrandschatzt" hatte.
[74] Prinz Louis Ferdinand von Preußen, ein Neffe Friedrich des Großen. Er fiel in der Schlacht von Saalfeld.
[75] Doch ihr ältester Sohn, der spätere Herzog Ernst I. hat nicht an den Kämpfen teilgenommen. Er liegt an Typhus erkrankt im fernen Königsberg, im preußisch-russischen Lager. Erst im Befreiungskrieg 1814/15 führt er ein thüringisches Armeekorps gegen Napoleon.

21. Dezember. Unser Schicksal wäre also entscheiden. Diesen Mittag kam für Vilain so unerwartet wie für mich die Ratification unseres Beitritts zum Rheinbund. Dieser Bund, vor dem mir so graute, ist jetzt unser Glück; er rettet uns wenigstens vor augenblicklichem Untergang."

Die Verbindung der Großfürstin Anna Federownas zum Zarenhof ist immer noch ein Schutz der Coburger gegenüber Napoleon. Somit erhält nach dem Frieden von Tilsit der neue Herzog Ernst I sein Herzogtum zurück. Am 21. Juli 1807 schreibt die Herzoginmutter in ihr Tagebuch, dass ein Courier „den französischen Autoritäten den Befehl brachte, dem Herzog sein Land wieder zu übergeben. Gott lob, endlich scheint Ernst's Schicksal sich aufzuhellen...Das Wohlwollen Russlands hebt Ernst in den jetzigen Verhältnissen aus der Menge, die den Gefürchteten umgibt, und der strenge Richter wird zum gnädigen Monarchen."

Schwarzes Schaf oder Opferlamm

In diesen wirren Zeiten führt die Großfürstin nach ihrer Rückkehr nach Deutschland ein unstetes Leben. Sie ist seelisch zerrüttet, kränkelt, reist dennoch viel und hat Liebschaften, die sie nicht glücklich machen. Doch man weiß diesem der *raison d'état* dargebrachten Opferlamm wenig Dank. Im Gegenteil, die Familie findet ihre Verhältnisse jetzt reichlich peinlich und ihre heftige und ehrgeizige Schwester Antoinette, nennt sie selbstgerecht „eine Schande für die Familie". Zurecht macht sich ihre Mutter immer wieder um ihren Gesundheitszustand Sorgen -- mit viel romantischem Pathos, doch mit wieviel echtem Mitgefühl und ernstem Beistand?

„.....Seit drei Tagen hat Julchen wieder die Krämpfe, die sie schon vor zwei Jahren dem Tode nahe brachten, sie waren so heftig diese Nacht....Wie ein scheidender Engel lag sie da, der Ausbund des Schmerzes in jedem Zug ihres schönen Gesichts......"[76] Es ist möglich, dass sich die Herzogin nun darüber Rechnung abzulegen versucht, inwieweit sie die Gefahren, die auf ihre Tochter am Zarenhof lauerten, zwar wahrgenommen, „diese aber im Sinne ihres Auftrages verdrängt hat."[77] Doch trotz einer erschütternden Bilanz über das Schicksal ihrer inzwischen 24-jährigen Tochter, klingt darin eigentlich wenig Selbstbezichtigung mit:

„......O Du, der einzig dem Leidenden helfen kann, schenke ihr nur einige Linderung in ihren Schmerzen, nur einige Stunden Ruhe diese Nacht! Du hörst mein Gebet, Vater im Himmel, erhöre es! Wie geduldig sie daliegt, mit dem schönen leidenden Gesicht, wo in jedem Zug Schmerz ausgedrückt ist. Gewohnheit an psychische und moralische Leiden haben Julie früh eine sanfte, stille Resignation gegeben, die oft ein ganzes Leben voll Leiden nicht gibt. Armes Julchen! Von Deiner Kindheit an haben dein armes Leben Stürme erschüttert und schon damals vielleicht den Grund zu der Reizbarkeit gelegt, die dir jetzt so qualvoll wird. In den ersten Kinderjahren von einer

---

[76] Herzogin Auguste von Sachsen-Coburg-Saalfeld, Tagebücher, Royal Archives, Windsor Castle, RA/VIC/M 26/ 7 November 1805
[77] Vgl. dazu Gertraude Bachmann „Die Reise der Erbprinzessin Auguste Caroline Sophie von Sachsen-Coburg-Saalfeld an den Hof der Zarin Katharina II. in Sankt Petersburg 1795" , Sonderdruck aus dem Jahrbuch der Coburger Landesstiftung 1992, Jahrgang 37, Seite 64.

harten Gouvernante immer gereizt und misshandelt; und wie oft habe ich selbst damals dein gekränktes aufgereiztes Gefühl für Bosheit genommen und bestraft! Ein gemisshandeltes Kind genossest du selten die Freuden der sorglosen Kindheit rein; kaum zum Mädchen gereift, riss dich das Schicksal von meiner Seite, um das Glück deines Lebens in jedem Verstand im fremden, kalten Land zu zerstören.

Ich seh dich noch an deinem vierzehnten Geburtstag, frisch wie eine Rosenknospe und unbefangen wie ein Kind; mit Zentnerlast lag das Vorgefühl deiner Zukunft auf meinem Herzen, wie ich dich arme Kleine in dem engen Stübchen in Hozzenbruck (?) an dies blutende Herz drückte; ach, ich führte dich deinem glänzendem Elend entgegen. O Gott, was für Erfahrungen hast du in jenen zehn Jahren gemacht? Was für bittere Kränkungen sind seitdem über dein Leben gezogen; und wirst du wohl je ganz glücklich werden, armes, gutes Kind? Gut, wie man es selten ist, reizend und klug, wird denn immer dein reizbares Gemüt dein gutes Herz irreführen? Auch ich fürchte, spät wirst du die Ruhe finden, ach, erst dann vielleicht, wenn mancher optische Betrug für dich aufhört."[78]

Vielleicht war die junge Prinzessin verwundbarer als ihre fröhliche Lebhaftigkeit es hätte vermuten lassen. Doch ohne Zweifel haben erst die Sankt Petersburger Traumata und die Unstetigkeit der folgenden Jahre sie so gezeichnet, dass sie sich erst viel später, wenn überhaupt jemals, ganz davon erholt hat. Sie hat durch ihre Heirat den kometenhaften Aufstieg des Hauses Coburg ermöglicht, aber einen hohen persönlichen Preis dafür zahlen müssen.

Der versteckte Sohn

In dieser labilen Gemütsverfassung, „als ‚Schande der Familie' betrachtet, von ihrem Liebhaber verlassen,[79] ohne Möglichkeit sich wiederzuverheiraten, lässt sie sich, nach Halt und Zuneigung suchend, von Seigneux verführen." [80] Er „empfand für sie eine ebenso leidenschaftliche wie tyrannische Liebe. Aus Mitleid kann sie diesem heftigen, aber ergebenen Mann nicht widerstehen. Es wird eine lange Unterjochung, die sie wenig glücklich macht." [81] schreibt ihre Hofdame Rosalie Rzewuska in ihren Memoiren über ihre Beziehungen zu ihrem Hofmarschall Jules Gabriel Seigneux.[82]

---

[78] Herzogin Auguste von Sachsen-Coburg-Saalfeld, Tagebücher, The Royal Archives, Windsor Castle, RA/VIC/M 26/ 9 November 1805.
[79] Es handelt sich hier um den feschen Husaren Ligneff, der nach Russland zurückkehrte, als er einsah, dass er Juliane nicht heiraten könne.
[80] Alville (Pseudonym für Alix von Wattenwyl), „La Vie en Suisse de S.A.I. la Grande-Duchesse Anna Feodorowna », Société Suisse des Bibliophiles, Berne et Lausanne 1943, Seite 59.
[81] Zitiert in Alville, « Des Cours Princières aux Demeures Helvétiques ». Editions la Concorde, Lausanne, 1962, Seite 101
[82] Der Schweizer Jules Gabriel Emile Seigneux (1768 – 1834), wegen eines Duells 24 Jahre lang aus seiner Heimat verbannt, steht als Offizier erst in preußischen Diensten und ist seit 1806 als Oberhofmeister der Großfürstin zugeteilt. Er entstammt einer bis ins 13. Jahrhundert zurückreichenden Beamten- und Offiziersfamilie aus Lausanne. Sein Vater war Offizier im Regiment Montfort in Piemont gewesen.

Inmitten all dieser politischen, kriegerischen und persönlichen Wirren, erwartet die Großfürstin ein Kind. Alles deutet darauf hin, dass Seigneux der Vater dieses Kindes ist. Am 7. Juli 1808 verlässt sie Coburg, um den Sommer und Herbst in der Schweiz zu verweilen und dort ihr Kind zur Welt zu bringen. „Mit einem Wehmuthsgefühl, als wenn ich in eine weite öde Zukunft sähe, habe ich von ihr Abschied genommen, und ihr liebes Gesicht war so blass."[83] schreibt ihre Mutter. Schon am 28. Juni hatte sie nicht ohne Selbstbemitleidung in ihrem Tagebuch vermerkt: „Ach, Julie, dein Bild mischt sich so schmerzlich in die verworrenen Bilder der Zukunft! Nie ist sie mir verlassener, gekränkter vorgekommen, wie heute, und meine Thränen fließen unwillkürlich. Ihre Reise in die Schweiz, die mir in diesem Augenblick so unangenehm ist -- ach, so manches, was ich nicht nennen, nicht aufschreiben mag, drückt auf mein armes Herz." Bei dem überall blühenden und stolz bewunderten Kindersegen ihrer Geschwister muss es für die Großfürstin bitter gewesen sein, ihr eigenes Kind heimlich und einsam zur Welt bringen zu müssen. Und heimlicher und entlegener wäre es auch kaum möglich gewesen. Im „kleinen, verlorenen Nest" Kaiserstuhl am schweizerischen Rheinufer soll sie ihren Sohn geboren haben.[84] Vielleicht auch in Trub, wir wissen es nicht genau. Jedenfalls wurde er in Trub, jenem kleinen Dorf eines von steilen Felsen umgebenen Seitentals des Emmentals am 28. Oktober 1808 getauft und ins Taufregister der schmucken kleinen evangelischen Ortskirche unter dem Namen Edgar Eduard Schmidt-Löwe eingetragen, als Sohn eines Schmidt-Löwe aus Hamburg und einer Sophie Müller. Diesen Sohn wird man mit zehn Jahren als Eduard von Löwenfels in den Adelsstand erheben. Die ersten Jahre seines Lebens soll er in der Obhut der Pfarrersleute von Trub verblieben sein, sei dann vorübergehend in der Pestalozzi-Erziehungsanstalt von Yverdon in der französischen Schweiz untergebracht gewesen, um erst mit fünf Jahren, 1813, als sich das Leben der Großfürstin etwas stabilisiert hatte, in ihre kleine Hofhaltung zurückzukehren. Eine affektive Sicherheit wird er in diesen ersten Lebensjahren wohl kaum gehabt haben.

All diese Angaben sind nicht sicher, denn neben der offiziellen Geheimhaltung der Ereignisse, hat die Großfürstin wohl auch einen persönlichen, spielerischen Hang zur Verschleierung gehabt. „Die Großfürstin bleibt in ihrem Wesen vielfach unerforschlich. Ich glaube nicht, dass es nur der Zeitgeist war. Die Wurzeln liegen doch wohl im Wesentlichen in der Natur der Großfürstin, die sich offenbar in der Geheimnissphäre wohl fühlte, die sie zielbewusst um sich verbreitete." [85]

22. Dezember 1808. „Diesen Nachmittag ist Julchen von ihrer Schweizerreise zurückgekommen; sie sieht wohl und blühend aus."

Das ist alles, was zur Geburt des Kindes gesagt wird. Im Tagebuch der Herzoginmutter werden „Julchens" Kinder nie erwähnt. Auch die beiden Reisen zu ihrer Tochter in die Schweiz sind in ihrem offiziellen Tagebuch ausgelassen. Man weiß um Julchens *malheur*, man akzeptiert es, aber man spricht öffentlich nie und wohl auch privat kaum darüber. Und dennoch lässt dieses Wissen Bande und Verantwortungen

---

[83] Herzogin Auguste von Sachsen Coburg-Saalfeld, Tagebücher, Royal Archives, Windsor Castle, RA/VIC/M 26/ 5 July 1808
[84] Vgl. dazu Alville, „Des Cours Princières aux Demeures Helvétiques », Seite 106.
[85] Walrab Frhr. von Wangenheim, der das Löwenfels-Archiv verwaltete, in einem Brief vom 8. April.1935 an Amélie Frfr. Jordis von Lohausen.

entstehen, denen sich das Fürstenhaus weder im „Falle Löwenfels" noch im „Falle Schauenstein" entzogen hat. Man hat sich um diese beiden illegitimen Kinder gekümmert.

Das Leben der Großfürstin bleibt weiterhin unstet. Sie reist immer noch viel, lebt mal in Coburg, mal in Bayreuth. Sie leidet immer noch. Am 11. Januar 1809 schreibt ihre Mutter wieder: „Julchens Gesundheit ängstigt mich sehr: Nach einigen Tagen Zahnweh hat sie jetzt einen Nervenreiz, der sie grenzenlos quält.....Ach, ihre armen Nerven haben sehr gelitten!"[86]

Zwei Jahre später ist sie noch einmal in der Schweiz, hält sich länger in Bern auf, ist bei den Grafen Mülinen im Schloss La Chartreuse am Thuner See eingeladen, lernt Land und Leute besser kennen und fühlt sich wohl dort. Unter dem Druck ihres Bruders Leopold verschwindet Seigneux für immer von der Bildfläche. Er wird als Oberhofmeister durch Rudolf Abraham Schiferli abgelöst, unter dessen Einfluss das Leben der Anna Federownas endlich zunehmend ruhiger wird -- zum ersten Mal seit den traumatischen Sankt Peterburger Jahren.

Ihr Schwager, Zar Alexander I., ist ihr weiterhin freundschaftlich zugetan und lädt sie ein, ihn in Böhmen zu treffen. Der Kampf gegen Napoleon ist noch nicht entschieden und noch einmal setzt sich das „schwarze Schaf" der Familie für das Haus Coburg ein. „Julchen hat einen Brief vom Kaiser Alexander erhalten mit einer Einladung zu einem *rendez-vous* in Böhmen an der schlesischen Grenze. Es war ein lieber, freundlicher Brief. Sie ist diesen Nachmittag abgereist, und wird nicht wieder hierher kommen, sondern von Prag aus über Augsburg in die Schweiz reisen, um dort die Stürme abzuwarten, die vielleicht auch noch über unsere friedliche Heimath hinziehen werden."[87] schreibt ihre Mutter am 9. Juli 1813 in ihr Tagebuch.

Unabhängigkeit

Doch ihre Mutter irrt. Von kurzen Besuchen abgesehen wird die Großfürstin nie mehr nach Coburg zurückkehren. Sie möchte keinen Zwang mehr, weder den des Sankt Petersburger noch den des Coburger Hofes. Sie ist kein Machtmensch und sie hat weder den politischen noch den gesellschaftlichen Ehrgeiz ihrer Geschwister. Sie möchte nun endlich fern ab von der großen Welt frei und in Ruhe leben. Und wieder ist es Zar Alexander, der ihr dabei behilflich ist. Er erlaubt ihr, sich endgültig in der Schweiz niederzulassen. Mit seiner finanziellen Unterstützung erwirbt sie einen idyllischen Landsitz bei Bern, reizvoll über der Aare gelegen. Sie lässt das barocke Herrenhaus im klassizistischen Stil einrichten und den Park im englischen Stil anlegen und bis hinunter an den Fluss vergrößern. Sie nennt dieses romantische Paradies „die Elfenau" (vgl. Bild 9). Und dort findet sie endlich die Ruhe und den Frieden, den sie sucht. Viele Jahre hindurch wird sie dort ihren kleinen Hof halten, Besuche aus ganz Europa empfangen und langsam genesen. Die Elfenau ist für ihre Zwecke hoheitlich großzügig, aber doch klein genug, um ländlich zu bleiben. Denn

---

[86] Herzogin Auguste von Sachsen-Coburg-Saalfeld, Tagebücher, The Royal Archives, Windsor Castle, RA/VIC/M 26/ 11 January 1809
[87] Herzogin Auguste von Sachsen-Coburg-Saalfeld, Tagebücher 1805-21, gedruckte Version

eigentlich „ im großen Rahmen lebte sie klein: sie lachte, schwatzte, schrieb Briefe und stickte, sang am Spinett, regte sich über Nichtigkeiten auf, verteilte Almosen unter den Armen, bekümmerte sich um Hühner, um Kälbchen, aber ein wenig wie ein Kind, als wäre das Leben ein Spiel." (A. v. Wattenwyl).

So häuslich-verspielt und am Spinnrocken hat ihre Enkelin, Emma von Löwenfels, sie Jahre später einmal bei einem Besuch in der Rosenau angetroffen.

Anna Federowna ist nun Mitte dreißig. Sie muss eine unendlich liebenswürdige und bezaubernde Gastgeberin gewesen sein. Damals versucht der Großfürst Constantin plötzlich seine entfremdete Gemahlin wiederzugewinnen. „Der Großfürst bewunderte sie über alles und wollte 1814 eine Versöhnung." schreibt ihr Bruder Leopold viel später an die Queen Victoria. „Wir waren damals eine ganze Woche in der Elfenau. Es war eine heikle Situation; die Möglichkeit eine hohe Stellung wiederzugewinnen war gegeben, der Großfürst wünschte sich leidenschaftlich die Aussöhnung. Leider passten die Charaktere nicht gut zusammen, sie konnte sich nicht dazu durchringen, einzuwilligen."[88] Noch einmal kommen in Juliane jene tiefsten Ängste hoch, jene Alpträume aus den Sankt Petersburger Jahren. Trotz aller Versprechungen, trotz guten Willens, ist sie zu einem Neuanfang nicht bereit. Sogar der sonst so einsichtige Leopold hat vielleicht nicht ganz nachvollziehen können, wie tief die Wunden waren, die gerade jetzt erst zu heilen begonnen hatten. Sie will nicht, nicht noch einmal......!

So bleibt sie in der Elfenau und Schiferli bleibt ihr Oberhofmeister. Dieser bedächtige Berner Arzt, der zuletzt Berater ihres Onkels, des Großherzogs von Mecklenburg-Schwerin gewesen war, ist nun endgültig in seine Heimatstadt zurückgekehrt. Er ist verheiratet, hat zwei Söhne, Fritz und Moritz. Dennoch wird er der Vater von Luise-Hilda-Aglae, des zweiten Kindes der Großfürstin, das 1812 zur Welt kommt.[89] Man kann nur annehmen, dass die Liebschaft der Großfürstin mit ihrem neuen Oberhofmeister auf ihre Gemütsverfassung nach dem Seigneux-Fiasko zurückzuführen ist. Schiferli gibt ihr Halt und neue Hoffnung und bleibt ihr bis zu seinem Tode ein treuer Freund, Beistand und Berater. Bald genoss er auch das volle Vertrauen nicht nur des Coburger Herzogs, sondern auch das des Zaren, wurde er doch vom einen geadelt und vom anderen zum kaiserlich-russischen Wirklichen Staatsrat ernannt. In einem Schriftstück zu seinem Tode 1837 schreibt die Großfürstin: „Ich fühle mich dankbar verpflichtet, bei dieser Veranlassung auch die tiefe Erkenntlichkeit auszusprechen, welche ich dem seligen Herrn Oberhofmeister von Schiferli für seine ausgezeichnete vortreffliche Geschäftsführung, und sein segensvolles Wirken stets zollen werde. Das Andenken des hohen, seltenen Werthes dieses bewährten Freundes, wird immerdar heilig in mir fortleben, gleichwie die dankbare Anerkennung der

---

[88] Aus König Leopolds Brief an Queen Victoria vom 22. August 1860 "The Grandduke admired her of all things, and wanted in 1814 a reconciliation. We were then a whole week at Elfenau. It was a delicate position; the possiblility of regaining a great position was there, the Grandduke was passionately wishing the reconciliation. Unfortunately the characters were little suited, she could not bring herself to consent….." The Royal Archives, Windsor Castle, RA/VIC/Y 82/72
[89] Diese Tochter wird mit neun Jahren von einem französischen Ehepaar in der Schweiz adoptiert, heiratet 1834 Jean-Samuel Dapples aus Lausanne und stirbt drei Jahre später.

freundlichen Bemühungen für mein Wohl von Seiten der theuren Hinterlassenen des Verewigten, in denen er sich so schön fortsetzt!"[90]

Von ihren Geschwistern steht der Großfürstin vor allem weiterhin ihr jüngster Bruder Leopold, der spätere König der Belgier und ihre älteste Schwester Sophie zur Seite. Ersterer wird sie fast jedes Jahr in der Schweiz besuchen, mit Hilfe von Schiferli die Finanzen ihrer Hofhaltung ordnen und ihr klug und liebevoll mit Rat und Tat zur Seite stehen. Sophie und ihr Mann, Graf Emmanuel von Mensdorff-Pouilly, beide großzügige und wohlwollende Menschen, kümmern sich vor allem um ihren Sohn Eduard, wie sie sich um Bertha von Schauenstein kümmern werden. Graf Mensdorff wird später beider Vormund sein und wesentlich zur ihrer Verheiratung beitragen. Auch mit ihrer Schwester Victoire, der Mutter der Queen Victoria, fühlte sich die Großfürstin in Leid verbunden, wurde doch diese Schwester zweimal in jungen Jahren Witwe.

Eduards Kindheit

Anfänglich wird Rudolf Schiferli zum Vormund des versteckten Sohnes ernannt und mit seiner Erziehung beauftragt. Eduard wird ihn zuerst auch für seinen Vater gehalten haben. Davon zeugt ein Kinderbrief, den er 1817 in steiler gotischer Schrift „An Herrn Oberst Schiferli in Koburg" schreibt:

„Bester Papa! Wir sehnen uns sehr nach dir, aber wir wissen auch dass du nicht so bald als wir wünschen zurückkommen wirst. weil jetzt die Post nach Koburg geht so will auch ich dir ein Briefchen schreiben. ich hoffe du bist glücklich und gesund angekommen. wir vergessen unseren lieben Pluto[91] nicht, man meine manchmal er sein verloren, aber er fand sich noch. Gestern machten wir anfänge zur Turnkunst. Der Carl Wyß[92], Herr Wuther und Plutli lassen dich recht sehr grüßen. Dein dich ewig liebender Eduard. Elfenau, den 20. August 1817."[93]

Drei Tage später schreibt die Herzoginmutter Auguste in ihr Tagebuch: "Eben wollte ich zu Sophie gehen, da kam die Nachricht von Julchens Ankunft. Außer mir vor Freude eilte ich hin. Sie ist sehr mager geworden, aber so erfreut wie ich, sich wieder unter uns zu befinden. Nachmittags kamen Ernst und Ferdinand mit ihren Frauen. Der Thee wurde bei mir getrunken." Schiferli hatte also die Großfürstin nach Coburg begleitet. Damals wusste Eduard wohl noch nicht, wer seine Mutter war. Er sollte es später erfahren.

Jedenfalls liegt zwischen dem kindlichen Brief eines Neunjährigen und der bitteren Bemerkung des Achtzigjährigen, tiefgetroffen von frühen Tode seines einzigen Löwenfelsenkels: „Der Name ist besser ausgelöscht, er hat nie Lebensberechtigung gehabt!" ein langes ereignisreiches Leben, dessen Erfolge und Ehrungen doch immer überschattet sind von der Demütigung seiner Geburt.

---

[90] Handgeschriebene Originalschrift in Familienbesitz.
[91] Pluto - der Hund Schiferlis, vgl dazu Alville's Biographie der Großfürstin, op.cit., Seite 74
[92] Herr Wyss - ein Vetter Schiferlis.
[93] Originalbrief in Familienbesitz

Eine tiefe Freundschaft verband ihn sein Leben lang mit Fritz und vor allem mit Moritz Schiferli, den fast gleichaltrigen Söhnen seines Vormunds, mit denen er wie unter Brüdern aufwuchs. „Nach einigen Jahren Aufenthalt (bei der Großfürstin) kam zu uns gezogen noch ein dritter Knabe: Eduard von Löwenfels, der noch jetzt – da mir leider mein lieber Bruder früh entrissen worden ist[94]-- mein treuester Jugendfreund ist." schreibt Moritz Schiferli viele Jahre später in seinen Jugend-Erinnerungen. „Er war der lebendigste, wildeste, auch trotzigste von uns dreyen, aber sehr begabt und lernte leicht, hatte dabei ein nobles offenes Wesen, hänselte aber gern ein wenig.

Fritz, dessen Gesundheit von Jugend auf zart war, hatte ein sehr tieffühlendes zu Düsterheit neigendes Gemüth, liebte immer auch den Umgang älterer Leute, weil es ihm bey Knaben zu wild herging und er ein mehr geistiges Leben führte. Er war geschickt in allen Sachen und arbeitete lieber als ich. Nur war er ein lieber treuer Bruder, der oft väterlich über seinem jüngeren Brüderchen wachte und keine Beleidigung an mich kommen ließ.

Ich war von uns dreien der ungeschickteste, Geschichte und Geographie wollten mir gar nicht herein. Rechnen war mein Lieblingsfach, daneben war ich ein gutes Pürschlein, das kein Wasser trübte und mit allen gut auskam."[95] Das war die „Geschwisterkonstellation", in der Eduard aufwuchs.

Auch hat er an seiner Halbschwester Hilda Aglae, der vier Jahre jüngeren Tochter der Großfürstin sehr gehangen. Denn eine sehr innige, ja eine richtig gehende Liebeskorrespondenz zwischen den Halbgeschwistern dauerte an, bis sie von ihrer Verwandtschaft erfuhren. Auch danach und nach ihrer Hochzeit mit Jean Samuel Edouard Dapples standen sie noch in regelmäßigem Briefwechsel bis zu Hildas frühem Tod.

Hin und wieder begleiten Eduard und Hilda die Großfürstin auch nach Coburg: Man wird Eduard dort wie einen von Schiferlis Söhnen behandelt haben, denn auch diese waren meist mit von der Partie. „Bisweilen musste die Hoheit für den Winter nach Koburg. Da zog die ganze Bande mit." schreibt Moritz Schiferli, „Damals gab es noch keine Eisenbahn, man fuhr in eigenen Wagen mit Extrapostpferden, die von Station zu Station ausgewechselt wurden. Gewöhnlich machten sie eine Caravane von 4 Wagen aus und blieben etwa 6 Tage unterwegs. Alles war nur köstlich für uns Jungen, köstlicher als für den Vater, der alles anordnen und leiten musste. In Koburg hatten wir ein paar gute Freunde, die Söhne des Grafen Mensdorf.[96] Das waren sehr artige Knaben, mit denen wir alle Tage zusammen kamen. Die hatten ein kleines Poni, auf dem der freundliche Graf uns hie und da reiten ließ." Doch auch an anderen Spielen nehmen sie teil. Jedenfalls erkennt man Eduard und Hilda als erstes Paar unter den Kindern, die der Herzoginmutter an ihrem 65. Geburtstag ihre Aufwartung machen:

---

[94] Fritz Schiferli starb jung im Jahre 1834.
[95] Aus den Jugenderinnerungen des Moritz Schiferli für seinen Sohn Moritz, abgeschlossen 1882, in Familienbesitz
[96] Bei den beiden „artigen Knaben" handelt es sich um die Söhne Alfons und Alexander. Alexander Graf von Mensdorff-Pouilly, später Fürst Dietrichstein zu Nikolsburg, wurde 1864-66 österreichischer Außenminister.

„19. Januar 1815. Nie fühle ich lebhafter die herzliche Liebe meiner Kinder, als an meinem Geburtstage, wo sie so geschäftig sind, mir Freude zu machen, und mit gerührtem Herzen danke ich Gott für jede frohe Stunde dieses Tages. Eine sehr hübsche Musik hat mich geweckt, und kaum aufgestanden, kamen alle meine Lieben und mit wehmütiger Sehnsucht dachte ich der Abwesenden. Julchen bat uns um 10 zum *déjeuner*. Ihr Zimmer war mit Blumen geschmückt, und wir hatten uns kaum auf Sofa und Stühle niedergelassen, so erscholl Musik und Paar um Paar zogen freundliche Völker *en miniature* herein. Das erste Paar als Älpler und Bernerin, er brachte Milch und Käse und sie in einem bunten Sack, wie ihn die Bernerinnen zum Einkaufen tragen, einen gestickten Mousselin und schöne Handzeichnungen von Berner Costüm. Sie tanzten und traten auf ihre Stelle zurück. Das zweite Paar in altdeutscher Tracht: sie brachten eine kleine Truhe mit schöner Wolle und einem allerliebsten Ring. Das dritte Paar Kosaken (Hugo und Alphonse als Kosakenmädchen), das vierte Italiener, sie brachten sehr hübsche Sachen von Korallen. 5) Türken, sie brachten ein Fußkissen. 6) Chinesen, sie brachten Thee. 7) Ein altfranzösiches Paar. Es ist unmöglich etwas Hübscheres zu sehen, als diesen Kinderaufzug. Die hübschen, frischen, ganz außerordentlich gut costümirten Kleinen, die alles so ordentlich und ernsthaft machten, waren allerliebst."

Adelige Namensgebung

Im selben Jahre, einige Monate später, beginnt die Großfürstin sich um die Zukunft ihres Sohnes zu kümmern und schreibt einen überaus liebevoll-eindringlichen Brief an ihren Bruder Herzog Ernst I., mit der Bitte um „einen Liebesdienst". „Pold (Leopold) hatte ich schon deshalb geschrieben, er mir aber versichert, Du Lieber, würdest es besser vermögen als er, so bitte ich Dich, Herzensliebster, nun die Gefälligkeit für mich zu haben, Dich für die Sache zu interessieren und verwenden; meine Gründe dagegen mündlich." Im Brief wird die Herkunft ihres „Schützlings" natürlich verschleiert, denn sie fährt fort: „Schiferli hat nämlich bei seiner Familie einen jungen Menschen, dessen Vormund er ist und den er mit seinen Söhnen erziehen lässt. Dieser junge Mensch ist das Vermächtnis einer mir und Dir auch nicht ganz unteueren Freundin……Er heißt jetzt Eduard Schmidt. Für seine künftigen Versorgungsrechte wäre es ihm notwendig, dass er je eher, je lieber geadelt würde. Da wollte ich Dich nun bitten, Du Liebster, ob Du die Güte haben wolltest, Schritte dafür zu tun. Denn ich glaube, der österreichische Adel wird nur für Verdienste gegeben, oder bei Empfehlung von höheren Personen. Wenn das Individuum als Dein Bekannter und protégé gilt, so lässt sich die Sache ganz natürlich machen." Denn um nicht Aufsehen zu erregen, soll nicht der regierende Coburger Herzog selbst, sondern lieber ein entfernterer Souverän handeln. „Dich selbst, lieber Ernst, hätte ich um diese Gefälligkeit angesprochen, wenn ich nicht gefürchtet hätte, dass diese Erhöhung hier fabriziert (d.h. in Coburg) gar zu sehr im Augenblick le *secret de la comédie* würde. Das Prädikat „Edler von" würde einstweilen das Passenste sein, als das weniger Hochkommende. Der Name müsste nun freilich dort gegeben werden, aber ein hübscher so viel als möglich. – Willst Du, liebe Seele, Dich dieses Anliegens annehmen, so erweißt du mir einen wichtigen Liebesdienst, für welchen ich Dir innigst erkenntlich wäre."[97] Drei Jahre später kann der Herzog den Erfolg der von ihm erledigten Maßnahmen an Schiferli melden: „Ich habe das Vergnügen Ihnen in der Anlage das original Antwortschreiben über die Adelsertheilung für unseren kleinen protégé mittzutheilen. ....Sehr erfreut hat es mich, die Hauptsache erreicht zu haben und meiner Schwester hiedurch etwas Angenehmes erweisen zu können. Haben Sie die Güte es ihr mitzutheilen und ihr viel Schönes in meinem Nahmen zu sagen." Doch nicht der Kaiser in Wien, sondern der König von Sachsen in Dresden hat diese „Adelsertheilung" vollzogen. Der junge „protégé" hieß seitdem Eduard Schmidt-Löwe Edler von Löwenfels. Und auch hier ist das Geheimnis gewahrt. Schiferli hat für die Adelsurkunde eine herzzerreißende Geschichte über Eduards fiktiven Vater, den Schmidt-Löwe aus Hamburg, erfunden: „Sein Vater, obschon nicht Schriftsteller, besaß eine weitumfassende Gelehrsamkeit und zeichnete sich durch einen seltenen Grad von Patriotismus aus, der ihn in den letzten Jahren seines Lebens nirgends ruhen ließ. Durch Bande der Freundschaft seit den Universitätsjahren mit mir vertraut, hielt er sich zuletzt bei mir auf. Er erhielt mein Versprechen, Vaterstelle an seinem Kinde zu vertreten. Er opferte den Rest seines Vermögens, um seine letzte Reise anzutreten. Das Beispiel des Prinzen von Neuwied[98] hatte ihn so angefeuert, dass auch er sich als Freiwilliger in Spanien gegen den Feind (Napoleon) seines Deutschen Vaterlandes stellte. Obschon wir keine offizielle Nachricht von seinem Tode erhalten haben, so lässt sich doch daran um so weniger zweifeln, da seine Briefe auf einmal ausblieben und die innige Liebe zu seinem Sohn ihn unstreitig zurückgeführt hätte."[99]

Lehr- und Wanderjahre

Im Herbst 1821 bricht die Großfürstin, mit ihrem Sohn und Schiferli samt dessen Familie im Gefolge, zu einer Reise nach Italien auf.[100] Sie verbringen den Winter im „Hôtel de Londres" vor dem „prächtigen Hafen" von Genua. Eduard ist damals zwölf Jahre alt. Die Großfürstin wird auf ihren hübschen, begabten Sohn stolz gewesen sein. Auch macht sie sich offenbar im Ausland weniger um das Geheimnis seiner Abkunft Sorgen, tritt sie doch sogar bei offiziellen Anlässen mit ihrem Sohn an der Hand auf. Mag sein, dass solch ein Auftritt den gestrengen Christian Friedrich Freiherr von Stockmar, der in Genua im Dezember 1821 mit der Reisegesellschaft der Großfürstin zusammentraf, zu „drastischen Worten" hinriß.[101]

---

[97] Auszüge aus einem Brief der Großfürstin an Herzog Ernst I. vom 17.April 1815, dessen handschriftliche Abschrift durch Alix von Wattenwyl sich im Familienbesitz befindet.
[98] Maximilian Prinz zu Wied-Neuwied (1782-1867) diente zwar in der preußischen Armee gegen Napoleon, wurde jedoch vor allem als Ethnologe und Naturforscher durch die Berichte über seine Reisen nach Süd- und Nordamerika bekannt.
[99] Auszug aus der Adelsurkunde von 10. Januar 1818.
[100] Einen Teil der Reise und vor allem den viermonatigen Aufenthalt in Genua verbringt sie gemeinsam mit der Reisegesellschaft ihrer Mutter, der Herzogin Auguste. Anfang Dezember stösst auch Prinz Leopold dazu.
[101] Aus „Die Ahnen des Friedrich Frhr. von Stockmar- von Wangenheim", von ihm zusammengestellt, Buch am Forst, 6. Juni. 1980, Seite 49.

„Von Genua reisten wir im Frühling" schreibt Moritz Schiferli, „über la Spezzia .... nach Florenz, dann Mailand (und) über den Simplon wieder zurück."[102]

Während dieser Reise ist auch das bewegende Gedicht Eduards entstanden, das wie ein Hilfruf klingt und vielleicht einen Einblick in die Verlorenheit, Liebes- und Schutzbedürftigkeit des Zwölfjährigenjährigen gewährt:

> Gemacht von fremden Händen
> Vielleicht thut es das meinige verblenden
> Bring ich hierher ein einfaches Gedicht
> Es dir von meinen Wünschen spricht
> Doch glaub ich immer mehr Gehör
> Als dieser fremden Worte Heer
> Finde bey dir mein kindlich Wort
> Das dich anfleht um deinen Hort
> Wie ich ihn immer habe erhalten
> Darum meine Liebe nie wird erkalten.
> Gehorsam sey meine erste Pflicht
> Man dann nur Gutes von mir spricht.
> Es wachse in mir der Tugend Saamen,
> Mit diesen Gedanken sage ich: Amen.
> Eduard.[103]
> Genua, den 1en Januar 1822.

An wen dieses eigentümliche Neujahrsgedicht gerichtet ist, wissen wir nicht. Vielleicht an seinen Ziehvater Schiferli, aber vielleicht auch an die Großfürstin. Was mag in diesem Knaben von zwölf Jahren wohl vorgegangen sein?

Sechs Jahre später, als Eduard 18 Jahre wird, schickt Schiferli ihn an die Universität nach Genf, um Forstwissenschaften zu studieren. Er wohnt dort zusammen mit anderen jungen Leuten, u.a. mit den baltischen Brüdern Alexander und Otto von Stackelberg, bei Professor Bouvier[104]. Schiferli hat die ihm vom Hause Coburg übertragene Verantwortung für die Erziehung des jungen Löwenfels von Anfang an sehr ernst genommen. Als sein Schützling zwei Jahre später aus Genf zurückkehrt, legt er in einem Brief vom 27. September 1828 dem Herzog Ernst I. Rechenschaft ab und berichtet, dass „der jungen Forstjunker... außerordentlich gewonnen hat und mir von Herrn Bouvier, seinem Kostherrn, einen Bericht mitbrachte, der für mich ein großer Genuss war. Die Verantwortlichkeit, welche ich bey Übernahme der Erziehung dieses Knaben auf mich geladen habe, ist in meinen Augen so groß, dass ich .... jetzt über den Erfolg beruhigt und gesichert auch hierin das mir von der Vorsehung auferlegte Tagewerk vollendet sehe. Ich nehme die Freyheit hier Euer Durchlaucht nur das Ende von Herrn Bouviers Brief zu kopieren.

---

[102] Aus den Lebenserinnerungen des Moritz Schiferli für seinen Sohn Moritz, abgeschlossen 1882.
[103] Originalschriftstück in Familienbesitz
[104] Es wird sich hier wohl um ein Mitglied jener Genfer Pastoren-, Professoren- und Intellektuellenfamilie handeln, die heute noch, besonders durch den Schriftsteller Nicolas Bouvier (1929-98) bekannt ist.

‚En resumé, je vous déclare, Monsieur, que votre Edouard est un des jeunes gens les plus distingués que j'aie jamais connus sous le rapport moral, intellectuel et sous tous les rapports; que nous l'aimions ma femme et moi d'une affection d'autant plus profonde qu'elle a cru lentement avec connaissance de cause et que la seule chose qui nous console de le voir partir est la certitude qu'une belle carrière lui est réservée et qu'il la fournira avec honneur.' (Kurz zusammengefasst, erkläre ich Ihnen, Monsieur, dass Ihr Eduard einer der vornehmsten jungen Leute ist, die ich kennen gelernt habe, in moralischer, intellektueller und jeglicher sonstiger Hinsicht. Meine Frau und ich lieben ihn mit einer umso tieferen Zuneigung, als sie langsam mit besserem Kennenlernen gewachsen ist. Das einzige, das uns über seine Abreise hinwegtröstet, ist die Gewissheit, dass ihn eine schöne Karriere erwartet und dass er ihr Ehre machen wird.)

Eduard hat mir von selbst versichert, er werde sich alle Mühe geben, eine festere und schönere Handschrift zu bekommen. In vier Wochen wird er nach Heidelberg abgehen und gelegentlich werde ich an den Förster in Georgenthal schreiben, um seine Aufnahme für künftiges Frühjahr zu negoziieren."

Wenig später finden wir Eduard dann auch, zusammen mit Otto von Stackelberg und Fritz Schiferli an der Universität Heidelberg. Während der Zeit soll er mehr über seine wahre Herkunft erfahren haben. Ob man ihm allerdings jemals den Namen seines Vaters enthüllt hat, wissen wir nicht. Von Herzog Ernst I. zum Forstjunker ernannt, macht er beim Oberförster in Georgenthal bei Gotha seine Jagd- und Forstmeisterpraxis. Am 2. Januar 1830 schreibt Schiferli, der weiterhin die Ausbildung seines Schützlings überwacht und leitet, an den Herzog: „Euer Durchlaucht sind, wenn man mir richtig berichtet hat, mit Eduard zufrieden, was mich sehr glücklich machen würde. Sein Lehrer, Herr Schrödter, der sehr wahrheitsliebend zu seyn scheint, und den ich nach seiner Correspondenz hochschätze, giebt ihm in jeder Hinsicht das beste Lob und hält ihn fähig, schon dies Frühjahr selbst das strenge Forstexamen auszuhalten, welches er also in wenigen Monaten leisten wird. Nachher wünsche ich Eduard zu höherer Ausbildung für einige Zeit nach Berlin zu senden, wo er sich dann noch mit Staatswissenschaften, etwas Diplomatik (wenn Euer Durchlaucht nöthig finden) beschäftigen und größere Gesellschaftszirkel besuchen kann. Zu letztern fehlen mir freilich Bekannte, an die ich ihn empfehlen kann."[105] So durchläuft der vielversprechende junge Mann eine vielfältige Hochschul-und Berufsausbildung und wird langsam in die Gesellschaft eingeführt. Die Großfürstin wird sich gefreut haben über diesen Sohn. Er ist nicht nur gutaussehend und charmant, überdurchschnittlich intelligent und vielseitig begabt, sondern aus seinen Briefen spricht eine für sein jugendliches Alter erstaunlich tiefe und reife Beurteilung der Dinge des Lebens. So legen Mutter und Sohn auch, wenn sie sich unbeobachtet fühlen, die offizielle Zurückhaltung ab und hatten ein ungezwungeneres Verhältnis zu einander. Augenzeugen berichten: „Sie saß weit von anderen Gästen entfernt im Garten auf einer Bank und er – der sonst so vollende Hofmann schon in jungen Jahren – stellt den einen Fuß auf die Bank und ist, den einen Arm auf das Knie gestützt, in lebhaftem Gespräch mit ihr."

---

[105] Aus Briefen Rudolf Schiferlis an Herzog Ernsts I., deren handschriftliche Abschriften von Alix von Wattenwyl sich im Familienbesitz befinden.

Im Jahre 1835 heiratet Eduard von Löwenfels in Prag seine Cousine Bertha von Schauenstein und kommt als Jagdjunker und Kammerherr[106] an den Hof von Coburg.

Das Märchen vom Waisenmädchen, von der bösen Stiefmutter und vom schönen Prinzen

Wenden wir uns nun Bertha von Schauenstein und ihrer nicht minder abenteuerlichen Herkunft zu. Die Geschichte ihrer Mutter Sophie, „Grandmaman", wie ihre Enkelin Emma von Löwenfels sie in ihren Lebenserinnerungen nennt und sehr lebendig schildert, beginnt wie ein Volksmärchen vom Waisenkind, von der bösen Stiefmutter und vom schönen Prinzen: Es lebte einmal in Rouen in der Normandie im Napoleonischen Frankreich ein kleines Madchen, hübsch und zierlich anzuschauen, lebensfreudig, doch unschuldig und ernsthaft. „Sie war der erklärte Liebling ihres Vaters, der (Perückenmacher und) Kurator einer Frauenklosterschule in Rouen war. Ihr Vater war schon ein ältlicher Herr und trug stets, wenn er ausging, den Stock *à la pomme d'or* in der Hand, denn er litt stark an der Gicht und ging nur schwer. Er lehrte sie lesen und schreiben und sie musste immer um ihn sein. Seine Familie war wohlhabend, gehörte meistens dem Gerichts- und Advokatenstand an. Sie hieß Fermepin des Marteaux und zählte zur Legitimistischen Partei.[107] Von ihrer Mutter wusste Grandmaman nicht viel zu erzählen, sie entstammte der irischen Familie Russel und Grandmaman erinnerte sich, die Großmutter ein Mal mit ihrer Mutter in einem Landhaus besucht zu haben." Erst soll diese Großmutter in großem Reichtum auf einem Schloss gelebt haben, dann aber hätte ihr einziger Bruder das gesamte Familienvermögen durchgebracht und sie hätte als Witwe bei einer Nichte auf dem Land in der Nähe von Caen Zuflucht nehmen müssen. (vgl. Stammtafel IV).

Die Ehe von Sophies Eltern „muss keine gute gewesen sein, denn sie verkehrten sehr wenig miteinander. Ihr Vater starb, als sie noch sehr jung war. Sie kam in ein Erziehungskloster nach Paris, worin sie verblieb, bis ihr Onkel Fermepin, ein jüngerer Bruder ihres Vater sie in ihrem 15. Jahre in sein Haus nahm. Er war ein reicher Mann und hatte eine angesehene Advokatur in Paris. Sein Haus war der Versammlungsort der Legitimisten. Seine eitle, junge Frau, verfolgte Grandmaman mit Neid und Eifersucht, weil sie besonders reizend war und von ihrem Onkel wie seine eigene Tochter mit großer Liebe behandelt wurde. Er fuhr oder ritt mit ihr spazieren, sie musste, wenn Gäste kamen, in seinem Salon erscheinen, und dort war sie, obgleich noch ohne Arg und ein halbes Kind, bald der Convoitise hoher Augen ausgesetzt."[108] Denn inzwischen war Napoleon bei Waterloo endgültig besiegt worden und die alliierten Fürsten waren 1815 zum zweiten Mal mit ihrem prächtigen Gefolge in Paris eingezogen.

---

[106] Hofbeamter für den Ehrendienst bei Fürsten oder Prinzen.
[107] Königstreue Partei.
[108] So schreibt Emma von Löwenfels/Meyern-Hohenberg in ihren Lebenserinnerungen über ihre Großmutter.

„Unter jenen, die Grandmaman besonders den Hof machten waren Herzog Ernst I. von Coburg (vgl. Bild 10) und ein damals vielgenannter russischer Graf. Beide stellten dem jungen Mädchen nach, der Herzog jedoch bestach ihre *Bonne*[109] und diese lockte Grandmaman, indem sie sie zu einer Spazierfahrt aufforderte, in des Herzogs Wohnung. Ehe Grandmaman sich dessen bewusst geworden, war sie gefangen. Sie weinte und schrie und ihr Verführer hatte Mühe, sie zu beruhigen. Er ließ nicht von ihr und hielt sie acht Tage lang gefangen, bis sie sich ergab und ihr Schicksal auf sich nahm, da ihre Tante, die sie nunmehr verleugnete, ihr die Rückkehr in ihr Haus verbat und dieses Verbot auch bei ihrem Onkel durchgesetzt hatte.

War Grandmaman noch sehr jung, so besaß sie doch Ehrgefühl. Sie veranlasste den Herzog, mit ihr in die Kirche zu gehen, und da an eine Trauung nicht zu denken war, so verlobte sie sich ihm vor Gott und seinem Altar an; für ihren kindlichen Glauben war ihr Gewissen damit beruhigt und sie blieb ihrem Gelöbnis treu ihr Leben lang. Einige Jahre später trug der Herzog ihr allen Ernstes seine Hand an, sie aber, weder herrschsüchtig noch ehrgeizig, schlug sie mit der Bemerkung aus, sie könne weder Herzogin werden, noch seinem Land einen Erben schenken. Doch blieb er ihr zugetan bis zu seinem Tode."

Inwieweit die Ereignisse hier oder dort beschönigt sind, wissen wir nicht. Doch ist sicher, dass die charmante kleine Sophie Fermepin nie geheiratet hat, obwohl sie verschiedentlich dazu die Gelegenheit gehabt haben soll.

Seitensprünge

Herzog Ernst I. war ein den Frauen zugetaner, lebenslustiger Mann, der viele Maitressen und mehrere uneheliche Kinder hatte. „Ernst ist so gut, aber so flüchtig, (geht) so leicht über die ernsthaftesten Angelegenheiten hinweg, dass mir oft recht für seine und unsere Zukunft bangt." schreibt die Herzoginmutter Augusta über ihren Sohn schon am 2. Januar 1809 in ihr Tagebuch. Libertinage war an sich nichts ungewöhnliches für einen Fürsten seiner Zeit. Nur hatte er das Pech, dass eine seiner Liebschaften an die große europaweite Glocke gehängt wurde. Eine junge griechische Tänzerin, Pauline Adelaide Alexandra Panam, „la belle grecque", die er 1807 in Paris kennen gelernt hatte, ließ eine reißerische Memoirenschrift verfassen und 1823 herausgeben, in der sie den Herzog öffentlich beschuldigt, sie verführt und dann schamlos im Stiche gelassen zu haben. „Es spricht für das Lesepublikum von Paris, wenn es das Machwerk für einen fantastischen Roman mit den dieser Zeit so beliebten Schauermotiven hielt. Anders in Deutschland."[110] Dort hat diese Schrift dem Ruf des Herzogs ernsthaft geschadet. Zwar hat er die Auflage, soweit er ihrer habhaft werden konnte, aufkaufen und vernichten lassen. Doch „die Gegner Ernsts, besonders der Hof von Weimar, ließen sich den willkommenen Stein des Anstoßes nicht entgehen. Der weimarische Minister Goethe rezensierte die Neuerscheinung im *Mode- und Literaturjournal*, ihr damit große Publizität verschaffend." Und bald danach erschien auch noch eine englische Ausgabe.

---

[109] Stubenmädchen, Kammerzofe

[110] Dieses und die beiden folgenden Zitate stammen aus : Thomas Nicklas, op. cit., Seiten 157-158.

Es wird nicht der einzige, aber zweifellos der ausschlaggebende Grund gewesen sein, warum ihn seine Gemahlin, Herzogin Luise, kurz danach verließ, worauf es in der friedlichen Residenzstadt Coburg, wo die Herzogin sehr beliebt war, sogar zu Bürgertumulten kam. Als dann auch sie sich Freiheiten herausnahm, kommt es zur Scheidung und die Herzogin stirbt einige Jahre später im Exil in Paris, „ohne dass sie ihre Söhne Ernst (II.) und Albert noch einmal gesehen hätte. Weniger für Ernst, einen Libertin vom Schlag des Vaters, als für den jüngeren Albert war die Trennung von der Mutter ein einschneidendes Erlebnis, das ihn fürs ganze Leben prägen sollte."

So war diese Affaire in ihren Auswirkungen zweifellos mitbestimmend für die sittenstrenge „viktorianische", oder vielleicht richtiger ausgedrückt „albertinische" Moral des späteren englischen Königspaars, und damit für die Lebensmoral des Bürgertums nicht nur in Großbritannien, sondern in vielen Teilen Europas bis ins 20. Jahrhundert hinein.

Die versteckte Tochter

Für die weitere Geschichte der kleinen Sophie Fermepin des Marteaux ist diese Affaire insofern von Bedeutung, als Herzog Ernst ihr für ihre sehr diskrete Haltung umso dankbarer gewesen sein mag. Vielleicht hatte er irgendwann wirklich mit dem Gedanken gespielt, eine morganatische Ehe mit ihr einzugehen. Doch heiratete er schließlich ein Jahr nach dem Tode seiner Gemahlin, in zweiter Ehe, seine Nichte Marie von Württemberg. Die junge Sophie Fermepin, hingegen, schreibt ihre Enkelin weiter, „fand bei ihrem Vormund, dem Marquis de la Bardonie,[111] der in der Schweizer Garde gedient hatte und dem königlichen Haus treu geblieben war, eine warme Aufnahme. Die Marquise war wie eine Mutter zu ihr und Grandmaman hat es wohl diesen prächtigen Menschen zu verdanken, dass der Herzog weiter für sie sorgte."

Dieser Marquis Antoine de la Bardonnie, entstammte einer der alten Adelsfamilien des Périgords. Erst 16-jährig war er, (nicht bei der Schweizer Garde), bei der *Garde Rouge du Roi* in Versailles eingetreten. Zu Anfang der Revolution floh er nach Deutschland, trat der Armee der Emigranten bei und machte den unglücklichen Feldzug gegen die revolutionären Heere und die Belagerung Maastrichts mit. Nach aberteuerlichem Irrfahren durch Holland, Deutschland, Russland und Österreich landete er schließlich in Coburg. Seine spätere Frau, die eine mindest ebenso abenteuerliche Flucht vor der Guillotine hinter sich hatte, lernte er im Exil kennen. Sie wurden getrennt, suchten einander in ganz Deutschland, fanden einander schliesslich vier Jahre später wieder und heirateten in Gotha. Bis zur Restauration 1815 bauten sie sich in Coburg *„une affaire florissante"* mit Brüsseler Spitzen auf, die ihnen den Lebensunterhalt ermöglichte. Sie waren am Coburger Hof gern gesehene Gäste,

---

[111] Antoine Faurichon de la Bardonnie (1770-1861) heiratete 1797 in Gotha Marie-Catherine de Nicolay (+ 1824). Sie hatten drei Kinder: Karl (jung gestorben), Antoinette-Frederique-Julie (+ 1859), und Guillaume (* 1800 in Coburg, + 1886 in Sainte-Croix-de-Mareuil).

und Antoine wurde später der sächsische Hoforden verliehen.[112] Nach dem Sturz Napoleons kehrte er mit seiner Familie ins Périgord zurück. Seine Verbindung zu Coburg erklärt, warum ihre gastfreundschaftliche Haltung der jungen Sophie gegenüber wohl nicht reiner Zufall war.

Im gegebenen Moment ließ der Herzog das junge Mädchen dann „nach Deutschland kommen, und dort im braunschweigischen kleinen Schlösschen von Hoya kam Mama (Bertha Julie Charlotte Ernestine von Schauenstein) unter sorgsamster Pflege auf die Welt." Dies geschah am 26. Januar 1817. „Dann, als Mama ein halbes Jahr alt war, kehrte Grandmaman mit ihrem Kind und dessen Amme nach Frankreich in das Haus La Bardonie zurück, wo sie (wieder) wie ein Kind des Hauses aufgenommen wurde und viele Jahre verblieb, bis Herzog Ernst, der stets für sie sorgte, ihr die kleine Besitzung („la Reinerie" im Périgord) kaufte, auf welcher sie später bis zu ihrem 50. Jahr gelebt hat." Sie soll „in Périgueux und in der ganzen dort lebenden Aristokratie sehr beliebt gewesen sein und verschiedene Heiratsanträge bekommen haben. Auch von Guillaume de la Bardonie, dem Sohn ihres Vormundes, der sie durch Jahre hindurch geliebt hatte. Auf meine Frage, ob sie nicht besser getan hätte, sich in Frankreich wieder zu verheiraten, erwidert sie mir: „Non, je ne le pus. Devant Dieu je me sentais mariée et plus tard veuve.» (Nein, das konnte ich nicht. Vor Gott fühlte ich mich verheiratet und später Witwe).

Guillaume de la Bardonie und dessen Schwester Julie blieben ihre treuen Freunde bis zu ihrem Tode. Als später Guillaume heiratete, übernahm auch dessen Frau diese Freundschaft und erstreckte sie weiter auf Grandmamas Kinder." Ihre Tochter Bertha „verlebte ihre Kinderzeit im alten Schloss Thiviers[113] als verzogenes, verhätscheltes Kind des ganzen Hauses. Der alte Marquis vergötterte sie."

Doch der Kontakt zu Herzog Ernst ist während der Zeit nicht abgebrochen. Im Gegenteil, der Herzog schien offensichtlich Anteil an der Erziehung seiner kleinen Tochter zu nehmen. „Als sie jedoch, schon sehr verzogen, sieben Jahre geworden war, wurde sie auf Betreiben des Herzogs nach Frankfurt am Main ins Mädchenpensionat von Frau Busser gegeben. Grandmaman besuchte sie oft und blieb auch längere Zeit in Frankfurt, um sich an dem Erblühen ihrer Tochter zu erfreuen." Wieder spielt Frankfurt in dieser Familiengeschichte eine Rolle, doch zu der Zeit hatten die österreichischen Jordis die Stadt schon längst verlassen und standen seit Jahrzehnten in kaiserlichen Diensten.

„Herzog Ernst hat die Vaterschaft (Bertha von Schauernsteins) zwar niemals ausdrücklich anerkannt, (doch) hat er eine stete liebevolle Sorge für seine Tochter gezeigt. Letztere hat, wie erhaltenen Briefe bezeugen, an ihrem „väterlichen Freund" mit kindlicher Liebe gehangen und sich von ihm durch Geschenke verwöhnen lassen. Aus Archiven geht ferner hervor, dass der Herzog seiner Tochter schon seit ihrer Kindheit erhebliche Vermögenswerte und eine lebenslängliche Rente, zuge-

---

[112] Vgl. dazu « Mémoires d'èmigration d'un gentilhomme Pèrigourdin : Antoine Faurichon de la Bardonnie (1791-1797) », neu herausgegeben von den Archives départementales de la Gironde, Bordeaux, 1983.
[113] Gemeint ist das Château Verzinas in Vaunac bei Thiviers, einem kleinen Ort in der Dordogne, der etwa 30 km nordnordöstlich von Perigueux an der Landstrasse nach Limoges liegt

wandt hat. Die Rente ist noch bis zu ihrem Tode im Jahre 1896, also noch bis 52 Jahre nach dem Tode des Herzogs aus der herzoglichen Kasse bezahlt worden."[114]

„Oft reiste sie im Laufe der Jahre mit ihrer Tochter nach Coburg. Sie wohnte dann im Schlösschen Oeslau bei der Rosenau[115] und dort spielte Mama mit den anderen Prinzen, die der Herzog ihr zuführte." Diese „anderen Prinzen" müssen ihre um ein bzw. zwei Jahre jüngeren Halbbrüder Ernst (II.), der Erbprinz, und Albert, der spätere Prinzgemahl der Queen Victoria, gewesen sein, oder auch ihre Cousins Mensdorff-Pouilly. Biologisch waren es zwar ihre Halbbrüder oder Cousins, doch -- bei aller Zuneigung von Seiten des Herzogs und sogar der alten Herzoginmutter – gesellschaftlich hatte sie keine Stellung, keinen Namen. „Die alte Herzogin, Mutter des Herzogs, hatte sie gern und um ihr eine Stellung zu geben, ernannte sie sie zu ihrer Vorleserin." Sophie Fermepin in ihrer naiv-kindlichen Art hatte sich schon lange ihre eigene Philosophie gemacht, mit der sie offenbar gut leben konnte. Viele Jahre später erklärte sie ihrer Enkelin: « Je n'ai jamais demandée quelque chose du duc et j'en fus récompensée. Je fus toujours reçue avec amabilité et respect, mais je suis fière de n'avoir jamais abusée de ma position. Les personnes qui connaissaient mon histoire ont toujours été aimables avec moi et ne m'ont pas fait ressentir mon malheur. – Je n'ai jamais été la maîtresse du duc. » (Ich habe niemals irgendetwas vom Herzog verlangt. Ich wurde immer liebenswürdig und respektvoll empfangen, doch bin ich stolz, meine Stellung niemals missbraucht zu haben. Diejenigen, die meine Geschichte kennen, haben sich mir gegenüber immer liebenswürdig verhalten und mich mein Missgeschick nicht fühlen lassen. – Ich war nie die Geliebte des Herzogs).

In ihren Augen, war sie ihm vor Gott angetraut und alles andere zählte nicht. Doch in dem damals von Rank, Namen und Hierarchie geprägten Biedermeier Deutschland war diese gesellschaftliche Unsicherheit für ihre Tochter und Enkelin schwierig „Daß Grandmaman Mamas und unsertwegen trotzdem besser getan hätte, eine wirkliche Ehe zu schließen und eine soziale Stellung im Périgord einzunehmen, vermochte sie nicht zu erfassen und hat es auch in ihrem Alter nicht bedauert. Sie fühlte sich zufrieden und verlangte nicht mehr vom Leben, als ihre Tochter von Zeit zu Zeit zu sehen und glücklich zu wissen."

Der Herzog jedoch wollte seiner Tochter einen Namen geben. „Um ihre Stellung in der Welt zu regeln, scheint der Herzog sie (Sophie Fermepin) an einen Offizier namens Schmidt pro forma verheiratet und ihnen den Namen Schmidt von Schauenstein gegeben zu haben. Auf Büchern aus Mamas Pensionszeit fand ich stets den Namen Bertha Schmidt von Schauenstein, ersteres durchgestrichen, und unter Grandmamans Briefschaften eine Einladung des Gerichtes in Gotha, die Papiere ihres Gemahls, des an seinen Wunden verstorbenen *capitaine* im *état major*, Schmidt von Schauenstein zu übernehmen. Grandmaman selbst sprach mir gegenüber nie von ihm und ausfragen wollte ich sie nicht." Der Form war genüge getan.

---

[114] Walrab Freiherr von Wangenheim in seinen Notizen zur Genealogie der Löwenfels/Schauenstein.
[115] Die Herzoginmutter Augusta erwähnt in einer Tagebuchnotiz vom 29. Mai 1813 ein „liebliches Wasserhäuschen in Oeslau". Die Rosenau ist das herzogliche Landschloss bei Coburg

Hochzeit der Geschwisterkinder

Ihre Tochter Bertha kam mit fünfzehn Jahren aus dem Mädchenpensionat in Frankfurt nach Mainz, ins Haus der Gräfin Mensdorff-Pouilly, der ältesten Schwester ihres Vaters. Graf Mensdorff übernahm sowohl für sie, wie auch für Eduard von Löwenfels die Vermundschaft. Bei ihnen wurde sie wie eine Tochter aufgenommen und wuchs mit den schon erwähnten Söhnen Hugo, Alfons und Alexander auf. Ein Jahr später, als Bertha mit Gräfin Mensdorff zur Kur in Bad Schlangenbach weilte, lernte sie Eduard von Löwenfels kennen. Sie verlobten sich bald darauf und heirateten in Prag am 30. März 1835. Die Ehe dieser Geschwisterkinder „fand in engster Verbindung mit dem Herzoghaus statt. Die Vorbereitungen zur Hochzeit erfolgten unter der persönlichen Mitwirkung des Herzogs und der Großfürstin. Beide wünschten diese eheliche Verbindung und förderten sie in jeder Hinsicht. Durch großzügige Hochzeitsgeschenke (unter anderem, das Gut Rohr bei Meiningen) wurde für die Brautleute auch eine wirtschaftliche Grundlage geschaffen. Die Trauung erfolgte in der katholischen Militär-Garnisonskirche Sankt Adalbert in Prag. Trauzeuge war, unter anderem, beider Vormund Graf Emanuel von Mensdorff, inzwischen kaiserlicher Feldmarschallleutnant und kommandierender General in Böhmen. Auch die Ausfertigung der Trauungsurkunde mit Siegel und Unterschrift wurde von ihm beglaubigt."[116] Dieser Huld des herzoglichen Hauses stand das stillschweigende Einverständnis gegenüber, dass die wirkliche Abstammung des jungen Paares nie bekannt würde. Eduard und Bertha haben sich an diese Regel gehalten – sogar ihre Kinder haben die Wahrheit, wenn überhaupt, wohl erst viel später erfahren. Und vieles wurde erst von den kommenden Generationen erforscht, wobei die väterliche Herkunft Eduards immer noch nicht vollkommen aufgeklärt ist. Die Ansicht mancher Forscher, er sei der Sohn Alexanders I. von Russland gewesen, erscheint jedoch sehr unwahrscheinlich.

Vielleicht war die Hochzeit der Geschwisterkinder keine Liebesheirat, vielleicht war sie eine arrangierte Vernunftehe, aber sie hielt. Die beiden Brautleute müssen für einander all das gewesen sein, was sie vorher nie gekannt: ein eigenes Heim, eine Familie, ein Halt, eine Sicherheit. Die Braut war lieblich und gefügig. „Mama gefiel mir sehr." schreibt ihre Tochter Emma über sie. „Ich hatte Sinn für das Liebliche in ihrer Gestalt und ihrem Wesen. Sie war eher unter Mittelgröße, trug braunes, glattgescheiteltes Haar und hatte freundliche, braune Augen. Hände und Füße hätten kleiner sein müssen, aber besonders die Hände waren wohlgebildet und Mama hielt auf deren Weiße und Zartheit. Aus ihrem ganzen Wesen sprach große Herzensgüte und es wäre ihr unmöglich gewesen, irgendjemandem ein hartes Wort zu sagen."

Der Bräutigam, dagegen, war patriarchalisch, ja, er galt später in Familienkreisen als tyrannisch. „Eigenen Willen hatte sie nicht, durfte sie auch nicht haben, denn Papas Natur duldete keinen Widerspruch – auch nicht den der ihm am nächsten Stehenden. Sie war der leidende Teil ihrer Ehe und blieb es ihr Leben lang. Sie sah zu Papa in Liebe und Bewunderung auf. Seine Wünsche waren ihr stets Befehl, so furchtbar schwer es ihr auch zuweilen wurde." Heutige Feministinnen würden über eine

---

[116] Walrab Freiherr von Wangenheim in seinen Notizen zur Genealogie der Löwenfels/Schauenstein.

solche Familiensituation entsetzt sein. Doch in der Gesellschaft der damaligen Zeit, in der die Frau wenig Rechte hatte, und ihre Rolle auf die der treuen Ehefrau, liebevollen Mutter und guten Hausherrin beschränkt war, galt das Verhältnis zwischen den beiden Löwenfels sicherlich als durchaus normal, wenn nicht vorbildlich. Zweifellos konnten sich manche Frauen besser gegen die Übermacht ihrer Männer wehren, doch wahrscheinlich wollte das Bertha gar nicht. Überdies war ja ihr Mann ein durchaus wohlwollender Tyrann. „Dafür umgab Papa sie mit der zartesten Sorgfalt und in späteren Jahren mit der fürsorgendsten Geduld. Papa war die Seele des Hauses und sorgte für alles. Sein Geschmack war so vorzüglich, dass bis in die kleinsten Sachen *er* maßgebend war: Mamas Toilette wurde von ihm ausgesucht. Unter der damaligen Jugend galt Papa als der tonangebende liebenswürdigste Gesellschafter". Was bei seinem autoritären Charakter ausgleichend wirkte, war sein Humor und jene neckende Schalkhaftigkeit, die er von seiner Mutter geerbt hatte, und die sicherlich einen großen Teil seines Charmes ausmachte.

Doch Eduards Schwiegermutter, Sophie Fermepin/Schauenstein, konnte sich nur schwer an diese Situation gewöhnen,: „Mit Mamas Sichfügen in ihrem ehelichen Leben war sie nicht einverstanden und von Papa sagte sie: ‚Il est si dur, il est un tyran!'" Sie hat nie ein besonders gutes Verhältnis zu ihrem Schwiegersohn gehabt – aus den verschiedensten Gründen. Zum einen, dass ihre Enkel „protestantisch erzogen wurden, obgleich die Eltern in Prag katholisch getraut worden waren, machte sie oft unglücklich und ich sehe sie noch am Tage meiner Confirmation, als sie im Jahre 1854 den Sommer in Deutschland zubrachte, bitterlich weinen." Zum zweiten, waren Eduard und sie zu gegensätzliche Charaktere, um sich gut zu verstehen. „Sie war eine Französin, leichtlebig, ohne frivol zu sein, und ich kann mir lebhaft denken, wie oft Papa in seiner großen sittlichen Strenge ihren Erziehungsprinzipien entgegengetreten ist und wie schwer es ihm geworden sein mag, ihr Wesen zu ertragen. Sie hat sich Mama gegenüber oft beklagt und Mama böse Stunden verursacht." Dennoch hatten sie, die kleine Fermepin und der „tyrannische" Löwenfels einen Charakterzug gemeinsam: Sie fügten sich beide widerspruchslos und ohne aufzumucken in das Schicksal, in das sie hineingeschlittert, in das er hineingeboren war.

Für das jungvermählte Paar der Geschwisterkinder war die Verbindung mit dem Herrscherhaus ein wesentlicher Rückhalt. „Die enge Verbindung des jungen Paars mit dem Coburger Herzoghaus setzte sich auch nach der Eheschließung fort. Ihr ganzes Familienleben fand stets eine rege Anteilnahme seitens des Herzogshauses, was sich besonders bei den Geburten der Kinder und Kindeskinder durch Patenschaften offenbarte." (Walrab von Wangenheim). Ja, man kann aus den Namen fast aller Löwenfelskinder und Enkel schließen, welche Prinzen oder Prinzessinnen bei deren Taufe Pate gestanden hatten. Auch an ferner liegenden Ereignissen nahm das Herzogshaus teil. In einem Brief von 1836 übermittelt Eduard von Löwenfels dem Herzog ein Schreiben seiner Schwiegermutter, Sophie Fermepin des Marteaux, benachrichtigt ihn zugleich über den letzten „Familienzuwachs" in der Schweiz und macht dabei eine Anspielung auf die unmittelbar bevorstehende erste Niederkunft seiner eigenen Gemahlin:

„Durchlauchtigster Herzog!

Gnädigster Herzog und Herr!

Eurer herzoglichen Durchlaucht habe ich die hohe Ehre, beiliegenden Brief, welcher durch Einschluss an Bertha von ihrer Mutter gekommen ist, ehrerbietigst zuzusenden.

Zugleich verbinde ich hiemit, die in Folge huldigst erzeigter Theilnahme, wie ich vermuthen darf, auch für Euer herzogl. Durchlaucht erfreuliche Anzeige, der am 1. Januar erfolgten, glücklichen Niederkunft der Madame Hilda Dapples[117], welche ihrem Gemahl einen frischen tüchtigen Knaben geschenkt hat. Es ist dies glückliche Ereignis ein günstiges Prognostikon für meine, Euer Durchlaucht fernerer Huld und Gnade sich empfehlenden Bertha.

Es verharret in tiefster Untertänigkeit, Eurer herzogl. Durchlaucht gehorsamster und untertänigster Eduard von Löwenfels.

Coburg am 9. Januar 1836."[118]

Ob sich Eduard von Löwenfels nur im Schriftverkehr oder auch im tagtäglichen Umgang mit dem Herzog einer so förmlichen Ausdruckweise bedienen musste, wissen wir nicht. Doch spricht aus seinen Briefen an den Herzog ein Zutrauen, das wohl auf Gegenseitigkeit beruhte. Der Herzog hatte sich um seine Ausbildung gekümmert, achtete auf die Berufslaufbahn des jungen Mannes, hatte seine illegitime Tochter mit ihm verheiratet und das junge Paar ausgestattet. Er gibt Eduard zum ersten Mal in seinem Leben einen Rückhalt, schafft eine bisher nicht gekannte Beständigkeit. So mag der Herzog für den jungen Mann zu einer Art Vaterfigur geworden sein. Und das umso mehr als der, den er als Kind für seinen Vater hielt, Rudolf Abraham Schiferli, im Jahre 1837 stirbt.

Weichenstellung

Dieser Todesfall löst in der Elfenau eine Krise aus, denn die Ruhe und die Sicherheit, welche die Großfurstin über zwei Jahrzehnte lang durch Schiferli erfahren hatte, weicht bei ihr nun wieder der Angst und der Ungewissheit. Sie ruft Eduard von Löwenfels zu Hilfe, der Hals über Kopf in die Schweiz reist. Er ist natürlich bereit seiner Mutter kurzfristig auszuhelfen, aber sieht sich weder dazu befähigt noch dazu berufen, Schiferlis Nachfolger zu werden, und dadurch seine sich eben anbahnende Karriere am Coburger Hof aufs Spiel zu setzen. Zurück auf seinem Besitz Schloss Rohr versucht er in einem ebenso klarsichtigen, wie diplomatischen Brief dem Herzog sein diesbezügliches Dilemma offen und vertrauensvoll darzulegen. Er weiss, wie wichtig dieser Brief ist, denn er bestimmt seinen ganzen weiteren Lebensweg.

---

[117] Gemeint ist Löwenfels' Halbschwester Luise Hilda Aglae, die Tochter der Großfürstin Anna Federowna und Rudolf Schiferlis, die Jean Samuel Dapples geheiratet hatte.
[118] Brief im Staatsarchiv Coburg, Bestand LAA 6131. Eine Photokopie dieses Briefes wurde mir freundlicherweise von Gertraude Bachmann in Coburg zur Verfügung gestellt.

„Durchlauchtigster Herzog!

Gnädiger Herzog und Herr!

(......) Leider hat der Erfolg die gerechten Befürchtungen, welche die betrübenden Nachrichten über den Krankheitsgang des nunmehr entschlummerten, threuen und unersetzlichen Herrn v. Schiferli, erweckten, nur zu sehr gerechtfertigt. Ich fand ihn nicht mehr am Leben und konnte nur noch die schmerzliche Pflicht erfüllen, ihn zum Grabe zu geleiten. Ihm ist die, seit dem Tode seines ältesten Sohnes stets ersehnte Ruhe geworden."

Aber vor allem macht Eduard sich über den Zustand der Großfürstin Sorge, bei der sich Trauer und Schmerz mit der Angst mischen, wieder einen unbekannten Mann in ihren Lebenskreis einlassen zu müssen: „Eure Herzogl. Durchlaucht werden die Empfindungen des tiefen Grames, welchen der Verlust des threuen Freundes, des schaffenden, erhaltenden, alles bedenkenden und allem gewachsenen Geschäftsmanns, der Frau Großfürstin verursacht, nicht fremd seyn, nicht minder die ernstliche Sorge und Verlegenheit, in welcher Hochdieselbe sich hinsichtlich eines passenden Nachfolgers des Verblichenen befinden. Eine Verlegenheit, welche sich dadurch vergrößert, dass Ihre Kais. Hoheit, eines Theils, sich nur schwer entschließen können eine Wahl zu treffen, andrerseits, das Bedürfnis eines älteren, tüchtigen u. Autorität besitzenden Mannes, wie ihn die Stellung der Frau Großfürstin fast unumgänglich erfordert, mit den Wünschen Hochderselben, eine möglichst unabhängige Lage, selbst frei von der *gène,* welche natürlich mit der Bedienstung eines Mannes von Ansehen verbunden ist und die nur in Folge des freundschaftlichen Verhältnisses zu Herrn von Schiferli, minder fühlbar wurde, zu bewahren, sich schwer vereinigt."

Dann aber wird er so deutlich, als die Umstände und der Anstand es zulassen, als es darum geht, dass er als möglicher Nachfolger in Frage käme. Er hat weder Lust, vielleicht auch wirklich nicht die Fähigkeit, der Grossfürstin geschäftsführender Haus- und Hofmarschall zu werden und sein weiteres Leben in der Abgeschiedenheit der Elfenau zu verbringen: „Ihre Kais. Hoheit haben zu provisorischer Aushilfe Ihr Auge auf mich geworfen, und deshalb, wenn ich nicht irre, einige Zeilen an Eure Herzogl. Durchlaucht gerichtet, mit dem Wunsche: dass ich so bald es die Ordnung meiner hiesigen Verhältnisse gestattet, nach der Schweiz zurückkehre und den bis dahin die Geschäfte führenden Sohn des Herrn v. Schiferli, dem eigenen und der Seinigen Wunsch gemäß, entlaste. Obgleich die Frau Großfürstin selbst einzusehen geruhten, wie wenig mein Alter, wie wenig auch meine Fähigkeiten sich zur Erfüllung der erwähnten Stellung eignen, so geboten dennoch die Verhältnisse und ein natürliches Pflichtgefühl Höchstihren Wünschen entgegenzukommen."

Es wird deutlich, wie sehr er mit seiner Familie am herzoglichen Hof in Coburg zum ersten Mal ein Zuhause gefunden hat, das er sich nun mit allen Argumenten zu erhalten sucht. Zuletzt bringt er sogar die Interessen seiner Schwiegermutter ins Spiel:

„Geruhen Euro Herzogl. Durchlaucht, zu gestatten, dass ich mich deshalb suppletorisch danach aussprechen dürfe. (.....) Denn ich halte es für ernste Pflicht auch Eurer Herzogl. Durchlaucht zu versichern, dass ich obgleich für den Augenblick, wie ich wohl einsehe, der einzige Passende, dennoch auf die Länge einem so umfassenden

Wirkungskreis nicht gewachsen mich fühle, endlich auch vor einer Verantwortung bange, die umso größer ist, als sich die Geschäftsführung des Herrn v. Schiferli durch ihre Vollkommenheit ausgezeichnet hat.

All diese Objektionen werfen auf mich den Schein der Undankbarkeit, da jedoch die Angelegenheit weniger eine Gefühls- als eine Geschäftssache ist, so habe ich seiner Zeit auch Ihrer Kais. Hoheit alle meine Gedanken vorgetragen und Hochderselben nicht verfehlt zu gestehen, wie schwer es mir wird, Verpflichtungen wie die erwähnten einzugehen, abgesehen von allem, was mir die Entfernung von Koburg, wenn auch in Begleitung meiner Familie, schwer machen muß, da ich durch Eurer Herzogl. Durchlaucht neuerdings wiederholt bezeugte gnädige Gesinnung, daselbst nicht nur einen festen Wirkungskreis, sondern auch eine Heimath zu finden hoffen durfte.

Mein Abgang nach der Schweiz hat, mit Eurer Herzogl. Durchlaucht Genehmigung, im Lauf der nächsten Monate stattfinden sollen, indessen erwarte ich bezugs desselben noch weitere Nachrichten und Bestimmungen von Seiten Ihrer Kais. Hoheit und würde keinesfalls mich zu entfernen gewagt haben, ohne mich und meine Frau persönlich Eurer Herzogl. Durchlaucht zu Gnaden zu empfehlen.

Die Meinigen habe ich, dem Himmel sei Dank, ganz wohl hier wiedergefunden; unser Sommeraufenthalt u. unsere Vereinigung wird nun große Störungen erleiden, was mich in Bezug meiner Schwiegermutter bekümmert. Beide Damen empfehlen sich Eurer Herzogl. Durchlaucht gehorsamst und sind höchst dankbar für die geistige Büchersendung.

Gestatten Eure Herzogl. Durchlaucht, dass ich mich in tiefster Untertänigkeit nennen darf

Euer Herzogl. Durchlaucht untertänigster

     Eduard von Löwenfels

Schloß Rohr, den 13. Juni 1837" [119]

Der Brief scheint den erwünschten Erfolg gehabt zu haben, denn Eduard ist, wenn überhaupt, nur kurz in der Elfenau tätig gewesen. Auch die Großfürstin wird eingesehen haben, dass eine Karriere am Coburger Hof für ihren Sohn zu wichtig sei, um sie ihren Interessen zuliebe aufs Spiel zu setzen. Es kommt dazu, dass sie sich, angesichts zunehmender Verleumdungen von Seiten der Berner Gesellschaft, der sie sich seit Schiferlis Tod schutzlos ausgesetzt sah, in der Elfenau bald nicht mehr wohl fühlt und daher schon im folgenden Jahr auf einen kleinen Besitz in der Nähe von Genf übersiedelt. Erst 22 Jahre später, kurz vor ihrem Tod, wird sie in die Elfenau zurückkehren.

---

[119] Eduard von Löwenfels an Herzog Ernst I. vom 13.6.1837, Staatsarchiv Coburg, Bestand LAA, No. 6131. Eine Photokopie dieses Briefes wurde mir freundlicherweise von Gertraude Bachmann in Coburg zur Verfügung gestellt.

Der Kammerherr des Erbprinzen

Eduard, indessen, wird Kammerherr -- man nennt es anfänglich weniger formell „Begleiter" -- des Erbprinzen und folgt diesem 1838 nach Dresden. Wenige Jahre später steigt er in die Vertrauensstellung des „Chefs der Hofverwaltung Sr. Durchlaucht des Erbprinzen" auf und bleibt in dessen Diensten bis zu seiner Pensionierung, 30 Jahre später.

Der Erbprinz hatte es mit nicht geringer Mühe bei seinem Vater durchgesetzt, als Rittmeister in ein königlich-sächsisches Gardereiterregiment eintreten zu dürfen. Doch sein Vater kannte sein eigenes Erbgut wohl gut genug, wollte seinen zur Leichtlebigkeit neigenden Sohn überwacht wissen und gab ihm daher einen vertrauenswürdigen Kammerherrn mit. Denn Eduard von Löwenfels stand in seiner Lebenseinstellung ganz entschieden denjenigen Coburger Prinzen näher, die ihr Dasein mit sittlichem Ernst und strengen Prinzipien regelten, wie Prinz Albert oder König Leopold, als dem Erbprinz, der, wie sein Vater, fröhlich-ausschweifend durchs Leben zog. „Herr von Löwenfels wird mich begleiten, er ist mir unter all den Herren, die mir zu Gebote standen, der liebste und genießt überall der größten Achtung. Papa hat ihm den Rang eines Hauptmanns *à la suite* gegeben und ihm die Führung meines neuen Haushalts übertragen. Von Löwenfels ist musikalisch, zeichnet schön und nimmt die regste Anteilnahme an allem Wissenschaftlichen, so dass ich hoffe, dass wir sehr gut harmonieren werden. Meine Abreise möchte wohl auf den Anfang des nächsten Monats bestimmt werden. Der Minister von Karlowitz und Löwenfels sind gestern bereits nach Dresden abgereist, um alles zu meiner Ankunft vorzubereiten."[120]

Die Beziehungen zwischen Eduard von Löwenfels und seinem neuen Herrn scheinen anfänglich sehr freundschaftlich gewesen zu sein. In der Rolle eines beratendes Freundes sieht der neue „Begleiter" auch den Inhalt seines Auftrags, wie er den Herzog zwei Jahre später erinnert: „Als Euer Herzogl. Durchlaucht mich mit der Stelle eines Begleiters des Herrn Erbprinzen begnadigten, wurde mir vielfach und deutlich zu verstehen gegeben, dass man von mir, nächst der Erfüllung des äußerlich Formellen, auch eine Wirksamkeit von größerer Bedeutung bezügl. der wirksamen Entwicklung and Ausbildung des Herrn Erbprinzen erwarte; diese sollte sich durch freundschaftlichen Rat oder Ermahnungen äußern, den Herrn Erbprinzen auf dieses hinzuleiten, von jenem abzuhalten suchen; der Herr Erbprinz selbst <u>schienen,</u> wie das derselbe mir wiederholt, auch schriftlich äußerte: er hoffe und wünsche, unser Verhältnis werde ein ganz freundschaftliches sein, wie die oben erwähnten Rechte eines Freundes, die ich in meiner Stellung mehr wie Pflichten ansehen müsste, zuzugestehen."[121]

---

[120] Aus einem Brief des Erbprinzen Ernst an den „gnädigsten Onkel" König Leopold I. vom 18. Oktober 1838 Staatsarchiv Coburg, Bestand LAA No. 6939, dessen Abschrift mir freundlicherweise von Harald Bachmann in Coburg zur Verfügung gestellt wurde.
[121] Aus einem Brief Eduards von Löwenfels an Herzog Ernst I., Staatsarchiv Coburg, LAA 6131, 25. ? 1840. Die Abschrift dieses Briefes wurde mir freundlicherweise von Frau Gertraude Bachmann zur Verfügung gestellt.

Häuslicher Segen

Die ersten Jahre ihrer Ehe verbrachte das junge Paar Löwenfels also in Dresden. Dort kommt auch Emma von Löwenfels zur Welt. „Ich bin am 14. Dezember 1838 in einer *dépendence* des Hotels „Zur Stadt Coburg" in der Neustadt in Dresden geboren." Damit beginnen ihre Lebenserinnerungen.[122] Sie war nach der älteren Tochter Sophie das zweite Kind. Es folgen erst fünf und zehn Jahre später zwei Söhne, Ernst und Albert. (vgl. dazu Stammtafel V.) „Mein Vater war dem Erbprinz von Coburg als dessen Kavalier nach Dresden gefolgt. Er bezog später das bei meiner Geburt noch nicht fertig eingerichtete Carrische Haus am Bauznerplatz. Es war einem freundlichen Landhaus nicht unähnlich, lag auf der Sonnenseite, von einem Garten umgeben. Die Eltern bewohnten den ersten Stock, der Erbprinz die Parterrewohnung."

Das spanische Wirtshaus im Spessart

Der Coburger Erbprinz hatte sich nur schweren Herzens von seinem Bruder Albert getrennt, mit dem er seine ganze Kindheit und Jugend verbracht hatte, und der sich nun auf seine bevorstehende Vermählung mit der jungen Queen Victoria von England vorbereitete. Eine letzte gemeinsame Reise hatten sie noch unternommen. Prinz Albert schreibt darüber an die Königin von England: „Geliebte Victoria!...Vor zwei Tagen reisten wir zu einem Abschiedsbesuch nach Weimar, wo wir erstaunlich herzlich vom Großherzog Carl Ferdinand[123] empfangen wurden. Unsere Reisegesellschaft bestand aus Ernst und mir, Herr von Löwenfels und Seymour[124]..."[125] Der Weimarische Minister J. W. von Goethe, der seinerzeit die Panam-Affaire Ernsts I. mit so viel Delektation in der Zeitung rezensiert hatte, war zu der Zeit schon acht Jahre lang tot.

Es folgen weitere Reisen. „Kammerherr von Löwenfels war mein Hofmarschall und begleitete mich auch auf den Reisen, von denen ich nachher zu sprechen habe." schreibt der Erbprinz. In das Jahr 1840 fallen, in der Tat, die beiden großen Reisen, die er in Begleitung seines Kammerherrn unternimmt. Die erste führt ihn im Februar nach England, zur Hochzeit seines Bruders Albert mit der Queen Victoria. (Auch Albert und Victoria sind Coburger Geschwisterkinder). Von dort aus begibt er sich im Mai auf einem britischen Schiff weiter nach Lissabon und Cintra, um seinem

---

[122] Diese und die meisten der folgenden Ich-Erzählungen in diesem Kapitel stammen aus den Lebenserinnerungen von Emma von Löwenfels, verheiratete Meyern-Hohenberg, gegen Ende des Kapitels stammen sie zum Teil auch schon aus denen ihrer Tochter Amélie, verheiratete Jordis von Lohausen.
[123] Es handelt sich in Wirklichkeit um Carl Friedrich (!) von Sachsen-Weimar-Eisenach (1783-1853)
[124] Es handelt sich um Leutnant Francis Seymour, den vom englischen Hof für Prinz Alberts bestellten Begleiter.
[125] "Gotha, 10th Janurary 1840 -- Dear, beloved Victoria,...Two days ago we went to pay a farewell visit at Weimar, where we were received with astonishing cordiality by the Grand Duke Charles Ferdinand. Our party was: Ernest and myself, Herr von Löwenfels and Seymour...." in "Letters of the Prince Consort 1831-61", selected and edited by Dr. Kurt Jagow, London, John Murray, 1938, pp. 50/51

Vetter Ferdinand und dessen Gemahlin, der Königin Maria da Gloria von Portugal, einen Besuch abzustatten.

Es sei hier nur eine, vom Erbprinzen selbst geschilderte Episode aus der anschließenden Reise nach Spanien wiedergeben, die fast wie eine spanische Version von Wilhelm Hauff's „Das Wirtshaus im Spessart" klingt:

„Eine Reise nach Portugal und Spanien gehörte noch zu den großen Seltenheiten auf dem Continent. Dass vor dem Jahre 1840 ein deutscher Prinz als einfacher Tourist die Halbinsel durchzogen hätte, ist mir nicht bekannt. In meiner Begleitung befanden sich meine beiden Kammerherren von Löwenfels und Gruben und der Arzt Florschütz, Neffe meines Lehrers............Die Reise von Malaga nach Granada durch die Gebirge, verdient wegen ihres abenteuerlichen Charakters eine kurze Schilderung. Da die beschwerlichen Landreisen tagsüber unter der Sonne des Juli nicht zu ertragen gewesen wären, so setzte sich gegen 1 Uhr Morgens in Malaga ein phantastisch aussehender Zug in Bewegung.

Löwenfels, der Britische Consul und ich zu Pferde, sämtlich in spanischem Nationalkostüm, dann zwei einspännige, nur in Spanien anzutreffende Calessas, die mehr einer Folterbank als einem Wagen zu vergleichen waren, auf denen Gruben, Florschütz und das Gepäck untergebracht waren. Außerdem hatten sich zwei Kaufleute angeschlossen. Der Herr, dem die Pferde gehörten und dessen Knecht folgten nach. Den Schluss machten sechs zerlumpte Uhlanen, welche uns der Gouverneur von Malaga „zum Schutz" mitgegeben hatte.

Den anderen Morgen langten wir nach einem mühsamen Übergang über die Berge, in einer reizenden Alpengegend an, wo uns ein einsames Wirthshaus dürftige Unterkunft gab. Abends setzten wir die Reise fort, obwohl unsere Uhlanenwache des Morgens nach Hause zurückgekehrt war. Der Wirt, dessen Söhne in der ganzen Gegend als gefährliche Räuber bekannt waren, versicherte mit der treuherzigsten Miene, dass wir unbesorgt weiter reisen könnten. Wir beschlossen unsere Waffen in Ordnung zu halten und brachen um 6 Uhr Abends auf.

Zwischen hohen Felsen und steilen Bergen führte der Weg. Der eigenthümliche gelbe Glanz der spanischen Berge trat in entzückenden Linien hervor, als hinter mächtigen Felsmassen der Mond heraufstieg und die ganze Gegend in mildestem Licht erschien.

Wir waren schweigend dahingezogen bis der Tag graute und plötzlich an einer Biegung des Weges zehn bis zwölf Reiter, deren Handwerk nicht zweifelhaft war, hervorsprengten. Einer der Bande, in einem äußerst malerischen Costüm, mit vollendeter Ritterlichkeit in seinem Benehmen, stellte sich uns als Führer der *Garda camina* vor, das hieß mit anderen Worten, wir hätten für eine sofort zu bezahlende Summe uns dem Schutz dieser Herrn anzuvertrauen.

Einige von den Leuten verstanden und sprachen etwas englisch und so kam es zu einer längeren Unterhaltung, bei der wir Gelegenheit hatten, den Wirth selbst wieder zu erkennen, der uns den Abend zuvor zur Weiterreise so trefflich Muth zuzusprechen wusste.

Als alles geordnet war, gab sich der Führer als *Sancta Maria,* wie wir später erfuhren, einer der berüchtigsten Räuber zu erkennen und wir tauschten in aller Freundschaft unsere Pistolen. Löwenfels erhielt seinen Gurt. Die Bande bleib während des Uebersteigens der unwegsamen Sierra für zwei Tage uns zur Seite. Sie ritten mit Vorhut und Nachhut und wir waren, bis wir vor das Thor Granadas kamen, mehr oder minder ihre freiwilligen Gefangenen. Halbverhungert und auf den Tod ermüdet, erreichten wir die alte Hauptsstadt der Mauren, von wo wir auf anderen Wegen nach Malaga zurückkehrten und als dann nach sechstägiger Seereise, auf einem spanischen Postdampfer in Barcelona anlangten."[126]

Schon der Erbprinz hatte festgestellt, dass sein Kammerherr „schön zeichnet". Die Bestätigung dafür findet sich in einem von Eduard von Löwenfels selbst illustrierten zwei bändigen Werk, in dem er seine Erinnerungen an die Erlebnisse dieser Reisen zusammengefasst. Das dem Erbprinz eigenhändig gewidmete Exemplar ist in der Landesbibliothek Coburg erhalten geblieben.[127] Eduard hat Zeit seines Lebens immer wieder gezeichnet oder aquarelliert, und seine künstlerische Begabung hat sich auf seine Tochter Emma, die Malerin wurde, und auf die folgenden Generationen weitervererbt.

Ausschweifendes Junggesellenleben

Der Erbprinz lebt nun schon zwei Jahre in Dresden und führt ein flottes Junggesellendasein. „Ich hatte in Dresden meine eigene Haushaltung und konnte sowohl die Offiziere vom Regiment, wie auch andere Personen der verschiedenen Stellungen und Lebenskreise ungezwungen bei mir sehen." schreibt er ganz harmlos in seinen Lebenserinnerungen.[128]

Während dieser zwei Jahre bemüht sich sein Kammerherr und „Begleiter" redlich, dem ihm übertragenen Auftrag gerecht zu werden, und den ausschweifenden Neigungen des jungen Prinzen einen ernsthaften, sittenstrengen Einfluss entgegenzustellen. Doch haben seine Bemühungen nicht nur keinerlei Erfolg, sie lassen auch das anfänglich freundschaftliche Verhältnis zum Erbprinzen auf einen Tiefpunkt absinken. Daher hat er nach der Rückkehr aus Spanien genug von dieser *mission impossible* und gibt in einem langen Brief dem Herzog die Gründe an, warum er um Entlassung aus diesem Dienstverhältnis bitten muss:

„(....) Es stellte sich nur zu bald heraus, wie unwillkommen Zucht und selbst eine ratende, wohl auch tadelnde Stimme sei, und wie sehr der Entschuss feststand, ganz frei von fremder, für unberufen und ungebührlich gehaltener Einwirkung seinen eigenen Gang zu gehen.

---

[126] Ernst II., von Sachsen-Coburg und Gotha, „Aus meinem Leben und aus meiner Zeit." Verlag Wilhelm Hertz, Berlin 1887, 1. Band, Seiten 81, 87-88
[127] Vgl. dazu auch Gertraude Bachmann und Harald Bachmann, „Diana von Solange" in "Ein Theater feiert", 175 Jahre Landestheater Coburg, Festschrift hgb. von Jürgen Erdmann, Coburg 2002, Seiten 108-109.
[128] Ernst II., op. cit., Seite 72.

Seine Durchlaucht pflegten demnach von vornherein jede im obigen Sinne geäußerte und ihrer eigenen widersprechende Meinung zurückzuweisen, ohne bei dero bekannten Raschheit die Gründe, welche sie für sich haben mochten, zu erwägen und nur mit Widerstreben auf eine Erörterung derselben eingehend. Dieses stete Abweisen, zu welchem sich nur zu häufig die Gelegenheit bot, musste dem Unterzeichneten wie eine Hinrichtung seines guten Willens oder seiner geringen Urteilsgabe erscheinen, und da es oft höchst rücksichtslos geschah, notwendig ein erkältendes Zurückziehen von seiner Seite bezüglich der Eigenschaft eines Vormundes zur Folge haben. Das freundschaftliche Verhältnis musste ohnehin ersterben, da ihm seine Hauptgrundlage: gegenseitiges Zutrauen, ganz abging.

Der Herr Erbprinz gewöhnte sich in seinem Begleiter einen lästigen, unberufenen Mentor zu sehen und schien zu befürchten, durch Vertrauen zu demselben Ihrer Unabhängigkeit oder Ihren persönlichen Rechten Eintrag zu tun. Sie entzogen es daher demselben gänzlich und es fielen Dinge vor, Seine Durchlaucht verwickelten sich in Verhältnisse, die zwar einigen Dienern bekannt, dem Unterzeichneten aber verheimlicht und erst dann mitgeteilt wurden, als eine dritte, dem Herrn Erbprinzen jedenfalls ferner als wie dem Begleiter stehende Person zu Folge ihres richtigen Rechtsgefühles die Mitwisserschaft dieses zur Bedingung ihrer Hilfeleistung machte!" [129]

Worauf er anspielt ist eine für das Haus Coburg höchst peinliche Angelegenheit: der junge Ernst hatte sich bald nach seiner Ankunft in Dresden mit einer Wäscherin eingelassen und mit ihr zwei Töchter gezeugt, Bertha und Helene[130]. Das Vorgefallene, das der Erbprinz offensichtlich lange dem redlichen „Begleiter" verheimlichen konnte, beunruhigte nicht nur den Kammerherrn, sondern auch seinen Vater, der Herzog in Coburg, der einen Skandal ähnlich dem seiner eigenen „Panam-Affäre" fürchtete, sowie seinen Bruder Albert in London, der um den Ruf des Hauses Sachsen-Coburg in Europa bangte. Sie senden nun eindringlich mahnende Briefe [131] an den zügellosen Erbprinzen nach Dresden und bemühen sich gleichzeitig um dessen baldigste Verheiratung.

Eduard von Löwenfels, hingegen, hat keine Lust mehr den unerwünschten *chaperon* zu spielen: „Dies unverdiente Misstrauen, denn der unverhohlen geäußerte Vorsatz, so wie die in dieser Hinsicht gemachten Erfahrungen, ihren Begleiter in der Unwissenheit über Dinge zu erhalten, die den Herrn Erbprinzen zunächst persönlich berühren, in ihren Folgen aber auch für Jenen gerade in seiner Qualität eines Begleiters von höchster Wichtigkeit sein müssten, konnten nicht anders, als wie den Unterzeichneten schmerzlich verletzen, während er zugleich in die unhaltbare Lage versetzt war, sich von einer Seite die Hände gefesselt, die Augen verbunden zu sehen, während von der anderen Pflichtgefühl und übernommene Verbindlichkeit,

---

[129] Aus dem schon erwähnten Brief Eduards von Löwenfels an Herzog Ernst I., Staatsarchiv Coburg, LAA 6131, 25. ? 1840.
[130] Diese Tochter Helene holt Ernst II. später nach Coburg, lässt sie erziehen und gibt ihr den Namen Frl. von Sternheim. Sie heiratet später des Herzogs Flügeladjudant, Major Ernst von Reuter und in zweiter Ehe einen Herrn von Königsegg. Amélie von Meyern-Hohenberg ist 1885 mit ihren Kindern befreundet und lernt in ihrem Hause die Coburger Prinzessinnen kennen. Vgl. Seiten 134 und 140.
[131]Vgl. dazu den strengen Mahnbrief Alberts an Ernst vom 30.5.1840 zitiert in „the Prince and his Brother", 200 New Letters, edited by Hector Bolitho, London, Cobden-Sanderson, 1933, pp. 17/18

welche, es mochte dieselbe von dem Herrn Erbprinzen unerkannt sein oder nicht, jedenfalls, und sei es nur vor der Welt und vor der eigenen Ehre, vorhanden ist, zum Handeln antreiben und gezwungen.(.......) Aus den vorher entwickelten Gründen, erlaube ich mir daher, Euer Herzogl. Durchlaucht um gnädige Entlassung aus dem Dienstverhältnisse eines Begleiters des Herrn Erbprinzen gehorsamst zu bitten, Euer Herzogl. Durchlaucht Ihrem Ermessen anheim stellend, inwiefern mein untergebenstes Gesuch durch obige Gründe gerechtfertigt erscheinen."[132]

Doch der Herzog entschied anders. Er hatte niemanden, der bereit gewesen wäre, Eduard von Löwenfels in Dresden abzulösen und der Erbprinz musste mehr denn je überwacht werden. So konnte er den Kammerherrn überreden, auf seinem Posten zu bleiben. Jetzt, wo es nichts mehr zu verheimlichen gab, und überdies der Erbprinz von allen Seiten unter Druck gesetzt war, werden sich vielleicht auch die Beziehungen zwischen den beiden jungen Männern wieder halbwegs eingerenkt haben. Doch ist es unwahrscheinlich, dass sich das dasselbe freundschaftliche Vertrauensverhältnis zwischen ihnen später noch einmal eingestellt hat. Immerhin ist Eduard von Löwenfels den Rest seines Berufslebens im Dienste des Erbprinzen und späteren Herzogs Ernst II. geblieben. Diese Berufsentscheidung Eduards mag uns nach dem Vorgefallenen auf den ersten Blick erstaunen, doch einerseits war das spätere Karriere-Angebot eines Obersthofmarschalls des Herzogs von Sachsen-Coburg und Gotha halt doch äußerst verlockend, und andererseits, hatte Ernst II. zwar einen schwierigen Charakter, war aber sonst keineswegs ein banaler, langweiliger Herrscher. Trotzdem wird Eduard im Laufe seiner Dienstjahre immer wieder mal so allerhand haben „hinunterschlucken" müssen.

Knappe zwei Jahre später heiratet der junge Erbprinz Alexandrine, die Tochter des Großherzogs von Baden, eine Heirat, die ihm zwar keine Erfüllung bringt, aber sein Leben in geregeltere Bahnen lenkt. Und weitere zwei Jahre später, 1844, stirbt sein Vater und er folgt ihm auf den Herzogsthron von Sachsen-Coburg und Gotha. Eduard von Löwenfels wird sein Obersthofmarschall.

Trotzalter und viktorianische Erziehung

In der Zwischenzeit wachsen noch in Dresden die beiden Töchter Löwenfels heran. Eine Kinderwelt im Biedermeier Deutschland "Ich war vielleicht zwei Jahre alt geworden, als ich das Weihnachtsfest zum ersten Mal mit Verständnis feierte. Ich empfand, dass meine Schwester mehr und schönere Christgeschenke erhalten habe als ich, kleines Ding. Der Erbprinz hatte ihr nämlich einen Puppenladen voll der reizendsten Puppenhüte und anderen Putz geschenkt, der meinen Neid erregte und die in jedem Kind schlafende Bosheit weckte. Sophie war an einem Sonntag Nachmittag zu anderen Kindern geladen, ich war allein zu Hause. Ich schlich mich aus dem Kinderzimmer, entnahm dem Puppenladen den schönsten Puppenmantel und einen weißseidenen Puppenhut, der meiner Schwester besonders gefiel, stibitzte Mamas kleine Schere, lief in den Salon und versteckte mich hinter dem einen Fens-

---

[132] Aus demselben Brief Eduards von Löwenfels an Herzog Ernst I., Staatsarchiv Coburg, LAA 6131, 25. ? 1840.

tervorhang. Da im Eck am Boden sitzend, begann ich in kindlichem Unverstand Hut und Mantel in lauter kleine Stücke zu zerscheiden; ich wusste, dass ich Unrecht tat, aber ich frohlockte innerlich darüber! Mama glaubte mich artig spielend, da ich aber gar so still blieb, ging sie mich suchen und fand mich erst, als das Unheil schon geschehen. Ob ich gestraft wurde, weiß ich nicht, jedoch machten mir Sophies Tränen Eindruck, als sie, heimkehrend ihr schönes Spielzeug so zerstört fand. Da war meine Schadenfreude für immer verflogen."

Die junge Dame war im Trotzalter und zeigte damals schon einen eigenen, sehr ausgeprägten Willen und Unternehmungsgeist.

Zweieinhalb Jahre später, 1843 schon in Coburg, sie war viereinhalb Jahre alt, „entwickelte sich mein Eigenwille in so hohem Grade, dass ich eines Nachmittags ausriss. Es war ein schöner Tag. Mama machte Toilette. Wir sollten später auf die Rosenau fahren. Was mir durchs Köpfchen fuhr, weiß ich nicht mehr: Ich erspähte einen unbewachten Augenblick, schlich mich zur Tür, ganz leis die Treppe hinunter und zum Haus hinaus; dann lief ich längs der Häuser gegen den Theaterplatz zu. Als ich den erreicht hatte, schrak ich zusammen, denn mir entgegen kam Papa geritten. Ich hoffte, mich zur Seite drücken zu können, aber Papa hatte mich schon gesehen. Ich musste auf seinen Befehl umkehren und voll Furcht, was nun folgen würde, trottelte ich neben ihm nach Hause. Die Strafe für meine Ausreisserei folgte auf den Fuß; während die Eltern mit Sophie auf die Rosenau fuhren, wurde ich mit bunten Läppchen zum Spielen in eine Kammer gesteckt. Ich bin nie wieder ausgerissen. Ich war sehr unglücklich und weinte, bis ich einschlief." Wie wohl heute ein Kinderpsychologe diesen Vorfall interpretieren würde? Wollte sie den Vater suchen gehen, wollte sie ihm, im Gegenteil, entkommen? Emmas Bindung an den Vater war sicherlich stark und die Zuneigung gegenseitig. Aber ihr starker Wille und Drang nach Unabhängigkeit haben sich bei aller Liebe zu ihrem Vater, in ihrem späteren Leben durchgesetzt.

„Papa war sehr streng, wir hatten gewaltige Furcht vor ihm und so unbändig wir auch waren, so wie er erschien, waren wir artig und bescheiden. Sein Wesen zwang uns dazu: doch hatte er eine reizende Art, mit uns zu spielen und uns spielend über unsere Umgebung zu belehren. So war es ein besonderes Vergnügen, mit ihm spazieren zu gehen. Er zeigte uns alles, was nur ein Kind in der Natur unterhalten und erfassen konnte. So lernten wir in unserer Kinderzeit die Natur lieben und lernten spielend Botanik. Viel hiezu trug unsere Reise aufs Land im Sommer 43 bei." Ganz im Sinne der Prinzipien des 19. Jahrhunderts musste Erziehung streng sein, und auch Spiel und Vergnügen mussten einen pädagogischen Zweck haben -- sogar Kinderbilderbücher, wie beispielsweise der um diese Zeit in Frankfurt entstandene „Struwwelpeter" von Heinrich Hoffmann, der heute noch kleine Kinder in Angst und Schrecken versetzt. Doch ihre Erziehung hat Emmas Eigenwillen nicht gebrochen. Sie war eine starke, unabhängige Natur, doch ist sie als junges Mädchen stiller geworden.

Biedermeierszenen

Was nun folgt ist eine jener Biedermeierszenen, wie sie uns auf alten kolorierten Stichen hin und wieder entgegentritt. Eine bis hoch oben mit Gepäck bepackte Postkutsche, zwei oder vier Pferde davor gespannt, innen Damen in weiten Röcken, Ringellocken unter großen Reisehüten, dazwischen Kinder angezogen wie Erwachsene *en miniature*, die Herren mit engen Beinkleidern, langen Rockschößen, Vatermördern und Zylindern, und oben auf dem Bock der Postillon mit Peitsche und Posthorn. „Das Haus vor dem Ketscher Tor war noch nicht fertig und sollte es erst im Herbst sein. In der Stadt wollte Papa nicht bleiben. So fuhren wir auf seine Besitzung Kloster Rohr bei Meiningen. Wir bestiegen einen großen, hochbepackten Reisewagen, Mama, die Jungfer, Kinderfrau, *Bonne* und wir drei Kinder. Papa im Kutschierwagen und die männlichen Dienstboten fuhren mit eigenen Pferden, wir mit Postillon und Relaispferden früh am Morgen von Coburg ab……In meiner Kinder- und Jugendzeit nahmen die Sommeraufenthalte in Rohr einen köstlichen Raum ein. Was Kinder ergötzen kann, fanden wir da…. Das unterhalb der Kirche auf einer Terrasse stehende Landhaus war zweistöckig und massiv gebaut. Auf der Terrasse standen schöne Kastanien, deren Schatten in allen Tageszeiten große Tische und Bänke beherbergte. Eine kleine Treppe führte hinab auf den Hof und zum Eingangstor des an die Anhöhe angelehnten Gehöftes. Hinter dem Hause lag ein Gemüsegarten mit reich tragendem Beeren- und Steinobst. Die Scheunen, in denen wir so oft dem Dreschen zusahen, die Pferde, Schweine- und Schafställe waren höher und neben der Kirche gelegen. Ein kleines Haus beherbergte den Schäfer, eine besondere, uns Kindern sehr zugetane Persönlichkeit. Wir bewohnten den 1. Stock des Hauses. Ebenerdig lebten die Pächtersleute, die Mägde. Alles zu ergründen, überall herum zu klettern und den ganzen Tag herumspringen zu können, war ein Entzücken für uns Stadtkinder." Schon damals die Sehnsucht der Stadtkinder nach der unverdorbenen Natur! Der Traum vom einfachen Leben! Dabei war der Gegensatz noch keineswegs so krass wie heute – die Städte waren viel kleiner und die industrielle Revolution hatte in Deutschland kaum begonnen. Es gab weder Elektrizität noch Luft verschmutzende Eisenbahnen oder Automobile. Und die Stiche von Coburg aus der Zeit zeigen eine verträumte, romantische Gartenstadt.

Feste im Hause Löwenfels und anderswo

„Im Herbst kehrten wir nach Coburg zurück, um das neue Haus[133] zu beziehen. Das war ein Freudentag, als wir zum ersten Mal von Papa eingeführt wurden! Staunend betraten wir die liebe kleine Villa. Wir wagten kaum, das blanke Parkett zu betreten und bewunderten und besahen alles mit ungekünsteltem Vergnügen; die besondere, seigneurale Bauart mit Torfahrt, achteckigem, von oben erleuchtete Vorsaal, die schönen großen Türen und Fenster, die mächtigen Spiegel und Kronleuchter, Mamas Schlafzimmer mit großem Himmelbett, die Galerie, die im oberen Stock herumlief

---

[133] Dieses Haus, heute Alexandrinenstraße 8, existiert, wenn auch umgebaut und angebaut, heute noch. Es liegt am Rosengarten, schräg gegenüber des modernen Kongress-Zentrums.

und uns das Herumlaufen und Hinunterblicken in den Vorsaal ermöglichte, die große Küche und Küchenstube im Souterrain, in deren Nähe sich auch die Keller und Waschküchen befanden usw. Alles erfüllte uns mit Staunen, wir hatten so schöne Räume noch nie bewohnt. Oben hatten wir unser Kinderzimmer, da verbrachten wir unsere schöne, glückliche Jugendzeit......

Damals gaben die Eltern zur Feier des Erbprinzenpaares und zur Einweihung des neuen Hauses ihren ersten Ball. Wir konnten die Gäste von der Galerie aus kommen sehen. Wir hockten oben und schauten mit neugierigen Blicken durch die Stäbe des Geländers hinunter. Das sah ich Mama in zartweißem Kleide, eine Rose im Haar, die Herrschaften empfangen....

In Coburg, wie an allen kleinen Höfen vormärzlicher Zeit,[134] lebte ein lustiges, lustliebendes Völkchen; Feste folgten sich Jahr aus und ein in den guten Jahren, kein Tag, an dem nicht zur Jagd oder zu Besuchen in der Nachbarschaft bald da, bald dorthin gefahren wurde. Darin gab der Hof den Ton an. Bis zum Tode des Herzog Ernst I. herrschte ein sozusagen patriarchalisches Leben in der kleinen Stadt. Während der Sommermonate tafelte der Herzog bei gutem Wetter auf dem freien, von hohen Bäumen umgebenen Platz im Hofgarten. Die Militärmusik spielte und wir Kinder gingen hin, um zuzuschauen, wie jeder Kleinbürger es tun konnte.

Wenn die Schützengilde ihr alljährliches Schützenfest auf dem Anger vor dem Schießhaus am Ketschertor gab und die Bürger der Stadt in schmucker Schützenuniform mit Musik und Fahne, zu Schmaus, Best- und Adlerschießen hinauszogen, nahmen der Herzog und seine Cavaliere daran teil. Nach seinem Tode hörte diese Art des Teilnehmens wie so manche alte Sitte nach und nach auf.

Wenn Papa uns eine Feder vom Vogelschießen oder irgendeine Trophäe von der Jagd mitbrachte, hatten wir große Freude. Einmal, als Papa, Mama, Sophie und mich auf eine Fasanjagd in die Rosenau mitgenommen, beschenkte uns der Herzog mit schönen Fasanenfedern. Ein anderes Mal erinnerte ich mich, wie Papa nach einer Parforcejagd (der rote Rock stand ihm vorzüglich) freudestrahlend nach Hause kam, weil er seinen ersten Keiler abgefangen hatte.

Zur Kirchweihzeit fuhren wir in ein Dorf in der Nähe und sahen dem Tanzen der Bauern um den Baum oder dem Topfschlagen zu.[135] Oder die ganze Kinderschar, Mary, Luise, Fanny Barnard, Nelly und Richard Lichtenberg, Hugo Wangenheim spielten im Hofgarten Räuber und Prinzessin, wobei entweder Mary und Nelly die Prinzessinnen und Fanny und ich deren Hofdamen waren oder umgekehrt. Das gab es ein Verstecken und Laufen und von Mauern springen: ein aufregendes Spiel. Wir haben auch später, als wir schon größer waren, volle Freiheit genossen, im Frühling, Sommer und Herbst in Garten, Feld und Wald und im Winter in Schnee und Eis. Ich erinnere mich, dass wir auch im Winter gleich nach Tisch bis drei Uhr frei hatten und mit unseren Handschlitten in den Garten liefen und im Schnee den Berg heruntersausten.

---

[134] Die Zeit vor der Revolution im März 1848 in Deutschland.
[135] Spiel, bei dem die Teilnehmer mit verbundenen Augen mittels Stock einen Topf, unter dem ein kleiner Gewinn versteckt ist, suchen und auf ihn schlagen müssen.

Besuche in Coburg

Das Leben in der kleinen Residenzstadt plätschert fröhlich dahin. „An vielen Besuchen, die Mama machte, durften wir Kinder teilnehmen. …Sehr gerne gingen wir zu den drei alten, liebenswürdigen Fräulein Utz, nicht weil wir dort Geschenke oder gut zu essen bekamen, sondern weil das alte altertümliche Haus am Markt mit seiner steinernen Wendeltreppe, dem schönen Erker und den großen hellen Zimmern uns besonders anmutete. Die alten Möbel glänzten so sehr von Sauberkeit, dass meine Hände jedes Mal mit Vergnügen darüber hinwegglitten und die lieben alten Gesichter der drei peinlich sauber und elegant gekleideten Damen leuchteten vor Freude, wenn Mama zu ihnen kam.

Während Mama sich mit den liebenswürdigen Schwestern unterhielt, eilte ich gewöhnlich in den Erker und schaute voll Neugierde auf den Marktplatz hinunter. Da gab es immer Dinge, die bei uns am Ketschertor nicht zu sehen waren. Gegenüber der Viktualienladen Zangele, wo wir immer gute Bonbons von der freundlichen Frau Zangele bekamen, wenn wir einmal einen Kauf dort zu machen hatten. Dann die Hofapotheke, eines der ältesten Häuser in Coburg, an deren Ecke noch heute eine kleine Marienstatue zu sehen ist. Es soll ein Kloster gewesen sein und es heißt, ein unterirdischer Gang habe es mit der Feste Coburg verbunden.

Neben dem Zangele'schen Hause war ein größeres Gebäude mit einem Porticus zur Haupt-Sankt-Moritzkirche führend, auf seinem Dach hatten durch viele Jahre Störche ihr Nest gebaut, die zu beobachten mir umso größeren Spaß bereitete, als wir die Vögel oft genug auf der Wiese vor unserm Hause stolzieren sahen und ihre Wiederkehr alljährlich mit Vergnügen beobachteten."

Und immer wieder mal war Bertha mit ihren Kindern bei Hof eingeladen. „Noch anderen Besuche machten wir mit Mama. Ich erinnere mich, dass wir eines Nachmittags zur jungen Herzogin nach Ketschendorf ins Schlösschen gingen, um ihre Hoheit, die Großfürstin Anna Feodorowna zu besuchen, und sie am Spinnrocken sitzend fanden. Auch da gab es viel zu bewundern." Wenig wusste die kleine Emma damals, dass sie ihre Großmutter besucht hatte.

Thronfolge

Im Jahre 1844 starb Herzog Ernst I. und der Erbprinz übernahm als Ernst II. die Regierungsgeschäfte. Eduard von Löwenfels wird Obersthofmarschall.[136] Hätte statt Ernst sein Bruder Albert die Nachfolge angetreten, wäre die Geschichte Deutschlands vielleicht anders verlaufen. Doch der „gerade erst fünfundzwanzigjährige Thronfolger Ernst II. war von ganz anderem Naturell als sein skrupulöser[137], zum Perfektionismus neigender Bruder Albert. Ernst blieb zeitlebens bei allem, was er begann, ein Dilettant, sei es in der Politik, in den Künsten oder beim Umgang mit Menschen. Zeitgenossen schilderten sein leicht kindliches Wesen, dem es nicht an Leidenschaft, aber an Ausdauer fehlte. Er brachte es folglich trotz vieler Anläufe niemals zu wirklichen Erfolgen. Mit seiner Umtriebigkeit ragte er aber doch weit aus dem Mittelmaß der Fürsten seiner Zeit heraus, so dass er von sehr vielen Zeitgenossen wahrgenommen wurde. Die Geschichte, die sich weniger täuschen lasst, misst ihm dagegen keinen großen Rang zu. Immerhin war er für einige Jahre der populärste deutsche Landesherr, nicht einmal so sehr im eigenen Land, sondern jenseits der engen Grenzen seines Herzogtums...Ernst hatte Statur und Bedenkenlosigkeit eines Volkstribunen. Er konnte große Versammlungen beeindrucken und in seinen Bann ziehen."[138]

Der Besuch der Queen Victoria

Ein Jahr nach Anfang der Regierungszeit Ernsts II. kommt 1845 Queen Victoria zu Besuch, um die Heimat ihres Prinzgemahls kennen zu lernen. Es ist ein Ereignis, an das sich die Stadt noch lange erinnern wird. Fast die gesamte fürstliche Verwandtschaft pilgert nach Coburg, um das königliche Paar zu empfangen. Die Großfürstin reist nicht mehr viel, aber zu diesem Anlass kommt auch sie aus der Schweiz. Herzog Ernst ist besorgt, ob er einem so hohen Besuch in seinem kleinen Fürstentum wird gerecht werden können – schließlich stand seine Cousine und Schwägerin an der Spitze eines Weltreichs. Aber die Queen kommt mit ganz kleinem Gefolge und überdies hat der Herzog ja den erfahrenen und tüchtigen Obersthofmeister von Löwenfels, den die Königin von seinem Aufenthalt in London und Windsor anlässlich ihrer Hochzeit noch in guter Erinnerung hat. Und dieser hat nun alles in Bewegung gesetzt, damit der Besuch der hohen Gäste wie eine hübsche Spieluhr abläuft. Es klappt wie gewollt und wird ein denkwürdiges Ereignis. Die illustren Gäste werden in der Rosenau untergebracht. "Wie glücklich waren wir, hier zu erwachen, in der lieben Rosenau, meines geliebten Alberts Geburtsort und Lieblings-Zuhause. Ich hatte ihm gesagt, wie freudig und dankbar ich bin, endlich hierher zu kommen. Wir hatten es uns *so* gewünscht und so gefürchtet, es würde nie etwas daraus

---

[136] Beamter bei Hof, der das fürstliche Hauswesen leitet.
[137] Skrupulös heißt : « peinlich genau ». Nicht zu verwechseln mit « skrupellos ».
[138] Thomas Nicklas, op. cit., Seite 160 ff.

werden. Wenn ich nicht die wäre, die ich bin, so wäre <u>dies</u> mein wirkliches Zuhause, aber ich werde es immer als mein <u>zweites</u> betrachten..." [139]

Der Herzog und sein Hofmarschall haben ein volles Programm arrangiert. Die Zeit vergeht sehr schnell, mit Festessen und einer Geburtstagsfeier für Prinz Albert, mit Serenaden und Platzkonzerten, Ehrenpforten und Ehrenjungfrauen, kleinen Ausflügen und Besichtigungen und mit Theateraufführungen. Zum Schluss gibt es noch ein Kinderfest auf dem Anger, das sowohl die Königin wie auch die kleine Emma, jede aus ihrer Sicht, später beschreiben.

„Danach fuhren wir und die ganze Familie zum "Anger", einer großen Wiese ganz nahe der Stadt." vermerkt die Königin in ihrem Tagebuch. „Dort stiegen wir aus, um dem Kinderfest beizuwohnen. Es war eins der hübschesten Ereignisse, die ich je sah und die Kinder schienen sich riesig zu amüsieren. Der Schauplatz war sehr belebt. Wir gingen vor dem Essen zwischen ihnen herum. Zwei mit Blumen geschmückte Zelte waren aufgestellt, auf den Seiten offen, in denen wir uns zum Essen hinsetzten und auf die Kinderschar hinausschauten. Ich saß zwischen Onkel Leopold und Onkel Ferdinand. Die Kinder begannen zu tanzen und sahen so richtig glücklich aus. Wir waren beeindruckt, wie viele hübsche Kinder unter ihnen waren...."[140]

Die glückliche Zeit vergeht sehr schnell. „Die Königin schreibt Seiten über Seiten mit ihren Eindrücken voll...Solch ein ‚Familien-Verein' ist ‚delightful'! ....Und dann am letzten Tag ihres Aufenthalts „stehen beide (Albert und Victoria) in dem Zimmer, in dem er geboren wurde, am Fenster und schauen in den Park hinaus, machen einen Spaziergang an der Iltz entlang, treffen Lord Aberdeen[141], mit dem Albert sich unterhält, während Victoria Frauen bei der Heuernte skizziert – sie hat viel gezeichnet in diesen Tagen….. Sie ist ebenso unglücklich wie Albert, dass es ihr letzter Tag in Coburg ist …

Es war reinstes Biedermeier, was die Königin und Albert in Coburg erlebt, noch einmal erlebt hatten. Albert wusste, dass die Idylle zu Ende ging. In ganz Europa, auch in Deutschland, standen die Zeichen auf Veränderung."[142]

---

[139] Aus dem Tagebuch der Queen Victoria. "How happy we were on awaking to feel ourselves here, at the dear Rosenau, my beloved Albert's birthplace and favourite home. I had told him how delighted and thankful I was to be able to come here at last. We had <u>so</u> wished it and had so feared it might never come off. If I were not who I am – <u>this</u> would have been my real home, but I shall always consider it my <u>2nd</u> one…." Royal Archives, Windsor Castle, RA/VIC/QVJ/20th August 1845.

[140] Aus dem Tagebuch der Queen Victoria. „… After this we, and the whole family, drove to the "Anger", a big meadow quite close to the town. Here we got out to be present at the Children's Fête, which was one of the prettiest things I ever saw, and the children seemed all to enjoy themselves hugely, the scene being most animated. There were two tents, decorated with flowers, and open at the sides, in which we seated ourselves and dined, all the children being in front of us. We walked round and amongst them, before starting our dinner, I sitting between Uncle Leopold and Uncle Ferdinand. The children began to dance,…. looking all so truly happy. We were struck by the many very pretty children there were amongst them…." Royal Archives, Windsor Castle, RA/VIC/QVJ/22nd August 1845

[141] Georg Hamilton Gordon, 4th Earl of Aberdeen, damals Außenminister, später Premier Minister von Großbritannien.

[142] Hans-Joachim Netzer, „Albert von Sachsen-Coburg-Gotha, Ein deutscher Prinz in England", Verlag C.H. Beck., München 1988, Seite 238-239

Ja, es war reinstes Biedermeier und lebte in der Erinnerung der Coburger fort. Viele Jahre später, aber noch mit den Augen des Kindes, erinnert sich Emma von Löwenfels an das Kinderfest auf dem Anger:

„Als die Königin von England jedoch zum ersten Mal nach Coburg kam und den Herrschaften zum Kinderfest das große Türkenzelt aufgerichtet worden war, wurden auch wir schön weiß gekleidet und mit grüner Schärpe angetan. Dann führte man uns in Gesellschaft unserer Gespielinnen, der kleinen Mädchen des englischen Geschäftsträgers Mr. Barnard zum Hofzelt. Wir wurden der Königin vorgestellt und diese nahm vom Tisch eine Confektschüssel und gab jedem von uns eine Süßigkeit. Dann wurde uns erlaubt, uns dem großen Kinderkreis einzureihen und mitzutanzen, wobei ich fand, dass Mary Barnard es am hübschesten machte!

Als wir, nachdem wir den Herrschaften unseren Knicks gemacht, zusammen den Anger verließen, zeigte sich die Jugend, was sie von der Königin bekommen hatte. Auch ich sollte mein Bonbon zeigen – das lag aber schon lange in meinem Magen und ich wurde mit Entrüstung behandelt. Sehr beschämt ging ich nach Hause, denn die Bonbons sollten als Heiligtum aufgehoben werden! In unserm Glasschrank lag auch durch Jahre sorgsam gehütet, Sophies königliches Andenken!"

La petite Grandmaman

Noch sind wir im gemütlichsten Biedermeier. „Im Jahre 1845 brachten wir einen Sommer in Rohr zu. Damals sah ich "la petite Grandmaman" zum ersten Mal; sie kam auf längere Zeit auf Besuch nach Coburg und ging dann mit uns nach Rohr. Da sie selber ein kleines Gut in der Nähe von Perigueux im südlichen Frankreich besaß und es auch selbst mit einem Farmer bewirtschaftete, ging sie gern nach Rohr und verstand es, die einfachen Freuden des Landlebens zu genießen.

Sie war eine energische Frau von großer Lebendigkeit und einnehmendem Wesen, Französin durch und durch – auch in ihrer Lebensauffassung – und kam dadurch oft mit Papa in Streit. Sie war Mamas Ebenbild – nur blonder und kleiner und zierlicher. Sie trug immer Locken und kleidete sich sehr hübsch. Sie hatte Vergissmeinnichtaugen, in schönstem Blau und lebhaft, bis in ihr hohes Alter (vgl. Bild 11).

Sie nahm an unserem Kinderleben gern teil, spielte mit uns sang uns französische Lieder vor, erzählte uns Märchen, war aber auch streng und verbat sich jede Unart. Wir hatten sie sehr gerne, die kleine Grandmaman! Viel und gern erzählte sie von ihrem Leben in Frankreich. Es lag eine bewegte Jugendzeit hinter ihr, von der ich erst aus ihrem eigenen Munde im Jahre 1878 positives erfuhr und dabei einen tieferen Blick in ihren Charakter tun konnte….

Grandmaman hat dann ihr kleines Gut im Périgord im Jahre 1858, als Sophie[143] heiratete, verkauft. Die Bewirtschaftung war ihr zu schwer geworden. Während der

---

[143] Sophie von Löwenfels war Eduards und Berthas älteste Tochter. Sie heiratete Karl August Konstantin Freiherr von Wangenheim aus der Linie Brüheim. Deren ältester Sohn Ernst vermählte sich später mit Fanny Freiin von Stockmar, die Enkelin jenes einfußreichen Christian Friedrich Freiherr von Stockmar, der der Berater König Leopolds I. und des Prinzen Albert gewesen war.

48er Revolution hat sie noch energisch wie sie war, ganz allein am Land dem Aufruhr Stirn geboten und erst ihre Freunde hatten sie später dazu gebracht, nach Perigueux zu ziehen. Als ihr die weite Reise nach Coburg beschwerlich wurde und viele alte Freunde, darunter Julie de Labardonie gestorben waren, gab Grandmaman Frankreich gänzlich auf und zog für immer nach Deutschland."

Revolutionen und Gegenrevolutionen

1848 brach die Revolution über Europa herein. Beeinflusst durch seinen Onkel Leopold, durch den Freiherrn von Stockmar und durch seinen Bruder Albert, mit dem er bis zu dessen Tode regelmäßig korrespondierte, regierte Herzog Ernst II. liberal und war bereit „mit dem Geist der Zeit" zu gehen. „Diesen Geist sah er auch in der Revolution von 1848 am Werk, die wegen der Kompromissbereitschaft Ernsts in Coburg und Gotha unter recht gemütlichen Umständen und fast gewaltfrei vonstatten ging."[144] Die „Revolutionäre" in Deutschland forderten die Abschaffung der neo-absolutistischen Fürstentümer und die Einführung der Republik oder zumindest konstitutioneller Herrschaften, und setzten sich für die Einigung Deutschlands ein. Um sich ein Bild zu machen, wie zersplittert Deutschland damals noch war, und wie klein und eng viele der damaligen deutschen Fürstentümer, muss man sich vor Augen führen, dass es in Thüringen allein noch acht verschiedene Herzogtümer gab.[145] Auf Grund der Revolution und der Eingungsbestrebungen Deutschlands machen sich Queen Victoria und Prinz Albert gerade um diese kleinen Herrschaften Sorge, schrieb doch die Königin schon am 9. Mai 1848 an Leopold, den König der Belgier: „Mein liebster Onkel,.....Wenn nur im lieben Deutschland alles gut geht und all unsere Interessen (die der kleineren Fürsten) nicht geopfert werden!....Mein guter und lieber Albert ist sehr besorgt und arbeitet sehr hart..." Und noch einmal am 1. August 1848: „Es ist nur die Frage (ihnen) gewisse Befugnisse und Rechte wegzunehmen, und keineswegs sie los zu werden. Du wirst sehen, glaube ich, dass die *Ausführung* der Einheit eine Unmöglichkeit ist, zumindest in dem Sinne, wie man sie in Frankfurt vorschlägt. Der Erzherzog Johann sprach sehr beruhigend, sowohl zu Ernst, wie auch zum Herzog von Meiningen. Die Loyalität in vielen dieser kleineren Fürstentümer ist außerordentlich groß, und ich bin sicher sie würden nie zustimmen *ausgewischt* zu werden. Coburg, zum Beispiel, zeigte anlässlich der Niederschlagung eines ganz kleinen Aufstands die größte Anhänglichkeit und Ergebenheit Ernst gegenüber."[146]

---

[144] Thomas Nicklas, op. cit., Seite 164
[145]Großherzogtum Sachsen-Weimar-Eisenach, Herzogtum Sachsen-Coburg und Gotha, Herzogtum Sachsen-Meiningen, Herzogtum Sachsen-Altenburg, Fürstentum Schwarzburg- Sonderhausen, Fürstentum Schwarzburg-Rudolfstadt, Fürstentum Reuß ältere Linie, Fürstentum Reuß jüngere Linie.
[146] „Buckingham Palace, 9th May 1848   My dearest uncle,…If only dear Germany gets right and if all our interests (those of the smaller Sovereigns) are not sacrified! My good and dear Albert is much worried and works very hard."…….. Osborne, 1st August 1848 My dearest uncle, …There is only the question of taking certain powers and rights away and not at all of getting rid of them. I think, you will see that the *Ausführung* of the Unity will be an impossibility, at least in the sense they propose at Frankfort. The Archduke John has spoken very reassuringly both to Ernest and the Duke of Meiningen, and the attachment in many of those smaller principalities is extremely great and I am sure they

Und tatsächlich, wie erfolgreich der Coburger Herzog die Lage im eigenen Lande gehandhabt hatte und wie gut er sich „mit dem zur Mündigkeit aufgebrochenen Bürgertum verstand, zeigt schon die Tatsache, dass das kleine Häuflein Coburger Demokraten, von der 48er Revolution keck gemacht, zwar eine Republik Thüringen forderte, für diese Republik aber keinen anderen als den Herzog Ernst zum Präsidenten nominierte."[147] Doch nicht in allen der kleinen Fürstentümer ging die Revolution so harmlos über die Bühne wie in Coburg.

Herzog Ernst II. berichtet nicht ohne Humor in seinen Lebenserinnerungen über die beunruhigenden Nachrichten, die er über die „Revolution" im benachbarten Herzogtum Sachsen-Altenburg erhalten, und wie er persönlich seine dortigen Standesgenossen aus ihrer verzweifelten Lage befreit habe.

„In der äußersten Unruhe, in welche mich diese Nachrichten versetzt hatten, beschloß ich sofort selbst nach Altenburg zu gehen. Von dem Secretair, späteren Staatsrath Brückner begleitet, setzte ich mich wie ein gewöhnlicher Reisender in ein Eisenbahncoupé zweiter Klasse und kam so ziemlich unerkannt in Altenburg an. Mein Begleiter und ich gingen nun in ein nahe gelegenes Gasthaus, wo wir während des Essens gute Gelegenheit fanden, den Wirth darüber zu vernehmen, was in Altenburg geschehen sei und welches der Stand der Dinge hier wäre. Nicht ohne eine Art von tiefinnerster Ueberzeugung versicherte uns der Wirth, dass man in Altenburg am Vorabende der größten Ereignisse stände: es sei wahr und ganz richtig, der Herzog sei gefangen und von aller Welt abgeschnitten. Auf die Frage: von wem? antwortete der Mann mit dem Pathos eines Schulmeisters, welcher soeben die Schrecknisse der französischen Revolution und die Leiden der Gefangenen des Tempels geschildert hat: „Er befindet sich in der Gewalt der provisorischen Regierung und wird von der Nationalgarde bewacht."

„Sollte es unmöglich sein, in das herzogliche Palais zu gelangen?"

„Ganz unmöglich", antwortete ohne Zaudern der Wirth......Ich war von diesem allen so überrascht und aufgebracht, dass es mich unwillkürlich aneiferte, meine Absicht um jeden Preis durchzusetzen......

Die Auffahrt zu dem hochgelegenen Schlosse von Altenburg war durch zwei große Barrikaden gesperrt und die Wache hatte Befehl, niemanden aus- und einzulassen. In dem Augenblick, als ich anlangte, wollte ein guter Zufall, dass ein Offizier von der Nationalgarde eben die Wache abzulösen kam. Ich wendete mich sofort an diesen und sagte ihm, wer ich wäre und dass ich den Herzog zu sprechen hätte. Meine sehr freundlichen Worte und der ganz außerordentliche und in keiner Weise vorgesehene Fall, dass ein benachbarter Fürst ganz unerwartet sich zu einem Besuch des Herzogs einfand, mochten den biederen Altenburger Bürgersmann in seiner revolutionären Rolle sehr erschüttert haben. Dennoch glaubte ich eine List anwenden zu dürfen, um für alle Fälle die angebliche provisorische Regierung von schlechten Streichen abzuhalten. In der Voraussetzung, dass der Nationalgardeoffizier nicht säumen

---

will never consent to be *ausgewischt*. Coburg, for instance, on the occasion of the suppression of a very small riot, showed the greatest attachment und devotion to Ernest." in "The letters of Queen Victoria" Vol. II, 1844-53, London, John Murray, 1908, Seiten 173 und 188

[147] Thomas Nicklas, op. cit., Seite 164

werde von allem, was vorgefallen und gesprochen worden war, seiner Behörde Meldung zu machen, bemerkte ich beiläufig, dass eine mobile Truppenkolonne in der Nähe der Stadt wäre und dass dieselbe zuverlässig einrücken würde, wenn ich nicht bald zurückkehrte.

Nach allen diesen Unterhandlungen war ich endlich in das Schloß gelangt, und meinte über die größten Schwierigkeiten hinweg zu sein. Doch darin täuschte ich mich, denn die schlimmsten Erfahrungen hatte ich erst noch mit dem Herzog selbst zu machen. Der moralische Zustand, in welchem sich Joseph selbst, sowie seine schon damals sehr kränkliche Gemahlin und die unglücklichen Töchter befanden, lässt sich kaum beschreiben. Zwischen Unnachgiebigkeit und Hoffnungslosigkeit hin und her schwankend, schien es fürs erste fast unmöglich, eine ruhige Discussion mit dem Herzog zu führen. Es musste einige Zeit verstreichen, ehe ich nur über die ganze Lage der Dinge in Klare kommen konnte." Der bei der revolutionären Partei verhasste Regierungspräsident von Seckendorf hätte sich „in alle Winkel verkrochen und überließ die gesammten Angelegenheiten einem Volksmann, Dr. Krutziger, vor dessen volltönenden Redensarten und unverfrorenem Auftreten die gesammte Regierung die Segel gestrichen hatte... Er war so zu sagen der Vertrauensmann der Volkspartei im Cabinet, aber der Herzog suchte ihn so viel wie möglich, von seiner Person fern zu halten. ....

Wie die Dinge standen, so war mir sofort klar, dass man den Volksmann vor allem kommen lassen musste und dass der Herzog in nähere und bessere Beziehungen zu demselben treten sollte.....Einen Vorschlag dieser Art wollte aber der Herzog um keinen Preis annehmen; in seiner ganzen Familie war der Gedanken, dass Herr Krutziger die Ehre eines Ministers genießen und an den Hof gezogen werden könnte, als der Gipfelpunkt alles erdenklichen Unglücks angesehen worden. Erst nach langem Zureden von meiner Seite, war endlich der Entschluss gefasst worden, Krutziger herbeizurufen und mit ihm zu unterhandeln." Nach Zeugenaussagen soll Herzog Ernst „den Krutziger ganz erobert und soll derselbe bei der discussion wie ein Braten geschwitzt haben!" Dennoch gibt jener zu, „die Vermittlung, die ich übernahm, machte es freilich nöthig, dass der Herzog, wenn auch mit schwerem Herzen eine Art von Capitulation unterschreiben musste." Wenige Tage später nahm der Präsident von Seckendorf ‚zerrütteter Gesundheit halber' seine Entlassung. Als Dr. Krutziger „wenige Tage nach meiner Anwesenheit in Altenburg den Sturz seiner älteren Collegen erreicht und die Gewalt in seine Hände gebracht hatte, nahm er aus seinem reichen Repertoire die Rolle des Staatsmanns heraus, zeigte sich ziemlich gemäßigt und war später keineswegs einer der schlimmsten deutschen Minister.

Die Hauptsache blieb doch, dass der Herzog aus einer sehr abscheulichen Lage befreit und der Bestand des Fürstenthums in Altenburg gesichert blieb."[148] So urteilt Ernst II, doch blieben damit zwar die kleinen Fürstentümer, aber auch die staatliche Zersplitterung bestehen. Weder die Republik noch das geforderte Gesamtthüringen noch der Zusammenschluss mit dem Königtum Sachsen kam zustande. Ernst II. wie die anderen Fürsten blieben Herrscher ihrer kleinen Länder.

---

[148] Herzog Ernst II, op. cit., 1. Band, Seite 217 ff.

Doch keineswegs überall in Europa verlief die 48iger Revolution so harmlos. Im Kaiserreich Österreich kam es zu einem regelrechten Krieg gegen die aufständischen Ungarn und Italiener. Und in Frankreich wurde zum zweiten Mal das Königtum abgeschafft und die Republik ausgerufen. Und diesmal endgültig.

Herzog Ernst II. und Deutschlands Einigungsversuche

Doch auch nach der Revolution von 1848 erhob sich im zersplitterten Deutschland weiterhin immer lauter der Ruf nach nationaler Einigung. König Friedrich Wilhelm IV. von Preußen, dem man die deutsche Kaiserwürde angetragen, hatte sie in Anbetracht der revolutionären Umstände abgelehnt. So wusste man nicht recht wie und unter wessen Führung diese Einigung zustande kommen sollte. Herzog Ernst sah darin seine Berufung. Sein „Sieg" von Eckernförde im schleswig-holsteinischen Feldzug gegen Dänemark hatte ihn in ganz Deutschland populär gemacht. „Zum anderen gewöhnten sich viele Zeitgenossen daran, den Herzog von Sachsen-Coburg und Gotha als Führungsfigur des deutschen Liberalismus zu sehen....So lange wie sich die beiden konkurrierenden Großmächte Österreich und Preußen die Waage hielten, solange durfte sich Ernst als Kaiseranwärter aus dem Dritten Deutschland noch seine Hoffnungen machen...1859 hielten bereits viele den Coburger Herzog für den Mann, der den Knoten der deutschen Geschichte mit einem kühnen Hieb zertrennen würde." (Thomas Nicklas).

Der dem Fürstenhaus nahestehende Dichter Friedrich Rückert dichtete dazu:

> „Zuerst ist aufgetreten
> Ein Herzog wohlbekannt,
> Hat das Signal gegeben
> Den andern Herrn im Land;
> Es dürfen nun die Herren
> Sich auch nicht länger sperren……."

Doch Rückerts Tochter Marie notiert dazu später: „Der Vater hat wie so Viele, den Herzog Ernst II. eine Zeitlang für einen bedeutenden Menschen gehalten, der zu Großem berufen sei. Wie sehr er sich getäuscht in ihm, der Viele getäuscht, hat er selbst später eingesehen."[149]

Denn Ernst II. hat sich selbst, seine Mittel und seine Fähigkeiten überschätzt, seine Chancen verspielt und war schließlich „eine zu oberflächliche und im eigentlichen Sinne haltlose Gestalt"[150], um der Persönlichkeit eines Bismarck gewachsen zu sein. Und so nahm die deutsche Geschichte einen anderen Lauf.

---

[149] Zitiert aus Harald Bachmann (Hgr.), „Herzog Ernst II. von Sachsen- Coburg und Gotha (1818-1893) und seine Zeit, Jubiläumsband im Auftrag der Städte Coburg und Gotha, Claudia Schugg-Reheis und Harald Bachmann. „Herzog Ernst II. in Gedichten Friedrich Rückerts", Seite 244.
[150] Thomas Nicklas, op. cit., Seite 195

Große Politik -- Paris

Eduard von Löwenfels wird nicht immer mit seinem Herrn einverstanden gewesen sein, doch hat er ihn mit Rat und Tat unterstützt. Neben seiner Hofstellung steigt er nun mehr und mehr zum Sonderbotschafter des Herzog auf. 1850 wird er auf eine diplomatische Mission zum König Leopold nach Brüssel geschickt. Vier Jahre später begleitet er seinen Herrn, als dieser mit seiner Suite bei Napoleon III. in Paris auf Staatsbesuch weilt. Gustav von Meyern-Hohenberg befand sich als des Herzogs Geheimer Kabinettssekretär ebenfalls unter seinem Gefolge. Er berichtet über den Aufenthalt in Paris und etwas überoptimistisch über den diplomatischen Erfolg der Reise an seine Schwester:

„Der Herzog und wir alle sind entzückt von Paris, nicht nur von der Aufnahme, den Ehren und Auszeichnungen, der Stadt und den Amüsements, sondern auch von den Erfolgen in bezug auf den Zweck der Reise....In den Tuilerien[151] ließ man nach napoleonischer Sitte den Herzog erst Besitz von seinem Zimmer nehmen. Dann erschien der Kaiser mit seinem ganzen Hofstaat, gleichsam als Gast. Beide Souveräne bekomplementierten sich in ihren Hausuniformen. Darauf fragte der Kaiser, ob die Kaiserin nicht das Vergnügen haben könne, den Herzog gleich zu sehen. Der Herzog war natürlich glücklich darüber, und so zog die ganze Gesellschaft in die Zimmer der Kaiserin....Hierauf Besuch bei den Napoleoniden; dann große Tafel und Soirée. Bei der Soirée setzte sich die Kaiserin mit den Damen auf Chaiselonguen und ließ durch ihren Kammerherrn die Herren, mit denen sie zu sprechen wünschte, einzeln holen....Die Kaiserin, mittelgroß, schlank, mit länglichovalem, feinen Gesicht, reinem Teint, gelblich-blondem Haar, das sie fast täglich anders trägt, etwas orientalischer, aber sehr proportionierter Nase, länglichen Augen von unbestimmter Farbe und interessantem Ausdruck, ist schön, graziös, von ungezwungenem Wesen, aristokratischem Anstand und macht liebenswürdige, leichte Konversation. Sie lacht gerne und scheint ungenierte Antworten zu lieben....Der Kaiser macht anfangs nur deshalb keinen guten Eindruck, weil er zu klein ist, d.h. weniger die Statur als das Piedestal. Doch gewinnt er, sobald man sich daran gewöhnt hat, ihn näher beobachtet und hört, außerordentlich. Er hat kleine, graue Augen, schon gefurchte Züge, starken Schnurrbart, den er bedächtig zu streichen liebt, geht langsam und redet mit einem gewissen Seitenaufschlag des Auges; er hat nicht die Spur von französischen Wesen, vielmehr etwas Ruhigüberlegtes, fast Deutsches, spricht auch superb deutsch, weil ohne Akzent, und liebt es zu sprechen; er beherrscht die Literatur, zitiert noch jetzt ganze Schiller'sche Gedichte, kennt die Anschauungen der deutschen Idealisten von Reichseinheit, wie wir und sagt selbst (nicht etwa, um uns für sich einzunehmen), er würde dafür schwärmen wie wir, wenn er ein Deutscher wäre. Er sprach oft mit uns und stets bürgerlich ungeniert, ohne alle Etikette.

Die Umgebung des Kaisers und der Kaiserin scheint einstweilen noch nicht recht solide zu sein...Die Napoleoniden, die Murats und die italienischen Verwandten machen einen entsetzlichen Eindruck, sollen auch dem Kaiser sehr unbequem sein.

---

[151] Das Königsschloss der Tuilerien bestand damals noch als Teil des Louvre, es verbrannte 1871 während des Aufstands der Kommune.

Der alte Jérôme[152] (was würde der Vater sagen, wenn er wüsste, dass ich den noch gesprochen und ein feines Diner bei ihm eingenommen!) lugt umher wie ein Wiesel. Ich bekam eine unheimliche patriotische Anwandlung, als ich ihn sah....Sein Sohn gleicht zwar Napoleon I. im Gesicht wie ein Ei dem anderen, macht aber übrigens mehr den Eindruck eines *commis voyageur*, als eines Prinzen....

Der Kaiser hat dem Herzog den in Frankreich noch für militärische Auszeichnungen gegen den Feind bestehenden Orden mit der Bitte gegeben, denselben als Andenken von ihm anzunehmen. Ob sich die Dänen darüber freuen werden?[153]

Wir anderen haben natürlich die Ehrenlegion bekommen, die uns der Kaiser in Person brachte. Die meinige liegt als Kuriosum bei meinen Nippsachen, da man mir doch nicht zumuten kann, das Bild Napoleons I. auf der Brust zu tragen."[154]

Der politische Hauptzweck dieser Reise nach Paris war der Versuch einer Annäherung zwischen Paris und Berlin gewesen, und die Verwirklichung Ernsts II. damaligen Lieblingsplans in den orientalischen Wirren eine Koalition zwischen Preußen, Österreich und den beiden Westmächten gegen Russland zustande zu bringen. Vom Paris geht daher die Reise weiter über Brüssel und Berlin nach Wien. Doch Ernst II. überschätzt seinen Einfluss und der Erfolg seiner Mission bleibt aus.

Osborne House

Kurz vor Weihnachten des Jahres 1859 ist Eduard in offizieller Mission allein unterwegs. Als Vertreter Ernsts II. reist er mit dem Auftrag nach England, dem englischen Thronfolger Edward („Bertie") im Namen aller sächsischen Herzöge den Familienorden zu verleihen. Das Königspaar weilt gerade in Osborne Hause, in dem von Prinz Albert selbst entworfenen Familienschloss auf der Isle of Wight. Der Prinzgemahl berichtet an seinen Bruder Ernst darüber:

„Lieber Ernst.

Herr von Löwenfels ist am 15. hier angekommen. Da Bertie noch in Oxford war und erst am 17. hierher zum Antritte seiner Ferien kommen sollte, so haben wir Löwenfels hier behalten und so gut zu unterhalten gesucht, als es dieser zurückgezogene Ort im tiefen Schnee und bei großer Kälte gestattet. Am 17. abends, übergab er dann dem neuen Ordensmitglied Deinen Brief und die Decoration vor Tische mit so viel Ceremonie als hier möglich war. Bertie wird Dir selbst schreiben und für Deine gütige Sendung danken. Es hat mich recht gefreut Löwenfels wiederzusehen und nach so vielen Jahren einmal wieder einige vertrauliche Gespräche mit ihm haben zu können. Er war seit unserer Hochzeit nicht in England, nun schon leidige 20 Jahre!! in zwei Monaten. Er hat mir viel von Coburg erzählen müssen, wo die 20 Jahre auch nicht ohne ihren Erfolg geblieben sind.

---

[152] Jérôme, jüngster Bruder Napoleons I. war 1807-13 König von Westfalen mit Sitz in Kassel gewesen.
[153] Anspielung auf Herzog Ernsts II. „Sieg" von Eckernförde.
[154] Zitiert in Rolf Kummer, „Die Frankfurter Berichte Gustavs von Meyern-Hohenberg", Doktor Dissertation, Universität München 1934.

Heute geht er nach London zurück um morgen in Frogmore[155] Mama[156] aufzuwarten und will dann am Mittwoch Abend wieder nach Coburg zurück, wo er am Freitag um 3 Uhr nachmittags anzulangen gedenkt, nachdem er in Frankfurt eine ganze Nacht geschlafen!! Hier ist ein schöner Erfolg der Fortschritte dieser 20 Jahre, für den wir dankbar sein müssen. 31 Stunden von London nach Coburg scheint fabelhaft…..Löwenfels wird Dir mündlich von uns berichten können. Darum schließe ich und verbleibe, wie immer,

Dein treuer Bruder Albert

Osborne, Dec. 19. 1859"[157]

Beim Abendessen in Osborne House sitzt Eduard als Abgesandter der Herzöge von Sachsen auf dem Ehrenplatz neben der Königin, die in ihrem Tagebuch vermerkt: (…….) „Herr von Löwenfels, der neben mir saß, ist sehr nett und gentleman-like."[158] Queen Victoria wusste natürlich um die Herkunft des Oberhofmarschalls. Sie scheint ihn geschätzt zu haben, diesen gewissenhaften Halb-Coburger.[159] Es ist daher nicht unwahrscheinlich, dass sich während dieses Aufenthalts, in der Familienatmosphäre von Osborne House, jene Szene abgespielt hat, von welcher der Löwenfels-Enkel Gottfried von Meyern-Hohenberg in einem Brief erzählt: „Eduard von Löwenfels wird im Schloss zur Dinnerzeit von einem Lakai geholt: ‚Die Herrschaften warten schon!' Eduard von Löwenfels entschuldigt sich bei der Königin, es wäre doch „Familientafel" angesagt gewesen. Darauf die Königin lächelnd: ‚Aber Sie, Herr von Löwenfels, gehören doch zur Familie!'" Die offensichtlich freundschaftliche Aufnahme Eduards im königlichen Familienkreis muss ihn geehrt haben. Ob er sich in dieser zweideutigen Lage wohl gefühlt hat, ist eine andere Frage.

Wien

Vier Jahre später, 1863, damals schon herzoglicher Ministerresident, d.h. Botschafter am sächsischen Hof in Dresden, wird Eduard von Löwenfels wieder allein, diesmal in der Frage der dänischen Erbfolge, nach Wien geschickt. „Auf besonderen Wunsch des Herzogs von Augustenburg", schreibt Ernst II. in seinen Memoiren, „sendete ich

---

[155] Landschloss im Park von Windsor
[156] Gemeint ist die Herzogin von Kent, die Mutter Queen Victorias und Schwester der Großfürstin Anna Federowna. In einer Zeit, in der es noch kein Telefon gab, überbrachten solche Besucher „lebendige" Nachrichten!
[157] Brief Prinz Alberts an Herzog Ernst II. vom 19. Dezember 1859 im Staatsarchiv Coburg,, auch zitiert, in englischer Übersetzung, in der Briefsammlung: „The Prince Consort and his Brother", 200 New Letters, edited by Hector Bolitho, London, Cobden- Sanderson, 1933, p.199
[158] Aus dem Tagebuch der Queen Victoria, „… Herr von Löwenfels, who sat next to me and is very agreeable and gentleman-like…", Royal Archives, Windsor Castle, RA/VIC/QVJ/ 16th December 1859.
[159] Vielleicht war man auch in England den illegitimen und morganatischen Nachkommen deutscher Fürsten offener gegenüber als in Deutschland selbst, ließ doch Queen Victoria ihre jüngste Tochter Beatrice den morganatischen Prinzen Heinrich Moritz von Battenberg heiraten und stieg dessen Bruder Ludwig Alexander und dessen Nachkommen als Prinzen Mountbatten in Großbritannien ebenfalls zu höchsten Ehren auf.

am 24. November meinen Geschäftsträger in Dresden, Herrn von Löwenfels, mit folgendem Schreiben in besonderer Mission nach Wien.....Zwei Tage später teilte mir von Löwenfels mit, dass er von Sr. Majestät dem Kaiser sehr freundlich empfangen und mein Schreiben von diesem äußerst gnädig entgegengenommen worden sei."[160] Doch auch dieser Versuch des Herzogs in die Politik der Großmächte einzugreifen, schlägt fehl. Der Konflikt mit Dänemark wird in Wien und Berlin entschieden und letztlich durch preußische und österreichische Truppen (und durch österreichische Kriegsschiffe unter Tegetthof) besiegelt.[161]

Der Tod der Großfürstin

Die Löwenfels waren schon im Jahre 1856 nach Dresden übersiedelt, wo Eduard diesmal „als Ministerresident am sächsischen Königshof die Interessen der thüringischen Fürsten vertrat. Zwölf Jahre wirkte er noch am sächsischen Hof, bis er sich im Jahre 1868 von den Staatsgeschäften mit dem Titel „Exzellenz" zurückzieht. Doch behält er seine Coburger Hofstellung noch weiter bei, die er auch während seines Ministerresidentenposten bekleidet hatte. In diese zweite Dresdner Zeit fällt auch der Tod der Großfürstin Anna Federowna am 16. August 1860. Löwenfels war an ihr Sterbelager nach Elfenau geeilt, um Abschied von ‚seiner mütterlichen Freundin' zu nehmen. Wenn er auch in einem Brief vom 13.12.1864 an seinen Sohn Ernst schreibt, dass er seine Eltern nicht gekannt und dass er sehr unter der Ungewissheit seiner Abstammung gelitten habe, so schließe ich gerade aus diesem letzten Besuch bei der Großfürstin, dass er doch mehr gewusst hat, als er sagen wollte oder durfte! Er hat die Großfürstin wie seine Mutter geehrt und geliebt."[162]

Als König Leopold seine Nichte, die Queen Victoria, brieflich von Tod seiner Schwester unterrichtet, widmet er ihr einen liebevollen Nachruf: "Deine Tante Julia hatte sehr, sehr viel Herzensgüte und dann auch etwas Edles und Hochherziges in ihrem Wesen und viel Lieblichkeit in ihrer Art. Alle, die sie gut kannten, haben sie sehr geliebt....Der Zar Alexander liebte und bewunderte sie sehr. Der Großfürst (Konstantin) bewunderte sie über alles..." [163]

Auf dem Umweg einer Erbzession über den Grafen Alfons Mensdorff hat die Großfürstin die Elfenau an Eduard von Löwenfels vermacht. Doch hatte dieser nicht die Mittel sich einen so aufwendigen Besitz zu leisten, wollte ihn aber in der „Familie"

---

[160] Prinz Friedrich von Augustenburg war der rechtmäßige Erbe der oldenburgischen Linie und ließ sich als Herzog von Schleswig Holstein ausrufen. Herzog Ernst II. unterstützt in seinem Schreiben an Kaiser Franz Josef den Erbanspruch des Oldenburgers, doch das passt nicht in die Politik weder Preußens noch Österreichs.
[161] Im Krieg Dänemarks gegen Österreich und Preußen 1864
[162] Aus der unveröffentlichten Schrift: „Die Ahnen des Friedrich Freiherrn von Stockmar von Wangenheim", von ihm zusammengestellt, Buch am Forst, am 6. Juni 1980
[163] Aus dem Brief König Leopolds an Queen Victoria vom 22. August 1860: "......Your Aunt Julia had many many qualities of the heart and then had something noble and high minded in her character with much lovelelisness in her manners. She was much beloved by all who knew her well .....The Emperor Alexander loved and admired her very much. The Grandduke admired her of all things...." Royal Archives, Windsor Castle, RA/VIC/Y 82/72, 22. August 1860.

und vor allem im Geiste der Verstorbenen erhalten. Um ihn nicht an „gleichgültige" Fremde verkaufen zu müssen, reist er noch im selben Jahr nach Brüssel, um den Besitz König Leopold anzubieten und nimmt gleichzeitig brieflich mit Prinz Albert Kontakt auf. Aber beide lehnen ab. So wird die Elfenau ein Jahr später an die Familie Wattenwyl verkauft, die sie 1918 der Stadtgemeinde Bern überlässt.[164]

Wieder ein Besuch der Queen Victoria in Coburg

Achtzehn Jahre nach ihrem ersten Besuch kommt Queen Victoria 1863 noch einmal nach Coburg. Wieder ist Löwenfels sehr beschäftigt alles vorzubereiten, doch wie anders ist diesmal die Stimmung der Königin. Es ist einsam um sie geworden. Zwei Jahre zuvor waren zuerst ihre Mutter, die Herzogin von Kent, und noch im selben Jahr, ihr über alles geliebter Prinz Gemahl Albert gestorben. Und zwei Jahre nach ihrem Aufenthalt in Coburg wird als letzter seiner Generation auch ihr wie ein Vater verehrter und geliebter Onkel Leopold dahinscheiden, mit dem sie durch Jahrzehnte ein fast wöchentlicher Briefwechsel verband.

Zwar ist sie Königin über das größte Weltreich, das je existiert hat, ihre Flotten beherrschen die Weltmeere, doch ohne Albert fühlt sie sich in Coburg diesmal „allein". Auch die politische Lage hat sich geändert. Das gemütlich-schrullige Biedermeier Deutschland liegt weit zurück. Wieder machen viele Fürsten ihre Aufwartung, doch sind es diesmal selten Familienbesuche. Die deutschen Fürsten reisen vom Reichstag aus Frankfurt am Main an, wo ein Einigungsversuch Deutschlands erneut gescheitert ist. Während dieses Aufenthalts kommt es auf Betreiben Herzog Ernsts II., am 3. September auch zum Zusammentreffen der beiden längstlebenden Herrscher ihrer Zeit, Kaiser Franz Josefs I. und Queen Victorias. Doch kein Funken springt über. „...Er ist sehr zierlich, höflich und *aimable* (liebenswürdig), aber spricht nur wenig. Daher wurde nicht viel gesagt...." schreibt sie lakonisch in ihr Tagebuch.[165] Der Kaiser strebt die friedliche Einigung Deutschlands unter der Führung des Hauses Habsburgs an, sie setzt sich, aus dynastischen Gründen[166] und wohl auch aus Gründen des europäischen Gleichgewichts, für die Gleichberechtigung Preußens innerhalb eines geeinten deutschen Reiches ein. Doch sie sprechen kaum darüber. Drei Jahre später ist die Frage der Vorherrschaft in Deutschland auf kriegerischem Wege entschieden, zu Gunsten Preußens. Österreich wird aus dem Verband deutscher Fürstentümer ausgeschlossen. Nach sieben weiteren Jahren und einem Krieg mit Frankreich, ist Deutschland als letzte europäische Großmacht geeint. Ob sich Queen Victoria und Kaiser Franz Josef nach dieser veränderten politischen

---

[164] Die Berner Bürgerschaft hatte immer eine sehr ambivalente Einstellung zum Aufenthalt der Großfürstin in der Elfenau, einerseits geschmeichelt durch die hohen Besuche, die ihretwegen nach Bern kamen, andererseits in bürgerlicher Engstirnigkeit geschockt über ihren liberalen Lebenswandel. Es ist daher nicht erstaunlich, das die Elfenau heute nicht ein Biedermeier-Museum, sondern ein Mietshaus geworden und dass von der kultivierten Atmosphäre der Großfürstin nichts mehr übrig geblieben ist.
[165] Aus dem Tagebuch der Queen Victoria "....He is very slight, civil and *aimable*, but talks but little. Therefore not much was said...." Royal Archives, Windsor Castle, RA/VIC/QVJ/ 3 September 1863.
[166] Ihre älteste Tochter Viktoria hat den preußischen Thronfolger und späteren Kaiser Friedrich III. geheiratet. Sie sind die Eltern Kaiser Wilhelms II.

Konstellation mehr zu sagen gehabt hätten? Vielleicht. Doch die Gelegenheit dazu hat sich nicht mehr ergeben.

Nachkommen – Sophie und Emma

Inzwischen wächst eine neue Generation heran. Sophie, Eduards und Berthas älteste Tochter heiratet 1858 in Coburg Karl August Constantin Freiherr von Wangenheim. „Am 29. wohnte ich in der Schlosskirche der Trauung von Sophie Löwenfels mit dem jungen Wangenheim bei, welche Feier recht schön und ergreifend war......" schreibt Herzogin Alexandrine am 4. Oktober in ihr Tagebuch „Der junge Wangenheim" ist herzoglicher Geheimer Regierungs- und Landrat und sie leben abwechselnd im Landratsamt in Gotha oder auf ihrem nahegelegenen Besitz Brüheim.

Die zweite Tochter Emma verbringt einige Jahre, zusammen mit Fanny Barnard, der Tochter des englischen Gesandten in Coburg, im Mädchen-Pensionat Basset bei Vevey am Genfer See. Aus ihrem Tagebuch spricht jetzt ein ernstes, kontemplatives junges Mädchen. Und immer wieder tauchen romantische Landschaftsbilder auf, „......Der herrliche Sonnenaufgang! An der östlichen Seite des Himmels hatte Aurora schon ihre Pforten geöffnet, und übergoss mit ihrem rosenrothen Schein die hoch aufgethürmten Wolken, die den übrigen Theil des Firmaments bedeckten. In den schäumenden Wogen spiegelte sich die herrliche Morgenröthe. An der westlichen Seite des Himmels sah man noch die bleiche Mondscheibe, halb von dunklen Wolken bedeckt, und einen scharfen Kontrast mit der erleuchteten Gegenseite bildend. Die Berge waren von dichten Wolken bedeckt, außer denen, hinter welchen die strahlende Sonne emporstieg, und deren Zacken sich scharf auf dem goldenen Himmel abbildeten..." (9. Dezember 1854). Ob sie diese Szene wirklich gesehen oder nur in ihrem Geiste gemalt hat? Als sie ein paar Monate später von Basset aus mit ihrer Freundin Fanny Jean Samuel Dapples in Lausanne besucht, führt dieser die beiden Mädchen ins städtische Museum. Und Emma ist sehr beeindruckt von einem Landschaftgemälde. „.....Insbesonders zog mich an eine Landschaft von Calame[167] „Aussicht vom Brienzersee am Abend", die Berge verschwimmen ganz in dem Dunst, der über sie gebreitet ist, der klare, himmelblaue Wasserspiegel, der sich bis unter den im Vordergrund stehenden Bäume ausdehnt und von Seegras und Schilf eingefasst ist, ist mit bewunderungswürdiger Sorgfalt und Fleißigkeit gemalt; ich war ganz entzückt über das Gemälde, nichts kann mir mehr Freude machen als schöne Meisterwerke zu sehen....."(6. Juli 1855) Noch ist sie weit von den Maler-Ateliers des kaiserlichen Wiens entfernt, aber schon damals hat sie den Blick und die Begeisterung für Landschaftsmalerei. Genau dreissig Jahre später wird sie dann selbst als vollendete Künstlerin zur goldenen Hochzeit ihres Vaters das Gemälde „Abendstimmung am Attersee" malen.

Einige Monate später (12. Februar 1856), beim Anhören von Mendelsohns „Jägerabschied" vermerkt sie „...aus seiner Musik spricht immer : Liebe, Trauer und Ergebenheit...." Mit prophetischen Worten fasst sie damit, ohne es zu ahnen, die Grundzüge

---

[167] Alexandre Calame (1810-64), Schweizer Landschaftsmaler.

ihres späteren Schicksals zusammen. Nur ihre Unabhängigkeit wird sie sich, gleich ihrer Großmutter, unter Opfern schließlich erkämpfen.

Mit 18 Jahren kehrt sie nach Coburg zurück und stürzt sich ins gesellschaftliche Leben der kleinen Residenzstadt. Im Sommer 1862 bereist sie mit ihrem „Herzenspapa" drei Monate lang die Schweiz. Sie besuchen ihren Paten Moritz Schiferli auf der Schlosshalde. „Auch das liebe heimliche Elfenau besuchten wir und da ward es Papa ganz wehmüthig zu Muthe, als er alles so unverändert und schön wiedersah." (13. Juli 1862) Wie viel sie wusste, geht aus ihrem Tagebuch nicht hervor. Hin und wieder, während dieser Reise, wenn sie Muße hat, malt oder zeichnet sie in freier Natur.

Wenige Monate später, wieder in Coburg, vermerkt sie in ihr Tagebuch: „Leopolds Briefe sind mir ein Genuss, es offenbart sich in denselben sein reines, treues, frommes Gemüth, seine unendliche Liebe zu mir." Und am 21. Mai 1863 heiratet sie Leopold Freiherrn von Meyern-Hohenberg.[168] Leopold ist Offizier im kaiserlichen Heer, in Garnison in Theresienstadt. 1866 wird er erst nach Italien, nach dem Krieg als Major zum Regiment Benedeck nach Krakau und sechs Monate später nach Wien versetzt. Wenn wir zu ihnen zurückkehren, werden sie in Eger stationiert sein.

Ernst und Albert von Löwenfels

Ernst, der älteste Sohn Eduards von Löwenfels, ist ein charmanter Tunichtgut und ein Kapitel für sich – fast eine Figur aus einer Schnitzlernovelle. Er hat seinem Vater sicherlich die meisten Sorgen bereitet. Sein Erbgut, aber zweifellos auch die dominierende Persönlichkeit seines Vaters hat ihn innerlich zerbrochen. „Großpapa war sehr vermögend" schreibt Emmas Tochter Amélie später über ihn. „Er besaß noch ein großes Gut in Thüringen mit Schloss, woselbst sie in Mamas Jugend immer den Sommer zubrachten. Alle liebten Schloss Rohr sehr. Doch Großpapa musste es später verkaufen, um Onkel Ernsts enorme Schulden zu bezahlen. Er war wie sein Vater der typische Grand Seigneur, besonders im Aussehen und lebte als Husarenrittmeister in Dresden auf sehr großem Fuß – durch seine Schönheit verwöhnt. Dann heiratet er 1872 die einzige, bildhübsche Tochter des württembergischen Hofmarschalls Baron Thumb von Neuberg. Auch sie half, das luxuriöse Leben Onkel Ernsts zu finanzieren, bis es nicht mehr ging und Großpapa, der schon ein Vermögen geopfert hatte, sich weigerte noch mehr zu zahlen. Tante Gabriele (Gabschi genannt) ging zu ihren Eltern mit ihrem 4jährigen Buben Otto nach Schloss Unter-Boehingen bei Stuttgart, wo sie fortan lebte. Onkel Ernst quittierte den Dienst und bekam in Coburg eine kleine Hofanstellung, von der er schlecht und recht leben konnte. Großmama steckte ihm immer heimlich Geld zu, das wusste man schon, wenn er ihr in ihr Schlafzimmer folgte. Da es ihre eigene Apanage vom Herzog war, konnte Großpapa nichts sagen….Er verlor später auch seine Hofanstellung, weil er zu hochfahrend war und sich nicht fügen wollte. Er hatte dann immer alle möglichen Pläne, aber erreichte nichts. Und trotz alledem hatte ihn jeder gern. Seine alten Freunde steckten ihm Geld

---

[168] Die Namensvereinigung Meyern-Hohenberg beruht auf einem Familienfideikommiss aus dem Jahre 1817, der die Rittergüter Hohenberg und Krusemark in der Altmark umfasste.

zu, sodass er auch nach Großpapas Tod weiterleben konnte. Trotzdem er sich damals ganz in Hausherrenrechte einsetzte und von Großmama darin unterstützt wurde, kam er doch immer mehr herunter. Ein Beweis seiner Eitelkeit und Verschwendungssucht war zum Beispiel folgendes: im Jahre 94 heiratete ich und lud ihn zur Hochzeit nach Graz ein. Dafür ließ er sich (obwohl er schon vor 15 Jahren seinen Dienst quittiert hatte) eine ganz neue Husarenuniform mit allem drum und dran machen! Und bei meiner Hochzeit waren alle begeistert von ihm ...." Diese Uniformen, welche die Offiziere zu der Zeit auf eigenen Kosten anfertigen mussten, waren sehr teuer. „Zuletzt lebte er nur noch von Almosen – sogar die alte Anna, Großmamas Jungfer half ihm! Alles was er an Wertgegenständen aus dem Coburger Haus hatte, verklopfte er. Und leider nahm er es mit der Wahrheit nie genau. Seine Schwestern waren unglücklich darüber. Zum Schluss lebte er beim Totengräber in einem Mansardenzimmerchen und dort starb er 78 Jahre alt. Ihm mag wohl seine Herkunft und seine Schönheit der Verderb seines Charakters gewesen sein...und Großpapas eiserne Strenge." Auch hat ihm die Ungewissheit über seine Herkunft sehr zu schaffen gemacht. Im Krieg 1870/1 war Ernst Offizier in einem sächsischem Kavallerieregiment und ließ sich damals im Feld einen langen Bart wachsen. Er sprach ein brillantes Französisch. Zur Zeit des Waffenstillstandes ging dann das Gerücht um, ein Russischer Großfürst befinde sich in der Gegend. Und bei zwei verschiedenen Gelegenheiten war man überzeugt, dass er der Großfürst sei, war aber bereit sein *incognito* zu wahren! So groß soll die Ähnlichkeit mit Porträts von Zar Alexander gewesen sein. Sein Vater hat ihm nie seine Herkunft enthüllt oder enthüllen dürfen. So hat er sich schließlich einmal brieflich an Queen Victoria gewandt mit der Bitte um Aufklärung, aber so weit bekannt, nie eine Antwort bekommen.

Sein Sohn Otto, der einzige männliche Löwenfelsnachkomme, ist Jahrzehnte vor dem Vater, 14jährig, an Diphterie gestorben.

Albert, Eduards und Berthas jüngster Sohn, fiel 22jährig 1870 als Freiwilliger bei Sedan im deutsch-französischen Krieg. Er war „im Charakter das ganze Gegenteil von Onkel Ernst gewesen, auch so liebenswürdig, aber wohl intelligenter und wahr!" Sein früher Tod war ein schwerer Schlag sowohl für die Eltern wie auch für die Großmutter Fermepin.

Versöhnung

Schon als Sophie Fermepin des Marteaux ihren kleinen Besitz im Périgord verkauft hatte und endgültig nach Deutschland zog, „hatte Mama sie gebeten, nach Coburg zu kommen, aber das kalte Klima und wohl auch ‚Papas Tyrannie' schreckten sie ab. So ließ sie sich zuerst in Frankfurt am Main nieder, das sie gut kannte, und in dem sie sich manche Freunde gemacht hatte, gab es aber nach einem Jahr wieder auf und zog, weil näher an Coburg, nach Bamberg...

Wie hart und unfreundlich Papa auch oft gegen sie gewesen, so vollständig hat er es doch in ihren Augen wieder gut gemacht, als er sie im Jahre 70 nach der Schlacht von Sedan (in der ihr Enkel Albert fiel) aus eigenem Antrieb schriftlich bat, doch nach Coburg in Mamas Nähe zu ziehen und in unserer Nähe ihr Leben zu beschließen.

Das hat sie mir zu wiederholten Malen gesagt und es Papa von Herzen gedankt. Und die Art und Weise, wie sie ihr Vaterland und den Tod ihres Enkels beweinte, war rührend und echt christlich."

Die alte Dame muss sich auch damals noch etwas von jenem Charme bewahrt haben, der ein halbes Jahrhundert früher den jungen Herzog Ernst I. bezaubert hatte. „Ich habe Grandmaman gut gekannt - war viel bei ihr," schreibt Amélie weiter, „sie bewohnte im katholischen Pfarrhaus den ganzen 1. Stock. Ich ging gerne zu ihr - es war bei ihr alles so entzückend altmodisch und gemütlich. Ich spielte meist mit ihr Rabange oder Bésigue[169]. Und sie schenkte mir immer etwas - sehr oft drückte sie mir ein kleines Goldstück, 5 Mark, in die Hand und ich sollte mir gleich etwas kaufen gehen, bis Großpapa das abstellte. Sie hatte keine Ahnung mehr vom Wert des Geldes und schenkte immer alles her. Sie war so süß mit ihren dunkelblauen Augen, weißen Locken an den Schläfen unter einer weißen Blondenhaube. Zierlich und schlank von Gestalt, erinnere ich sie immer in einem schwarzen oder grauen Taffetkleid mit vielen Rüschen. Sie war ebenso wie die Großmama riesig appetitlich und roch so gut nach Lavendel. Sie war viel lebhafter als Großmama, sprach gut, aber gebrochen Deutsch - meist jedoch französisch, mit den Großeltern und Mama immer. Allsonntäglich kam sie immer zu Tisch zu den Großeltern." Im Jahr 1885 endet das lange Leben des Waisenmädchens aus dem Märchen von dem schönen Prinz -- nur wenige Wochen vor dem 50jährigen Hochzeitsjubiläum ihrer Tochter.

Goldene Hochzeit

„Im März dieses Jahres, am 30., war die goldene Hochzeit meiner Großeltern in Coburg." schreibt die damals zwölfjährige Amélie in ihren Lebenserinnerungen. „Großmama war damals 67, Großpapa 77 Jahre alt. Erstere die typische alte Dame mit grauen Scheiteln, einem lieben, guten Gesicht - eher etwas korpulent, nicht groß und von einer rührenden Güte. Ich hörte nie ein böses Wort von ihr - sie war allgemein sehr beliebt und verehrt. Letzteres war Großpapa wohl auch, aber man hatte heillosen Respekt vor ihm. Er war durch und durch eine Persönlichkeit, vornehm im Aussehen, Wesen und Denken. Für mich war er das Höchste, was es gab, ich hing unendlich an ihm - aber er war mir immer wie ein höheres Wesen. Ich war vielleicht eine seiner Lieblingsenkelinnen, war ja auch am öftesten und längsten im Großelternhaus. Mir ersetzte er den Vater. Er war kein zärtlicher Großvater, sondern sehr streng - an ihn wagte sich meine damalige noch große Schlimmheit und Frechheit nicht! Ich getraute mich ja nie, ihn anzusprechen - bei Tisch durfte ich ungefragt nicht reden - wenn er ins Zimmer trat, stand ich jedes Mal auf und setzte mich erst, wenn er saß. Jede kleinste Anerkennung und Lob von ihm war mir das Höchste....Für mich war das Großelternhaus innen und außen das Schönste, was es gab, vielleicht weil ich nach so viel verschiedenen Mietwohnungen in Wien (die Geschichte der Emma Meyern-Hohenbergs und ihrer Wiener Zeit wird später noch zur Sprache kommen) dort immer alles so wiederfand, alles so vornehmen Anstrich hatte. Blumen waren Großpapas Freude - das Haus war auf der einen Seite mit

---

[169] Alte, heute kaum noch gebräuchliche Kartenspiele.

wildem Wein, an der Vorderfront mit weißen Rosen und an der anderen Gartenfront, vor Großpapas Zimmer, mit Klematis bewachsen bis hoch hinauf. Im Garten hatte Großpapa die schönsten hochstämmigen Rosen gezogen. Der Garten ging hinter dem Haus hoch einen Berg hinauf in drei Terrassen – mit viel Obstbäumen und ganz oben der Gemüsegarten...."

Die Goldene Hochzeit war ein großes patriarchalisches Fest. „Wir waren alle nach Coburg gekommen, es fehlten bloß Gottfried (Amélies Bruder), der eingeschifft war, wohl Urlaub erhielt und von Marseille per Bahn (die damals erst seit zwei Jahre gab) nach Coburg kam, aber zwei Tage zu spät. Der Tag war nicht nur für uns alle von der Familie, sondern auch für die ganze Coburger Gesellschaft ein Fest. Wie wir alle untergebracht waren, erinnere ich mich nicht mehr. Wangenheims waren alle neun gekommen, Mama, Albert (ihr zweiter Bruder) und ich. Albert war Neustädter Akademiker, erhielt Extra-Urlaub, und reiste mit uns. Es war ein schöner sonniger Frühlingstag. Wir Jungen standen früh auf und versammelten uns in dem kleinen Vorraum zu Großpapas Zimmer und sangen einen Choral. Als wir fertig waren, öffnete sich die Türspalte und Großpapa steckte seine Hand heraus, die wir alle nach der Reihe küssten. Dann heiß es sich schnell fertig machen zum Frühstück, das im Saal eingenommen wurde. Wie alltäglich las Großpapa eine Andacht aus der Bibel und aus einem Andachtsbuch. Um 11 Uhr kam der 80jährige Geistliche Consistorialrat Müller, der alle Kinder der Großeltern getauft hatte. Im kleinen Salon war die Feier der Einsegnung, wobei wir wieder einen Choral sangen. Von 12 Uhr an war große Cour, halb Coburg kam gratulieren. Großmama saß im schönen schwarzen Atlaskleid im Salon auf dem Sofa, sie hatte ein weißes Häubchen auf und darauf einen goldenen Kranz, den Mama ihr selbst in Wien unter Anleitung einer Putzmacherin gemacht. Es regnete förmlich Blumen, wir wussten gar nicht wohin all die Blumenkörbe und Arrangements stellen -- und die vielen Geschenke! Wir Kinder tummelten uns im Garten. Der Telegraphenbote, der wiederholt kam, sowie alle, die Blumen brachten, mussten Kuchen und ein Glas Wein bekommen und es war unser Amt, dafür zu sorgen.

Zum Diner war außer der Familie niemand als Tante Meyern und der alte Hausarzt Dr. Rückert (Sohn des Dichters) geladen. Die große lange Tafel im Saal war wunderschön geschmückt, das war alles das Werk von den Cousinen Bertha, Frieda und Käthe (von Wangenheim). Nun kam mein großer Moment: ich hatte schon Monate vorher in Wien Mendelssohns „Hochzeitsmarsch aus dem Sommernachtstraum" (von Liszt gesetzt) gelernt. Er war riesig schwer, aber ich soll ihn sehr gut gespielt haben. Das Pianino das sonst in Salon stand, war im Oktogon. Während ich auswendig spielte, ging die Tischgesellschaft paarweise in den Saal um die Tafel herum, bis ich fertig war. Dann erst nahmen alle Platz und mich holte Albert von Wangenheim und störte mich bei den letzten Takten, dass ich fast nicht mehr weiter wusste. Er sagte so echt nach Bubenart: „Wann hörst du denn schon mal auf!" Außer Wagner (dem Diener) servierten noch zwei Hoflakaien, wovon der eine früher Diener bei den Großeltern gewesen war. Vom ganzen Diner ist mir nur ein Toast von Großpapa auf Großmama in Erinnerung, der so wunderschön war, dass alle gerührt waren und dem guten Großmamachen die Tränen nur so herunterliefen." Es war ein glühendes Bekenntnis zu Treue, Eheleben und Familie und eine rührende Ode auf seine „goldene Frau": „Golden das Herz, golden das Gemüth, golden die Treue! Dieses Goldes

Glanz hat während 50 Jahren immer gleich rein und ungetrübt unseren Ehebund erleuchtet! Ihr, meiner geliebten Frau, spreche ich dafür aus tiefstem Grunde der Seele und doch ungenügend meinen Dank aus." (vgl. Bild 13). Doch auch der „Abwesenden" gedenkt der Jubilar, er wird wohl dabei an seinen gefallenen Sohn Albrecht, an den frühverstorbenen Enkel Otto und wohl auch an seine Mutter, die Großfürstin, gedacht haben. Und vielleicht seiner Frau zu Liebe spielt er ganz deutlich auf die erst kurz vorher dahingeschiedene Schwiegermutter Fermepin an. „Sind auch nicht alle, denen wir heute so gerne ins liebende Auge sehen möchten, unter uns, und ist uns vor kurzem diejenige entrissen worden, die, als wir heute vor 50 Jahren uns vor dem Altar die Hände reichten, des Zeuge war und uns ihren Segen gab, so kann dies doch unseren Dank gegen die Vorsehung nicht mindern, und soll die Erinnerung an die Abgeschiedenen unsere Stimmung nicht trüben, da sie für uns nicht Verlorene, sondern Abwesende sind."[170]

„Das Anstoßen und Champagnertrinken machte uns Kindern viel Spaß." fährt Amélie fort, „Dann ist mir nur noch in Erinnerung, dass getanzt wurde und Großpapa mit Tante Gabschi (seiner Schwiegertochter) tanzte. Ich spielte Wiener Walzer und dann nochmals meinen Hochzeitmarsch, wobei alle um mich herumstanden. Es war eine einmalige Erinnerung und so schöne Tage!

Mama hatte (als Geschenk) das große Bild vom Attersee gemalt. Es hat Großpapa besonders gefreut. Er nannte Mama immer „Mieze" und oft, ‚meine Tochter, die Malerin'". Es handelt sich dabei um das schon erwähnte romantische Landschaftsbild, in Öl gemalt, das den Attersee mit einer Fischergruppe vor dem Hintergrund des Hochgebirges darstellt -- das Werk einer sehr begabten Künstlerin.

Rückkehr zu den Stätten der Kindheit

Der alte Herr von Löwenfels, in seinen späteren Jahren ohne wesentliche berufliche Verpflichtungen, sicherlich entspannter und vielleicht auch weicher geworden, kann sich endlich ausschließlich seinen Interessen und seiner Familie widmen. Er besucht Freunde und Bekannte, macht Reisen in Deutschland, nach Italien, in die Schweiz. "Großpapa hatte eine große Vorliebe für Italien und die Italiener, er ist ja viel gereist und oft dort gewesen. Nach dem Krieg 70 verlebte er längere Zeit mit Onkel Ernst, der damals junger Offizier und noch vernünftig war, in Rom und verkehrte nur in Diplomatenkreisen. Dort lernte Ernst auch seine zukünftige Frau Gabriele kennen."

Sechs Jahre vor seinem Tod zieht es ihn noch einmal in die Schweiz, um die Stätten seiner Kindheit und seinen alten Freund Moritz Schiferli wiederzusehen. „Es kam nun das Jahr 1886 – mir erinnerlich wegen unserer Schweizerreise. Im Sommer hatten wir (Emma und Amélie von Meyern-Hohenberg) Rendezvous mit Großpapa und Moritz Schiferli[171] in Innsbruck. Mit Großpapa reisen war immer herrlich, immer in den ersten Hotels absteigen, gut essen! So einfach es in Coburg zuging, so gern ließ es sich Großpapa auf Reisen gut schmecken und trank gern gute Weine dazu.

---

[170] Aus der handschriftlichen Hochzeitsrede im Familienbesitz.
[171] Rudolf Abraham Schiferlis Sohn und Enkel heißen beide Moritz. Hier ist der Enkel gemeint.

Wir sahen uns Innsbruck an, blieben ein paar Tage dort und fuhren dann nach Zürich. Dort bleiben wir bloß über Nacht. Am nächsten Tag fuhren wir nach Luzern, Moritz zu seinen Eltern nach Bern voraus, worüber ich sehr froh war, dann ich konnte ihn nicht leiden. Trotzdem er bloß zehn Jahre älter war als ich, behandelte er mich wie ein Baby. Das beleidigte mein 14jähriges Selbstbewusstsein. In Luzern blieben wir ein paar Tage. Wir hatten herrliches Wetter die ganze Zeit. Einen Tag fuhren wir mit dem Dampfer nach Vitznau, vorüber an der berühmten Tellsplatte. In Vitznau ging die Bahn auf den Rigi. Bis zur halben Höhe hatten wir noch das herrliche Wetter, dann kamen wir in Nebel und hatten leider von oben (Rigi Kulm) gar keine Aussicht. Nur manchmal zerriss der Nebel und man sah auf Sekunden ein oder das andere Gebirge. Bei der *table d'hôte* wurde zu Mittag gegessen. Es waren sehr viel Fremde oben, darunter auch zwei Amerikaner, über die Großpapa sich schon auf dem Dampfer so geärgert hatte. Es standen auf Deck unter dem Sonnendach verschiedene Tische mit Korbsesseln rund herum. Wir saßen um einen Tisch, als diese zwei Herren (?) kamen, sich dazusetzten und ihre Füße auf den Tisch legten! Großpapa stand sofort auf und wir setzten uns wo anders hin. Da sah ich zum ersten Mal Amerikaner und amerikanische Manieren!

Man musste mit offenen Augen und Ohren reisen. Das merkte ich später als Großpapa dann in Coburg von mir verlangte, die ganze Reise niederzuschreiben. Tags darauf fuhren wir nach Bern. Großpapa wollte seinen gleichaltrigen Jugendfreund Moritz Schiferli überraschen – so stiegen wir eine Station früher, in Gummlingen, aus und gingen zu Fuß durch Felder nach der Schlosshalde, dem Schiferlischen Landgut. Wir kamen von der rückwärtigen Seite, gingen ganz leise vor zum Perystil – Großpapa voraus. An der Ecke blieb er stehen und reif leise: „Mannli!" Darauf ein Jubelruf und die beiden alten Herren lagen sich in den Armen. Vater Schiferli war einfach entzückend, ein kleines Männchen mit solch urliebem Gesicht und einem Bart von den Schläfen rund ums Gesicht, wie der „Ohm Krüger". Er war Arzt und soll alle Leute in der ganzen Gegend immer umsonst behandelt haben. Er war ganz anders als Großpapa, und doch waren sie acht Jahrzehnte die besten Freunde.......Diese 14 Tage in der Schlosshalde waren wunderschön. Damals war es noch ganz Land, es gab bloß die Brücke beim Bärengraben, die Kirschenfeldbrücke existierte noch nicht. Das Kirschenfeld war Kornfelder und Wiesen bis zur Oase. Die Schlosshalde lag ganz allein, nur weiter oben noch der Besitz der Grafen Pourtalès, Emmy Wattenwyls Mutter. Dort waren wir einmal zum Essen eingeladen. Die Gräfin war eine Jugendfreundin von Mama, sie waren zusammen in Vevey in Pension gewesen.....Natürlich waren wir in der Elfenau, die damals Jean von Wattenwyl gehörte. Ich hatte ja damals noch keine Ahnung welch Bewandtnis es damit hatte. Mama sagte mir nur, dass Großpapa bei den alten Schiferli dort aufgewachsen sei. Ich machte mir gar keine weiteren Gedanken. Nur etwas fiel mir auf, als wir in die Elfenau kamen. Wir fuhren mit Wagen hin. Es erwartete uns das Ehepaar am Eingang und begrüßte Großpapa so überhöflich und nannten ihn „Monseigneur" und nicht „Monsieur", und auch „Sire" – das verblüffte mich. Dann erinnere ich mich, dass sie ihn in die unteren Zimmer führten und sagten, es sei alles so geblieben, wie es war. Ich sagte abends beim Schlafengehen Mama, dass ich das nicht verstehe, und sie meinte, ich müsste wohl falsch gehört haben.

Ich wurde dann noch einmal für den ganzen Tag eingeladen. Und erinnere ich mich bloß an ein großes getäfeltes Esszimmer mit vielen Fenstern und der Aussicht auf die Berge und die Aare. Auf dem "Inseli" waren wir auch , um die Werkstätten dort anzusehen, die der alte Schiferli für seine Gotthelfstiftungen ins Leben gerufen hatte. Er war ja ein großer Philanthrop und lebte nur für die Wohltätigkeit. Von ihm hat Moritz das übernommen.

Jeden Abend versammelte sich alles, auch die ganze Dienerschaft, im späteren Esszimmer. Da saß der alte Herr in der Ecke vor einem Tisch, auf dem eine Lampe stand, und hielt eine Abendandacht. Wir saßen alle mehr im Dunkeln. Die schlichte Art der alten Herren in der Bibel zu lesen und dann zu beten war so ganz besonders, dass mir die Tränen kamen und ich froh war, dass wir im Dunklen saßen und es niemand sehen konnte.

Von Bern fuhren wir am Heimweg nach Schaffhausen und übernachteten dort in einem Hotel am Wasserfall. Das Rauschen war so stark, dass ich nicht einschlief. Tags darauf gingen wir zum Rheinfall -- man konnte auch unter den Fall hineingehen, bekam einen Gummimantel umgehängt, weil das Wasser so spritzte. Es ist komisch da unter dem Wasserschwall zu stehen, der über den Weg hinweg niederstürzt. Nach nochmaligem Übernachten in Heilbronn kamen wir nach Coburg und blieben wohl dort bis Schulbeginn."

Der Herzog und sein Hoftheater

Anders als beim alten Löwenfels war das spätere Leben Herzog Ernsts II. nach seinen erfolgversprechenden Anfängen eher eine Enttäuschung geworden, für ihn und für alle, die an ihn geglaubt hatten. Auf Grund der zunehmenden Erkenntnis seiner Machtlosigkeit überfiel ihn eine gewisse Resignation. Was hatte er erreicht? Seine Ehe war kinderlos geblieben und seine zahlreichen Liebschaften, „nicht zuletzt mit den Schauspielerinnen seines Hoftheaters", verbesserten nicht seinen Ruf. Seine hochfliegenden politischen Pläne waren alle gescheitert und sogar im eigenen Lande waren ihm nun die Flügel gestutzt. Unter der neuen Bismarck'schen Verfassung blieb Sachsen-Coburg-Gotha zwar bestehen, behielt aber nur eine „Reihe sekundärer Befugnisse in den Bereichen Verwaltung, Finanzwesen, Verkehr, Schule, Kirche, Wissenschaft und Kunst...So war es gerechtfertigt, wenn die Dynastien weiter ihrer Ämter walteten. Kulturpolitik und Kunstpflege wurde zu ihrer eigentlichen Domäne" (Thomas Nicklas). Und darauf konzentrierte sich denn auch weitgehend der alte Herzog.

„Ernst II. schuf im Laufe der Zeit um Coburg ein regelrechtes Zentrum der Kunst. In Siebleben wohnte sein Freund Gustav Freytag, in der Nähe Coburgs Friedrich Rückert, in Coburg selbst bestand die Theatermalerwerkstatt Brückner, die auch für Meiningen und Bayreuth arbeitete und durch hervorragende Dekorationen auf sich aufmerksam machte, Friedrich Gerstäcker lebte längere Zeit in Gotha ...Mehrere seiner Intendanten waren schriftstellerisch tätig, wie zum Beispiel Dr. Eduard Tempeltey, (Gustav von) Meyern-Hohenberg...Er lud bekannte Künstler und Theaterleiter nach Gotha ein...Als Schauspieldirektor holte er sich Emil Dewrient aus Dresden."[172]

„Das Koburger Hoftheater war ein strebsames kleines Institut. Sein Programm umfasste klassische Tragödien und Lustspiele, Opern und Operetten. Das Publikum des Städtchens war anspruchsvoll und wollte alles sehen. Zu unserem Glück verbot hier kein Vorurteil Kindern den Besuch des Theaters. Man war der berechtigten Ansicht, dass es erzieherisch wirke." schreibt eine der Coburger Prinzessinnen, die spätere Königin vom Rumänien.

„Onkel Ernst war ein großer Liebhaber des Theaters. Oft sah man seine phänomenale Gestalt in der kleinen Fürstenloge dicht vor der Bühne. Er saß auf einem eigens für sein bedeutendes Gewicht konstruierten Sessel. Wir schauten von unseren Sitzen zu ihm hinüber mit Blicken, wie sie beim Besuch einer Menagerie dem prächtigsten Tierexemplar gelten....Wohl hörten wir tuscheln, dass er sich für diese oder jene Dame vom Theater interessiere, aber solches Geflüster ging uns zu dem einen Ohr herein und zu dem anderen wieder hinaus. Es sagte uns nichts Besonderes. Hatten ja auch wir unsere Lieblinge, Schauspieler und Schauspielerinnen – warum sollte der gewaltige Herzog nicht auch seine Bevorzugten haben?" Die Großnichte Herzog Ernsts II. und Tochter seines Nachfolgers, die das so sah, war in der Tradition des sehr puritanischen englischen Hof erzogen worden. Sie malt uns, etwas selbstgerecht und verständnislos, ein besonders schonungsloses Schauerportrait des alten Potentaten, als hätte sie das „Bildnis des Dorian Gray" erblickt.

„Da ich daran gehe, ihn zu schildern, habe ich fast die Empfindung, in den blinkenden Schacht der Märchenerzähler unterzutauchen, die ihre fabelhaften Ungeheuer mit ungehemmter Phantasie zeichnen müssen. Man stelle sich einen älteren Herrn vor, überlebensgroß und schwerfällig. Er ist in einen altmodischen, zum Platzen engen Gehrock mit tadellosen Schößen eingezwängt. In seinem blassen durch Leberflecke entstellten Gesicht blinzeln zwei blutunterlaufene, von unheimlicher Intelligenz belebte Augen. Er hat fast die Kinnbacken einer Bulldogge, während unter der Nase ein spärlicher, gewichster Schnurrbart zu den Mundwinkeln hinunterjagt, um sich an seinen Enden wieder in die Höhe zu zwirbeln (vgl. Bild 12).

Wie man sieht, ein erschreckender alter Herr. Er war überaus zeremoniös, seine Freundlichkeit beabsichtigt und betont, seine Heiterkeit rauh. Er pflegte bei uns mit einem Zylinder in der Hand zu erscheinen, in dessen Krempe zitronenfarbige Handschuhe gepresst waren; im Knopfloch steckte die unvermeidliche Rosenknospe. Da wir bei seinen Besuchen immer anwesend sein mussten, die Honneurs zu machen, waren wir angewiesen worden, dem seltenen Gast den stärksten Sessel anzubieten, da jede andere Sitzgelegenheit unter der großen Last des Märchenonkels zweifellos Schaden gelitten hätte. Dies war seine Art: er setzte sich, spreizte die Knie weit auseinander, schnaufte, ließ die Blicke umherschweifen und nahm unsere schüchterne Höflichkeit mit lauten, geistesabwesenden Äußerungen der Zustim-

---

[172]Harald Bachmann (Hgr.), „Herzog Ernst von Sachsen-Coburg und Gotha", Edith Lehmann, „Herzog Ernst II. und das Theater," Jubiläumsband im Auftrag der Städte Coburg und Gotha, 1993. Seite 190.

mung entgegen, wobei er uns zu unserem Schrecken unter das Kinn fasste und sonor auszurufen pflegte: ‚Ach, die herrlichen, die lieben, die süßen Kinder!'

Herzog Ernst war ein Bruder des Prinzgemahls von England. Nach einer in der Familie getroffenen Vereinbarung sollte mein Vater sein freundliches Ländchen erben.... Der herzoglich Hof von Koburg erfreute sich zu jener Zeit keines rühmlichen Ansehens. Die Lebensweise des regierenden Fürsten, Herzog Ernst von Sachsen-Koburg und Gotha, zog Abenteurer, Komödianten und andere zweifelhafte Existenzen an, deren Charakter und Betragen besser ungeprüft bleibe." [173]

Das mag aus der puritanischen Sicht des englischen Königshofes vielleicht so gewirkt haben. Doch muss man Herzog Ernst zu Gute halten, dass er sowohl künstlerisch als auch literarisch und vor allem musikalisch überaus interessiert *und* begabt war. Er hat neben vielen Liedern und Chorwerken fünf Opern geschrieben, die nicht nur in Coburg und Gotha, sondern auf einer ganzen Anzahl von deutschen Bühnen zur Aufführung gelangt sind. Ja, während der Pariser Weltausstellung 1855 wurde seine wohl bekannteste Oper „Santa Chiara" unter Meyerbeers Leitung zur Aufführung gebracht und 60 Mal wiederholt. Sein Interesse für Oper und Theater beschränkte sich also keineswegs nur auf die reizvollen Schauspielerinnen und Sängerinnen. Es war eine seiner wirklichen, wenn auch hier wieder dilettantischen Leidenschaften. Und er war bereit, den Preis für ein hohes Niveau der herzoglichen Theater zu bezahlen, in denen, von vielen zeitgenössischen Star-Künstlern und Künstlerinnen abgesehen, auch heute noch bekannte Komponisten wie Franz Liszt, Hector Berlioz und Giacomo Meyerbeer als Dirigenten oder Solisten auftraten.

Auch ist es wenig bekannt, dass der Wiener Walzerkönig Johann Strauß 1886 die Staatsbürgerschaft des Herzogtum Sachsen-Coburg und Gotha annahm, allerdings nicht um sich dort niederzulassen, sondern nur, weil es ihm die lokalen Gesetze erlaubten, sich von seiner zweiten Frau scheiden zu lassen, was ihm in Österreich nicht möglich gewesen wäre. In Coburg heiratete er dann auch seine dritte Frau Adele Deutsch und hat es den Coburger Herrschern mit einer Reihe von Walzern und Polkas gedankt.

In seiner Theaterleidenschaft wollte der Herzog nicht nur Mäzen und Komponist sein – auch als Schauspieler wollte er sich profilieren. Gustav Freytag hatte mutig versucht, ihm diesen Dilettantismus ausreden, weil „von wirklicher Kunst ja auch bei Ew. Hoheit Spiel nicht die Rede" sein kann. Doch er erwiderte: „ich brauche die Kunst als Nahrung für mein eigenes Herz. In ihr liegt für mich die Poesie des Lebens, sie ist meine Religion, ich kann ohne sie nicht leben, sie erhält mich jung, sie belebt die Phantasie." So kam es zu jenen denkwürdigen Liebhaberaufführungen in den Theatern von Coburg und Gotha, und unter anderen zu einer Darbietung von Lessings „Minna von Barnhelm." „Diesmal kam der berühmte Emil Devrient aus Dresden, um Regie zu führen. Er übernahm selbst die Rolle des Wachtmeisters Werner. Ernst II. spielte den Tellheim....Der Enthusiasmus des Herzogs übertrug sich auf die anderen Darsteller." Und diese waren alle Mitglieder der Coburger Hofgesellschaft. Wir finden auf dem Programmzettel der Aufführung in Gotha am 20. März 1869 den ehemaligen Theaterintendanten „Herr Max von Wangenheim" als

---

[173] Maria von Rumänien, op. cit, Seiten 108-110 und 128-129

Just, „Miss Emily Barnard" in der Titelrolle -- wahrscheinlich eine der vielen Töchter des englischen Gesandten, mit denen Emma von Löwenfels befreundet und seinerzeit der Königin Victoria vorgestellt worden war, -- und schließlich auch......„Herr von Löwenfels" als den Falschspieler Riccaut de la Marlinière:

„Comment, Mademoiselle? Vous appellez cela betrügen? Corriger la fortune, l'enchaîner sous ses doigt, être sûr de son fait, (Wie, gnädiges Fräulein? Sie nennen so etwas betrügen ? Das Glück verbessern, es an seine Finger fesseln, seiner Sache sicher sein,) das nenn die Deutsch betrügen ? betrügen ! O, was ist die deutsch Sprack für ein arm Sprack ! für ein plump Sprack!"[174]

Es ist nur eine kleine, aber besonders pikante Rolle -- Eduard von Löwenfels wird sich amüsiert haben!

Jedenfalls, klingt es nun viel verständlicher als in Prinzessin Maries Erinnerungen, wenn wir lesen: „Ernst II. war dafür bekannt, dass er Künstler wie persönliche Gäste seines Hauses behandelte. So wohnte Charlotte Wolter als ein Gast im kleinen Palais in Gotha, Carl Sonntag[175] wurden bei seinem 3. Gastauftritt eine Equipage und ein Diener zur Verfügung gestellt. Oft gab er für berühmte Künstler nach dem Gastauftritt ein Souper."[176] Doch die zukünftige Königin von Rumänien verstand das offensichtlich nicht, und wenn man ihre Jungenderinnerungen liest, gewinnt man den Eindruck, dass sie auch sonst nur wenig Sympathie für ihren Großonkel aufbrachte.

Die Meyern-Hohenbergs in Coburg

Eduard von Löwenfels' Tochter Emma hatte 1863 Leopold von Meyern-Hohenberg geheiratet. Die Freiherrn von Meyern-Hohenberg entstammen einem alten „Hammerherrengeschlecht", das seit dem 16. Jahrhundert im Bergwesen des Vogtlands tätig war. Ihrer technischen Erfahrungen und Kenntnisse wegen wurden sie schon damals von Kaiser Rudolfs II. beauftragt in Oberungarn Bergwerke einzurichten, kehren dann aber wieder in ihre Heimat zurück.

Nachkommen dieser Hammerherrn treten im 19. Jahrhundert auch in Coburg auf. Ferdinand von Meyern-Hohenberg wird Coburgischer Hofmarschall und Mitbegründer des Hoftheaters. Sein Neffe Gustav von Meyern-Hohenberg hat schriftstellerische Neigungen, tritt in den herzoglichen Verwaltungsdienst ein, steigt im Laufe der Jahre zum „herzoglichern Cabinettchef" und gelegentlichen Sonderbotschafter auf und wird 1860 Nachfolger Maximilians von Wangenheim als Intendant und Bühnenschriftsteller jenes Hoftheaters, das sein Onkel 32 Jahre früher mitgegründet hatte. Es erlebt unter seiner Leitung eine neue Blüte. Sein Sohn Busso soll ihm später auf diesem Posten folgen. Emmas Mann Leopold, Gustavs jüngster Bruder, hingegen, war Offizier in der kaiserlich-österreichischen Armee. (Vgl. auch Stammtafel VI.)

---

[174] G. E Lessing, Minna von Barnhelm, 4. Aufzug, 2. Auftritt.
[175] Charlotte Wolter (1834-1897) und Carl Sonntag (1828-1900) waren zu ihrer Zeit zwei der bekanntesten deutschen Schauspieler.
[176] Harald Bachmann, op. cit., Seite 185 ff.

Eduard von Löwenfels pflegte, laut Aussage seiner Enkelin Amélie, keinen Verkehr mit den Meyern-Hohenbergs, obwohl sie zur selben Zeit in Coburg lebten. Auch Amélie selbst erzählt nur wenig über ihre Großmutter väterlicherseits. Sie hätte ein „hübsches Haus, man könnte sagen im Schweizer Stil oben am Festungsberg" gehabt. „Großmama Meyern war eine schöne alte Frau. Sie sagte immer, sie sei anno Nix (1800) geboren, hielt sich mit 86 Jahren kerzengrade und war sehr heiterer, lebhafter Natur. Sie war lustig und gesund und lebte mit zwei Töchtern...Großmama Meyern hat mit 15 Jahren meinen Großvater geheiratet, der über fünfzig Jahre war. Sie ist in Hameln geboren, war ein Fräulein von Brandis und hatte noch fünf Geschwister.... Wir haben nie bei ihr gewohnt und ich erinnere mich nicht, dass sie und die Großeltern Löwenfels sich jemals besuchten." Entschuldigend fügt sie hinzu: „Sie wohnten auch sehr weit von einander." Wenn die Großeltern keine gesellschaftliche Beziehungen pflegten, so war das anders in der folgenden Generation, haben doch die Tochter, Emma von Löwenfels, und später die Enkelin, Käthe von Wangenheim, die eine den Bruder Leopold, die andere den Sohn Busso des Theaterintendanten Gustav von Meyern-Hohenberg geheiratet.

Tod und Beerdigung mit königlichen Ehren

Am 3. April 1892 stirbt Eduard von Löwenfels. „Wir fuhren am selben Tag nach Coburg. In Linz stieg nachts Albert zu uns. Traurige Zeit in Coburg. Begräbnis auf Queen Victorias Wunsch mit königlichen Ehren." Die englische Königin, inzwischen auch Kaiserin von Indien, war durch ihre Heiratspolitik zur „Großmutter Europas" geworden. Eduard von Löwenfels war dreimal in England bei Hof gewesen: zuerst im Februar 1840 anlässlich ihrer Hochzeit, dann im Dezember 1859 in Osborne House und schließlich im März 1861 zur Beerdigung der Herzogin von Kent, der Mutter Queen Victorias. Sicherlich wird sie sich auch besinnen, dass er ihren ersten Aufenthalt in Coburg, während dessen sie und Albert so besonders glücklich gewesen, festlich inszeniert, und auch beim Besuche im Jahre 1865 alle Vorbereitungen getroffen hatte. Am englischen Hof war der Ruf Ernsts II. nicht mehr besonders gut, so wird sie auch gewusst haben, dass Eduard von Löwenfels' Amt nicht immer leicht gewesen, er es jedoch mit Würde und Loyalität dem Fürstenhaus gegenüber gemeistert hatte. Jetzt möchte sie, dass ihm die gebührenden Ehren erwiesen werden. „Hans von Wangenheim und Albert (von Meyern-Hohenberg) standen bei der Einsegnung am Friedhof vor dem Sarg mit je einem Kissen mit allen Orden und Großkreuzen. Hoflakaien trugen den Sarg zur Gruft. Großmama war zu Hause geblieben. Großpapas Tod war der erste große Kummer meines Lebens."

„Wangenheims blieben noch einige Zeit in Coburg. Seit der goldenen Hochzeit waren wir nicht mehr alle zusammengekommen! Prinzessin Sandra holte mich einmal zur Fahrt über den Pausenberg nach der Rosenau ab. Wir beide allein -- es war herrlich durch den grünenden Buchenwald zu fahren". So beginnt dieser Aufenthalt mit der Beerdigung und endet mit der Freundschaft der nächsten Generation der Coburger Prinzessinnen mit der nächsten Generation der Löwenfels Nachkommen. Es wird später noch von ihnen die Rede sein.

Vier Jahre nach dem Tode ihres Mannes stirbt auch Bertha von Schauenstein.

Es existiert ein Bleistiftporträt von Eduard von Löwenfels, das sechs Monate vor seinem Tod durch seine „Tochter, die Malerin" in Coburg entstanden ist. Man sieht darauf kein ruhiges, abgeklärtes Antlitz. Es ist das Bild eines immer noch sehr stattlichen Mannes mit schmalem, fast hagerem, durch einige tiefen Furchen gezeichnetem Gesicht, mit strengem, fast vorwurfsvollem Ausdruck und sehr intensivem Blick. Doch sind Zeichnungen ja nur Momentaufnahmen. Man kann sich daher bei diesem außergewöhnlich interessanten Porträt fragen, wie weit diese ernste Strenge nicht Pose, ja Posse ist. Ob nicht im nächsten Moment ein schalkhaftes Lächeln das strenge Gesicht erhellt. Jenes charmante, schalkhafte Lächeln seiner Mutter, mit dem sie, die damals erst vierzehnjährige, ein Jahrhundert zuvor den Zarenhof in St. Petersburg erobert und den Aufstieg des Hauses Coburg ermöglichte hatte. Die Annahme ist nicht abwegig, hat er doch selbst im pluralis majestatis unter das fertige Porträt geschrieben:

„Vu et approuvé par nous E.v.L.

So sieht die Katz uns wenn es dauert und ich warne…. Cobg. 26. Spt. 91"

Offensichtlich ein „private joke" zwischen ihm und seiner Tochter. Worauf er anspielt, wissen wir nicht mehr, wahrscheinlich hatte er es satt für das Portrait zu sitzen (vgl. Bild 14).

Ein Jahr nach seinem Obersthofmarschall und Minister starb auch Herzog Ernst II. und eine neue Ära fing in Coburg an. Da der Verstorbene keine Nachkommen hatte, war vom „Familien-Verein", wie schon erwähnt, beschlossen worden, dass Queen Victorias und des Prinzen Alberts zweiter Sohn, Prinz Alfred von Sachsen-Coburg und Gotha und Herzog von Edinburg, die Nachfolge im kleinen Herzogtum antreten solle. Diese Entscheidung, die einen „englischen" Prinzen auf einen deutschen Fürstenthron brachte, schuf im inzwischen geeinten und überaus nationalistischen Deutschland mindestens ebenso viel Erregung in Presse und Öffentlichkeit wie ein halbes Jahrhundert zuvor in der englischen die Vermählung der Queen Victoria mit einem deutschen Prinzen.

Die Österreich-Ungarische Monarchie – Emma und Amélie von Meyern-Hohenberg, August Frhr. Jordis von Lohausen

Mit Ausnahme der italienischen Bevölkerung um Triest und Trient schieden nach dem Krieg von 1866 Millionen Italiener aus dem Vielvölkerreich Österreich aus. [177] Die Freiheitskämpfe erst in Ungarn und dann in Oberitalien und ihre Unterdrückung durch die österreichische Armee hatte Neugier erweckt, vielfach auch Empörung im übrigen Europas ausgelöst. Viele kamen zum Schluss, dass es sich da in Wien um ein reaktionäres, unmenschliches, tyrannisches Regime handle. Doch wie jeder Staat verteidigte Österreich nur die Integrität seines Staatsgebietes gegen jene, die man als Rebellen und Verräter betrachtete. Viel grundlegender aber war, dass dieser Vielvölkerstaat Österreich die absolute Antithese des seit Napoleon fast überall vorherrschenden Nationalismus darstellte, etwas gänzlich Archaisches in einer höchst „fortschrittlichen" Zeit. Das Habsburgerreich war, noch in der Tradition des Heiligen Römischen Reiches, ein übernationaler Staat. Eine Herrschaft über den Nationen. Sicherlich war die Ausübung dieser Herrschaft nicht immer vollkommen, aber sie war aus heutiger Sicht, wo wir nicht mehr in Nationen, sondern in Kontinenten zu denken versuchen, wesentlich fortschrittlicher und großzügiger und offener als die allzu oft fanatischen, kleinlichen und einschränkenden nationalen Bestrebungen.

Doch wie war nun diese Donau-Monarchie wirklich? War sie die „gute alte Zeit" oder eine autokratische Tyrannei? Ich lasse Robert Musil darauf eine dichterische Antwort geben: „Dort, in Kakanien, diesem seither untergegangenen, unverstandenen Staat, der in so vielem ohne Anerkennung vorbildlich gewesen ist, gab es auch Tempo, aber nicht zu viel Tempo. So oft man in der Fremde an dieses Land dachte, schwebte vor den Augen die Erinnerung an die weißen, breiten, wohlhabenden Straßen aus der Zeit der Fußmärsche und Extraposten, die es nach allen Richtungen wie Flüsse der Ordnung, wie Bänder aus hellem Soldatenzwillich durchzogen und die Länder mit dem papierweißen Arm der Verwaltung umschlangen. Und was für Länder! Gletscher und Meer, Karst und böhmische Kornfelder gab es dort, Nächte an der Adria, zirpend von Grillenunruhe, und slowakische Dörfer, wo der Rauch aus den Kaminen wie aus aufgestülpten Nasenlöchern stieg und das Dorf zwischen zwei kleinen Hügeln kauerte, als hätte die Erde ein wenig die Lippen geöffnet, um ihr Kind dazwischen zu wärmen. Natürlich rollten auf diesen Straßen auch Automobile; aber nicht zuviel Automobile! Man bereitete die Eroberung der Luft vor, auch hier; aber nicht zu intensiv. Man ließ hie und da ein Schiff nach Südamerika oder Ostasien fahren, aber nicht zu oft. Man hatte keinen Weltwirtschafts- oder Weltmachtehrgeiz; man saß im Mittelpunkt Europas, wo die alten Weltachsen sich schneiden; die Worte Kolonie und Übersee hörte man an wie etwas noch gänzlich Unerprobtes und Fernes. Man entfaltete Luxus; aber beileibe nicht so überfeinert wie die Franzosen. Man trieb Sport; aber nicht so närrisch wie die Angelsachsen. Man gab Unsummen für das Heer aus; aber doch nur gerade so viel, dass man sicher die zweitschwächste der Großmächte blieb. Auch die Hauptstadt war um einiges kleiner als alle anderen

---

[177] Zur selben Zeit verlor, in Zuge der Neuordnung Deutschlands, auch die alte Reichsstadt Frankfurt am Main ihre Reichsunmittelbarkeit und fiel an das Königreich Preussen.

größten Städte der Welt, aber doch um ein Erkleckliches größer, als es bloß Großstädte sind. Und verwaltet wurde dieses Land in einer aufgeklärten, wenig fühlbaren, alle Spitzen vorsichtig beschneidenden Weise von der besten Bürokratie Europas, der man nur einen Fehler nachsagen konnte: sie empfand Genie und geniale Unternehmungssucht an Privatpersonen, die nicht durch hohe Geburt oder einen Staatsauftrag dazu privilegiert waren, als vorlautes Benehmen und Anmaßung. Aber wer ließe sich gerne von Unbefugten dreinreden! Und in Kakanien wurde überdies immer nur ein Genie für einen Lümmel gehalten, aber niemals, wie es anderswo vorkam, schon der Lümmel für ein Genie."[178]

Noch eine weitere Folge hatte die Niederlage von 1866: Sie zwang den Kaiser zu Verhandlungen mit den mehr denn je nach Unabhängigkeit strebenden Ungarn. Und nach diesen langwierigen Verhandlungen kam jener „Ausgleich" zustande, der das Reich in zwei mehr oder weniger autonome Hälften teilte – die kaiserlich-königliche österreichische, „Zisleithanien",[179] und die königliche ungarische, "Transleithanien"[180]. Jede Hälfte hatte seine eigene Regierung und sein eigenes Parlament. Gemeinsam und damit kaiserlich und königlich waren nur die Armee, die auswärtigen Angelegenheiten und die Finanzen. Und gemeinsam für beide Reichsteile war der Herrscher als Kaiser von Österreich und König von Ungarn.[181] Dieses erstaunliche, höchst komplizierte Vielvölkerreich -- Musils „Kaka"nien -- ging als die Österreich-Ungarische Monarchie in die Geschichte ein. „Wenn es sie nicht gegeben hätte, müsste man sie erfinden!" sagen heute die Franzosen Voltaire paraphrasierend[182], voll geheimer Bewunderung, weil ihnen dieses merkwürdige mythische Staatsgebilde so faszinierend unvorstellbar vorkommt. „Überhaupt, wie vieles Merkwürdige ließe sich über dieses versunkene Kakanien sagen! Es war zum Beispiel kaiserlich-königlich und war kaiserlich und königlich; eines der beiden Zeichen k.k. oder k.u.k. trug dort jede Sache und Person, aber es bedurfte trotzdem einer Geheimwissenschaft, um immer sicher unterscheiden zu können, welche Einrichtungen und Menschen k.k. und welche k.u.k. zu rufen waren. Es nannte sich schriftlich Österreich-Ungarische Monarchie und ließ sich mündlich Österreich rufen: mit einem Namen also, den es mit feierlichem Staatsschwur abgelegt hatte, aber in allen Gefühlsangelegenheiten beibehielt, zum Zeichen, dass Gefühle ebenso wichtig sind wie Staatsrecht und Vorschriften nicht den wirklichen Lebensernst bedeuten. Es war nach seiner Verfassung liberal, aber es wurde klerikal regiert. Es wurde klerikal regiert, aber man lebte freisinnig. Vor dem Gesetz waren alle Bürger gleich, aber nicht alle waren eben Bürger. Man hatte ein Parlament, welches so gewaltigen Gebrauch von seiner Freiheit machte, dass man es gewöhnlich geschlossen hielt; aber man hatte auch einen Notstandsparagraphen, mit dessen Hilfe man ohne das Parla-

---

[178] Robert Musil, „Der Mann ohne Eigenschaften", Rowohlt Sonderausgabe 1970 , Seite 32-33
[179] Das waren die « im Reichsrat vertretenen Königreiche und Länder" -- Ober- und Niederösterreich, Steiermark, Kärnten, Salzburg, Tirol, Vorarlberg, Krain, das Küstenland Istrien, Dalmation, Böhmen, Mähren, (Süd-)Schlesien, und Galizien.
[180] Das waren « die Länder der ungarischen Krone » -- Ungarn (einschließlich Siebenbürgen), Kroatien und Slawonien.
[181] 1908 wurden dann die seit 1878 besetzten türkischen Provinzen Bosnien und Herzegowina offiziell annektiert und einer gemeinsamen österreich-ungarischen Verwaltung unterstellt.
[182] Voltaire : « Si le bon Dieu n'existait pas, il faudrait l'inventer ! »

ment auskam, und jedes Mal, wenn alles sich schon über den Absolutismus freute, ordnete die Krone an, dass nun doch wieder parlamentarisch regiert werden müsse. Solcher Geschehnisse gab es so viele in diesem Staat, und zu ihnen gehörten auch jene nationalen Kämpfe, die mit Recht die Neugierde Europas auf sich zogen und heute ganz falsch dargestellt werden. Sie waren so heftig, dass ihretwegen die Staatsmaschine mehrmals im Jahr stockte und stillstand, aber in den Zwischenzeiten und Staatspausen kam man ausgezeichnet miteinander aus und tat, als ob nichts gewesen wäre. Und es war auch nichts Wirkliches gewesen. Es hatte sich bloß die Abneigung jedes Menschen gegen die Bestrebungen jedes andern Menschen, in der wir heute einig sind, in diesem Staat schon früh, und man kann sagen, zu einem sublimierten Zeremoniell ausgebildet, das noch große Folgen hätte haben können, wenn seine Entwicklung nicht durch eine Katastrophe vor der Zeit unterbrochen worden wäre......Es ist passiert, sagte man dort, wenn andre Leute anderswo glauben, es sei wunder was geschehen: das war ein eigenartiges, nirgendwo sonst im Deutschen oder einer andern Sprache vorkommendes Wort, in dessen Hauch Tatsachen und Schicksalsschläge so leicht wurden wie Flaumfedern und Gedanken. Ja, es war, trotz vielem, was dagegen spricht, Kakanien vielleicht doch ein Land für Genies; und wahrscheinlich ist es daran auch zugrunde gegangen."[183]

Ein Land und eine Zeit für Genies

1900. Und an Genies fehlte es nicht, in diesem Land und zu dieser Zeit. Wohl selten in der Kulturgeschichte Europas hat es eine Periode gegeben, in der so viele Avantgarde Genies in einer Stadt lebten und wirkten wie um diese Jahrhundertwende in Wien. Hin und wieder begegneten sie sich in liberalen Salons, um Schutz und Zuspruch zu suchen. War es ein Jahrhundert zuvor in Berlin der Salon von Rahel Levin-Varnhagen gewesen, der Künstler und Intellektuelle anzog, so ist es jetzt im Wiener fin du siècle besonders jener der Berta Zuckerkandl[184]. Junge Mediziner, wie Julius Wagner-Jauregg und Sigmund Freud verkehren in ihrem Haus, Gustav und Alma Mahler lernen einander dort kennen. Auch der hochbetagte Walzerkönig Johann Strauß ist ein häufiger Gast. Doch besonders eng befreundet ist Berta Zuckerkandl mit dem Schriftsteller und Kritiker Hermann Bahr, der einen literarischen Kreis um sich geschart hat, der sich „Jung-Wien" nennt, dem unter anderem Peter Altenberg, Arthur Schnitzler und Hugo von Hofmannsthal angehören. Auch steht sie dem Künstlerkreis der „Secession" und den „Wiener Werkstätten" nahe, die dem österreichischen Jugendstil in Malerei, Architektur und Kunsthandwerk Weltruhm verleihen werden. Gustav Klimt holt sich bei ihr Unterstützung in seiner Auseinandersetzung mit der engstirnig-moralisierenden Wiener Universität. Denn viele dieser rebellischen Künstler und Musiker stoßen damals auf Ablehnung und Unverständnis, bei der Obrigkeit und zum Teil auch beim Publikum. Nicht nur Klimt, auch Oskar Kokoschka, Egon Schiele und Gustav Mahler müssen diese Erfahrung machen. Dagegen wird der in die Zukunft weisende Architekt Otto Wagner mit seiner von der Secession geprägten neuen Baukunst schon zu Lebzeiten gefeiert und geehrt.

---

[183] Robert Musil, op. cit., Seite 33-35
[184] Vgl. dazu: Lucian O. Meysels, „In meinem Salon ist Österreich, Berta Zuckerkandl und ihre Zeit", Herold Verlag, Wien, 1984

Hugo Wolf stirbt nach einer allzu kurzen genialen Schaffensperiode 1903 in geistiger Umnachtung. Arnold Schönberg und seine Schüler Anton Webern und Alban Berg führen einige Jahre später die Atonalität in die Musik ein.

Rainer Maria Rilke schreibt „Das Stundenbuch" und Hugo von Hofmannsthal das Vorwort zu Lafcadio Hearns „Kokoro", ein Versuch dem Westen Japan, das Kaiserreich der aufgehenden Sonne näher zu bringen. Zur selben Zeit machen Franz Werfel und Stefan Zweig ihre literarischen Debüts, ebenso wie Joseph Roth und Leo Perutz. In Ludwig Wittgenstein wächst ein philosophisches Genie heran. Und Franz Kafka schafft in Prag seine qualvoll-zwanghaften Welten. Josef Kainz feiert Triumphe im Wiener Burgtheater.

Während der Zeit wächst auch die erste, geniale Generation von Filmregisseuren heran: Erich (von) Stroheim wird 1885 in Wien geboren, ebenso Fritz Lang 1890, Otto Preminger und Samuel (Billy) Wilder beide 1906, und Georg Wilhelm Pabst 1885 in Böhmen.

Theodor Herzl veröffentlicht 1896 unter dem Eindruck der französischen Dreyfus-Affaire seine Schrift „Der Judenstaat".

Ein Vielvölkerreich

Viele dieser Genies entstammten dem emanzipierten jüdischen Bürgertum. Sie hatten sich, aus den Provinzen kommend, in der Reichshauptstadt niedergelassen, waren wohlhabend geworden, hatten ihre Kinder oft katholisch oder evangelisch taufen lassen und fühlten sich assimiliert. Doch waren sie eine Minderheit innerhalb einer Minderheit. Die Mehrzahl der etwa zwei Millionen Juden lebte noch in den Provinzen, meist in den östlichen Teilen des Reiches, in Galizien oder in der Bukowina, und führte ein traditionelles, orthodoxes Leben. Sie standen wie alle „Völker" der Monarchie unter dem Schutz des Kaisers. Und es war das ein sehr persönliches Verhältnis zwischen dem Kaiser und *seinen* Völkern. Josef Roth berichtet über des Kaisers Begegnung mit einer örtlichen Judengemeinde anlässlich von Manövern im Osten des Reiches: „Am Ausgang des Dorfes, wo die breite Landstraße anhub, wallten sie ihm entgegen, eine finstere Wolke. Wie ein Feld voll seltsamer schwarzer Ähren im Wind neigte sich die Gemeinde der Juden vor dem Kaiser. Ihre gebeugten Rücken sah er vom Sattel aus. Dann ritt er näher und konnte die langen, wehenden silberweißen, kohlschwarzen und feuerroten Bärte unterscheiden, die der sanfte Herbstwind bewegte, und die langen knöchernen Nasen, die auf der Erde etwas zu suchen schienen. Der Kaiser saß, im blauen Mantel, auf seinem Schimmel. Sein Backenbart schimmerte in der herbstlichen silbernen Sonne. Von den Feldern ringsum erhoben sich die weißen Schleier. Dem Kaiser entgegen wallte der Anführer, ein alter Mann im weißen schwarzgestreiften Gebetsmantel der Juden, mit wehendem Bart. Der Kaiser ritt im Schritt. Des alten Juden Füße wurden immer langsamer. Schließlich schien er auf einem Fleck stehen zu bleiben und sich dennoch zu bewegen. Franz Joseph fröstelte es ein wenig. Er hielt plötzlich an, so, dass sein Schimmel bäumte. Er stieg ab. Sein Gefolge ebenfalls. Er ging. Seine blankgewichsten Stiefel bedeckten sich mit dem Staub der Landstraße und an den schmalen Rändern mit schwerem grauen Kot. Der schwarze Haufen der Juden wogte ihm entgegen. Ihre Rücken hoben und senkten sich. Ihre kohlschwarzen, feuerroten und silberweißen Bärte wehten im sanften Wind. Drei Schritte vor dem Kaiser blieb der Alte stehen. Er trug eine große purpurne Thorarolle in den Armen, geziert von einer goldenen Krone, deren Glöckchen leise läuteten. Und sein wildbewachsener zahnloser Mund lallte in einer unverständlichen Sprache den Segen, den die Juden zu sprechen haben beim Anblick eines Kaisers. Franz Joseph neigte den Kopf. Über seine schwarze Mütze zog feiner silbernen Altweibersommer, in den Lüften schrien die wilden Enten, ein Hahn schmetterte in einem fernen Gehöft. Sonst war alles still. Aus dem Haufen der Juden stieg ein dunkles Gemurmel empor. Noch tiefer beugten sich ihre Rücken. Wolkenlos, unendlich spannte sich der silberblaue Himmel über der Erde. „Gesegnet bist du!" sagte der Jude zum Kaiser. „Den Untergang der Welt wirst du nicht erleben!" – „Ich weiß es!" dachte Franz Joseph. Er gab dem Alten die Hand. Er wandte sich um. Er bestieg seinen Schimmel.

Er trabte nach links über die harten Schollen der herbstlichen Felder, gefolgt von seiner Suite. Der Wind trug ihm die Worte zu, die Rittmeister Kaunitz zu seinem Freund an der Seite sprach: „Ich hab' keinen Ton von dem Juden verstanden!" Der Kaiser wandte sich im Sattel um und sagte: „Er hat auch nur zu mir gesprochen, lieber Kaunitz!" und ritt weiter........"[185]

Ja, sie alle, all diese verschiedenen Völker der Monarchie standen unter dem persönlichen Schutz des Kaisers – Deutsche wie Ungarn, Tschechen wie Slowaken, Polen, Ruthenen (Ukrainer), Slowenen, Serben, Kroaten, Italiener wie Rumänen und Juden, um nur die wichtigsten zu nennen. Und je älter er wurde, desto mehr wurde dieser Kaiser zum Symbol des Reiches und hielt es zusammen. „Ihm war sein Wahlspruch „viribus unitis" innerstes Bekenntnis sein Leben lang, sein Gerechtigkeitsverlangen gegenüber allen Nationalitäten der Monarchie äußerte sich in einem beständigen ehrlichem Bestreben der Völkerversöhnung, er sah die Pflicht des Monarchen stets in einer Stellung über, nicht zwischen den Völkern. All dies entsprach seiner ganz unmachiavellistischen Seinsart und seinem Glauben an die dem Herrscher von Gott auferlegte persönlich-verantwortungsvolle Mission."[186]

Kaiser Franz Josef I.

Dieser Kaiser, 18-jährig auf den Thron gekommen, hat 68 Jahre lang regiert, solange, dass es für viele seiner Untertanen später gar nicht mehr vorstellbar war, dass es ihn nicht schon immer gegeben habe und immer geben würde. Er war kein Genie, aber er ist im Laufe seines langen Lebens nicht nur für Millionen „ein Symbol des Gesamtstaates", sondern auch „die ehrwürdige Gestalt eines leidgeprüften, pflichtgetreuen und selbstlosen Herrschers" geworden. Ein Herrscher, der sich selbst treu geblieben ist, trotz all der Veränderungen und Umwälzungen, die während seiner langen Regierungszeit sein Reich und ganz Europa erschütterten. Doch was für ein Mensch war er wirklich? Was für ein Herrscher?

Leopold, König der Belgier, schreibt nach seinem ersten persönlichen Zusammentreffen mit dem jungen Kaiser an seine Nichte, die Queen Viktoria:

---

[185] Joseph Roth, op.cit., 15. Kapitel.
[186] Heinrich Ritter von Srbik, „Franz Joseph I., Charakter und Regierungsgrundsätze" in „Aus Österreichs Vergangenheit", Otto Müller Verlag in Salzburg, 1949, Seite 236

„Laeken, am 3. Juni 1853 Meine liebste, beste Victoria, ich muss zugeben, dass mir der junge Kaiser sehr gut gefällt. Es ist viel Verstand und Mut in seinen warmen, blauen Augen und sie sind nicht ohne liebenswürdige Heiterkeit, wenn ein Grund dazu vorhanden ist. Er ist schlank und sehr anmutig, doch selbst in der *melée* der Tänzer und Erzherzöge, und ganz in Uniform, kann er immer als der *Chef* erkannt werden....Seine Manieren sind vorzüglich und frei von jeglicher Schwülstigkeit oder Verlegenheit, er ist einfach, und wem er gnädig, wie er es mir gegenüber war, *sehr herzlich und natürlich*. Er weist jedem seinen Platz zu ohne dazu einen *outré* Autoritätsakt zu benötigen, nur weil er der Herr ist. Er trägt in sich, was ihm Autorität verleiht.....Ich glaube, er kann streng sein, *si l'occasion se présente*; er hat etwas sehr mutiges."[187] König Leopold hat später bewusst – auch als Schutz gegen die französische Republik -- dynastische Bande mit den Habsburgern geknüpft.[188]

Hundert Jahre später beschreibt der österreichische Historiker Heinrich Ritter von Srbik die Persönlichkeit des Kaisers erstaunlich ähnlich: Er „ist bis zum Ende ein vollendeter Kavalier alter Schule gewesen : Ein Grandseigneur voll Ritterlichkeit und Noblesse, persönlich tapfer,.... von unerschütterlicher Ehrenhaftigkeit und Korrektheit bis in die Fingerspitzen, pünktlich und peinlich fast bis zur Pedanterie, taktvoll und abgeneigt aller höfischen Schmeichelei. Er hielt fest an einem ganz persönlich gefassten Begriff der „Anständigkeit" auch in politischen und kriegerischen Kämpfen und bezeichnete mit dem Ausdruck „Skandal" Vorgänge des zwischenstaatlichen und interstaatlichen Lebens, die seinen unverrückbaren Grundsätzen von Moral und Ordnung widersprachen....."

Es kennzeichnete den Kaiser ferner von Jugend an eine natürliche äußere Vornehmheit, die keiner betonten Wirkungsmittel, keiner Pose, keiner Rhetorik, keines Pathos bedurfte, vielmehr jede Künstlichkeit verschmähte. Die Würde, die in seiner Person lag, trachtete nicht nach Popularität.

Er war nicht sentimental, nicht weichherzig, er ließ sich durch Empfindungen äußerlich nicht überwältigen, und vermochte es, unmittelbar nach schwersten Schicksalsschlägen, wie es die Hinrichtung seines Bruders Max, der Selbstmord seines einzigen Sohnes, die Ermordung der Gattin waren, der Arbeit wie stets sich hinzugeben." Doch er war deswegen nicht gefühllos, „die Briefe an seine Mutter sind voll von Ehrfurcht und echter Liebe, seine Gattin und seine Kinder standen ihm überaus nahe....und noch späte Begleiter und Organe seiner Arbeit bewahrten treue Erinnerungen an menschliches Wohlwollen des Kaisers....Der Schlüssel zu diesem

---

[187] „Laeken, 3rd June 1853. My dearest, best Victoria, The young Emperor I confess I like much, there is much sense and courage in his warm blue eye, and it is not without a very amiable merriment when there is occasion for it. He is slight and very graceful, but even in the *melée* of dancers and Archdukes, and all in uniform, he may always be distinguished as the *Chef.* ...The manners are excellent and free from pompousness or awkwardness of any kind, simple, and when he is graciously disposed, as he was to me, *sehr herzlich und natürlich*. He keeps everyone in great order without requiring for this an *outré* appearance of authority, merely because he is the master, and there is that about him which gives authority....I think he may be severe *si l'occasion se présente*; he has something very *muthig*." In "Letters of Queen Victoria", op. cit., Seiten 447-448

[188] Seine Tochter Charlotte heiratete Erzherzog Maximilian, den späteren Kaiser von Mexiko, seine Enkelin Stephanie den Thronfolger Erzherzog Rudolf. Beide diese Erzherzöge sind auf tragische Weise ums Leben gekommen.

Rätsel seiner Gemütseigenschaften dürfte wieder in seinem Majestätsbewusstsein zu finden sein: er hieß nicht nur Majestät und hatte nicht nur das vollendetste und natürlichste äußere Gehaben der Majestät, er trug den Majestätsbegriff im Tiefsten seines Ichs und in ihm...... wurde die Überzeugung von der einsamen Höhe des habsburgischen Kaiserthrons so stark, dass sie sein Leben mehr und mehr vereinsamte."[189]

Über seine Fähigkeiten als Herrscher urteilt Srbic: Als Staatsmann war sein Denken „ganz undoktrinär und Systemen abgeneigt, rein praktisch-erdenhaft gerichtet, fern dem Grübeln über grundsätzliche tiefste Probleme....Ein trockener Humor, den Sorgen und Leid im Alter seltener sich äußern ließen, ein bis zum Tode erstaunlich starkes Gedächtnis, ein klarer Verstand zeichneten ihn aus. Er wusste stets sofort den Kern der ihm zur Entscheidung vorgelegten Einzelgeschäfte zu treffen, wusste sie nüchtern und streng sachlich zu beurteilen, vortrefflich zusammenzufassen und zu formulieren.

Er, der persönlich antiliberal blieb, hat um des Staates willen liberale Ministerien und liberale Parlamentsmehrheiten ....walten lassen, ... streng aber hielt er hier an dem beträchtlichen Reste seines Selbstherrschertums fest."

Dieser letzte große Habsburgerherrscher war sich zu tiefst seiner geschichtlichen Aufgabe bewusst. „Der übernationale Gedanke, durch die Tatsachen der neueren Jahrhunderte auf die Donaumonarchie reduziert, lag als Erbe in dem Sohn des Geschlechts, das durch Reihen von Generationen an der Spitze des Heiligen Römischen Reiches gestanden hatte, das die christlich-universale Kaiseridee des Mittelalter mit dem Glauben an seine dynastische Weltmachtstellung vermählt hatte und das mit seinem engeren Machtgebilde von der „Universalmacht" zur mitteleuropäischen Macht geworden war... Das dynastische Element wurzelte in ihm so tief, dass er an die unlösbare Verbindung, fast an die Identität des Hauses Habsburg und seines Reiches glaubte, aus tiefster Seele glaubte."

Dennoch wuchs letztlich -- und darin lag seine Tragik -- die Größe seiner Aufgabe über seine Fähigkeiten hinaus. Denn es charakterisierte ein „Mangel an gestaltender Phantasie... den politisch-militärischen Führer des Staates....Es war ihm nicht in reicherem Maße gegeben, die noch ungeborene, nur in der Idee vorhandenen entfernte große Möglichkeit durch seinen schöpfenden Geist und Willen zu konkretisieren. Er gehörte nicht zu jenen, von denen Hegel sagt, dass in ihnen der verborgene Geist der Geschichte an die Gegenwart pocht und heraus will."

Und als „die deutsche Frage (1866) gegen Österreich entschieden, als die Dynastie aus dem geschichtlichen deutschen Boden entwurzelt wurde und das Deutschtum der Monarchie den politischen Halt und den belebenden Zustrom aus Deutschland verlor und das Gewicht der Minderzahl der Deutschen gegenüber der aufstürmenden Nationalitätenbewegung unerbittlich sich geltend machte, ... betreten wir das Gebiet, auf dem die größte Tragik dieses Lebens ruht. Größer noch als die Einbußen an europäischem Raum und Ansehen. Der Wille zur glücklichen Neuerung des problemreichen, geteilten Gesamtstaates, zur gedeihlichen Lösung der österreichi-

---

[189] Dieses Zitat und die nachfolgende Charakterisierung der Gestalt des Kaisers sind entnommen Heinrich Ritter von Srbik, op.cit

schen und österreich-ungarischen Frage ‚Vielheit in der Einheit' war der beste, die Kraft der Persönlichkeit aber reichte für diese freilich unermesslich schwere Aufgabe bei aller Klugheit und aller beispielloser Hingebung nicht aus…..

In ihm lag die Überlieferung der Monarchen großen Stiles und zugleich die Einsicht, dass die Geschichte in ein neues Zeitalter getreten sei; er fühlte sich als den berufenen Hüter uralter Tradition und der überkommenen Kräfte in Staat und Gesellschaft und sah doch, dass das Neue, das Volk, die Nation, siegte; er wusste auch, dass die Aufgabe dieses Reiches eine friedliche übernationale Zusammenschließung von Völkern im natürlichen Raum war, aber er konnte die fruchtbare Idee zur Erneuerung des alten Staates nicht ganz ergreifen und noch weniger konkretisieren."

Und dennoch muss man heute feststellen, dass diese seine Erkenntnis die richtige war, d.h. „dass für das östliche Mitteleuropa die Gleichung Staat und Nation unmöglich ist und dass, in ihrem Gesamtbereich gesehen, die Erdteilsmitte organisatorisch einer Verbindung nationalen und übernationalen Wesens bedarf."[190] Leider wollte das niemand wahrhaben, als bei den Verhandlungen zu den Pariser Vororte-Verträgen von 1919 Georges Clemenceau dieses Reich voreilig zerstörte. Vier Jahrzehnte und zwei Katastrophen später, hat man sich dann eines Besseren besonnen und versucht – seit nun mehr als einem halben Jahrhundert schon -- das nationalzerstückelte Europa, und seit einigen Jahren auch dieses schwierige Mittel- und Südosteuropa, zu einem Ganzen zusammenzufügen. Doch hat sich inzwischen der Tumor des trennenden Nationalismus, nationalistische Ressentiments und Vorurteile, durch zwei Weltkriege genährt, so tief ins Fleisch Europas eingefressen und überall Metastasen gebildet, dass man ihrer auch heute noch nicht Herr geworden ist. Dazu kommt, dass der Präsident einer laizistischen Europäischen Union – bei allem Respekt – für niemanden jenen Symbolfigurcharakter noch jene sakralübernationale Aura besitzt, welche für die meisten ihrer Untertanen die deutschen und später die österreichischen Kaiser seinerzeit innehatten.

Es erscheint die Persönlichkeit Kaiser Franz Josefs I. ausschlaggebend für das Verständnis und für das verhängnisvolle Ende jenes einzigartigen Reiches, in dem seit Ende des 18. Jahrhunderts die Jordis gelebt haben.

August Jordis von Lohausen und Amélie von Meyern-Hohenberg

In dieses missverstandene, bedrohte, liebenswerte, vielfältige, schwierige, widerspruchsreiche und letztlich sehr menschliche Kaiserreich wurde in Graz[191] am 24. Juli 1867, also im Geburtsjahr Österreich-Ungarns, als des früheren Delegaten von Verona sechstes und jüngstes Kind August Maria Venantius Freiherr Jordis von Lohausen geboren. Nach eigener Aussage verlebte er seine Kindheit in Graz, besuchte dort das 1. Staatsgymnasium und trat mit sechzehn Jahren in die k.u.k. Infanterie-Kadettenschule in Liebenau bei Graz ein. Seine Sommerferien verbrachte er in Tüchern bei Cilli, wo seine Eltern einen kleinen Besitz hatten.

---

[190] Heinrich Ritter von Srbik, op. cit., Seite 241.
[191] Sein offizieller Heimatort war und blieb, trotz zahlreicher Versetzungen, sein Leben lang Graz und das sollte auch noch den Wohnort der ihm nachfolgenden Generationen mitbestimmen.

Sechs Jahre später, am 28. November 1873 kam in Wiener Neustadt, als viertes und jüngstes Kind des Leopold von Meyern-Hohenberg und und seiner Gemahlin Emma, geb von Löwenfels (vgl. Bild 15), Amélie (Elli) Freiin von Meyern-Hohenberg zur Welt. Verfolgen wir zuerst ihren Lebensweg.

Der frühe Tod Leopolds von Meyern-Hohenberg

Leopold und Emma von Meyern-Hohenberg hatten vier Kinder : zwei ältere Söhne, Gottfried und Albert, und zwei jüngere Töchter, Sophie (Fifi) und Amélie (Elli) (vgl. dazu Stammtafel VI). Amélie hat uns schon viel über ihre Großeltern in Coburg erzählt. Über sich selbst schreibt sie in ihren Lebenserinnerungen: „Aus der Taufe hob mich Gräfin Pauline Brunetti als Stellvertreterin von Prinzessin Amélie von Sachsen-Coburg......Meine Eltern wohnten damals im Gebäude der Pfandleihanstalt, und oft wurde mir später, wenn ich unartig war, gesagt, ich sei nur geliehen und würde zurückgegeben, wenn ich nicht gleich brav sei." [192] Offensichtlich war man damals noch nicht von Kinderpsychologie beleckt! Ihr Vater, Leopold von Meyern-Hohenberg, war Offizier in der kaiserlichen und königlichen Armee. „Papa war Großmamas jüngster Sohn…Er kam schon 15jährig nach Österreich. Feldmarschall von Bianchi war Großmamas Vetter. Er besuchte sie mal in Calvörde[193], wo die Großeltern (Meyern-Hohenberg) lebten und nahm Papa mit sich und machte ihn gleich zum Leutnant. Das konnte ein Feldherr damals! Mit 21 Jahren war Papa schon Hauptmann…Ich weiß leider sehr wenig über ihn. Nur zweimal erzählten mir Herren, dass sie ihn gekannt hatten. Das erste Mal war es Feldmarschallleutnant von Koller in Lemberg, dessen Vater war mit Papa zusammen in Theresienstadt in Böhmen gewesen. Koller war damals ein 14jähriger Bub, der Papa ob seines Reitens bewunderte. So oft er konnte, sah er Papa zu, wenn er seine Pferde longirte oder selbst ritt. Der zweite war Graf Harnoncourt in Graz. Er erzählte mir vom Krieg 1866 in Italien. Er war junger Husarenleutnant. Als er an ein brennendes Gehöft kam, sah er plötzlich einen Infanterie-Hauptmann unter Lebensgefahr in den brennenden Stall des Gehöftes eindringen und nacheinander wild um sich schlagende Pferde herausführen. Das imponierte dem Kavalleristen so kolossal, das er sich nach dem Namen des Retters der Pferde erkundigte – es war mein Papa. Und ich freute mich darüber. Papa wurde 1866 vor der Schlacht von Königgrätz nach Italien geschickt, direkt zu General Benedek, weil er nicht gegen seine deutschen Vettern kämpfen wollte."

Später wurde er nach Eger[194] versetzt „Papa war Oberst und Kommandant eines Infanterie Regiments geworden. Das war im Jahre 76. Da sind mir zum ersten Mal Gestalten in Erinnerung, und zwar einen Moment meine Eltern. Ich sehe meine Mama am Fenster mit Blumen vor einem Nähtisch sitzen und weinen. Mitten im Zimmer steht mein Papa, ich stand wohl hinter ihm, er hatte Reitstiefel an und schlug mit der Reitgerte immer an die Stiefel und schrie laut. Dann führte mich Papa

---

[192] Fast alle Ich-Erzählungen in diesem Kapitel stammen aus den Lebenserinnerungen der Amélie von Meyern-Hohenberg, verheiratete Jordis von Lohausen.
[193] Marktflecken etwas 30 km östlich von Wolfsburg, wo die Meyern-Hohenbergs ihren Besitz hatten, und wo auch Leopold geboren wurde.
[194] Das heutige Cheb in der tschechischen Republik.

in ein andres Zimmer zu einem Schrank und gab mir aus demselben unten in einer Ecke aus einer Papierdüte getrockneter Äpfelscheiben. Das war die einzige Erinnerung, die ich überhaupt an meinen Papa hatte, denn er starb, als ich dreieinhalb Jahre alt war. So konnte ich ihn mir auch nicht von Angesicht vorstellen. Er soll ein sehr eleganter Offizier gewesen sein, sehr guter Gesellschafter, sprühend, lebhaft, aber leider sehr heftig und das soll sich besonders in seinem letzten Lebensjahr so gesteigert haben. Meine Mama sprach eigentlich mit mir nie von ihm, auch mit meinen Brüdern nicht, wie sie mir in späteren Jahren erzählten. Sie hatte es wohl schwer und musste unter seiner Heftigkeit sehr leiden…. Ich hatte stets eine Scheu nach Papa zu fragen. Es muss doch sein Nervenleiden schon Jahre in ihm gesteckt sein, denn in Eger soll er eine Art Verfolgungswahn gehabt haben, immer fürchtend pensioniert zu werden, trotzdem er doch mit 42 Jahren schon Oberst geworden." Er wurde kurz danach in die Nervenheilanstalt Inzersdorf bei Wien eingeliefert, erst besserte sich sein Zustand, doch sechs Wochen später starb er ganz plötzlich.

Dieser frühe Tod ihres Mannes war in jeder Hinsicht ein furchtbarer Schlag für die junge Frau mit vier Kindern. Ihr Vater, Eduard von Löwenfels, kam zur Beerdigung, um seiner Tochter beizustehen und berichtet über sie, sichtlich berührt und bewundernd an seine Frau: „Die liebe, ich kann nicht anders sagen, mir verehrungswürdige Emma, (war) auch in diesem schweren Moment des Abschiednehmens vom Sichtbaren, sich treu und gleich geblieben und in ihrer stillen, weichen Wehmut noch umso rührender", und an die Mutter des Verstorbenen: „Emma ist auch jetzt, wo der im Stillen wohl vorhergesehene Schmerz sie getroffen hat, sich gleich geblieben, ergeben, gefasst, erschüttert, aber nicht gebrochen. Sie hat das Erbe ihres Mann, d.h. die treue Sorge um die Seinen mit gewissenhafter Hingabe angetreten, denkt und sorgt auch nicht für sich, sondern nur für die Kinder und seufzt nur darüber, dass Leopold nicht die Berechtigung, nicht die Freude haben kann, die, so Gott will, in Aussicht stehenden Erfolge ihrer Schritte zu sehen. Es hatten sich in Leopold und Emma zwei gute Menschen zusammengefunden…..Ich weiß, liebe Frau von Meyern, dass auch hierin unser Empfinden eines Geistes und gemeinschaftliches ist, dass Sie sich sehr mit mir um Emma sorgen, wie ich mit Ihnen um Leopold weine."

Die Beerdigung fand mit militärischen Ehren in Leopolds letzter Garnisonsstadt Eger statt. „Auf dem Sarg lagen Tschako und Säbel, fast unsichtbar durch große Blumenkränze, unter denen zu Füßen des Sarges sich ein weißer auszeichnete, mit großer weißer Bandschleife, auf deren Enden in Goldschrift die Worte standen: ‚Gottfried, Albert, Sophie, Amélie, ihrem lieben Papa.' Vor dem Sarge auf schwarzbezogenen Kissen lagen die Orden…Da die Beerdigung eine militärische war, so fand sich ein Bataillon[195] Infanterie mit Musik ein, welches bei der Einsenkung des Sarges, nachdem die österreichische Hymne intoniert war, die Ehrensalve gab."

Im Zusammensein mit den militärischen und zivilen Trauergästen findet Eduard von Löwenfels mit Freuden „wohltuendes Zeugnis von der Verehrung, Achtung und Teilnahme, die sich Leopold in der kurzen Zeit in Eger erworben hat. Es freut mich,

---

[195] Gemeint ist wohl eher eine Kompanie

einen sicheren Beweis dafür erhalten zu haben, dass auch Emma ein reicher Theil hiervon zufällt." [196]

Lebenskünstler und Künstlerleben

Der frühe Tod ihres Mannes veränderte grundlegend Emmas Leben. Sie war damals 39 Jahre alt und hat nicht noch einmal geheiratet, sondern sich hauptsächlich ihren Kindern, besonders ihren Töchtern gewidmet – und zunehmend der Malerei. Trotz aller Schwierigkeiten hat sie es durchgesetzt, in Österreich zu bleiben, und im Folgenden ein für ihre Verhältnisse sehr bescheidenes, für sie oft schwieriges und letztlich für die damalige Zeit eher unkonventionelles Leben geführt. „Meine Brüder kamen gleich nach Papas Tod in Militäranstalten, Gottfried nach Fiume und Albert nach St. Pölten." berichtet Amélie weiter. „Mama bekam ja damals als Oberstenwitwe keinen Kreuzer Pension – durch volle 26 Jahre! Dafür wurden die Brüder in den Anstalten erzogen – für Fifi und mich bekam Mama monatlich je 8 Gulden. Später deckte das gerade meine Klavierstunden. Großpapa (Löwenfels) hatte von Mama verlangt mit uns Kindern ganz zu ihnen nach Coburg zu übersiedeln. Platz war genug. Aber Mama wollte ihre Selbstständigkeit nicht aufgeben und wollte vor allem in Österreich bleiben und uns zu Österreichern erziehen." Ihren sich schon in ihrer Kindheit abzeichnender Eigenwille hatte sich auch die erwachsene Emma erhalten. Das nach Freiheit und Unabhängigkeit drängende Blut ihrer Großmutter, der Großfürstin, fließt auch in ihren Adern. Sogar unter diesen schwierigen Umständen will sie mit ihren Kindern ihr eigenes Leben führen, weit von der wohlwollenden Tyrannei ihres Vaters und setzt sich mit stiller Beharrlichkeit durch.

„So blieb sie und erhielt von Großpapa eine Apanage, die aber bescheiden war. Von ihrer kleinen Kaution -- Papa heiratete als Hauptmann -- war bloß mehr die Hälfte, d.h. 12.000 Gulden, übrig, die ich nach Mamas Tod erbte. Die Eltern hatten das halbe Kapital verbraucht, Papa hielt sich immer 4-5 Pferde als Stabsoffizier und schließlich kosteten vier Kinder auch Geld."[197]

Sie hatte wenig, aber sie war unabhängig und das waren ihr die Opfer wert. Zuerst wohnte sie mit ihren Töchtern in Inzersdorf. „Dr. Fries hatte Mama seine leer stehende Villa zur Verfügung gestellt." Der Arzt ihres Mannes und seine Frau, blieben für sie und ihre Kinder in dieser schweren Zeit, und auch später noch, treue und hilfreiche Freunde. Auch wurden sie von Otto Hornbostel[198] und seiner Frau aktiv unterstützt, der dann auch zum Vormund bestellt wurde.

---

[196] Aus handschriftlichen Briefen in Familienbesitz.
[197] Zu diesen Bemerkungen über Pension und Heiratskaution siehe auch das Kapitel „Die k.u.k. Armee".
[198] Anna Hornbostel, geb Schür, stammte aus Coburg und war schon dort mit Emma befreundet gewesen. Sie war Taufpatin ihrer Tochter Sophie.

Fifi

„In Inzersdorf tritt auch zum ersten Mal meine Schwester Fifi (Sophie) in mein Gesichtsfeld. Sie war sechs Jahre älter als ich und hatte so herrliches rotgoldenes Haar. Und mir gefiel so gut, wenn sie in der Sonne lief und es wie Gold leuchtete. Sie trug es immer offen, lang herabhängend. In der Inzersdorfer Villa hatten wir einen schattigen verwilderten Garten, in der Mitte eine kleine Grasfläche und da sehe ich noch Fifi auf einem Stockerl sitzen mit offenem Haar, das nur so funkelte in der Sonne. Hinter ihr saß der damals sehr berühmte Maler Canon[199] und malte dies Haar. Ich stand andächtig dabei und sah zu. Er benützte diese Skizze für einen knienden Engel in rotem Kleid für ein Altarbild. Wenn ich mich recht erinnere, so ist dieses Bild im Kunsthistorischen Museum in Canonsaal. Die Madonna hat das Kopftuch einer italienischen Bäuerin. Ich sah das Bild „werden", denn ich war öfters als kleines Kind mit Mama in Canons Atelier – sie war mit seiner Frau Amalia sehr befreundet. Und ich habe als fünfjähriges Dingerl dieses Altarbild aus dem Kopf nachgezeichnet. Ich erinnere mich, dass Mama es Canon gezeigt, denn er fasste mich unterm Kinn und sagte zu Mama: ‚Wenn sie größer ist, dann soll sie bei mir lernen!' Leider starb Canon früher, aber ich wurde zwölf Jahre später die Schülerin seines Schwagers und Schülers, Maler Stauffer[200], in Canons Atelier in der Rasumofskygasse in Wien."

Bald darauf trifft ein weiterer Schicksalsschlag die kleine Familie. „Mama und ich gingen Fifi entgegen, als sie aus der Schule kam. Sie musste immer den weiten Weg über den Wienerberg von der evangelischen Schule auf den Naschmarkt machen. Bis zur ‚Spinnerin am Kreuz' gingen wir ihr entgegen. Da gab es damals noch keine Häuser. Es blies ein kalter Wind und Mama sagte, da habe sich Fifi erkältet. Sie war Mamas Liebling, ein ganz besonders gescheites und liebes Kind, gar nicht hübsch, bis auf ihr herrliches Haar.

Und dann kam ein trauriger Erinnerungstag – es war der 5. November 1878. Ich stand am Fenster und freute mich über den ersten Schnee. Wahrscheinlich war ich etwas laut und Mama verwies es mir, weil doch Fifi mit schwerer Diphtherie zu Bett lag im selben Zimmer. Da rief Fifi mich zu sich, hieß mich niederknien und mein Abendgebet sagen. ‚Lieber Gott, mach mich fromm, dass ich zu Dir in den Himmel komm!'. Dann sagte sie mir, sie ginge zum Papa, ob ich ihn grüßen lasse. Da trug ich ihr viele Grüße auf. Dann gab sie mir einen Kuss auf den Mund. Ich hörte Mama kommen und ging wieder zum Fenster. Ein oder zwei Tage später hing in dem Zimmerchen, wo ich schlief am Fenster ein langes weißes Kleid, das Mama genäht hatte. Und sie sagte mir, nachts würde ein Engel kommen und es Fifi anziehen, um sie darin in den Himmel zu tragen. In der Früh war das Kleid weg und ich wunderte mich sehr. In derselben Nacht war Fifi gestorben."

---

[199] Hans Canon, eigentlich Johann von Strasiripka, (!829-1885), Maler, Schüler von Waldmüller, Mitglied des Wiener Künstlerhauses. Sein Hauptwerk ist das Deckengemälde des Naturhistorischen Museums, „Der Kreislauf des Lebens". Den Auftrag zum Deckengemälde „Sieg des Lichts über die Finsternis" im Kunsthistorischen Museum hat er nicht mehr vollendet.
[200] Viktor Stauffer (1852 – 1934), österreichischer Porträtmaler.

Einsamkeit und Geselligkeit

Nach dem Tod ihrer ersten Tochter zog Emma mit Amélie von Inzersdorf nach Wien. Es folgten Jahre der Wanderung von einer bescheidenen Hofwohnung in die nächste -- Karlsgasse -- Berggasse -- Favoritenstrasse -- Heugasse… „Mama blieb nie lang in einer Wohnung, warum weiß ich nicht".

Es war das relativ einsame Leben einer Mutter mit ihrer kleinen Tochter in einfachen Verhältnissen. „Einmal hatte Mama abends Gäste, die Ehepaare Canon und Fries, sonst kam ja fast nie jemand zu uns. Mama lebte sehr zurückgezogen und ich glaube in sehr bescheidenen Verhältnissen, auch in der Kleidung. Ich erinnere mich an ein and dasselbe graue Seidenkleid, viele Jahre hindurch. Sonst trug sie meist schwarz. Ich hab keine weitere Erinnerung an die Schule, bloß an die Tanzschule…Wir hatten einen Kinderball in Kostüm Mama nähte mir ein reizendes Kostüm als französische Bauerin nach einem Bild von meinem Bilderbuch „Lili". Ich war damals 7 Jahre alt, aber ich weiß genau, dass ich unglücklich war, weil meine Mama auf diesem Ball immer so allein saß, während die andern Mütter sich zusammen unterhielten, sehr elegant anzogen, und Mama in ihrem grauen Kleid so abstach von ihnen. Ich habe damals selbst Mama gebeten, früher nach Hause zu gehen, weil mir das so schrecklich war."

Emmas Umgang in Wien beschränkte sich auf einige wenige treue Freunde. „In all den Jahren nach Fifis Tod war es zur bleibenden Gewohnheit geworden, -- ob Sommer, ob Winter – dass wir, wenn in Wien, alle Sonntage nach der Kirche nach Inzersdort zu Fries fuhren. Entweder mit dem Omnibus im Winter oder es holte uns der Friessche Wagen – ein großer Landauer – zu Mittag ab. Entweder saßen schon das Ehepaar Stauffer drin oder Pate Anna (Hornbostel) mit Mimi und Helene und deren Bruder Hans auf dem Bock. Inzersdorf, das Haus, sein Park und nicht zuletzt Dr. Fries selbst, den ich sehr liebte, war für mich als Kind und später noch als junge Frau wie eine zweite Heimat. Auch bei Tante Olga Stieglitz[201] war ich als Kind sehr viel, sie war rührend, wo sie einem eine Freude machen konnte, wo sie helfen konnte, tat sie es." Jeden Donnerstag sind sie bei Stieglitz zum Essen eingeladen.

Katastrophen in Wien

Aber das Leben in Wien konnte auch gefährlich sein. „An solch einem Donnerstag haben wir den berühmten Wiener Orkan kennen gelernt. Mama hatte mich aus meiner Schule abgeholt und wir wollten beim Schottentor in die Pferdebahn einsteigen. Als wir zur Ringstrasse kamen, war ein Gehen bei dem Sturm kaum möglich. Die ganze Ringstraße menschen- und wagenleer! Plötzlich fasste uns ein Windstoß, warf uns zu Boden und wir rollten beide über die ganze Straße hinüber bis zum Trottoir. Ich war ganz zerschunden, und Mama wohl auch. Ich sah dann einen Herrn und einen Dienstmann aus einem Haustor laufen kommen. Sie hoben uns auf, hängten sich in Mama ein und zogen mich mit in das Haustor. Dann holten sie einen

---

[201] Sie waren über die Brandis mit den Meyern-Hohenbergs verwandt.

Einspänner und der brachte uns wieder nach Hause. Ich hatte mich schon so auf das gute Essen bei Tante Olga gefreut! An dem Tag in der Schule wurde ich sehr bestaunt und bedauert, ob meiner Schrammen. Es sollen damals auch Trams und Wagen vom Sturm umgeworfen worden sein."

Aber eine noch viel schlimmere Katastrophe ereignete sich wenig später -- der Ringtheaterbrand. „Ich saß auf Mama Schoß und sie erzählte mir aus der biblischen Geschichte von Josef und seinen Brüdern. Die Geschichte liebte ich besonders und sie musste sie mir immer wieder erzählen. Plötzlich stürzte unsere Köchin Marli, eine Coburgerin, die neun Jahre bei uns war, herein und schreit: „Es brennt!" Wir sehen zum Fenster hinaus: der Himmel blutrot und in unserem Hof über das *vis-à-vis* Dach flogen brennende Fetzen. Ich zitterte und weinte. Mama schickte Mali weg, um zu schauen, wo es brenne. Sie kam sehr bald wieder, es sei alles abgesperrt -- das Ringtheater brenne! Wir wohnten in der zweiten Parallelstrasse, genau auf derselben Höhe. Wie furchtbar dieser Brand gewesen, wie entsetzlich die armen Opfer, ist ja unvergesslich. Die Vorstellung hatte noch nicht einmal begonnen, da fing der Vorhang Feuer durch eine Gaslampe an der Rampe. Der brennende Vorhang flog durch den Luftdruck in den Zuschauerraum, die Beleuchtung erlosch im Theater und über 700 Menschen verbrannten, sie konnten nicht hinaus. Seit damals mussten alle Theater eiserne Vorhänge haben und mussten sämtliche Türen nach außen aufgehen, was dort umgekehrt der Fall war. Und überall hin kamen Notausgänge und Rettungsleitern. Ich glaube dieses furchtbare Unglück hatte Mama die Wohnung auch verleidet und wir zogen wieder um."

Große Welt

Neben dem einfachem, oft schwierigem Leben, gibt es im damaligen kaiserlichen Wien aber auch jene majestätische Pracht und Vielfalt, die für uns heute nur noch schwer nachvollziehbar ist. So sei noch einmal Josef Roth Zeitzeuge, wenn sein junger Leutnant Carl Joseph von Trotta dem alljährlichen Fronleichnamszug in Wien beiwohnt.

„Es leuchteten die lichtblauen Hosen der Infanterie. Wie der leibhaftige Ernst der ballistischen Wissenschaften zogen die kaffeebraunen Artilleristen vorbei. Die blutroten Feze auf den Köpfen der hellblauen Bosniaken brannten in der Sonne wie kleine Freudenfeuerchen, angezündet vom Islam zu Ehren Seiner Apostolischen Majestät. In den schwarzen lackierten Karossen saßen die goldgezierten Ritter des Vlieses und die schwarzen, rotbäckigen Gemeinderäte. Nach ihnen wehten, wie majestätische Stürme, die ihre Leidenschaft in der Nähe des Kaisers zügeln, die Rosshaarbüsche der Leibgarde-Infanterie einher. Schließlich erhob sich, vom schmetterten Generalmarsch vorbereitet, der Kaiser- und Königliche Gesang des irdischen, aber immerhin Apostolischen Armee-Cherubim : „Gott erhalte, Gott beschütze" über die stehende Volksmenge, die marschierenden Soldaten, die sachte trabenden Rösser und die lautlos rollenden Wagen. Er schwebte über allen Köpfen, ein Himmel aus Melodie, ein Baldachin aus schwarzgelben Tönen. Und das Herz des Leutnants stand still und klopfte heftig zur gleichen Zeit – eine medizinische Absonderlichkeit. Zwischen den langsamen Klängen der Hymne flogen die Hochrufe auf wie weiße

Fähnchen zwischen großen wappenbemalten Bannern. Der Lipizzanerschimmel kam tänzeln einher mit der majestätischen Koketterie der berühmten Lipizzanerpferde, die im Kaiserlich-Königlichen Gestüte ihre Ausbildung genossen. Ihm folgte das Hufgetrappel der halbschweren Dragoner, ein zierlicher Paradedonner. Die schwarzgoldenen Helme blitzten in der Sonne. Die Rufe der hellen Fanfaren ertönten, Stimmen fröhlicher Mahner: habt acht, hab acht, der alte Kaiser naht!

Und der Kaiser kam : acht blütenweiße Schimmel zogen seinen Wagen. Und auf den Schimmeln, in goldbestickten schwarzen Röcken und mit weißen Perücken, ritten die Lakaien. Sie sahen aus wie Götter, und sie waren nur Diener von Halbgöttern. Zu beiden Seiten des Wagens standen je zwei ungarische Leibgarden mit gelbschwarzen Pantherfellen über der Schulter. Sie erinnerten an die Wächter der Mauern von Jerusalem, der heiligen Stadt, deren König Kaiser Franz Josef war. Der Kaiser trug den schneeweißen Rock, den man von allen Bildern der Monarchie kannte, und einen mächtigen grünen Papageienfederstrauß über dem Hut. Sachte im Wind wehten die Federn. Der Kaiser lächelte nach allen Seiten. Auf seinem alten Angesicht lag das Lächeln wie eine kleine Sonne, die er selbst geschaffen hatte. Vom Stephansdom dröhnten die Glocken, die Grüße der römischen Kirche, entboten dem römischen Kaiser deutscher Nation. Der alte Kaiser stieg vom Wagen mit jenem elastischen Schritt, den alle Zeitungen rühmten, und ging in die Kirche wie ein einfacher Mann; zu Fuß ging er in die Kirche, der römische Kaiser deutscher Nation, umdröhnt von den Glocken. Kein Leutnant der Kaiser- und Königlichen Armee hätte dieser Zeremonie gleichgültig zusehen können. Und Carl Joseph war einer der Empfindlichsten. Er sah den goldenen Glanz, den die Prozession verströmte, und er hörte nicht den düstern Flügelschlag der Geier. Denn über dem Doppeladler der Habsburger kreisten sie schon, die Geier, seine brüderlichen Feinde. "[202]

Emma und Amélie erleben diese große Welt eigentlich immer nur dann, wenn der Großvater Löwenfels zu Besuch kommt. „Es war die Hochzeit des Kronprinzen Rudolf und Großpapa hatte Tribünensitze auf dem Naschmarkt genommen, um den grandiosen Einzug der Kronprinzessin Stephanie[203] zu sehen, als sie in der goldenen Glaskutsche mit sechs Schimmeln mit ihrer Mutter vorbeifuhr. Sie hatte ein rosa Atlaskleid, einen großen Strauß rosa Rosen auf den Knien und grüßte unaufhörlich nach allen Seiten. Mir imponierte diese ganze höfische Pracht unendlich. Und der Jubel und die Begeisterung der Wiener war unbeschreiblich." Ein anderes Jahr kam Eduard von Löwenfels nach Wien, um seine Tochter und Enkelin zu der schon erwähnten Reise in die Schweiz abzuholen. Doch auch die Enthüllung des Maria-Theresien-Standbilds wollte er sich nicht entgehen lassen. „Wir hatten Tribünensitze vor dem Naturhistorischen Museum. Da Kindern der Zutritt nicht erlaubt war, wurde ich vorher bei Hornbostels als „erwachsen" angezogen. Ich hatte Helenes weißes Konfirmationskleid an, das mir bis zum Boden ging. Meine schwarzen dicken Zöpfe wurden aufgesteckt und unter den Strohhut gezwängt. Ich war schrecklich stolz! Die ganze Feierlichkeit mit allem kaiserlichen Pomp und Glanz! Und dazu das berühmte prachtvolle Kaiserwetter! Kaiser, Kaiserin, Kronprinz Rudolf, seine Frau und seine kleine 3jährige Tochter Elisabeth (Erzsi genannt) waren da. Professor

---

[202] Joseph Roth, op.cit., Kapitel 13.
[203] Prinzessin Stéphanie von Belgien, die Enkelin Leopolds I., König der Belgier.

Zumbusch[204], der das Standbild gemacht, führte das Kaiserpaar um dasselbe herum, um alles zu erklären. Wie oft ging ich in späteren Jahren daran vorbei, ohne auch nur hinaufzuschauen!"

Lili

Seltene Höhepunkte! Denn meist sind im Leben der kleinen Amélie andere Dinge vorrangig. Da ist, zum Beispiel, das schon erwähnte Kinderbuch „Lili"[205], und vor allem die Puppe „Lili", die in ihrer Kindheit eine ganz große Rolle spielt. Lili wird in Amélies bescheidenem Dasein eine Quelle von Stolz und Selbstbewusstsein und zugleich Sonderbotschafterin in ihren Beziehungen zu anderen Kindern. Denn ihre Puppe ist einmalig, niemand hatte etwas auch nur annähernd Schönes. Von allen wurde sie bewundert und taucht in ihren Lebenserinnerungen immer wieder auf. „Ich erhielt einmal von dem Bruder von Mamas Freundin Magdalena Eckhoff eine Puppe und dieses Buch. Ich wurde zu Frl. Eckhoff eingeladen und sie nahm mich auf den Schoß und zeigte mir das Buch, das von einer Puppe Lili handelte. Es war auf französisch und ihr Bruder hatte es aus Paris mitgebracht. Sie erzählte mir die Geschichte und als ich alle Bilder angesehen hatte, kam ihr Bruder ins Zimmer und brachte mir genau so eine Gliederpuppe wie diese Lili im Buch. Sie war etwas ganz besonderes, eine Art wie man sie in Wien noch nicht hatte. Sie bewegte Kopf, Arme, Hände, Beine und Füße extra. Sie war entzückend angezogen -- die ganze Wäsche handgenäht mit echten Valenciennespitzen, ein hellblaues seidenes Unterkleid und ein weißes Seidenkleid mit feinster Stickerei und Spitzen, hellblaue Seidensöckchen und ebensolche Schuhe. In ihren hellblonden Wuschelkopf war ein blaues Band geschlungen. Sie war ein Traum von einer Puppe und sicher damals die schönste von ganz Wien. Meine Seligkeit war unbeschreiblich und ich habe meine Lili heiß geliebt und bald angefangen für sie zu nähen – natürlich unter Anleitung von Mama. Aber sehr bald machte ich mich selbstständig im Puppenkleiderschneidern und wurde sehr geschickt. Nun war kein Stoffrest, keine Spitzen, kein Band mehr vor mir sicher."

In ihrer kindlichen Seligkeit ahnte sie nicht, wie sehr ihre Puppenkleiderschneidererfahrung ihr später, in und nach zwei Weltkriegen, würde gelegen kommen, als es galt für ihre Kinder und später für ihre Enkelkinder zu nähen, weil es Anziehsachen entweder nicht gab, oder das Geld fehlte, sie zu kaufen.

Winter in Coburg

Auch in der neuen Wohnung ist ihres Bleibens nicht von langer Dauer. Noch im selben Winter übersiedeln sie für längere Zeit zu den Löwenfels nach Coburg. „Ich ging dort in eine Privatschule….Es war solch schönes Wohnen im Gegensatz zu unserer kleinen bescheidenen Wiener Hofwohnung. Damals war ich zum ersten Mal

---

[204] Caspar von Zumbusch (1830-1915), Bildhauer, Wichtigster Monumentalplastiker der Ringstraßenzeit in Wien. Denkmäler für Beethoven, Maria Theresia, Radetzky, und Erzherzog Albrecht.
[205] Es handelt sich um das französische Kinderbilderbuch „La Poupée de Bébé, Aventures merveilleuses d'une poupée qui parle", von Mme Doudet, Paris, Théodore Lefévre, Libraire-Editeur, um 1880.

mit Bewusstsein in Coburg. Ich hatte bald kleine Freundinnen, hauptsächlich Ria von Königsegg, die Stiefschwester von Lutz von Reuter, der damals als 15 jähriger Bub schon immer sagte, ich müsste mal seine Frau werden. Acht Jahre später machte er mir den Heiratsantrag. Ich kam auch viel mit den Töchtern des englischen Gesandten, Sir Scott, zusammen, war oft bei ihnen eingeladen und dann vom Diener abgeholt. Das gefiel mir….!"

Improvisierte Ferien am Land

Im Jahre 1880 wollte Emma endlich einmal allein mit ihren drei Kindern Ferien am Land machen. Es war wie immer eine Frage das Geldes, aber sie war ja nicht nur Künstlerin, sondern auch Lebenskünstlerin. Und ihre Kinder folgten ihr darin mit großer Begeisterung. „Sie hatte von einem alten Schloß Bergau bei Hainfeld gehört, das dem Stift Lilienfeld gehörte. So fuhr sie mal nach Lilienfeld und frug, ob sie dort mieten könne. Die Chorherren waren sehr liebenswürdig und stellten ihr das ganze Schloss <u>umsonst</u> zur Verfügung -- wenn es ihr nicht zu primitiv sei! Ich erinnere mich nur an unseren Einzug, Gottfried und Albert waren dabei und viel Gepäck, denn wir mussten ja alles mitnehmen – unser Bettzeug, Kochgeschirr, Wäsche und was immer. Bei der Haltestelle Rohrbach stiegen wir aus und mussten noch ein Stückel zu Fuß gehen, bis wir zu dem alten Schloss kamen. Kein richtiger Weg führte hin. Den haben die Brüder dann erst selbst gemacht. Das Schloss, ein alter Kasten mit viereckigem Hof, der hoch mit Brennnessel bewachsen war. Vorn ein großer Platz – Gras und weglos. Links und rechts davon, zwei kleine Gebäude. In dem einen wohnte ein alter Förster mit Frau und zwei Söhnen, das andere war wohl mal Stallung gewesen. In der Einfahrt zum Schloss zu beiden Seiten große Freitreppen, an die erinnere ich mich gut, weil man so leicht hinauf laufen konnte. Sie hatten so flache Stufen. Oben große Räume, eigentlich lauter Säle mit vielen Fenstern, aber viele ohne Scheiben. In jedem Raum standen verstaubt alte Möbel, solche Maria-Theresienschränke, Tische, Bettstellen. Kein einziger Stuhl. Ich schlief dann, zum Beispiel, in einem umgekehrten Tisch – die Füße in der Luft, was mir besonders gefiel. Die Türen hatten prachtvolle Schlösser, aber keine Schlüssel. Mama war immer wieder in heller Begeisterung. Ebenso die Brüder. Weniger, glaube ich, unsere Mali, denn sie hatte doch zu sorgen, dass es halbwegs wohnlich würde. Im Dorf Rohrbach bei einer Wirtin lieh sich Mama Matratzen, Vorhänge und was weiß ich aus. Die Leute waren alle furchtbar freundlich und brachten uns alles Mögliche, ebenso die Bauern aus ihren reichen Höfen, die wir besuchten. Von ihnen bekamen wir Eier, Butter, Milch, Obst -- alles geschenkt! Ich glaube sie bewunderten Mamas Mut, in dieses alte verwahrloste Schloss zu ziehen, vielleicht gefielen ihnen auch die Brüder in ihren Uniformen – Gottfried als Matrose, er war damals in der Fiumaner Akademie, und Albert als Kadettenschüler aus Mährisch-Weißkirchen.

Ganz nahe dem Schloss war ein schöner, breiter Bach von hohen Bäumen umstanden – da bauten die Brüder ein Badehüttchen. Dann standen ums Schloss herum prachtvolle alte Bäume mit dicken Stämmen, dort wurden Tische und Bänke gezimmert. Dann erinnere ich mich, dass mir Mama einmal einen Petroleumlappen in die Hand drückte, ich solle doch so einen alten Tabernakelschrank gut abreiben. Und ich war sprachlos, als wundervoll glänzende Einlegeflächen zu Vorschein kamen. Mit der Zeit wurden sämtliche Möbel auf Glanz geputzt und in die zwei Säle, die wir bewohnten, geschleppt. Eine Art Küche schien unsere Mali auch gefunden zu haben.

Merkwürdig ist, dass ich mich absolut nicht an schlechtes Wetter erinnere. Ich sehe immer bloß Sonne und die herrlichste Sommerwärme. Die Brüder waren zwei Monate mit dort. Wir bleiben aber noch viel länger. Aber da war's mir dann oft einsam, denn Mama zeichnete und malte viel und ich hatte nur meine Lili zum Spielen, gar keine Kinder. Einmal war Mama bei der netten Wirtin im Dorf und nähte bei ihr etwas auf der Maschine, während ich im Gastgarten beim Kegelspiel zuschaute, das ich zum ersten Mal sah, und das mir sehr gefiel.

Aber wir hatten auch Besuch, Großpapa kam – er musste ja alljährlich seine „Mieze", so nannte er Mama, sehen. Und da wir nicht nach Coburg kamen, so kam er nach Bergau. Er wohnte in Rohrbach bei der netten Wirtin. Wir machten einige schöne Ausflüge mit einem Wagen und schöne Spaziergänge. Aber vorher waren auch Dr. Fries mit seiner Frau und Edgar und Ella gekommen. Und mit ihnen machten Mama und ich eine Wagenfahrt nach Maria Zell. Wir kamen erst abends hin. Mir blieb diese Fahrt im Finstern bis heute im Gedächtnis, weil wir alle übersät waren von Glühkäferchen. Es war entzückend und wir drei Kinder begeistert. Zwei von uns saßen immer abwechselnd beim Kutscher am Bock. Dann reisten Fries' wieder nach Wien. Der dritte Besuch war der eines der Patres aus Lilienfeld. Er kam wohl nachsehen, wie wir da hausen. Wie stolz Mama ihm alles zeigte, was wir gemacht!

Und dann waren wir wieder in Wien in der scheußlichen Hofwohnung Berggasse No. 9. Aber im nächsten Sommer fuhren wir wieder in Bergau. Doch da hatten die schlauen Patres schon aus unserem Idyll eine Sommerfrische gemacht und den andern Trakt des Schlosses möbliert. Wir waren schon dort, als eine Familie aus Wien ankam, ein Elternpaar mit fünf Töchtern! Und einem Flügel! Aus war's mit unserer Idylle und Mama sehr ungehalten! Es war ein Maler Klein[206], er hatte die Fenster der Votivkirche in Wien gemalt, ein sehr netter alter Herr. Seine Frau einfach, blieb ganz für sich, die Töchter reizend, eine hübscher als die andere. Die beiden Jüngsten zwölf und vierzehn – ich war damals acht Jahre alt. Aber alle waren furchtbar nett und lieb zu mir. Begeistert waren die Brüder über diesen Zuwachs, als sie auf Ferien kamen. Und es entwickelte sich eine jahrelange Freundschaft zwischen ihnen. Der Sommer war sehr lustig, Mama machte viele Ausflüge mit uns allen – das Elternpaar blieb immer zu Hause. Kleins waren sehr streng katholisch, und da kam mir zum ersten Mal der Unterschied der Religionen zum Bewusstsein. Schon in Bergau wurde ausgemacht, dass eine der Töchter, Erny, mich in Wien dann als Schülerin nehmen würde. Sie spielte wunderschön Klavier und da sie kein Vermögen hatten, musste jede der Töchter einen Beruf ergreifen. Ich habe bei ihr sehr viel gelernt, habe aber auch immer fleißig geübt. Sie wohnten im sogenannten Schwarzspanierhaus in der Straße gleichen Namens, also ganz nahe von uns. Im selben Haus hatte auch Beethoven gelebt."

---

[206] Ein Maler namens Klein, der im Sterbehaus Beethovens in der Schwarzspanierstraße gewohnt hat, war nicht ausfindig zu machen. Vielleicht war es ein Nachkomme jenes Bildhauers Franz Klein, der 1812 Beethoven eine Gipsmaske abgenommen und von ihm eine Büste hergestellt hatte.

Andere Wohnungen, andere Ateliers

„Ich ging nun in die evangelische Schule am Naschmarkt in die 3. Volkschulklasse. Dort war eine tadellose Zucht und Ordnung – sie galt als die beste Schule in Wien. Wir durften außer in der Pause, nicht mucksen und mussten immer gerade sitzen ohne zu lümmeln Ich war sehr bald Vorzugsschülerin in Schönschreiben, Singen und Zeichnen. Während der drei Jahre hatte ich in der Schule ein und dieselbe kleine Freundin, ein stilles, sanftes Kind mit offenem schwarzem Haar und großen hellen Augen. Sie war immer die Klassenerste und saß neben mir in der letzten der zwanzig Bänke. Sie hieß Ethel Hrussa. Ich hätte so gerne mit Ethel verkehrt. Mama erlaubte, dass sie mich besuchte und mit mir Aufgaben machte, worüber ich schon sehr glücklich war. Aber Mama wollte nicht, dass ich zu ihr ginge, was ich nie begriff. Einmal trumpfte ich auf und sagte ‚Ethels Eltern sind viel mehr als wir – ihr Vater ist Marqueur!' Ich hatte keine Ahnung, dass das ein Zahlkellner sei, mir imponierte der Titel so sehr. Vielleicht verwechselte ich es mit Marquis. Endlich ließ Mama sich erweichen und zu Ethels Geburtstag durfte ich sie besuchen, aber war doch sehr erstaunt. Sie hatten ein großes Zimmer und eine Küche. In dem Zimmer schliefen die Eltern und zwei Töchter, die dritte Tochter schlief in der Küche. Zuerst war ich dort sehr verlegen, aber sie waren furchtbar lieb mit mir. Die Mutter hatte einen Gugelhupf gebacken. Ich war aber nie wieder dort, denn Ethel kam bald danach zu ihren Großeltern nach England. Ich hatte noch lang Sehnsucht nach ihr.

Wir waren inzwischen schon wieder übersiedelt in die Favoritenstrasse 42 – ungefähr gegenüber von Stieglitz. Die hatten eine Riesenerbschaft gemacht vom Petersburger Onkel Baron Stieglitz – 300.000 Gulden. Mir imponierte das mächtig![207]

Sie bezogen eine fürstliche Wohnung in der Schwindgasse mit ganz neuer prachtvoller Einrichtung, hielten sich Diener und Stubenmädchen. Und die donnerstäglichen Mittagessen und noch viele andere waren noch besser als früher. Für die beiden Söhne war dieser plötzliche Reichtum kein Glück, sie lernten schlecht und lumpten lieber, spielten am Turf[208], gleich ihrem Vater, waren mehr im unnummerierten Fiaker, den sich Onkel hielt, in der Freudenau beim Rennen als in der Schule. Ich sah sie sehr selten und mochte sie nicht, trotzdem beide sehr hübsche Menschen waren. Immer gleich lieb und bescheiden blieb Ella und rührend gut zu mir. Sie führte mich oft spazieren und erzählte mir dabei selbst erfundene Geschichten. Meine Mama wurde damals sehr krank, Kopfrose. Da pflegte Tante Olga sie allein, schlief auch bei ihr, und ich übersiedelte für diese Wochen zu Ella.

Damals, als wir umgezogen, nahm Mama ein Fräulein von Bassewitz aus Gotha in Pension, das das Wiener Konservatorium absolvieren wollte. Zwei Jahre wohnt Marelle bei uns. Sie war eine entfernte Cousine der Wangenheims. Ich hörte in diesen Jahren sehr viel Musik, kam in die Oper und in Konzerte, denn Marelle

---

[207] Unter den Papieren der Großfürstin Anna Feodorowna befindet sich ein im Rahmen ihrer Apanage im Jahre 1836 von Stieglitz und Co. in Sankt Petersburg ausgestellter Zahlungsauftrag. Die deutschstämmigen vom Zaren geadelten russischen Stieglitz waren Hofbanquiers und Kunstmäzäne in Sankt Petersburg gewesen. Diese russische Linie erlosch mit dem Tod des Barons Alexander von Stieglitz im Jahre 1884.
[208] Turf = Pferderennbahn; Pferderennen

bekam oft Freikarten. So hörte ich Liszt, Sarasate[209], Joachim[210] und noch andere damalige Berühmtheiten. Es spornte mich natürlich sehr an im Klavierüben, denn ich wollte auch ins Konservatorium und hatte auch alle Anlagen dazu. Aber auch für die schönen Künste interessierte mich Mama. So kam ich bei jeder schönen Ausstellung ins Künstlerhaus. Und was für prachtvolle Bilder sah ich da. Gemälde

von Munkacsy[211], von Wereschagin[212], und, viele, viele andere, darunter auch das berühmte Bild der Miss Grant. [213] Doch ganz abgesehen von den herrlichen Gemälden, liebte ich die ganze Atmosphäre im Künstlerhaus so, das leise Herumgehen und bloße Flüstern der Besucher, die roten Samtsofas.

Mama lernte in dieser Zeit den Maler Hlavacek[214] kennen, der dann auch ihr Lehrer wurde. Er hat dann das Riesengemälde „Die Stadt Wien" gemalt, welches im Wiener Rathaus im Treppenhaus die ganze Breitwand einnimmt. Er hatte sein Atelier im Prater neben der Rotunde in einem der beiden tempelartigen Bauten. Im zweiten hatte Prof. Tilgner[215], der berühmte Bildhauer, sein Atelier. In beiden war ich oft, denn Mama zeichnete und malte im Frühjahr viel im Prater – hauptsächlich Baumstudien. Da kam ich oft mit, saß neben ihr, machte meine Aufgaben oder las oder strabanzte in den Ateliers herum, die mich rasend interessierten und deren Besitzer mich sehr gern hatten. Mein junger Kopf und mein Gemüt waren in diesen Jahren von zehn bis vierzehn angefüllt von Kunst und langsam ließ meine Konservatoriumsbegeisterung nach – ich wollte Malerin werden. Aber davon wollte Mama vorerst nichts wissen. Ich zeichnete und kopierte ja ganz nett, aber mein Talent zum Porträtieren entwickelte sich erst mit fünfzehn Jahren." Es ist interessant festzustellen, dass die wenigsten der erwähnten Künstler heute noch sehr bekannt sind. Und dennoch zählten sie offensichtlich zu den Größen der damaligen Kunstwelt. Letztlich trifft der Zeitabstand, nicht der Zeitgeschmack die Auswahl, wenn es auch oft sehr lange dauert. So ist es in diesem Zusammenhang bemerkenswert, dass zwei der wirklich großen Maler Wiens, die damals gerade heranwuchsen, Gustav Klimt und Egon Schiele, über fünfzig Jahre später im Volks-Brockhaus-Lexikon von 1961 (12. neubearbeitete Jubiläumsausgabe) immer noch nicht erwähnt waren.

---

[209] Pablo de Sarasate (1844 -1908), spanischer Violinist und Komponist.
[210] Joseph Joachim (1831 – 1907), österreichischer Violinist und Komponist.
[211] Mihály von Munkácsy (1846 -1900), ungarischer Maler, studierte in Budapest, Wien, München und Paris. Er vollendete das zuvor Markart und Canon anvertraute große Deckengemälde im Stiegenhaus des Kunsthistorischen Museums in Wien. Er zählt zu den besten Porträtisten des 19. Jahrhunderts.
[212] Wassili Wereschagin (1842 -1904), russischer Orientalist und Schlachtenmaler, Gemäldezyklusse zur russischen Eroberung des Turkestan und zum Balkankrieg 1877-78.
[212] Sir Francis Grant (1803 -78), schottischer Maler. Es handelt sich um das Portrait seiner Tochter, heute in der Tate Gallery in London
[212] Anton Hlavacek (1842 – 1926), österreichischer Landschaftsmaler
[212] Viktor Tilgner (1844 – 96), österreichischer Bildhauer, Hauptwerk: Mozartdenkmal in Wiener Burggarten.

Am Attersee

„Im Sommer 1883 gingen wir an den Attersee – ich sah zum ersten Mal einen See! Wir bewohnten in der Burgau in einem Gasthof zwei Zimmer mit Küche. Es war für mich eine herrliche Ferienzeit -- viele Kinder als Umgang, teils Sommerfrischler, teils die drei Jüngsten des Besitzers, des reichen Bauern Mitterdorfer. Er hatte 13 Kinder – schon das begeisterte mich. Die erwachsenen Töchter halfen schon in der Gastwirtschaft als Kellnerinnen – immer in der oberösterreichischen Tracht mit dem schwarzseidenen Kopftuch. Wir verfügten über unser eigenes Ruderkielboot. Bald hatte ich das Rudern erlernt und war mehr am Wasser als auf dem Land. Ich wunderte mich später oft, dass Mama mich so ganz allein in den See hinausrudern ließ, ich konnte doch nicht schwimmen. Aber ich hatte keinerlei Angst. Und da ich auch mit Passion und viel Erfolg fischte und bald weg hatte, dass weitab von Ufer die Fische besser anbissen, saß ich oft stundenlang in meinem Boot und fischte. Mama war während der Zeit irgendwo im Wald oder am See und malte. Wiederholt ruderte ich sie auch irgendwohin, wo sie ein Motiv gefunden hatte." Dort und damals ist auch das schon erwähnte romantische Gemälde der Atterseelandschaft mit Fischern entstanden, das Emma ihrem Vater zur goldenen Hochzeit geschenkt hat.

„Es waren drei herrliche Sommer! An Regentagen spielten wir Mädels im Schlafzimmer der Eltern Mitterdorfer Puppen, natürlich war meine Lili mit. Einmal hatte ich sie an unser Fenster gesetzt. Wir wohnten ebenerdig neben dem Grasgarten, der zum Salettl führte, wo immer gegessen wurde. Ich machte im Zimmer Aufgaben. Plötzlich sehe ich zwei größere, fremde Mädchen, sehr hübsch angezogen, die meine Lili bewunderten. Die eine der beiden nahm sie vom Fenster und schaute sie sich genau voller Entzücken an und setzte sie dann wieder hin. Mich hatten sie nicht gesehen. Später erzählte der 16jährige Wirtssohn Franzl, der die beiden und eine ältere Dame nach Weißenbach gerudert hatte, es sei die Erzherzogin Valerie, jüngste Kaisertochter mit ihrer Freundin gewesen. Da war ich nun noch stolzer auf meine Lili.

Großpapa (Eduard von Löwenfels) besuchte uns auch und mit ihm machten wir schöne Tagesausflüge, auch er malte und zeichnete viel, nur in Aquarell, Mama nur in Öl. In damaliger Zeit hatten wir sehr lange Ferien, meist drei Monate. Gottfried war, glaube ich keinmal am Attersee. Er war um diese Zeit meist eingeschifft – er war ja schon Offizier. Albert kam jeden Sommer, er war noch Akademiker. Im zweiten Sommer kam sogar Großmama (Bertha von Löwenfels) – das war ein großes Ereignis, denn sie war schwerfällig und verließ ungern ihr geliebtes Coburger Haus - - höchstens um nach Brüheim zu Tante Sophie zu fahren. Ich erinnere mich noch an die sonntägliche Kirchenfuhr. Es wurde dann das große dicke Ruderboot genommen, das wohl zwanzig Personen und mehr fasste. Die Rudernden --- meist die eine Tochter und ein Sohn Mittendorfers -- standen am Heck mit ihren langen Rudern. Bänke waren rundherum im Schiff, das ein Flachboot und sehr stabil war. Großmama, die katholisch war, fuhr immer mit zur Kirche. Man hatte ihr in die Mitte des Schiffes einen Fauteuil aufgestellt. Da thronte sie – was so drollig aussah. Aber all die Wirtsleute hatten großen Respekt vor der „Exzellenz" und waren furchtbar aufmerksam gegen sie."

Brüheim, Gotha, Coburg, Wien

„Ich vergaß zu erzählen, dass ich im Sommer 84 bei Tante Sophie (von Wangenheim) in Brüheim war und später noch bei ihnen im Landratsamt in Gotha. Ich bin damals mit Marelle nach Gotha gereist, denn Mama war mit Albert in Gastein zu seiner Kur. Er litt nämlich so sehr an Kopfschmerzen in der Akademie, dass ihn der alte Kaiser selbst, anlässlich seines Inspizierungsbesuches, in der Krankenabteilung besuchte, ihn von den Schlussprüfungen befreite und nach Gastein schickte. Mama begleitete ihn nach der Kur noch an den Grundlsee zu Hornbostels, die dort eine Villa hatten, zur Nachkur. Albert erholte sich sehr.

Ich dagegen verbrachte den Sommer in Brüheim mit dem gleichaltrigen Albert Wangenheim und der um zwei Jahre jüngeren Änne. Da ich doch in Wien immer allein war, genoss ich das Leben im großen Familienkreis, Onkel Constantin und Tante Sophie hatten sieben Kinder. Wir spielten sehr viel Croquet, das aber nie ohne Streit abging, weil Änne immer behauptete, wir mogelten.

Mama holte mich im Herbst in Gotha ab. In Wien ging ich dann schon das zweite Jahr ins Institut Gunesch in der Kärntnerstraße 14. In diese Schule ging ich gern. Es waren höchsten 14 Mädchen in einer Klasse und nur Mädchen aus guten Familien. Dort sah ich Mädi Gözsy zum ersten Mal. Mama holte mich täglich ab -- wir hatten von 9 bis 12 Uhr Unterricht. Dabei traf Mama immer Mama Gözsy und freundete sich bei dem täglichen Warten auf uns mit ihr an. Wir gingen dann meist ein Stück zu Fuß nach Hause. Es entwickelte sich eine treue Freundschaft, sodass wir in Zukunft tagtäglich zusammen kamen, bis wir heirateten.

Bei Gunesch hatten wir immer drei Monate Sommerferien und ich war von da an alljährlich in Coburg. Im Jahr 85 kam ich dort bei einer Kindergesellschaft bei Frau von Königsegg zum ersten Mal mit den Prinzessinnen von Coburg zusammen. Wir hatten alle unsere Lieblingspuppen mitgebracht und wieder feierte meine Lili Triumphe. Ich war entzückt von den Prinzessinnen, die wohl jünger waren als ich, aber gleich große Sympathie für mich zeigten. Da begann unsere Freundschaft, die sich alljährlich steigerte."

Die Verbindung zum Coburger Fürstenhaus setzt sich also auch in dieser Generation fort. Es handelt sich hier um Marie (Missy), Viktoria (Ducky) and Alexandra (Sandra), die Töchter des künftigen Herzogs, also des zweiten Sohns der Queen Victoria und des Prinzen Albert. Sie werden später auch bei Amélies Kindern Pate stehen.

„Im Winter 85/86 war ich wieder in Wien und ging zu Gunesch in die Schule. In der Zeit kamen wir oft mit Göszys zusammen, Mädie fuhr manchmal Sonntags mit nach Inzersdorf. Und wir liefen fast täglich zusammen auf dem Eislaufvereinsplatz Schlittschuh. In unserem Alter durften wir ja noch allein ausgehn."

Es dies die Zeit, in der junge Menschen anfangen, ihren Körper und ihr Leben aus dem Kerker der Mode und der Konventionen zu befreien. Sie „wurden schöner und gesünder dank des Sports, der besseren Ernährung, der verkürzten Arbeitszeit und der innigeren Bindung an die Natur." schreibt Stefan Zweig über seine eigenen Jugend. Man lief Schlittschuh, ruderte, spielte Tennis, schwamm. „Und gerade im

Schwimmbad konnte man die Verwandlung deutlich gewahren: während in meinen Jugendjahren ein wirklich wohlgewachsenen Mann auffiel inmitten der Dickhälse, Schmerbäuche und eingefallenen Brüste, wetteiferten jetzt miteinander turnerisch gelenkige, von Sonne gebräunte, von Sport gestraffte Gestalten in antikisch heiterem Wettkampf....Die Frauen warfen die Korsetts weg, die ihnen die Brüste einengten, sie verzichteten auf die Sonnenschirme und Schleier, wie sie Luft und Sonne nicht mehr scheuten, sie kürzten die Röcke, um besser beim Tennis die Beine regen zu können, und zeigten keine Scham mehr, die wohlgewachsenen sichtbar werden zu lassen.... Die Welt war nicht nur schöner, sie war auch freier geworden." Das vollzog sich zwar nicht von heute auf morgen, aber im Laufe der folgenden zwei Jahrzehnten bis zum Beginn des Weltkriegs. Da sah man dann auch „schon junge Mädchen ohne Gouvernante mit jungen Freunden auf Ausflügen und beim Sport in offener und selbstsicherer Kameradschaft; sie waren nicht mehr ängstlich und prüde, sie wussten, was sie wollten und was sie nicht wollten."[216]

„Sehr schön war für mich die Nähe zu Tante Olga Stieglitz in der Schwindgasse." fährt Amélie in ihrer Erzählung fort. „Da gab's immer so viel und gut zu essen. Nach einem Jahr zogen wir schon wieder um, aber im selben Haus, in den 1. Stock rückwärts mit dem Ausblick auf den Garten des Palais Salvator in der Alleegasse, jetzt Argentinierstraße. Vielleicht hatte Mama nur gewartet, bis diese Wohnung frei würde – das weiß ich nicht. Jedenfalls war sie sehr schön. Fünf Jahre blieben wir dort.

An die Brüder erinnere ich mich in diesen Tagen weniger. Gottfried kam wohl auf Urlaub, aber war viel eingeschifft. Albert war noch in (der Militärakademie Wiener) Neustadt und ich sah ihn öfter. Er brachte auch immer Freunde mit. Seinen besten Freund Silvio Spiess von Bracciaforte, den wir sehr gern hatten, war auch einen Sommerurlaub bei uns am Attersee gewesen. Silvio war der erste in allen drei Jahrgängen in Neustadt. Er wurde schon mit 18 Jahren Leutnant und fiel als Oberst an der Spitze seines Regimentes im Jahre 14.

Die junge Generation wird erwachsen.

Die neuen Transportmittel hatten Reisen möglich und einfacher gemacht. „Wer Ferien hatte, zog nicht mehr wie in meiner Eltern Tagen in die Nähe der Stadt oder bestenfalls ins Salzkammergut, man war neugierig auf die Welt geworden, ob sie überall so schön sei und noch anders schön; während früher nur die Privilegierten das Ausland gesehen, reisten jetzt Bankbeamte und kleine Gewerbsleute nach Italien, nach Frankreich. Es war billiger, es war bequemer geworden, das Reisen, und vor allem: es war der neue Mut, die neue Kühnheit in den Menschen, die sie auch verwegener machte im Wandern, weniger ängstlich und sparsam im Leben, -- ja man schämte sich, ängstlich zu sein." erinnert sich Stefan Zweig.[217]

---

[216] Stefan Zweig, „Die Welt vom Gestern", Suhrkamp Verlag 1947, Glanz und Schatten über Europa.
[217] Stefan Zweig, op. cit., Glanz und Schatten über Europa.

Amélies Brüder Gottfried und Albert werden erwachsen, sie selbst wird flügge und das Leben Emmas und Amélies wird abwechslungsreicher. „Im Sommer 1887 sollte ich zum ersten Mal das Meer sehen! Am 18. August wurde Albert in Neustadt ausgemustert. Als stolzer Leutnant kam er nach Wien. In seinem Urlaub bis zu seiner Einrückung zu seinem Regiment in Linz (14. Infanterieregiment „Hessen") wollten wir eine Reise ans Meer machen.

Wir wollten Gottfried in Pola besuchen und vorher in Graz, Cilli und Römerbad[218] Station machen. Ich war furchtbar stolz mit meinem Bruder „Leutnant" zu reisen. In Graz besuchten wir Hornbostels und blieben drei Tage bei ihnen. Von Graz ging es nach Cilli, dort verlebten wir schöne 14 Tage, wohnten im Gasthof. Einmal saß ich auf einer Galerie und las, da höre ich plötzlich unten einen Säbel scheppern. Ich schaute hinunter, da steht Silvio Spiess unten, damals schon ein Jahr Artillerie-Leutnant. Er wollte Albert überraschen, was ihm auch sehr gut gelang. Wir freuten uns alle sehr. Er machte dann die Reise bis Pola mit uns. Zuerst sahen wir uns Römerbad an. Und ich ging schwimmen. Dieses Jahr war Schwimmen nämlich mein Schönstes. Schon in Wien ging ich täglich mit Mädie ins Sofienbad. Doch Römerbad blieb mir in Erinnerung, weil mir dort eine riesige Kröte nachschwamm. Es war kein Bassin, sondern wohl ein Teich. Ich schrie und grauste mich schrecklich.

Von dort ging es dann weiter nach Triest. Als ich bei Opcina das Meer zum ersten Mal sah, war ich sprachlos und begeistert. Übrigens, sahen es Mama und Albert auch zum ersten Mal. Silvio war aus Fiume, dem war es Heimat. Ich weiß nicht mehr, ob wir uns in Triest aufhielten. Mir ist nur Pola, der Hafen, die Schiffe und das alte Marine-Casino in Erinnerung. Die Marine-Schwimmschule in Fisella -- das erste Mal im Meer schwimmen war trotz Quallen herrlich. Mama war so glücklich mit ihren beiden Söhnen als Offiziere." Sie erntet die Früchte einer langen entbehrungsreichen Zeit. „Wir machten Ausflüge, Besuche und gingen täglich in die Marine-Schwimmschule. Einmal fuhren wir mit einem Tender[219] nach Brioni, damals noch eine wilde Insel, bloß ein Fort drauf und ein paar Fischerhäuschen – und sehr viel Schlangen. Der spätere Besitzer, Herr Kuppelwieser, hat sie dann zu einem Eldorado gemacht.

Es kam damals die englische Escadre nach Pola mit dem Herzog und der Herzogin von Edinburgh -- Eltern meiner Prinzessinnen in Coburg[220] -- auf dem Flaggschiff ‚Surprise'. Wir besuchten das Kriegsschiff „Alexandria" und sahen es uns an, wurden auch in des Herzogs Kabine geführt. Ich weiß noch, wie ich auf seinen Schreibtisch zustürzte, weil ich dort dasselbe Bild seiner drei Töchter stehen sah, das ich in Wien hängen hatte. Der führende Offizier amüsierte sich, dass ich ihre Namen wusste und sie sogar kannte. Damals grub ich mein Schulenglisch aus. Wir bewunderten überall die Sauberkeit am Schiff, da sagte ein Matrose „Not always like that!" Leider war das Herzogspaar unsichtbar – sie waren auf einem andren Schiff. Da der

---

[218] Badeort in der Nähe von Cilli.
[219] Versorgungsschiff.
[220] Prinz Alfred von Sachsen-Coburg und Gotha war damals noch nicht regierender Herzog in Coburg, sondern noch Admiral in der englischen Marine, obschon er mit seiner Familie schon weitgehend in Coburg lebte.

Herzog Admiral war, konnte er seine Frau mitnehmen. Nur wohnte sie mit ihren Damen auf der „Surprise".

Einen Nachmittag waren die Engländer im alten Marine-Casino zu einer Tanzerei eingeladen. Ich durfte auch mittanzen – was ich damals schon sehr gut konnte. Meine Tänzer waren die jungen „Midshipmen"[221]. Da war auch Prinz Battenberg dabei, ich saß einmal in einer Tanzpause längere Zeit neben ihm. (Zehn Jahre später war ich durch Wochen mit seiner Frau, geb. Prinzessin von Hessen, und Töchtern im Schloss Wolfsgarten zusammen.)[222] Ich hatte ein sehr hübsches hellblaues Fähnchen an und meinen dicken langen Zopf aufgesteckt. Gottfrieds Kameraden waren alle furchtbar nett mit mir und luden mich immer zum Eisessen ein. Da ging's mir gut, täglich Gefrorenes – das war in Wien doch so eine Seltenheit für mich. Auch dort blieben wir 14 Tage und es war zu schön mit den Brüdern zusammen zu sein. Sie sekierten mich nicht mehr so wie früher immer. Schweren Herzens trennten wir uns von Pola, dem lustigen Leben dort und dem Meer. Die Schule begann in Wien und Albert musste in seine Garnison nach Linz einrücken."

Im folgenden Jahr, 1888, begleitet Amélie den alten Herrn von Löwenfels auf die schon beschriebene Reise in die Schweiz. Es folgen Sommerferien in Coburg – „das war für mich immer das schönste". Im Herbst wird sie ins Institut von Dr. und Frau von Scheffler nach Weimar gesteckt, „weil die Großeltern und Mama über den Winter nach Gardone[223] gingen." Es folgen die ersten Reisen allein: zu Weihnachten nach Coburg, im Frühjahr zu Verwandten nach Naumburg. Dort freundet sie sich mit der jungen Engländerin Maud Franklin[224] an. „Anfang April 89 kam Mama aus Gardone zurück. Am 14. April war meine Confirmation, dann Osterferien in Brüheim." Den Sommer werden sie vermutlich wieder in Coburg verbracht haben.

Um ihrem Sohn Gottfried näher zu sein, hat sich Emma von Meyern-Hohenberg für den nächsten Winter mit ihrer Tochter und diesmal auch mit ihrer Nichte Käthe von Wangenheim, in Pola eingemietet. „Ende Oktober reisten wir, blieben eine Woche in Wien. Dann ging es über (Buda)Pest – dort zwei Tage im Hotel mit Alberts Braut Sophie von Handel und deren Mutter, die von Peterwardein gekommen waren – über Fiume nach Pola. Ankunft 13. November. Wir hatten eine hübsche möblierte Wohnung am Circonvalazione mit vier Zimmern. Die Hausfrau kochte für uns. Bald kam die deutsche Escadre mit Vetter Graf Platen auf der „Preußen". Es war eine herrliche Zeit, wie junge Mädchen sie nicht schöner haben konnten. Gottfrieds Kameraden täglich zum Tee, wir machten Ausflüge zusammen. Jeden Samstag Tanzerei im Casino. Viele Einladungen, wir wurden furchtbar verwöhnt. Ich hatte Mal- und Klavierstunden, Kaethe Singstunden. Im Frühjahr 90 kam Albert auf drei Wochen und danach Großpapa. Er genoss es riesig, wurde von der Admiralität sehr

---

[221] Midshipman = Fähnrich zur See.
[222] Es handelt sich hier um den 1854 in Graz geborenen Prinz Louis von Battenberg, ab 1917 Louis Mountbatten, Marquis of Milford-Haven und 1st Lord of the Admiralty. Eine seiner Töchter war die Mutter von Philipp Mountbatten, dem Prinzgemahl der Queen Elisabeth II.
[223] Beliebter Ferienort am Gardasee.
[224] Diese Maud Franklin hat nichts mit der gleichnamigen Lebensgefährtin des amerikanischen Malers James M. Whistler zu tun, sondern war die Tochter des obersten Militärarztes in der britischen Indienarmee.

geehrt. Mitte Mai reisten wir bis Linz zusammen, dann Großpapa mit Käthe heim, wir nach Wien."

Im Juli 1890 heiratet ihr Bruder, Albert von Meyern-Hohenberg, in Peterwardein Sophie von Handel. Den Rest des Sommers verbringt sie in Coburg, Brüheim und Dresden und ist im Herbst dann wieder in Wien. Sie beginnt nun Zeichenstunden beim Maler Fuchs. Ein Jahr später kommt sie „zu Maler Stauffer[225] ins Canon-Atelier zu Privatstunden – täglich von 9 bis 13 Uhr – ich lernte viel von ihm. Täglich mit Mädie zusammen, Sonntags Inzersdorf." Doch die kleinen Unterhaltungen in Wien langweilen sie nun – „ich war das Jahr vorher in Pola zu verwöhnt worden."

Die folgenden Sommerferien in Coburg sind verpatzt durch Krankheit – „ich bekam Diphtherie, als ich von Schloss Buch (der Freiherrn von Stockmar) zurückkam, wo ich eine Woche gewesen war."

Im darauffolgenden Jahre 1892 stirbt zuerst Constantin von Wangenheim in Februar und im April Eduard von Löwenfels. Einige Monate später lernt Amélie Freiin von Meyern- Hohenberg bei Freunden in Wien August Frhr. Jordis von Lohausen kennen. Ein Kapitel Familiengeschichte geht zu Ende, ein neues beginnt.

Die k. u. k. Armee

„Dass es diesem fleißigen, aufrechten, vernünftigen, scheinbar kühlen und recht phantasielosen Monarchen (Kaiser Franz Josef I.) gelang, sein Reich zusammenzuhalten, verdankte er zu einem Großteil dem Zauber, der von seinem langen Leben ausging, doch auch der Loyalität und der Ergebenheit seiner Armee."[226] Man muss daneben noch die Schar seiner redlichen unermüdlichen Beamten stellen, von denen schon die Rede war. Schon die Kaiserin Maria Theresia hatte angefangen, neben dem begüterten Hochadel „eine neue Elite kaiserlicher Offiziere und Beamten zu schaffen, die sich zu einem erheblichen Anteil aus den Reihen der Bürgerlichen rekrutierte." Als Dank für ihre Dienste wurden sie – wie Johann von Jordis -- in den Adelstand erhoben, „was aber in der Regel nicht mit einem materiellen Nutzen verbunden war."

Wie Carl Joseph, der Sohn des Bezirkshauptmanns Franz von Trotta in Joseph Roths Roman „Radetzkymarsch", so tritt auch August, der jüngste Sohn des nun in Pension in Graz lebenden Delegaten Johann Jordis von Lohausen in diese Armee ein. Bis auf die letzten vier Jahre fällt seine gesamte militärischen Laufbahn in eine Zeit des Friedens. Bosnien-Herzegowina war schon 1878 besetzt worden und der Weltkrieg begann erst 1914. So wechselte er 28 Jahre lang von Garnison zu Garnison, von Regiment zu Regiment und übte auf Exerzierplätzen und Manöverfeldern für den Kriegsfall.

Im Jahre 1886, zwanzigjährig, von der k.u.k. Infanteriekadettenschule in Liebenau ausgemustert, wird er jedoch nicht Infanterist, sondern findet beim Ulanen-Regiment

---

[225] Viktor Stauffer (!852 – 1934), österreichischer Porträtmaler.
[226] Alle Zitate und Informationen über die k.u.k. Armee, wenn nicht anders angegeben, entstammen dem Buch: István Deák, „Der k. (u.) k. Offizier, 1848-1918, Böhlau Verlag, Wien, 1995.

Nr. 5 Aufnahme und wird zwei Jahre später dort zum Leutnant ernannt. Es ist möglich, dass der Eintritt bei den Ulanen durch seinen Firmpaten Ferdinand Vicomte de Forestier, k.u.k. Ulanenrittmeister a. D. vermittelt wurde.

Die Ulanen waren ursprünglich polnische Reitertruppen mit der charakteristischen Kopfbedeckung, der Czapka, mit ihrem quadratischen Deckel, bewaffnet mit Säbeln, Pistolen und Lanzen mit dem schwarz-gelben Fähnchen unter der Lanzenspitze. Doch schon 1894 wurden die Lanzen durch Karabiner ersetzt, was weit weniger malerisch, aber sicherlich wirksamer war. Dieses Ulanenregiment, dessen Inhaber[227] Nicolaus II von Russland und dessen Kommandant damals Oberst Wimmer war, bestand hauptsächlich aus Kroaten und hatte bei der Besetzung von Bosnien-Herzegowina im Einsatz gestanden. Es lag in Tona, einer kleinen Stadt etwas 50 km nordöstlich von Fünfkirchen in Ungarn in Garnison.

Das Regiment

Die wichtigste „Einheit" in der Armee war das Regiment.[228] Es war die „Familie" seiner Offiziere und Soldaten. Man identifizierte sich mit *seinem* Regiment, schützte seine Ehre, war stolz auf seine Siege, seine Regimentsfarben und seine Sonderheiten. Ja, das ging so weit, dass kein Offizier „ohne Zustimmung der Offiziersversammlung in das Regiment eintreten, heiraten oder seinen Rang behalten" konnte. Daher war es auch lebenswichtig, dass jeder Offizier sich in „seiner Familie" wohl und zu Hause fühlte. Doch wie Carl Joseph von Trotta, auch Leutnant bei den Ulanen, sich in seinem Regiment nicht wohl fühlte, um so mehr als ihm das Reiten nicht lag, und sich zu einem Jägerregiment transferieren ließ, so fühlte sich auch August bei den „Fünfer Ulanen" nicht wohl. Am Reiten kann es bei ihm nicht gelegen haben, denn er war ein ausgezeichneter Reiter, der einige Rennen gewonnen hat. Auch muss er tüchtig gewesen sein, denn nach zwei Jahren wurde er dort zum Leutnant befördert. Waren es die Kameraden? Die Atmosphäre? Man kann es nur vermuten. Sein Vater hatte sein Leben lang in Italien gedient und sprach fließend italienisch. Sein Sohn wollte seinen eigenen Weg gehen. Er sprach fließend ungarisch, liebte Ungarn und die Husaren und wollte bei ihnen und in Ungarn dienen. In der Tat, setzten sich die meisten Husarenregimenter zu über 90 % aus Ungarn zusammen. Für seinen Vater war die Entscheidung seines Sohnes schmerzlich, hatte er doch den „Verrat" der Ungarn von 1848 nicht vergessen. Dennoch ließ er ihn gewähren. Aber es gab da ein finanzielles Hindernis. Die Offiziere der österreichischen Armee mussten ihre Uniformen, einschließlich der Paradeuniformen, die Kavalleristen auch ihre Pferde,

---

[227] Die Rolle der Regimentsinhaber – ausländische Fürsten, habsburgische Erzherzöge, Hocharistokraten oder pensionierte Generäle – war zu der Zeit nur noch repräsentativ: ihren Namen durften sie geben und bei feierlichen Anlässen in der Uniform des Regiments erscheinen.
[228] Jedes Infanterieregiment gliederte sich in 3-4 Bataillone, sowie 3-4 Maschinengewehrabteilungen mit je 2 Maschinengewehren, d.h. bei Kriegsstärke insgesamt etwa 3000-4000 Mann. Jedes Bataillon bestand aus 4 Infanteriekompanien.
Jedes Kavallerieregiment gliederte sich in 2 Divisionen, zu je 3 Eskadronen, die Kriegsstärke der Eskadron betrug rund 150 Reiter, d.h. insgesamt etwas 900 Reiter. Dazu kam 1 Pionierzug und 1 Telegrafenzug. Die Kavalleriemaschinengewehrabteilungen waren direkt der Kavallerietruppendivision unterstellt.

selbst stellen. Und die reich verzierten Husarenuniformen waren zwar besonders schön, aber auch besonders teuer.

Im Gegensatz zu anderen Waffengattungen trugen die Husaren nicht einen Waffenrock im üblichen Sinne, sondern den Attila, ein Kleidungsstück, das der ungarischen Nationaltracht ähnelte. Dieser meist hell- oder dunkelblaue Attila war mit goldenen oder silbernen Schnüren und Brustschlingen verziert, wobei jedes Husarenregiment seine eigene Farbkombination besaß. Dazu trug man den farbentsprechenden Tschako auf dem Kopf. Mein Großvater konnte sich von seinem geringen Leutnantsgehalt eine solche Husarenparadeuniform einfach nicht leisten, denn das österreichische Offizierskorps gehörte zu den schlechtbezahltesten Europas. Da kam ihm schließlich ein glücklicher Zufall zu Hilfe: einer seiner Freunde bei den Husaren wollte zu den Ulanen überwechseln. Und da sie die gleiche Größe und Figur hatten, tauschten sie einfach Uniformen. Dass dieses Uniformproblem weder neu noch einmalig war, bezeugt folgende Geschichte: Dem Husarenregiment Nr. 12 wurde 1841, also ein halbes Jahrhundert zuvor, der später bekannt gewordenen Oberleutnant Görgey zugeteilt, er „musste aber von seiner Familie ein Darlehen in der Höhe von 2.000 Gulden aufnehmen, um die bei der Kavallerie unerlässlichen reich verzierten Uniformen und guten Pferde kaufen zu können. Aus diesem Grund hatte er vorzugsweise um eine Zuteilung zum 12. Regiment angesucht, weil dessen Uniformen, anders als die der übrigen Husaren-Regimenter, mit Silber und nicht mit dem teureren Gold verziert waren. Um die Schulden an seine Familie zurückzahlen zu können, aß Görgey als ersten Gang Kommisbrot; als zweiten und dritten Gang dasselbe, und als Dessert ein kleines Stückchen desselben Brots". Alle paar Dutzend Jahre wurden die Offiziersgehälter etwas aufgebessert. Wie schwierig, um nicht zu sagen abenteuerlich das durchzusetzen war, berichtet Rudolf von Eichthal in seiner ernst-humorvollen Novelle „Der Gekreuzigte".[229]

Leutnant Gustl -- Brautzeit

August Jordis von Lohausen trat also 1889 beim Husarenregiment Nr. 4 ein. Er hatte erreicht, was er wollte. Inhaber dieses 1733 gegründeten Regiments war Arthur, Duke of Connaught and Strathearn, Regimentskommandant Oberst Arthur Freiherr von Lederer. Es lag in Maria-Theresiopel[230] in Südungarn in Garnison.

„Metternichs Ausspruch, dass der Balkan gleich östlich von Wien beginne, war eine von vielen habsburgischen Offizieren geteilte Meinung. Sie fanden die Hotels und Gasthöfe in Ungarn mit Wanzen verseucht, die Straßen in schrecklichem Zustand und den Landadel hochmütig und nationalistisch. Die Stationierung in einer Garnison dieses Landes hatte aber auch ihre Vorteile, zum einen die legendäre Leidenschaft und Schönheit der Frauen, zum anderen die ungarische Gastfreundschaft. Die magyarische Oberschicht, die sich abwechselnd als unterdrückt oder ihren österreichischen Standesgenossen als ebenbürtig betrachtete, hasste zwar die k.u.k. Armee, hieß ihre Offiziere aber im allgemeinen willkommen. Das ungarische Wort *mulatság*

---

[229] Rudolf von Eichthal, „Miczike", Novellen, Verlag das Bergland-Buch, Salzburg, 1931
[230] Stadt in der Woiwodina, zwischen Banat und Batschka, heute Subotica im Serbien.

(Unterhaltung) ging in das Vokabular der habsburgischen Offiziere ein. Eingedeutscht bedeutet mulatieren soviel wie trinken, singen und feuriger Zigeunermusik zuhören."

Doch nicht eine leidenschaftliche Ungarin sollte meinem Großvater den Kopf verdrehen. Ende November 1892 lernte „Leutnant Gustl" – er hatte glücklicherweise keinerlei Ähnlichkeit mit dem gleichnamigen Held aus Arthur Schnitzlers Novelle[231] – in Wien die 19jährige Amélie (Elli) Freiin von Meyern-Hohenberg kennen. Sie schreibt darüber eher sachlich: „Am 13. November lernte ich an einem Sonntag beim Essen bei Benkos Gustl kennen. Er war im Cavallerie-Telegrafenkurs in Tulln und kam allsonntäglich zu Benkos Essen. Und ich auch.....Den Winter sahen wir uns fast täglich, bei Tees oder Bällen ....Karfreitag mit Benkos Ausflug auf den Kahlenberg – vorher bei uns im Geheimen verlobt. Das wunderschöne Frühjahr verging und am 22. Mai verlobten wir uns offiziell auf einem Ausflug auf die Sophienalpe – Mama, Gustl, ich und Vater Gözsy. Über den Kahlenberg zurück zu Gözsys – trafen Mädie (Maria von Gözsy) und Bourcy auch als glückliches Brautpaar, am selben Tag! Von nun an waren wir vier immer zusammen." Amélie schreibt nichts über ihren Bräutigam. Nur im Zusammenhang mit ihrem Großvater erwähnt sie einmal: „Es ist ganz merkwürdig, wie später, als ich verheiratet war, so oft in Gewohnheiten, kleinen Bewegungen und Bemerkungen Papsi (ihr Mann) mich so an Großpapa (von Löwenfels) erinnerte. Wenn ihm oft der Schalk so in den Augen saß, genau wie Großpapa. Letzterer konnte ja auch so necken, besonders Großmama."

August war 27 Jahre alt, als er heiratete. Das war jung für Offiziere, die im Durchschnitt zehn Jahre später heirateten als andere Angehörige der männlichen Bevölkerung der Monarchie. „Die Umstände und die Politik der Armee hielten die Zahl der Eheschließungen jedoch gering." Diese „Umstande und die Politik der Armee" waren das durch den häufigen Garnisonswechsel bedingte Nomadenleben der Offiziere, sowie die widersprüchliche Einstellung der Armee, die einerseits eine Familie als Last ansah, „als Bürde für die militärische Bürokratie (oder zumindest für die Staatskasse) und als Hindernis für die freie Entfaltung der Talente und Dienste der Offiziere," andrerseits Offizierssöhne „als die beste und oft einzig verlässliche Quelle für den Fortbestand des Offizierskorps" betrachtete. Auf jeden Fall waren seit den Heiratsvorschriften der Kaiserin Maria Theresia „für die Eheschließungen die Erlaubnis des Regimentsinhabers, des Kommandanten und der Offiziersversammlung notwendig," um standesgemäße Heiraten zu gewährleisten und damit die Ehre des Regimentes zu schützen. „Ebenfalls erforderlich war die Hinterlegung einer Heiratskaution, mit der für die Witwe eines Offiziers vorgesorgt werden sollte. Je niedriger der Rang eines Offiziers, desto höher die Heiratskaution." Denn Offiziere der unteren Ränge hatten anfänglich gar keine und ab der Mitte des 19. Jahrhunderts nur relativ geringe Pensionen. Diese Heiratsvorschriften wurden regelmäßig revidiert, haben aber in ihren Grundzügen bis zum Ende der k.u.k. Armee bestanden. Zwar erlaubte die Vorschrift aus dem Jahre 1907 schließlich, „dass die Hälfte der Offiziere jedes Regiments verheiratet war, doch wurde die Kaution einmal mehr hinaufgesetzt. Ein Leutnant musste nun 60.000 Kronen (30.000 Gulden) hinterlegen,

---

[231] Vgl. dazu Arthur Schnitzlers „Leutnant Gustl" und andere Erzählungen, die psychologisch meisterhaft das oft tragische Schicksal der jungen Offiziere in der alten Armee schildern.

eine Summe, die mehr als dreißigmal seiner durchschnittlichen Jahresgage entsprach. In den höheren Rangklassen nahm dieser Betrag drastisch ab." Es ist daher nicht erstaunlich, dass die Mehrzahl der aktiven Offiziere unverheiratet blieb – im Jahre 1872 waren es über zwei Drittel.

Während Johann von Jordis das Thema „Heiratskaution" in seinen Erinnerungen kurz streift, erwähnt sie Amélie schamhaft gar nicht. Sie selbst werden sie sicherlich nicht haben aufbringen können. Wer sie letztlich für sie hinterlegt hat, wissen wir nicht. Denn Eduard von Löwenfels war damals schon gestorben. „Wir mussten ein Jahr auf die Heiratsbewilligung warten." schreibt sie nur lakonisch. Ihr Bräutigam war damals gerade zum Oberleutnant ernannt worden.

Dann erzählt sie weiter über ihre Brautzeit. „Im Sommer (1893) hatte Gustl sechs Wochen Urlaub und wir fuhren mit ihm nach Dresden, Brüheim und Coburg – ihn den Verwandten vorstellen. In Brüheim war ein neugebackenes Brautpaar, Käthe (von Wangenheim) und Busso (von Meyern-Hohenberg). Wir hatten dort reizende Wochen zusammen – abends sang Gustl immer ungarische Lieder und ich begleitete ihn, was allen so riesig gefiel."

Ein letztes Mal Coburg

„Im Sommer nach Gustls Rückreise war ich in Coburg häufig im Palais Edinburgh und einmal 14 Tage mit den Prinzessinnen auf der Rosenau. Wir spielten Theater zu Herzogs Geburtstag. Ducky (Viktoria, die spätere Großfürstin von Hessen) war in Sinaia bei Prinzessin Marie (Kronprinzessin von Rumänien), die ihr erstes Baby erwartete."

Das war zwar nicht mehr das Biedermeier Coburg des ersten und zweiten Herzog Ernst. Eine andere Linie der Coburger regierte, das Land war nun Teil des geeinten Deutschlands und doch schien alles beim alten geblieben. So erzählt Prinzessin Marie über die Stadt ihrer Jugend: „Unser Koburger Haus wurde ‚Palais Edinburgh' genannt (ihr Vater war nicht nur Herzog in Coburg, sondern trug auch den englischen Titel ‚Prince of Edinburgh'). Es war von unbestimmter Architektur, aber sehr geräumig und gemütlich und stand auf dem ‚Schlossplatz', gegenüber der ‚Ehrenburg', der offiziellen, doch selten bewohnten Residenz des regierenden Herzogs. Zu den bedeutenden Bauten des ‚Schlossplatzes' zählten noch das Hoftheater, die Kaserne der Burgwache und die große gemauerte Reitschule. Auf diesem Platz konzertierte jeden Sonntag die Militärkapelle, hier fand die Kirchenparade statt, bei der die Bürger ihre besten Kleider, die Offiziere der Garnison ihre schönsten Uniformen zur Schau trugen. Hier kamen alle Koburger Kinder zum Spielen zusammen. Der Lärm ihrer Stimmen hallte von den Mauern der umstehenden Gebäude wider und drang durch die offenen Fenster in unsere Zimmer. Diese Kinderstimmen waren für den ‚Schlossplatz' bezeichnend: fröhlich, geräuschvoll und beharrlich begleiteten sie den Ablauf unserer Stunden."[232] Doch immer noch war es die „Rosenau", dieses kleine idyllische Landschlösschen außerhalb der Stadt, in der sich auch diese Cobur-

---

[232] Maria von Rumänien, op. cit., Seiten 107-108

ger Fürstenfamilie am wohlsten fühlte. Dort war Prinz Albert geboren, dort hatte Queen Victoria unvergessliche Stunden verbracht, Emma von Löwenfels war dort eingeladen gewesen und jetzt ihre Tochter. „Ein viereckiges, ockergelbes Gebäude mit einem kunstlosen Turm, hohem Dach und zwei gekerbten, Spitzbogen tragenden Fassaden, das war ‚Schloss Rosenau'. Es stand auf einem Hügel. Schon von weitem erkannte man seinen anheimelnden pseudo-gothischen Stil.... Die Mitte eines jeden Stockwerkes bildete ein langer Korridor mit Flügeltüren und kleinen Balkons an seinen Enden. Zu beiden Seiten dieser Gänge lagen die Zimmer. Im Erdgeschoss befand sich ein gewölbter weißer Stuck-Marmorsaal im gotischen Stil, der reich verziert war und eine Stimmung baulicher Würde vermittelte. Aus diesem Raum gelangte man auf einen mit Streusand bedeckten Platz, der von Beeten anspruchsloser, altmodischer, aber süßduftender Rosen umgeben war. Hier zerkratzten wir uns täglich Hände und Füße und zerrissen unsere Kleider.

Mama[233] brachte das kleine Schloss in Ordnung. Ihrem Gefühl für Wohnlichkeit war es zu danken, dass die Zimmer behaglich und gemütlich wurden, ohne die altväterliche romantische Atmosphäre einzubüßen. Es gelang Mama, den dekorativen und verträumten Charakter dieses Hauses zu wahren...Elektrisches Licht ließ sie nicht einführen, denn sie befürchtete, es werde sich mit der seelenvollen Atmosphäre der ‚guten, alten Zeit' nicht in Einklang bringen lassen.

So angenehm das Haus in der Stadt war, wir zogen ihm das kleine Landschloss vor. Besaßen wir doch ein Turmzimmer in ihm; ein richtiges Gemach, hoch oben in dem runden Turm! War das nicht wunderbar, so ein Märchenzimmer? In einem solchen Raum musste sich Dornröschen in den Finger gestochen haben. Er befand sich in gleicher Höhe mit dem Dachboden und hatte drei tiefe Fensternischen, die wir, Ducky, Sandra und ich, mit besonderer Sorgfalt einrichteten, als wäre jede ein besonderes Zimmer gewesen... Unser Rosenauer Hauptspielplatz war der Dachboden des Schlosses. Er war sehr groß und hoch und in seiner ewigen Dämmerung tummelten sich Fledermäuse. Tagsüber hingen die spukhaften Geschöpfe in Reihen von den Dachsparren herunter wie abscheuliche schwarze Blumen mit welken Blättern. Wenn wir bei wilden Spielen ihre entlegenen Regionen streiften, erwachten diese dämonischen Wesen zum Leben, entfalteten ihre feuchten Flügel und schlugen sie geräuschlos um sich. Es war recht ungemütlich, sie in der Nähe des Gesichtes zu spüren. Diese schwarzen Dämonen gaben unseren unheimlichen Expeditionen die letzte Würze, sie steigerten mit ihrer vampyrartigen Gegenwart die gespenstige Atmosphäre jenes halbdunklen Raumes....."[234] Für die junge Prinzessin waren diese dämonischen Wesen vielleicht ein Vorgeschmack des Landes, dessen Königin sie später werden sollte. Ob Amélie an diesen romantischen Gruselspielen noch teilgenommen hat, schreibt sie nicht. Und bald hat sie auch andere Sorgen, waren ihr andere Geschäfte vorrangig.

---

[233] Die Gemahlin des Prinzen Alfred und Mutter der Prinzessinnen war die Großfürstin Marie Alexandrowna von Russland.
[234] Maria von Rumänien, op. cit., Seiten 112-115

Hochzeit

„Der Winter verging mit Ausstattungsvorbereitungen in Wien, ich nähte das meiste auf meiner neuen kleinen Maschine, Mädie und ich waren viele Abende zusammen und märkten unsere Haus- und Küchenwäsche. Ich hatte weiter meine Malstunden bei Stauffer – dieses Jahr war es sein Hochzeitsgeschenk an mich! Weihnachten kam Gustl zu uns. Nach den Feiertagen fuhren wir nach Graz zu Mama Jordis[235] und über Sylvester nach Marburg[236] zu Melanie und Willy[237]. Im Mai 94 übersiedelten wir nach Graz....Wir genossen den sehr heißen und schönen Sommer – machten viele Ausflüge, um die schöne Umgebung kennen zu lernen. Mädie war mit ihrer Mama auch im Stiftingthal für zwei Monate und wir sahen uns täglich. Anfang September musste sie wegen Hochzeitsvorbereitungen nach Wien. Auch bei mir rückte der große Tag immer näher." Die Hochzeit findet am 24. September in Graz statt (vgl. Bild 16). Der Bräutigam erscheint als letzter, direkt von den Kaisermanövern in Balassa Gyarmat. „Die Trauung um halb elf im Dom und um elf Uhr in der evangelischen Kirche. Wir mussten wegen Mama Jordis doppelt getraut werden, sonst wären wir in ihren Augen nicht verheiratet gewesen." Denn Amélie ist evangelisch und August kommt aus einem streng katholischen Haus. Als Hochzeitsreise verbringen sie eine Woche im Hotel Gärner in Leoben und fahren anschließend über den Semmering nach Wien. „Am 4. Oktober war Mädies Hochzeit, Änne (von Wangenheim) war Brautjungfer und wir natürlich auch dabei...Wohnten im Hotel Tegetthoff. Nach der Hochzeit reisen Hans und Änne nach Brüheim, wir tagsdarauf am 6. Oktober nach Pest. Auf die Bahn direkt vom Volkstheater, wo wir uns „Madame sans gêne" mit der Odilon[238] angesehn. In Pest einen Tag und weiter in unsere erste Garnison, Csantarvér bei Szabadka[239]. Wir kamen nach zweistündiger Leiterwagenfahrt um sechs Uhr abends in dem Dorf an und fanden das von Gustl schon gemietete Haus versperrt, mussten eine Stunde warten bis ein Husar vom Besitzer auf dessen Puszta den Schlüssel geholt hatte. Alles gesamte Mobiliar noch in Kisten verpackt, wie es von der Bahn und auf der Donau per Schiff von Wien gekommen war! Bis 11 Uhr packte Gustl mit Husaren wenigstens Betten und das Nötigste aus. Unsere ehemalige Köchin Anna, die mit uns von Wien gekommen war, erklärte gleich nicht bleiben zu wollen. Ich konnte es ihr nicht verdenken. Sie blieb dann doch."

Für die „verehrungswürdige" Emma ist das der Anfang einer nun sehr einsamen Zeit. Ihr Mann ist schon lange tot, ihr Vater gerade gestorben, ihre Söhne auf See oder in Garnison, und die einzige Tochter, mit der und für die sie all diese Jahre gelebt hatte, ist nun verheiratet und weit weg. Aber sie klagt nicht, ist weiterhin hilfreich, wo immer sie es sein kann.

---

[235] Augusts Vater, der ehemalige Delegat von Verona, war zu der Zeit schon gestorben.
[236] Marburg in der Untersteiermark, heute Maribor in Slowenien.
[237] Augusts ältere Schwester, Melanie, war mit Wilhelm Graf von Attems-Petzenstein verheiratet.
[238] Helene Odilon (eigentlich Petermann) (1865-1939), damals international bekannte Schaupielerin. „Madame sans gêne", Theaterstück von Victorien Sardou (1893) über ein Mädchen aus dem Volke, das am Hofe Napoleon des I. Karriere macht.
[239] Ein kleiner Ort etwa 25 Kilometer südlich von Szabadka (Maria Theresiopel), das heutige Subotica.

Garnisonsleben

Für Amélie ist es ein erschreckender Wechsel. Nach all den Feiern und Festlichkeiten, findet sie sich plötzlich in einem weltvergessenen Dorf wieder. Zwar ist sie verliebt und jung verheiratet, aber dennoch muss diese plötzliche Versetzung in ein völlig entlegenes Provinznest mit unglaublich primitiven Wohnverhältnissen für eine das Künstlerleben in Wien und das höfisches Leben in Coburg gewöhnte junge Frau, die immer von Prunk und Reichtum beeindruckt war, ein arger Schock gewesen sein, und ihr Einleben dort viel positives Denken erfordert haben. Doch sie ist tapfer, auch als es noch schlimmer kommt.

„Wir hatten ein neues herziges Häusel am Dorfplatz. Das Einrichten machte viel Spass. Nach 14 Tagen waren wir fix und fertig und mussten nach Szabadka fahren, um im Regiment unsere Antrittsbesuche zu machen. In Csantavér bei unserer Schwadron waren wir die einzigen Verheirateten. Wir machten überall Besuche, was eher grässlich war. Und beim Oberst erfuhr Gustl, dass wir nach Miskolcs[240] versetzt und am 7. November dort sein müssten. Gustl sagte es mir erst, als wir wieder zu Hause waren. Da habe ich wohl zum ersten Mal geweint in meiner Ehe. Und dann hieß es wieder packen! Am 6. Oktober waren wir gekommen, am 6. November waren wir in Pest und trafen dort Mama, die mit uns nach Miskolcz fuhr. Zuerst drei Wochen in einem grässlichen Hotel. Keine Wohnung zu finden! Endlich fand Gustl in miser Gegend, Bahnhofsnähe, in einem Eisenbahnerhäusel eine Wohnung – scheußlich – aber sie wurde dann ganz wohnlich. Mama blieb über Weihnachten, reiste dann mit Anna ab, die absolut nicht bleiben wollte. Ich fand bald eine nette, ältere, sehr gute Köchin, die aber kein Wort deutsch konnte, aber mein ungarisch reichte vollkommen aus. Ungeziefer gab es nach Noten: Wanzen, Schwaben, Russen[241] und in Küche und Souterrain großmächtige Kröten!"

Sie waren von den 4er Husaren zu den 12er Husaren versetzt worden. Es war dasselbe Husarenregiment Nr. 12, in das seinerzeit Oberleutnant Görgey eingetreten war und sich verschulden mußte, um die Kosten für Pferde und Uniform zu bestreiten. Inhaber war Albert Edward, Prince of Wales, der spätere König Edward VII. Das 1800 gegründete Regiment hatte sich in den napoleonischen Kriegen ausgezeichnet und später u.a. in den Schlachten von Solferino und Königsgrätz mitgefochten.

„Wir hatten aber sehr netten Verkehr. Gegenüber der Kaserne wohnte Rittmeister Guillaume. Seine Frau Annerl Hornbostel kannte ich gut von Wien und wir waren täglich beisammen, weil ich Gustl immer in der Kaserne abholte und bei Annerl auf ihn wartete.....Besonders gern hatte ich auch General Baron Forstner und Frau, die sehr offenes Haus führten und man täglich zum Tee und Bridge kommen konnte. Auch in der ungarischen einheimischen Gesellschaft waren nette Menschen..... So verging das Frühjahr und im Mai hieß es wieder einpacken! Gustl wurde nach Tulln als Lehrer im Kavallerie-Telegraphenkurs versetzt! Dort waren wir dann drei Jahre sesshaft. Da ich aber im Juni Sandra erwartete, brachte mich Gustl schon Mitte Mai nach Graz."

---

[240] Miskolcs in Nordungarn war damals schon eine unschöne Industriestadt.
[241] Schwaben, Russen = verschiedene Arten von Küchenschaben.

Es war in der Armee durchaus üblich, dass einem jungen Leutnant, kaum angekommen, befohlen wurde, „die Mannschaftsschule, d.h. den Unterricht der jungen Rekruten zu übernehmen." Im vorliegenden Fall handelte es sich jedoch nicht um die Grundausbildung, sondern um den Unterricht in einem Fachgebiet. Außerdem wird der Unterricht in Tulln sicherlich auf deutsch gehalten worden sein, während der Mannschaftsunterricht in den Provinzen in der jeweiligen Landessprache geführt werden musste. Denn obwohl in der ganzen Armee die Kommandosprache, das heißt die „etwa 80 grundlegenden Befehle", deutsch war, wurden alle übrigen Befehle in der oder den Regimentssprachen gegeben, die jeder Offizier halbwegs beherrschen musste. „Wie dies in der Praxis vor sich ging, ist eine der komischsten Seiten des militärischen Lebens in Österreich-Ungarn: Man stelle sich einen Offizier oder Unteroffizier vor, der seinen Befehl zuerst in deutsch brüllte und dann in ein, zwei, drei oder sogar vier anderen Sprachen wiederholte, um genau zu erklären, was er meinte, oder um seine Leute zu instruieren, anzureden oder zu verfluchen." Bei den Husaren war die Regimentssprache fast ausschließlich ungarisch.

Schon wieder eine neue Generation

Am 7. Juni 1895 wurde in Graz das erste Kind, Alexandra (Sandra) Maria Gottfriede geboren. Ihre Taufpaten waren Prinzessin Sandra von Sachsen-Coburg und Gotha, Amélies Bruder Gottfried von Meyern-Hohenberg, der spätere k.u.k. Admiral, und Mädi Bourcy, geborene Gözsy. „Im September holte uns Gustl nach Tulln...In einem alten scheußlichen Eckhaus am Hauptplatz mit kleinem, von hoher Mauer umgebenen Gärtchen hatte Gustl Wohnung gefunden und sie fix und fertig eingerichtet..... Auch in Tulln waren wir die einzig verheirateten im Kurs.... Ich hatte zum Verkehr bloß ein sehr nettes junges Ehepaar, Bezirkshauptmann von Trojan. Gustl las mir damals viel vor. Ganghofer liebten wir sehr. Zum Geburtstag und Weihnachten hatte er mir dessen Werke geschenkt. Einmal hat uns Trojan zu einer Schlittenfahrt in den Wienerwald mitgenommen, wo er bei einer Jagdversteigerung amtieren musste. Bei dieser Gelegenheit lernten wir Ganghofer selbst kennen, was uns natürlich sehr beeindruckte."[242]

Der große Vorteil von Tulln ist seine Nähe zu Wien. „Ich bekam viel Besuch aus Wien von alten und neuen Freunden. Im Juli 1896 ging der Kurs auf Telegraphenübung. Am Tag des Abmarsches erhalte ich einen Brief von Prinzessin Marie[243], ich möge unbedingt zu ihr auf vier Wochen nach Sinaia kommen. Dabei hatte ich gerade seit drei Wochen Maud Franklin, von Indien kommend, zu Besuch. Da ich Gustl den Tag in Inzersdorf wusste, fuhr ich mittags mit dem Schnellzug nach Wien und weiter nach Inzersdorf, um ihn noch zu treffen und um Erlaubnis zu bitten nach Sinaia zu fahren. Dr. Fries lud sofort Maud mit Sandra und Kindermädchen für die Zeit ein...Durch Baron Richard Forstner, Sohn des Generals in Miskolzc -- er war der Sekretär des Ministerpräsidenten -- erhielt ich sofort den Pass. Er hat mir auch mein

---

[242] Ludwig Ganghofer (1855-1920), deutscher Schriftsteller.

[243] Gemeint ist Marie von Sachsen-Coburg und Gotha, Kronprinzessin und spätere Königin von Rumänien. Sinaia war die Sommerresidenz der rumänischen Könige.

Schlafwagenbillet besorgt und brachte mich in Wien zum Zug. In der Früh fuhr ich ab. An der Grenze ging ich dank eines hingesandten Detektivs ohne Anstände durch. Am anderen Morgen kam ich in Sinaia an. Prinzessin Marie holte mich von der Bahn ab."

Die junge Kronprinzessin fühlt sich einsam in Rumänien, an einem Königshof, an dem alles politisiert ist und an dem König Carol I.[244], der Onkel ihres Mannes, ihr Leben streng überwacht. Man verbot ihr sogar Freundschaften zu schließen. „Freundschaften seien gefährlich in diesem Lande, wegen der Politik, der Eifersucht, der Ränke." Es war kein einfaches Leben für eine junge, lebenslustige englisch-deutsche Prinzessin, die ein freies, unzeremonielles Leben gewöhnt gewesen war. „Jede Stunde forderte Opfer, jeder Tag Verzicht. Jedesmal musste irgendein Wunsch unterdrückt, ein Impuls zerstört, ein Traum begraben werden. Es war eine unaufhörliche Entäußerung, eine erzwungene Selbstaufgabe, ein Verzicht auf den eigenen Willen, ein langes, sehnsüchtiges Zuschauen auf das Leben anderer, ein ewiges Zittern vor dem Verbot in letzter Stunde. Ja, es war eine harte Schule." schreibt sie in ihren Lebenserinnerungen.[245] Umso mehr findet sie am Land, in Sinaia, Befreiung und neue Lebensfreude. „Als ich in dem von mir heiß ersehnten Landsitz angekommen war, fühlte ich mich wie ein Gefangener, der plötzlich seine Freiheit wieder erlangt. Wieder frische bewegte Luft; glänzende, blumenreiche Wiesen, Bäume, Berge. Mein Entzücken kannte keine Grenzen. Hatte ich doch so lange in der staubigen Hauptstadt (Bukarest) schmachten müssen." Jetzt bekommt sie noch dazu Besuch von einer Freundin aus der Coburger Zeit. Sie werden es beide genossen haben. „Vier Wochen war ich dort." schreibt Amélie. „Vier herrliche Wochen! Diese Landschaft! Dieser Wald! Urwaldbäume, von enormer Größe! Und mitten drin, unweit des königlichen Schlosses Kastel Petes, das kleine Schweizer Häusel „fórsor" des Kronprinzenpaares." Es existieren noch einige Photos von dem Aufenthalt, welche die Kronprinzessin Marie mit Amélie auf dem Balkon jenes „Schweizer Häusels" zeigen, in rumänischer Volkstracht, jede mit einer weißen Lilie in der Hand (vgl. Bild 17).

August hat kein Tagebuch geführt, daher stammt fast alles, was wir über sein und Amélies damaliges Leben wissen, aus ihren Erinnerungen, doch diese reißen mit dem Aufenthalt in Sinaia plötzlich ab. Nur Bruchstücke ihres weiteren Lebens sind bekannt. Zwei Jahre später, am 22. Juli 1897, kam wieder in Graz die zweite Tochter, Maria Viktoria Mauritia zur Welt kam. Diesmal waren gleich zwei der Coburger Prinzessinnen Taufpatinnen: Victoria (Ducky), Großfürstin von Hessen und Marie, Kronprinzessin von Rumänien. Taufpate war Dr. Moritz Schiferli aus Bern, der Enkel des Haushofmeisters der Großfürstin Anna Federowna.

Doch Amélie hatte das Talent, so hieß es in der Familie, hin und wieder genau das falsche Wort im falschen Moment und am falschen Ort zu sagen und so etwas sei wohl auch einmal in ihrer Freundschaft mit der Kronprinzessin von Rumänien geschehen. Denn diese Freundschaft geht dann irgendwann jäh zu Ende. Niemand hat je erfahren, warum. Als die Königin Maria von Rumänien 1935 ihre Memoiren

---

[244] Karl von Hohenzollern-Sigmaringen, ab 1866 Fürst, ab 1881 König von Rumänien, setzt die Unabhängigkeit seines Landes vom Osmanischen Reich durch und gibt dem Land eine fragile außen-, wie innenpolitische Stabilität.
[245] Maria von Rumänien, op. cit., Seiten 204, 209, 220-221

unter dem deutschen Titel „Traum und Leben einer Königin" herausgibt, ist Amélie nirgends erwähnt, obwohl darin von verschiedenen anderen Jugendgespielinnen die Rede ist. Es wird wohl zum Teil auch an der Natur der Kronprinzessin selbst gelegen haben, die eine ihrer Jugendgespielinnen folgendermaßen charkterisiert: „Immer treu und verschwiegen, aufopfernd und selbstlos, arbeitsam und bescheiden, war sie der seltene Typus der idealen Freundin." Diesem Ideal entsprach Amélie glücklicherweise nicht in allen Punkten!

Wir werden die Prinzessin, erst 1919 bei den Pariser Friedensverhandlungen wieder treffen, doch dann schon als höchst selbstbewusste Königin.

Nach Abschluss der Lehrtätigkeit in Tulln kehrte das junge Paar mit ihren zwei Kindern zu den 12er Husaren zurück, die inzwischen in Lemberg[246] in Galizien stationiert waren. Dort wurde August im Jahre 1900 zum Rittmeister befördert. Sie fanden ein kleines Haus mitten in Samarstinow, dem Judenviertel der Stadt, auf einer Anhöhe, von der man ganz Lemberg überblicken konnte. Es existiert noch ein Ölgemälde, von Emma gemalt, das den Blick über den Garten des Hauses auf die Stadt Lemberg zeigt. Etwas unterhalb ihres Gartens fuhr die Eisenbahn vorbei, von der aus Augusts Regimentskameraden, wenn sie nach Westen reisten, aus dem fahrenden Zug seinen kleinen Mädchen Bonbons zuwarfen.

In diesem Lemberg hatte auch Bertha Zuckerkandls Vater, dessen Familie aus Galizien stammte, seinerzeit an der Universität studiert, bevor es ihn nach Wien zog. Und etwa 100 km nordöstlich der Stadt, in Brody an der russischen Grenze, war nur wenige Jahre zuvor Joseph Roth zur Welt gekommen.

Zusammenhörigkeitsgefühl

Man möchte meinen, dass bei so vielen Wechseln und Versetzungen ein Offizier sich nirgends mehr zu Hause fühlte. Doch war ja das jeweilige Regiment seine Familie, sein zu Hause. Darüber hinaus bestand ein sehr starkes Zusammengehörigkeitsgefühl innerhalb der ganzen Armee. Es wurde gefördert durch eine Sitte, „die äußerst ausgleichend wirkte und einzigartig unter den dynastischen Armeen Europas war. Dies war die althergebrachte Tradition, dass Offiziere einander in der vertraulichen zweiten Person ansprachen und das ‚Du' dem förmlichen ‚Sie' vorzogen....Es war dies auch tatsächlich etwas Außerordentliches in einer Gesellschaft, in der Kinder ihre Eltern oder Ehemänner ihre Frauen nur selten so anredeten.... Die Sitte des Duzens im inoffiziellen Umgang (offiziell nie im Dienst) unter den Offizieren der Habsburger Armee begann zur Zeit der Napoleonischen Kriege. Es war ein charakteristisches Merkmal der Armee Radetzkys in Italien und wurde in der Zeit des Absolutismus nach 1849 allgemein üblich, als die Offiziere das Gefühl hatten, sie, und nur sie allein, hätten die Monarchie gerettet und stellten daher wirklich den ersten Stand des Reiches dar." Diese exklusive Einstellung hatte seinerzeit schon, voller Unmut, der junge Delegat in Verona festgestellt. Für seinen Sohn dagegen war sie wichtig, denn für ihn war die Armee *sein* zu Hause...und jetzt auch für seine

---

[246] Heute Lwow in der Ukraine.

Familie. Doch für Offiziersfrauen und für heranwachsende Töchter muss es oft schwierig gewesen sein, denn ein halbwegs anregendes gesellschaftliches Leben hing sehr davon ab, wo man in Garnison lag. Und diese wechselten noch dazu ständig.

Von der Tradition des Duzens abgesehen, gab es zwei wesentliche, grundsätzliche Ideale, welche die k.u.k. Armee verband: Pflicht und Ehre. Was die Pflicht betrifft, so hat diese multinationale Armee, später, als es ernst wurde, allen Skeptikern zum Trotz, während des vierjährigen Weltkriegs geschlossen ihre Pflicht getan und „Kaiser und Vaterland" bis zu ihrer Auflösung heldenhaft verteidigt.

Man muss wohl „selbst Offizier gewesen sein, um den Kultus zu verstehen, der mit dem Begriff Ehre getrieben wurde. Was der großen Allgemeinheit als Güter gilt, Reichtum, Ansehen – das galt wenig in der Armee: war einer ein armer Teufel, war einer mehrfacher Millionär, danach fragte niemand; fühlte sich einer nur wohl, wenn er, ein sogenannter Löwe der Salons, gesellschaftliche Geltung besaß, oder war es ihm lieber, seine eigenen stillen Wege zu gehen – es blieb ihm beides unbenommen: man gönnte dem einen seine Erfolge, den andern seine Einsamkeit. Aber im Punkte Ehre verstand man keinen Spaß. Alle fühlten: hier war etwas Gemeinsames zu verteidigen, etwas, das alle anging, alle über die Nivellierung des Alltags emporhob; wer gegen den Begriff der Ehre sündigte, verletzte nicht ein irdisches Gut – was man ihm ohne weiters verziehen hätte --, sondern eine Idee. Die tiefe Wahrheit, dass eine einzige Sünde unverzeihlich ist, die Sünde wider den Geist, erfuhr hier eine neue Bestätigung. Denn wahrhaftig, und das ist vielleicht die richtigste Charakterisierung der alten österreichischen Offiziere, sie waren alle miteinander, vom kleinen Infanterieleutnant in irgend einer weltvergessenen ostgalizischen Garnison bis zum allmächtigen Korpskommandanten Ritter vom Geist, sie waren vielleicht überhaupt die letzten Ritter, und es ist eine Beglückung, die dem Außenstehenden nie begreiflich zu machen sein wird, eine Beglückung sondergleichen, einer von dieser Ritterschaft gewesen zu sein."[247]

Und so empfand es wohl auch August. Er muss nach Bildern und Erzählungen, der Inbegriff des gutaussehenden, liebenswürdigen, unterhaltenden, ehr- und pflichtbewussten österreicherischen Kavallerieoffiziers gewesen sein.

Pola und Seebach

Emma hatte sich die letzten Jahre ihres Lebens in Pola niedergelassen, des Klimas wegen, doch auch um ihrem ältesten Sohn Gottfried nahe zu sein, wann immer dieser nicht gerade auf See war. Umso größer war ihre Freude als August mit seiner Familie 1903 als Schwadronskommandant[248] zu den 6er Husaren[249] nach Seebach bei

---

[247] Mirko Jelusich in seinem Vorwort zu Rudolf von Eichthal, „Miczike".
[248] Schwadron = landläufiger Name für Eskadron.
[249] Gegründet 1734 war der damalige Inhaber dieses Regiments Wilhelm II. König von Württemberg. Während 170 Jahre seines Bestehens hatte sich das Regiment auf unzähligen Kriegsschauplätzen, u.a. im Siebenjährigen Krieg, in den Napoleonischen Kriegen, besonders bei Aspern, und im Krieg gegen Preußen bei Königgrätz ausgezeichnet.

Villach in Kärnten versetzt wurde und damit mit seiner Familie in erreichbare Nähe rückte. Sie blieben dort sieben Jahre.

Doch Leben und Leiden sind nicht spurlos an Emma vorübergegangen, ihre Kräfte lassen nach, sie erleidet einen Schlaganfall. Am 19. November 1904 schreibt sie ihrer Schwippschwägerin Clara von Meyern-Hohenberg (geb. von Alvensleben), der Witwe des ehemaligen Theaterintendanten von Coburg: „Ich war froh, wie ich wieder in Pola war, und hatte soviel Grund Gott zu danken, der uns eine Wohnung finden ließ, wie ich sie mir gewünscht, mit der vollen Aussicht aufs Meer, mit Sonne, Licht und köstlicher Luft. Wohl strengte ich mich beim Umzug an, und arbeitete vielleicht zu viel, aber mit welcher Lust! Da kam plötzlich bei Tisch der Anfall und ich musste mich sogleich legen. Als ich aber wieder aufstand, war der Druck fort, ich kann jetzt wieder lustig sein, mich freuen und lasse den Herrn sorgen. Die Liebe meiner Kinder habe ich neu empfunden; Gottfried pflegte mich in rührender Weise so gut, dass Elli (Amélie) nicht zu kommen brauchte. Nun habe ich sie mit Mann und Kindern bei mir über Weihnachten, und vertrage sie besser als ich dachte. Die Kinder sind rührend zärtlich, Viktoria blickt mich mit ihren großen Augen oft wehmütig an, wenn sie sieht, was aus der rüstigen Großmama geworden, die nie wieder mit ihnen spazieren gehen kann, und in Wald und Berg herumlaufen wie bisher. Ja, liebe Clara, so lichten sich mehr und mehr die Reihen unserer Zeitgenossen, wie bald können wir ihnen folgen.....Liebste Clara, in Deinem Herbstbrief bedauerst Du die große Entfernung zwischen uns. Es ist lieb von Dir, dies zu empfinden. In wenigen Jahren, wenn die Tauernbahn fertig, an der fieberhaft gearbeitet wird, und welche ein neues Denkmal des menschlichen Geistes und Könnens sein wird, sind wir uns näher gerückt. Jetzt z.B. braucht man 20 Stunden von Triest nach Villach bzw. Klagenfurt, und dann nur vier. Also hab noch Geduld, und lebe ich dann noch, so komm zu mir nach Pola in mein sonniges Fremdenstübchen, in dem man keine Unbill des Winters fühlt...." Doch dazu kam es nicht mehr. Emma starb ein Jahr später in Pola. Ihre Schwippschwägerin Clara hingegen lebte noch bis 1929.

Garnisonskindheit

Noch in Seebach kam, am Drei-Königs-Tag des Jahres 1907, Augusts und Amélies einziger Sohn und letztes Kind, Heinrich Otto Maria Freiherr Jordis von Lohausen zur Welt. Er war ein Spätling. Seine Schwestern und fast all seine Cousins und Cousinen hatten bei seiner Geburt schon zehn bis fünfzehn Jahre gelebt. Und all seine Großeltern waren schon gestorben. Wir wissen nichts über seine ersten Jahre. Bis zu seinem dritten Lebensjahr wuchs er in Seebach auf. Der gute Geist des Hauses war Ursula, das junge Kärntner Kindermädchen und Mädchen für alles, an der mein Vater sehr hing und sie auch später, als sie schon eine alte Frau geworden war, hin und wieder in Seebach besuchte. Da Amélie viel und gut nähte, sich aber nie sehr für Küche und Haushalt interessiert hatte, oblag Ursula auch dieser Bereich. Sie folgte ihrer Herrin dann später auch in die nächste Garnison.

Denn 1910 übersiedelte die Familie noch einmal, diesmal nach Gyöngyös in Ungarn[250]. Die kleine Stadt Gyöngyös hatte nichts Städtisches, sie war eher ein großes Dorf und bestand meist aus nur ebenerdigen Häusern. Der Hauptplatz war groß und weit, die Straßen breit. Doch waren sie, wie auch die Landstraßen, nicht gepflastert, sondern aus gepresster Erde, sodass die Pferdefuhrwerke, wenn sie bei Regen zum Marktplatz fuhren, mit ihren großen Rädern in der aufgeweichten Erde tief einsanken. Und wenn die Kavallerie bei sommerlicher Hitze durch die Straßen trabte, zog sie eine lange Staubfahne hinter sich her. Doch das Leben in Gyöngyös war angenehm, rundherum auf dem Lande befanden sich große Güter. Man machte Besuche, war zu Festen und Tanzereien eingeladen – mit Pferdegespannen natürlich, denn Automobile gab es fast noch keine. Der junge Heinrich war damals erst vier oder fünf Jahre alt und hat es immer besonders genossen, zu solchen Einladungen mitgenommen zu werden, an warmen Sommerabenden in offener Kutsche unter glitzerndem Sternenhimmel, um dann im Schloss am Land zu übernachteten und in der Früh wieder zurückzufahren. In einer dieser Besitzungen am Land, so erzählt man sich, habe es auch ein Schwimmbad gegeben – eine damals noch fabelhafte Seltenheit. Um dieses Schwimmbad herum standen als Dekorationen ein Reihe von Zwergen, wahrscheinlich Puttoskulpturen. Nun hasste aber Heinrich Zwerge, weil man sie ihm immer, wenn er schlimm war, als besonders brave und folgsame Wesen vorgehalten hatte. Und so hat er denn, in einem unbeobachteten Augenblick, diese Zwergenfiguren, per Fußtritt und mit großer Genugtuung, eine nach der anderen, ins Schwimmbad befördert.

Heinrich war meist allein, denn Freunde hatte er keine. Manchmal spielten Ursula oder seine Schwester Viktoria mit ihm. Doch sonst langweilte ihn das Leben in Gyöngyös, wo alle Welt nur ungarisch sprach, was er nicht verstand. Da hat ihm sein Vater, der handwerklich sehr geschickt war, eines Tages ein Baumhaus gebaut. Dort, hoch über aller Welt, mit weitem Blick, konnte er spielen, träumen und sich seine eigene Welt schaffen (vgl. Bild 17). Wer ihn später gekannt hat, kann sich vorstellen, dass diese Zuflucht seiner beschaulichen Natur sehr entgegengekommen ist. Dieses Baumhaus war so groß, dass auch seine Mutter sich hin und wieder mit ihrer kleinen Nähmaschine dort hinauf zurückzog, um ungestört nähen zu können. August liebte Kinder. Und seine Kinder liebten ihn. Seiner Tochter Sandra, die ihren Vater hoch zu Ross sehr bewunderte, sagte er während des Krieges einmal, so wie man einem Kind ein Märchen erzählt: „Wenn der Krieg zu Ende ist, schenk' ich Dir ein weißes Pferd!" Doch leider kam alles ganz anders.

Sandra liebte Kinder nicht, war oft schlechter Laune und entfaltete ihren ganzen verführerischen Charme erst dann, wenn sich junge Offiziere einfanden. Doch in jenen entlegenen Orten und Städten im Osten des Reiches war es für heiratsfähige Töchter nicht einfach, den entsprechenden gesellschaftlichen Umgang zu pflegen. Aus diesen, aber wohl auch aus rein materiellen Gründen, sollte Sandra von ihrer reichen kinderlosen Tante Änne adoptiert werden. Diese jüngste Tochter Onkel Constantins und Tante Sophies aus Brühheim – dieselbe, die sich seinerzeit beim Croquet spielen immer beklagt hatte, dass alle anderen mogeln -- hatte den reichen Hamburger Großkaufmann Caroli Hoepcke geheiratet und lebte nun in Brasilien.

---

[250] Gyöngyös ist eine Stadt in Nord-Ungarn, etwa 75 km nordöstlich von Budapest gelegen.

Sandra wurde somit nach Florianopolis eingeladen „zur Begutachtung", doch sie war ein schwieriges junges Mädchen und sagte wohl auch, wie ihre Mutter, oft das falsche Wort zur falschen Zeit. Und so kam die Adoption nicht zustande.

Nach nur zwei Jahren in Gyönyös wurde August im August 1912 zum Major und Divisionskommandanten[251] ernannt und dem 15. Husarenregiment, Erzherzog Franz Salvator[252] zugeteilt und noch einmal nach Miskolcz transferiert. Es war seine letzte Versetzung vor dem Beginn des Krieges. Miskolcz war, sehr verschieden von Gyöngyös, schon damals eine Industriestadt, grau und eher hässlich. Heinrich war nicht glücklich dort. Die Wohnung war dunkel und lag in einer unschönen Straße. Er hatte auch dort keine Freunde. Und als er das schulpflichtige Alter erreichte, wurde er als einziger Bub in eine Mädchenschule gesteckt, nur weil dort eine Klosterschwester deutsch sprach und ihm den sonst nur ungarischen Unterricht erklären konnte.

Er muss von zarter Gesundheit gewesen sein. Denn den Juli 1914 verbrachte er mit seiner Mutter auf ärztlichen Rat wegen einer Lungenschwäche in einem kleinen Ort am Mittelmeer, Valbandon bei Pola.[253] Er hat sich dort, mit den Brüdern Wolfgang und Herbert von Karajan angefreundet, die mit ihrer Mutter ebenfalls dort Sommerferien machten. Schwimmend und rudernd schafft er sich eine neue Gesundheit, fährt in einem „Elektromobil" – damals die letzte technische Errungenschaft – hinüber nach Brioni, um Kuppelwiesers Inselparadies zu bewundern. Aber vor allem erlebt er dort das eindrucksvolle Defilee der gesamten österreichischen Kriegsflotte, als diese den Sarg des in Sarajevo ermordeten Erzherzog-Thronfolgers Franz-Ferdinand von Metkowitsch nach Triest überführt.

Für Heinrich lebenslang ein nachhaltiger Eindruck, hatte er doch schon immer davon geträumt, Seeoffizier zu werden. Wie sein Onkel Gottfried, der Admiral, und wie es auch sein 13 Jahre älterer Vetter Hans Frhr. Jordis von Lohausen noch geworden war. Doch bis er selbst das dafür nötige Alter erreicht hatte, war ein Krieg verloren und die Welt hatte sich verändert. „Tegetthoff war vergessen, und Lissa. Und ein großes Reich. Selbst die See, die nun fern und verloren hinter den Bergen lag, war vergessen und mit ihr die steinigen Küsten Dalmatiens, die nun wieder so geschichtslos waren, wie immer zuvor."[254]

---

[251] Division bedeutet in diesem Falle eine Abteilung, also eine bataillonsstarke Formation. Division im heutigen Sinne hieß in der k.u.k. Armee „Truppen-Division", wie z.B. Infanterie-Truppen-Division, abgekürzt ITD.
[252] Dieses traditionsreiche Regiment war 1701 durch den Markgrafen Ernst von Brandenburg-Bayreuth ursprünglich als Dragoner Regiment gegründet worden, kämpfte noch unter dem Prinzen Eugen am Rhein und auf dem Balkan, dann später in Böhmen sowie in Italien, in Hessen, in Bayern, wieder in Italien und in Südfrankreich, unter Radetzky bei Custozza und schließlich unter Benedek bei Königgrätz.
[253] Fazana-Valbandon, Ortsgemeinde etwa 6 km nordwestlich von Pola in Istrien, gegenüber der Insel Brioni.
[254] Aus Heinrich von Lohausen, Literarische Essays, „Tegetthoff", Verlag Stiasny, Graz, 1954.

Die „wilhelminische" Zeit

„Herrliche Zeiten"

Seit 1871 ist Deutschland geeint, seitdem König Wilhelm I. nach den Siegen Preußens über Österreich und Frankreich im Spiegelsaal von Versailles zum Deutschen Kaiser ausgerufen wurde. Nach seinem Tod im Jahre 1888 folgt ihm sein Sohn, der schon schwerkranke Friedrich III. auf den Thron. Dass dieser schon drei Monate später stirbt, gehört zu jenen unverständlichen Tragödien der deutschen Geschichte. Er hatte Queen Victorias älteste Tochter geheiratet, stand Großbritannien nahe und neigte den Liberalen zu. Seine politische Mäßigung hätte Deutschland vielleicht in ruhigere Wasser gesteuert, was gerade damals, als es zur ersten Industriemacht Europas aufstieg, innenpolitisch, vor allem aber außenpolitisch, wichtig gewesen wäre.

Überheblichkeit scheint eine Begleiterscheinung der Einigung junger, sich ihrer Macht bewusster Staaten zu sein. Europa hatte das schon am Ende des 17. Jahrhundert am Beispiel Frankreichs unter Ludwig XIV. zu spüren bekommen.

Doch wer reich und mächtig ist, tut vor allem gut daran, sich viele Verbündete zu schaffen und, wie man heute sagen würde, seine „public relations" zu pflegen, wenn er nicht von Neidern geschlagen und beraubt werden will. Frankreich beherrschte die Kunst der Politik und der Diplomatie wie kaum eine andere Nation. England ebenso. Deutschland war als letzter Nationalstaat in Europa geeint worden und gerade damals, als es Staatskunst und Diplomatie am meisten gebraucht hätte, gingen diese mit der Thronbesteigung Wilhelms II., Friedrichs III. 29jährigen Sohn, weitgehend verloren. Bismarcks Zeit war abgelaufen, der junge Kaiser strebte ein „persönliches Regiment" an, mischte sich, ohne wirklich zu regieren, in die Staatsgeschäfte ein und verstärkte damit das ohnehin schon „verhängnisvolle Schwanken der deutschen Politik" (Ploetz) seiner Zeit. Denn anders als in England, wo die Königin nur noch eine repräsentative Rolle spielte, räumte Bismarcks Verfassung von 1863 dem König von Preußen ein politisches Mitspracherecht ein. Von nur sehr mittelmäßigen Kanzlern, Ministern und Berater umgeben, war Wilhelm II. dieser politischen Rolle nicht gewachsen. Und das umso weniger, als der Kaiser Entschlüsse manchmal schnell und spontan fasste, sich dann aber, in kritischen Situationen, oft unfähig erwies, rasch zu handeln. So brauten sich langsam die Stahlgewitter zusammen.

Der neue Kaiser war eine vielschichtige und widerspruchsvolle Persönlichkeit, in der sich vielseitige Begabung, Ehrgeiz, Inferioritäts- und Superioritätskomplexe, Unsicherheit und fast kindliche Naivität mischten. So wenig er seine englische Mutter liebte, so sehr liebte er seine englische Großmutter, die Queen Victoria, bewunderte sie, ihre Flotte, ihr Weltreich. Und sie muss diesen schwierigen Enkel wohl auch gern gehabt haben, hatte sie ihm doch schon 1886 den Kilimanjaro, den höchsten Berg Afrikas, zu Geburtstag geschenkt. Sein öffentliches Auftreten war glänzend, imperialistisch, fortschrittlich und doch blieb er immer konservativ. Sein Kolonialreich war klein im Vergleich zu dem anderer Großmächte. Deutschlands Imperialismus war letztlich wirtschaftlich, doch gerade das beunruhigte das Ausland. Der Kaiser war friedlich gesinnt, aber er beanspruchte für sein spät geeintes Reich nun auch einen „Platz in der Sonne". „Es war friedfertiger als andere Großmächte...und dennoch galt Deutschland überall als die kriegerischste, die aggressivste Macht, die nicht nur nach europäischer Hegemonie strebte, sondern als Fernziel die Weltherrschaft anvisierte.... Ein Widerspruch, der unvermeidlich ist, wenn ein Schaf ständig im Wolfspelz auftritt."[255] Denn Wilhelm II. spielte mit Armee und Flotte wie ein kleiner Junge Soldaten spielt, rasselte ohne böse Absichten laut mit dem Säbel und seine unüberlegten Reden waren oft wahre diplomatische Katastrophen. Sie verbreiteten im Ausland den Ruf von der deutschen Gefahr. Durch sein forciertes Flottenprogramm machte er sich Großbritannien zum Feind. Hatte eine durch Konkurrenzangst genährte latente anti-deutsche Stimmung in Großbritannien schon vorher bestanden, so begann jetzt zum ersten Mal in der englischen Presse, in Anlehnung an ein antikes Vorbild, die Parole „Germaniam esse delendam!" (Deutschland muss zerstört werden!) laut zu werden. Für die meisten Franzosen hatte Deutschland schon seit dem Krieg von 1870/71 England als Erbfeind abgelöst. Und Wilhelms II stümperhafte Einmischung in französische und englische Kolonialpolitik war kaum dazu angetan, die Beziehungen zu diesen beiden Nachbarn zu verbessern. Das Bündnis mit Russland, einer der Eckpfeiler Bismarckscher Außenpolitik, ließ er verfallen und vertraute auf seine, wie er glaubte, guten persönlichen Beziehungen zu „Vetter Nicky" (Zar Nikolaus II). Nach dem Tode der Queen Victoria im Jahre 1901 verliert auch der „Coburger Familienverein" seine ausgleichende politische Bedeutung. Schon 1904 verbinden sich Großbritannien und Frankreich in der *entente cordiale*, ein Bündnis, dem später auch Russland beitritt. Die Einkreisung Deutschlands ist vollendet.

Für große Teile der Bevölkerung des damals immer stolzer und mächtiger werdenden Deutschlands, dagegen, war Wilhelm II. das monarchische Oberhaupt, das man wollte und erwartete. Er war der Herrscher der „herrlichen Zeiten." Sein Reich war so groß, so mächtig, so reich, so selbstbewusst, wie es Deutschland nie zuvor gewesen war. Und er „personifizierte die glückliche und übermütige Stimmung dieser Glanzzeit." (Sebastian Haffner) Aus gesamt-historischer Sicht, jedoch, war dieser Kaiser, neben Clemenceau, wohl einer der Hauptwegbereiter der Katastrophen, die da folgen sollten. Nicht durch böse Absichten, sondern durch politische Unfähigkeit. Er hat es herbei geführt, „das Ende der Monarchie – der alten, blut- und ruhmbedeckten preußischen und jungen, glänzenden deutschen. Ihr letzter Erbe hatte sie – verspielt."[256] Wilhelms II. Onkel und Gegenspieler, Eduard VII., der neue englische König, nannte seinen deutschen Neffen einmal „the most brilliant failure in history." (Der glänzendste Versager der Geschichte). Das ist ein bissiges Urteil, aber dieser letzte regierende Hollenzollern *war* eine zwar glänzende, doch verhängnisvolle und letztlich traurige Gestalt der deutschen Geschichte.

---

[255] S. Fischer-Fabian, „Herrliche Zeiten", Die Deutschen und ihr Kaiserreich, Droemersche Verlagsanstalt Th. Knaur Nachf., München, 1983, Seite 313.
[256] Sebastian Haffner, „Wilhelm der Zweite" in „Preußische Profile", Ullstein, 1986, Seite 262.

Jahrhundertwende

Doch damals, um die Jahrhundertwende, glaubte man an die „herrliche Zeit". Und es war in der Tat eine reiche Zeit. „Der Glaube an den Fortschritt der Menschheit war bei den Deutschen der Kaiserzeit grenzenlos. Er wurde getragen von einem bergeversetzenden Optimismus."[257] Jahr für Jahr tauchen neue Erfindungen auf: der Pferdewagen ohne Pferde (das Automobil), das elektrische Licht, das Zeppelin, die Kinematographie, die Schallplatte, um nur einige zu nennen. Robert Koch entdeckt die Erreger von Tuberkulose und Cholera, Wilhelm Konrad Röntgen die Röntgenstrahlen, Paul Ehrlich mit seinem japanischen Assistenten Hata ein Syphilisheilmittel. Max Plank entwickelt die Quantentheorie und Albert Einstein die Relativitätstheorie.

In Literatur und Kunst dagegen brodelt es. Wilhelm Busch tritt noch als humorvoller Kritiker der Scheinmoral und der Selbstzufriedenheit des deutschen Spießbürgertums hervor. Doch Gerhardt Hauptmanns Tragödie „Die Weber" (1893) ist schon eine bittere Anklage gegen die Auswirkungen der industriellen Revolution, Theodor Fontane in „Effi Briest" (1895), Thomas Manns in „Die Buddenbrooks" (1901) und Heinrich Mann in „Professor Unrat" (1905) beleuchten, jeder auf seine Weise, die Enge der wilhelminischen Gesellschaft. Eduard von Keyserling zeichnet etwas später in seinen Romanen und Novellen den vom Untergang überschatteten, überfeinerten Lebensstil auf den baltischen Gütern.

Max Reinhardt wird 1905 Direktor des Deutschen Theaters. Max Liebermann malt noch als Hauptvertreter des Impressionismus in Berlin. Doch schon 1905 gründen E. L. Kirchner, E. Heckel und K. Schmidt-Rottluff in Dresden die erste deutsche expressionistische Künstlergemeinschaft „Die Brücke" und 1912 entsteht der Münchner Malerkreis „Der blaue Reiter".

Friedrich Wilhelm Murnau wird 1888 in Bielefeld, Ernst Lubitsch 1892 in Berlin geboren.

Die Musik strebt hinaus aus der Hochromantik in eine impressionstisch-realistische Moderne. Richard Strauß schafft 1905 mit seiner Oper „Salome" eine neue Klangatmosphäre, ihr folgt 1911 in Zusammenarbeit mit Hugo von Hofmannsthal „Der Rosenkavalier".

Die Freiherren von Wangenheim

In diesem Preußen und späteren Deutschen Reich lebten und wirkten die Freiherren von Wangenheim. Sie stammten ursprünglich aus Thüringen und tauchten dort zum ersten Mal 1133 mit Ludovicus I. auf, der als Gefolgsmann des Landgrafen von Thüringen erwähnt wird. Schon wenige Generationen später spaltete sich die Familie in die Stämme Wangenheim und Winterstein und in den folgenden Jahrhunderten in unzählige Äste und Zweige. Die Wangenheims gehörten zum Landadel, waren Landwirte, Offiziere oder Diener des Staates. Sie waren Junker.

Für uns ist der Stamm Wangenheim-Winterstein und dessen Zweig Pommern von Interesse. Er ist im verflochtenen Labyrinth des Wangenheim-Stammbaums relativ nah mit dem schon erwähnten Gothaer Zweig Brüheim verwandt -- sie haben bis in die Mitte des 18. Jahrhunderts gemeinsame Vorfahren. Der Zweig Pommern beginnt mit Friedich August von Wangenheim, als die Rittergüter Neu-Lobitz und das

---

[257] S. Fischer Fabian, op. cit., Seite 279.

angrenzende Klein-Spiegel und Rahnwerder, im Landkreis Saatzig in Hinterpommern, durch seine Heirat 1793 mit Friederike von Doeberitz in den Besitz der Familie kamen. (vgl. Stammtafel VII) Auf diesen Gütern, in der Abgeschiedenheit der weiten pommerschen Landschaft mit ihren stillen, einsamen Feldern, Wäldern, Mooren und Seen unter einem unermesslich hohen Himmel, war man weit entfernt von der großen Welt und ihren Veränderungen. Man hatte auch nicht die Zeit ihnen nachzulaufen — man lebte für Grund und Boden und kämpfte manchmal ums Überleben.

Denn die Böden in Pommern waren arm und die des Kreises Saatzig gehörten zu den ärmsten -- Sand und Moor. Es bedurfte harter Arbeit und vollen Einsatzes, um solche Landbesitze zu erhalten. Friedrich Augusts Enkel Ernst Friedrich von Wangenheim verwaltete nach dem frühen Tod seines Vater nicht nur sein eigenes Gut Neu-Lobitz, sondern für seinen 20 Jahre jüngeren Bruder, Ulrich Conrad, auch die Güter Klein-Spiegel und Rahnweder (vgl. Bilder 18 und 19). Er hat viel Vorarbeit geleistet, um die Landwirtschaft auf den drei Gütern zu modernisieren. Als sein Bruder mit 24 Jahren dann 1873 seine beiden Güter selbst übernahm, wurde diese Aufgabe vollendet. Ulrich Conrad von Wangenheim war ein genialer Landwirt. Mit sehr viel Unternehmungsgeist und zäher Energie arbeitete er an der Verbesserung der landwirtschaftlichen Erträge auf den leichten, sandigen Böden und an der Trockenlegung der großen Moore. Durch seine Erfolge hat er sich in ganz Deutschland einen Namen gemacht. Von Ostpreußen bis Bayern wurde er bald bei der Sanierung ähnlicher Böden zu Rate gezogen. Als Mitglied und später Vorsitzender der Landwirtschaftskammer Pommern ging die Einrichtung einer Anstalt für Pflanzenbau auf seine Initiative zurück. „In dieser Anstalt wurden erstmals in Deutschland die Fachbereiche Versuchs- und Düngewesen, Saatzucht, Saatgutkontrolle, Pflanzenhygiene und Wirtschaftsberatung vereinigt."[258] Später, als Mitbegründer und Vorsitzender des Bundes der Landwirte und Abgeordneter im Reichstag und im Preußischen Abgeordnetenhaus, trat er für eine starke Landwirtschaft und für eine auf Autarkie hinstrebende Ernährungspolitik ein. Er wollte verhindern, dass die deutsche Landwirtschaft durch billige Lebensmitteleinfuhren aus dem Ausland zugrunde ginge. In einer Zeit, in der sich Deutschland sehr schnell vom Agrar- zum Industriestaat entwickelte, befand er sich damit bald auf Kollisionskurs mit der Regierung, welche die industrielle Produktion und die industrielle Ausfuhr zu Lasten der Landwirtschaft entschieden begünstigte. Ulrich Conrad hat es allen wirtschaftlichen Schwierigkeiten zum Trotz geschafft den Familienbesitz für seinen Sohn zu erhalten. Es wird von Klein-Spiegel viel später in einem „Besuch vor dem Untergang" noch die Rede sein.

Neu-Lobitz, der Besitz des älteren Bruders Ernst, „grenzte östlich an Wedelsdorf, Rahnwerder und Klein-Spiegel und lag bereits im Kreis Dramburg im landschaftlich schön gelegenen Flusstal der Drage, umgeben von kleinen Hügeln. Es gab Seen, Teiche und Moore, aber wenig fruchtbaren Ackerboden, dafür reichlich Wald. Der stark verfallene Gutshof versperrte die Aussicht vom Wohnhaus auf den schönen See. Ernst ließ ihn seitlich des Wohnhauses in großem Maßstabe neu errichten und fügte Anfang der 1860er Jahre auf der anderen Seite eine Brennerei hinzu, wohl eine

---

[258] Die Informationen über die Wangenheimgüter sind der Schrift: „ Die Wangenheims in Pommern" von Karl-Hartmut und Gisela von Wangenheim, Wangenheim Nachrichten No.22, März 1992 entnommen.

der ersten in Pommern. Der See hatte durch mangelnden Abfluss die umliegenden großen Moor- und Niederungsflächen stark versumpft. Es wurde deshalb ein 3 km langer Entwässerungskanal gegraben und dadurch die Kultivierung großer Wiesen- und Moorflächen ermöglicht. Vor dem Wohnhaus entstand nach den Plänen des Landschaftsgärtners Bon aus Potsdam ein schöner Park, und so im Laufe der Jahrzehnte in seinem äußeren Gesicht wohl einer der schönsten Wohnsitze Pommerns."[259]

Doch Neulobitz blieb nicht in der Familie. Trotz der Trockenlegung der großen Moore und der Modernisierung und Diversifizierung der landwirtschaftlichen Produktion ließ sich der Besitz nicht halten. Schwerer Nonnenfraß hatte die Forste vernichtet, und billige Einfuhren von Getreide aus den USA und Russland und von Schafen aus Australien machten die Land- und Viehwirtschaft auf Neu-Lobitz nicht mehr rentabel. Die notwendigen Mittel für Studium und Unterhalt auf auswärtigen Schulen und Berliner Mädchenpensionaten für seine acht Kinder hatten die Geldreserven aufgezehrt. Beim Tode Ernsts musste Neu-Lobitz verkauft werden.

Knappe zwei Jahrzehnte zuvor, während in Preußen der Kulturkampf tobte, war in Neu-Lobitz am 2. November 1872 als achtes und letztes Kind Ernsts und seiner Gemahlin Sophie, geb. Pogge Hubert Freiherr von Wangenheim geboren. Er trat später, wie es sich geziemte, in die Armee ein und heiratete 1902 Krysia von Pogrell (vgl. Bild 20).[260]

Die Junker

Die Wangenheims waren Junker. Wer waren diese Junker? Es ginge zu weit in dieser Schrift im Einzelnen auf diese Frage einzugehen. Andere haben das getan, Walter Görlitz, zum Beispiel, in seinem sehr ausführlichen und aufschlussreichen Buch zu diesem Thema. Er weist in seinem Vorwort darauf hin: „Die Geschichte hat schwere Anklagen gegen die Junker erhoben. Die Vorstellung, sie seien die Träger des neudeutschen Militarismus, die Steigbügelhalter Hitlers, die Verfechter deutschen Vormachtstrebens gewesen, hat viel zu den Entschlüssen der alliierten Staatsmänner beigetragen, den deutschen Osten dem Bolschewismus zu überantworten und Preußen als einen Feind des Glücks und der Zufriedenheit der Welt von der Landkarte verschwinden zu lassen."[261] Golo Mann antwortet darauf, wie unsinnig derartige Verallgemeinerungen im Bezug auf eine Menschengruppe seien. „Immer besteht sie aus Menschen von Fleisch und Blut, die frei sind, sich über den Geist ihrer Klasse zu erheben oder von ihm abzufallen. Große Dichter wie Heinrich von Kleist waren Junker, tätige Idealisten und Pazifisten gar nicht junkerlichen Geistes kamen aus dem vielgeschmähten Stand. Auch als Ganzes hat die preußische Adelskaste ihre Tugen-

---

[259] Aus Karl-Hartmut von Wangenheims Beitrag zur Wangenheim'schen Familiengeschichte.
[260] Laut Walter Görlitz gehören die Pogrells, wie übrigens auch die Brauchitsch, Choltitz, Seydlitz und andere preußische Adelsgeschlechter zu jenen altpolnischen Adelsfamilien in Schlesien, die im 13. Jahrhundert, heute würde man sagen, „für das Deutschtum optierten" und sich im Laufe der Jahrhunderte germanisiert haben.
[261] Walter Görlitz, « Die Junker », Adel und Bauer im deutschen Osten, Geschichtliche Bilanz von 7 Jahrhunderten, C.A.Starke-Verlag, 1957

den gehabt, Tugenden der Nüchternheit, der Frömmigkeit, der bescheidenen Sicherheit. Historische Macht ist nie ohne Schuld." Und etwas herablassend fügt er hinzu: „Gönnen wir also den Junkern ihre Verdienste, wie wir ihnen ihre Schuld ankreiden."[262] Die Junker sind in beiden Weltkriegen pflichtgetreu ins Feld gezogen, um ihr Vaterland zu verteidigen und haben dabei einen unverhältnismäßig hohen Blutzoll gezahlt.

Die Großzahl der Junker waren Landwirte, die ihre Güter selbst verwalteten. Es war eine jahrhundertealte, traditionsreiche, patriarchalische, ländliche Gesellschaft. „In den Gebieten östlich der Elbe, noch stärker in denen östlich der Oder, hatte der Gutsherr die Herrschaft und gebot....über Wohl und Wehe seiner Leute. Er bestimmte die Höhe der Löhne, ahndete Vergehen, stiftete Ehen; empfahl wer zu den Soldaten gehen musste und wer nicht; befahl welche Partei zu wählen war. Er war von Adel und hatte bei der Armee einen Offiziersdienstgrad bekleidet, mit dem er sich im allgemeinen anreden ließ, und wer von den Gutsarbeitern mit ihm sprach, stand stramm....Alle Macht lag bei den Gutsherrn, aber auch alle Verantwortung, denn sie herrschten patriarchalisch, wie ein Familienoberhaupt, und dazu gehörte eine umfassende Fürsorgepflicht. Die meisten von ihnen sind dieser Pflicht nachgekommen, nicht nur, weil ihnen die Klugheit gebot, den Ochsen, der da drischt, nicht das Maul zu verbinden, sondern weil sich in Laufe der Generationen ein gegenseitiges Verhältnis von Treu und Glauben gebildet hatte."[263]

Wie das deutsche Bürgertum in den Städten seit dem Mittelalter der Kulturträger gewesen war, so war es der deutsche Adel auf dem Lande. Udo von Alvensleben hat in seinem Erinnerungsbuch „Besuche vor dem Untergang" diese Welt der ostelbischen Rittergüter mit ihren Barock-, Rokoko- oder klassizistischen Schlössern und Herrenhäusern (Klein-Spiegel war sehr bescheiden dagegen!) noch einmal sehr anschaulich, in Wort und Bild, in all ihrer Schönheit und ihrem einfachen, strengen, aber kultivierten Lebensstil und in ihrem Traditionsbewusstsein heraufbeschworen. Mit ihrem Untergang ist ein wesentlicher Teil der alten osteuropäischen Kultur unwiederbringlich untergegangen. Denn heute „sind die Guthäuser ausgeraubt, viele verbrannt oder wurden abgerissen. Was sich in vielen Generationen an historischen Erinnerungswerten oder bedeutungsvollen Kunstwerken erhalten hatte, wurde zerstört. Nur weniges konnte von einigen Besonnen nach der großen Plünderung wieder gesammelt und in Museumsbesitz überführt werden. Das meiste ging in blindwütiger Vernichtung unter. Wir haben durch die Zerstörung Unermessliches verloren – nicht nur materielle Werte. Ein Volk bedarf der Sichtbarkeit seiner Geschichte. Kultur ist nicht Gewächs und Werk einer einzelnen Generation, sondern entsteht langsam aus der lebendigen Fortführung von ihrem Ursprung her zu den Aufgaben, die die Gegenwart an sie stellt und die Zukunft zu gestalten unternimmt. Mit der Zerstörung der Schlösser ist ein Teil dieser Ordnung vernichtet." heißt es in der Einführung zu seinem Buch.[264] Doch so weit sind wir noch nicht, das geschah erst ein halbes Jahrhundert später.

---

[262] Zitiert in : S. Fischer-Fabian, op.cit. Seiten 274/275
[263] S. Fischer-Fabian, op.cit., Seiten 274/275.
[264] Udo von Alvensleben/Harald von Koenigswald « Besuche vor dem Untergang », Adelssitze zwischen Altmark und Masuren, Ullsteinverlag, 1968.

Das Berlin der Jahrhundertwende

Noch sind die Zeiten „herrlich". „Die Städte wurden schöner und volkreicher von Jahr zu Jahr, das Berlin von 1905 glich nicht mehr jenem, das ich 1901 gekannt, aus der Residenzstadt war eine Weltstadt geworden und war schon wieder großartig überholt von dem Berlin von 1910." erinnert sich Stefan Zweig an seine Besuche in der deutschen Hauptstadt, die sich wie auch die anderen europäischen Großstädte rasch entwickelte. „Breiter, prunkvoller wurden die Straßen, machtvoller die öffentlichen Bauten, luxuriöser und geschmackvoller die Geschäfte. Man spürte es an allen Dingen, wie der Reichtum wuchs und wie er sich verbreitete; selbst wir Schriftsteller merkten es an den Auflagen, die sich in dieser einen Spanne von zehn Jahren verdreifachten, verfünffachten, verzehnfachten. Überall entstanden neue Theater, Bibliotheken, Museen; Bequemlichkeiten, die wie Badezimmer und Telephon vordem das Privileg enger Kreise gewesen, drangen ein in die kleinbürgerlichen Kreise, und von unten stieg, seit die Arbeitszeit verkürzt war, das Proletariat empor, Anteil wenigstens an den kleinen Freuden und Behaglichkeiten des Lebens zu nehmen. Überall ging es vorwärts. Wer wagte, gewann....Je kühner ein Unternehmen angelegt wurde, umso sicherer lohnte es sich. Eine wunderbare Unbesorgtheit war damit über die Welt gekommen, denn was sollte diesen Aufstieg unterbrechen, was den Elan hemmen, der aus seinem eigenen Schwung immer neue Kräfte zog? Nie war Europa stärker, reicher, schöner, nie glaubte es inniger an eine noch bessere Zukunft."[265]

Das junge Paar, Hubert und Krysia von Wangenheim, lebten um die Jahrhundertwende in diesem aufstrebenden, selbstbewussten Berlin. Hubert war Leutnant im Garde-Grenadier-Regiment Nr. 3.[266] Seine Tochter schreibt später über ihn: „Wie meine Mutter hatte auch er eine gute Hand für junge Menschen und war daher in seinem Regiment sehr beliebt. Nicht nur die Offiziere, auch die Unteroffiziere und die einfachen Soldaten hingen an Vater mit großer Liebe und Verehrung, denn er hatte immer ein offenes Ohr für ihre Sorgen Er stand hinter seinen Leuten und sie fühlten das auch. Außerdem dienten sie schon deshalb gern unter ihm, weil er ihnen in der Durchführung seiner Befehle stets freie Hand ließ und ihnen in Einzelheiten nie dreinredete." Aus der Zeit um 1907 erinnert sich einer seiner Fahnenjunker: „In unglaublich kurzer Zeit hat (er) aus einen ‚Haufen' wieder eine kgl. preußische Kompanie gemacht, in aller Ruhe, ohne Geschrei und Getöse." [267]

Offiziere in bunten Uniformen prägten damals das Stadtbild von Berlin wie das der Salons. Und Soldaten marschierten „mit klingendem Spiel" durch die Straßen. Es war das Leben in jenem wilhelminischen, obrigkeitsgläubigen Berlin, das Carl Zuckmayer in seinem „Hauptmann von Köpenick" kaustisch-köstlich heraufbe-

---

[265] Stefan Zweig, „Die Welt von Gestern", Glanz und Schatten über Europa.
[266] Inhaberin war Königin Elisabeth von Preußen. Das Regiment, 1860 in Breslau gegründet, hatte im Krieg gegen Dänemark die Düppeler Schanzen erstürmt, später bei Königgrätz gegen die Österreicher und bei Sedan gegen die Franzosen gekämpft. Jetzt war glorreicher Frieden und es lag in Berlin-Charlottenburg in Garnison. Die Melodie des Regimentsmarsches der „Elisabether" war dem Adventslied „Tochter Zion, freue dich!" mit einer Melodie aus Händels „Judas Maccabaeus" entnommen.
[267] Leopld von Renvers in einem Brief an den Sohn Huberts vom 8. Januar 1967. In Familienbesitz.

schwört, den Heinz Rühmann im gleichnamigen Film (Helmut Käutner, 1956) menschlich-liebevoll interpretiert. Es war aber auch eine Stadt beseelt von jenem schwer definierbarem Berlinertum—„ein eigentümliches Etwas, drin sich Übermut und Selbstironie, Charakter und Schwankendheit, Spottsucht und Gutmütigkeit, vor allem aber Kritik und Sentimentalität die Hand reichen."[268]

Hubert hatte für seine Familie im Westend ein Haus in der Ulmenstraße gemietet. Sie lebten sicherlich nicht üppig, denn die Offiziersgehälter waren es nicht. Viel Kapital werden sie auch nicht gehabt haben, denn der Verkaufserlös von Neu-Lobitz wird nicht enorm gewesen sein und musste auf acht Geschwister aufgeteilt werden. Aber sie lebten ihrem Stand entsprechend. Während dieser Zeit kommt am 7. März 1903 ihr erstes Kind zur Welt, das wie die Mutter Krysia getauft wird. Es folgen drei Brüder, von denen nur der älteste, auch Hubert getauft, den zweiten Weltkrieg überlebt hat. Die beiden anderen, Friedrich und Albrecht, sind schon in der Zwischenkriegszeit ums Leben gekommen.

---

[268] Aus Theodor Fontane, Wanderungen durch die Mark Brandenburg, Die Märker und die Berliner.

Europas dreißigjähriger Selbstvernichtungskrieg 1914-45

Spannung vor dem Ausbruch

Es herrscht eine ungute Spannung in ganz Europa. Der Jakobiner Georges Clemenceau flüstert dunkel und haßerfüllt : „Jamais en parler, toujours y penser!" (Nie davon sprechen, immer daran denken!) und bereitet seit Jahrzehnten die Revanche für die Niederlage Frankreichs und die Rückeroberung Elsass-Lothringens vor. Großbritannien sieht sich in ihrer wirtschaftlichen und politischen Vormachtstellung bedroht. Deutschland rasselte stolz und töricht mit dem Säbel ohne ernstliche Kriegsabsichten. Dem zaristischen Russland sind Österreich-Ungarns Länder in Osteuropa und auf dem Balkan ein Dorn im slawischen Fleisch. Italien wartet auf die Gelegenheit Südtirol und Istrien mit Triest einzukassieren. Serbien provoziert. Und Österreich-Ungarn hofft solange wie möglich den status quo in Europa aufrechterhalten zu können. In diese Atmosphäre hinein wird am 28. Juni 1914 in Sarajevo der österreichische Thronfolger Erzherzog Franz Ferdinand ermordet. Das Kaiserhaus ist dadurch nicht bedroht. Erzherzöge gab es viele, und einer von ihnen tritt sofort die Nachfolge an. Doch die Terroristen von Sarajevo und die serbische Regierung, die sie unterstützte, wussten, wo sie das alte Kaiserreich am empfindlichsten trifft – in ihrer Ehre. Auf einen solchen Affront musste Wien reagieren. Aber die serbischen Terroristen hatten mit ihrer Mordtat auch bewusst der österreichischen Reformbewegung das Haupt abgeschlagen. Erzherzog Franz Ferdinand war nicht besonders populär gewesen, aber er hatte Weitsicht gehabt. Er war von der Notwendigkeit überzeugt, den Slawen des Reiches dieselbe Autonomie zuzugestehen, wie seinerzeit 1867 den Ungarn. Und er hatte die Absicht gehabt, sobald er Kaiser würde -- und das wäre zwei Jahre später geschehen – die Doppelmonarchie in eine Trippelmonarchie umzuwandeln. Ein Plan, der besonders bei den Ungarn, aber auch bei vielen Deutschösterreichern auf großen Widerstand stieß. Doch seine starke Persönlichkeit hätte es wahrscheinlich durchsetzen können. Es hätte Russlands und Serbiens panslawistischen Bestrebungen weitgehend den Wind aus den Segeln genommen. Und nun war er ermordet.

Dennoch glaubte deswegen niemand ernstlich an einen großen Krieg. Dagegen dachten viele in naiver Kurzsichtigkeit, dass eine kleine kriegerische Auseinandersetzung eine ganze Reihe politischer Spannungen bereinigen würde. Und wie durch eine diabolische Verwicklung von Umständen und Abläufen schlitterte Europa einen Monat später schließlich doch in einen Krieg, der sich in Kettenreaktionen ausweitete.

Natürlich hatte es Stimmen der Mäßigung und der Warnung gegeben, Stimmen die für Frieden und Völkerversöhnung warben. „Da war die sozialistische Partei, Millionen von Menschen hüben und Millionen drüben, die in ihrem Programm den Krieg verneinten, da waren die mächtigen katholischen Gruppen unter der Führung des Papstes und einige international verquickte Konzerne, da waren einige wenige verständige Politiker, die gegen jene unterirdischen Treibereien sich auflehnten."[269]

---

[269] Stefan Zweig, op. cit., Glanz und Schatten über Europa.

Und so warnte auch in Frankreich Jean Jaurès in seinem letzten Artikel in „l'Humanité", einige Wochen nach den Schüssen von Sarajewo, „man soll doch um Himmels willen die geistige Klarsicht und den kühlen Verstand bewahren. Nimmt man alles zusammen, scheint die internationale Lage gar nicht so hoffnungslos zu sein. Natürlich ist sie ernst, aber noch sind nicht alle Chancen für eine friedliche Übereinkunft vertan….Denn zum einen ist klar, dass Deutschland einen Überraschungsangriff unternommen hätte, wenn es einen Krieg gewollt hätte. Deutschland hat aber das Gegenteil getan, hat einen Tag nach dem anderen vergehen lassen, und diese Frist hat Russland zur Teilmobilisierung nutzen, und Frankreich hat sich im Frieden für alle Fälle wappnen können. Zum anderen sind Österreich und Russland in direkte Verhandlungen eingetreten…….Wenn man sich klarmacht, wie dieser Krieg selbst aussehen würde und welche Wirkung er hätte,…dann fragt man sich, ob selbst der verrückteste oder verbrecherischste Mensch fähig wäre, eine solche Krise auszulösen. Die größte Gefahr liegt im gegenwärtigen Zeitpunkt…nicht einmal in den reellen Plänen der Kanzleien, so schandhaft sie auch sein mögen. Und sie liegt auch nicht im tatsächlichen Willen der Völker. Die Gefahr liegt in der herrschenden Unruhe, in der sich verbreitenden Unsicherheit, in der andauernden Ängstlichkeit. Die Regierungen verbringen ihre Zeit damit sich gegenseitig Angst einzujagen und sich dann wieder gegenseitig zu beruhigen (ein köstlicher Zeitvertreib)…… Um all dem zu widerstehen, braucht…. man Männer, die ruhig und vernünftig und standfest sind,….damit das Menschengeschlecht vor den Schrecken eines Krieges bewahrt wird…"[270] Doch derer gab es zu wenige und der auf Ausgleich hinwirkende Jaurès wird am 31. Juli 1914 von einem nationalistischen Fanatiker in Paris ermordet. Die „Grossmutter Europas", Queen Victoria, war seit 13 Jahren tot. Die Vernunft siegte nicht. Bertha von Suttner und Romain Rolland[271] und viele andere hatten umsonst gewirkt. Die Dämme brachen. Und was folgte, war vielleicht der sinnloseste Krieg der Weltgeschichte. Alle meinten etwas zu gewinnen und zogen mit einer Begeisterung ins Feld, die an kollektiven Wahnsinn grenzte. Doch konnten dabei nur alle verlieren. Vier Kaiserreiche, das österreich-ungarische, das deutsche, das russische und das osmanische, gingen darüber zugrunde. Und die Siegermächte, Großbritannien und Frankreich, verloren ihre Vormachtstellung in der Welt. Als neues Phänomen begleitete von Anfang an und bei allen Kriegsführenden, ein Sturm nationalistischer Hass- und Lügenpropaganda die Kriegshandlungen, dem sich die wenigsten entziehen konnten.

Der greise Kaiser Franz Josef ahnte wohl, dass weder er noch sein Reich den Krieg überleben würden, als er den folgenschweren Aufruf „An Meine Völker" erlässt : „Es war Mein sehnlichster Wunsch" erklärt er darin, „die Jahre, die Mir noch durch Gottes Gnade beschieden sind, Werken des Friedens zu weihen und Meine Völker vor den schweren Opfern und Lasten des Krieges zu bewahren….Die Umtriebe eines hasserfüllten Gegners zwingen mich….nach langen Jahren des Friedens zum Schwerte zu greifen…..In dieser ernsten Stunde bin Ich Mir der ganzen Tragweite Meines

---

[270] Zitiert in der Frankfurter Allgemeinen Zeitung, am 29. Juli 1994, Seite 29
[271] Bertha von Suttner, geb. Gräfin Kinsky (1843-1914), österreichische Schriftstellerin und Kämpferin für den Frieden, erster Friedens-Nobelpreis 1905. Romain Rolland (1866-1944), französischer Schriftsteller , Freund Mahatma Gandhis und Kämpfer für Völkerverständigung und Pazifismus. Literatur-Nobelpreis 1915.

Entschlusses und Meiner Verantwortung vor dem Allmächtigen bewusst. Ich habe alles geprüft und erwogen. Mit ruhigem Gewissen betrete Ich den Weg, den die Pflicht Mir weist..."

Viribus Unitis

Das Regiment des frisch gebackenen Majors August Jordis von Lohausen lag vor dem Ausbruch des Krieges noch in Miskolcz in Nordungarn in Garnison. Wenige Wochen später war es an der Front. Um dem Aufmarsch- und möglichen Kampfgebiet nicht zu nahe zu sein, sollte die Familie übersiedeln. Da musste Amélie, die sich ja zu der Zeit noch mit ihrem Jüngsten am Meer bei Pola befand, eiligst nach Miskolcz zurückkehren, um die Übersiedlung abzuwickeln. Mit viel Energie und Entschlossenheit hatte währenddessen ihre Tochter Sandra schon das Wesentlichste vorbereitet. Und das bedeutete nicht nur den ganzen Hausstand einzupacken zu lassen, sondern auch inmitten all der Truppen- und Materialtransporte der Mobilmachung einen Eisenbahnwaggon zu organisieren, der ihr Hab und Gut über Budapest nach Graz befördern würde. Und es gelang. In Graz mieteten sie dann eine Wohnung in der Körblergasse „für die paar Monate, die dieser lächerliche Krieg dauern" würde. Doch alles sollte anders kommen -- in dieser selben Wohnung haben dann drei Generationen 75 Jahre lang gewohnt. Heinrich zuletzt als Witwer noch bis 1989.

Es soll hier nicht eine Geschichte des ersten Weltkrieges geschrieben werden, dazu gibt es umfassendere Quellen. Nur der Bericht der ersten Kriegshandlungen, so wie sie August 24 Jahre später in einem Brief vom 1. März 1938 an seinen Sohn schildert, sei hier aufgezeichnet.

Er ist zu Beginn der Kriegshandlungen Kommandant der Divisions-Kavallerie bei der 15. Infanterie Truppen Division in Lemberg, unweit der russischen Grenze. Der Krieg beginnt für die Österreicher sehr unglücklich, denn während der ersten Kriegswochen bricht, wie für die Deutschen in Ostpreußen, ein ganzer Frontabschnitt ein und ein großer Teil Galiziens geht verloren. Man vermutete später, dass der zu spät gefasste Spion Oberst Redl die österreichischen Aufmarschpläne an Russland verraten habe, was zumindest zum Teil das folgende Debakel zur Folge gehabt hätte. Über die erste Schlacht dieses Debakels berichtet August in seinem Brief:

„Da Du gerade im Studium der Unglücksschlacht der 15. Infanterie-Truppen-Division vom 28/VIII 1914 bist, so werden Dich meine Erinnerungen daran besonders interessieren. Der Vormarsch am 27. war begleitet von kleinen Gefechten, die für uns gut ausfielen, wenn auch diese schon ziemlich verlustreich ausfielen, da die russische Artillerie sich auf ihrem Friedensschiessplatz befand.

Unser Divisionär, Feldmarschallleutnant Baron Wodniansky, gänzlich unfähig, verließ sich ganz auf Generalstabschef Major Graf Christallnigg, was er mir persönlich (!) eingestanden hatte.

Meine Nachrichten Detachements und Patrouillen haben sehr gute Meldungen geliefert, die immer auf die drohende Gefahr in unserer rechten Flanke hinwiesen –

diese Meldungen wurden – wie bei Friedensmanövern – teilweise als unglaubwürdig nicht beachtet, teilweise, weil der Generalstabschef sich die Feuertaufe in den vordersten Linien holen wollte, sind sie schön gesammelt beim Divisionär liegengeblieben, der ja ohne ihn nichts veranlassen wollte. So wurde weiter über die versumpfte Huczwa „siegreich" vorgestoßen, bis die Nacht kam und alles vor Hunger und Strapazen am Ende der Kräfte schlief, wo man eben war; sodass sogar der 1 km lange Damm, auf dem die Strasse über den Sumpf führte, von schlafenden Soldaten, die wie die Sardinen in der Schachtel eng aneinander lagen, ganz belegt war, dazwischen waren Pferde, Fahrküchen, Geschütze, Munitionswagen etc. eingeschoben; Sicherungs- Gefechtsvorposten, die bestimmt auch entweder geschlafen oder überrumpelt wurden. So nächtigte die Division in einer dichten Masse und mitten drin der Divisionsstab in einem gräflich Szepticki'schen Maierhofe. Der Sumpf ist einer jener russischen, aus dem es keine Rettung gibt.

Um 1 Uhr nachts werde ich zum Christallnigg gerufen, wo er mir die trostlose Situation bekannt gibt: Unser Kavallerie Korps, das in unserer rechten Flanke sein sollte, zersprengt, unsere rechte Flanke ganz entblößt und wir von drei Seiten, von Norden, Süden und Osten von den Russen umschlossen. Ich habe mit dem Rest meiner Divisionskavallerie, die sofort alarmiert wurde, nach Rawaruska zu reiten und bei Borvevic um Entsatz dringendst zu bitten. Das Überqueren der Dammstraße war nach der geschilderten Situation derart zeitraubend, dass es bereits zu dämmern begann, als ich mit meinen Husaren auf der anderen Seite ankam, und da ging auch schon ein mörderisches Kreuzfeuer los, eben als wir aufgesessen waren und antrabten. Bezeichnend für die Sicherung, dass ca. 200 bis 300 m vom Divisionskommando ein russisches Maschinengewehr auf einem Maulbeerbaum etabliert war. In Rawaruska kamen wir um ca. 6 Uhr früh an. Borvevic vertröstete bis Mittag, zu welcher Zeit, das Korps Erzherzog Josef eintreffen dürfte, bis dahin ist zu halten. Wir mussten gleich wieder zurück, den Befehl zu überbringen. Auf halbem Wege kamen uns schon die ersten flüchtenden Infanteristen entgegen, dann immer mehr, in vollkommen demoralisierter Verfassung, von einer haltlosen Panik ergriffen. Und bald darauf stieß ich schon mit den verfolgenden Russen zusammen.

In Rawaruska wurden die Trümmer der Division zusammen gesammelt und es ergab sich am ersten Tag eine Stärke von ca. 6000 Mann, die am nächsten und übernächsten auf ca. 8000 Mann anwuchs, von der gesamten Divisionsartillerie blieb uns ein Geschütz. Divisionär und Stabschef haben sich am Schlachtfelde erschossen. Zum Divisionär würde Generalmajor Schenk ernannt. Die Panikstimmung war noch anhaltend. Als eine meiner Husarenpatrouillen einrückend am Horizont erschien, genügte der Ruf irgendeines „Kosaken kommen!" und das ganze Lager wollte wieder davon rennen. Und da ist es nun doppelt anerkennenswert und nur dem energischen und richtigen Verhalten der Offiziere zuzuschreiben, dass es gelungen ist, die Moral der Mannschaft wieder zu heben, dass nach zwei Tagen die Reste der Division den wunderschönen Angriff auf Komarow in tadellosem Stil mitmachten, wobei ihnen bei dem neuerlichem Vormarsch von Rawaruska gegen Komarow der grauenhafte Anblick des Gefechtsfeldes von Pukarzow, der Sumpf mit seinen Opfern nicht erspart werden konnte.

Während des Beginns der Schlacht und des Vorrückens gegen Komarow, war ich persönlich beim Divisionstabe, und schien es G.M. Schenk, als ob der Angriff missglücken würde. Und da sonst niemand anderer zur Verfügung stand, befahl er mir dem Brig. Oberst Bardolff den Befehl zu überbringen, den Angriff nicht durchzuführen. Als ich bei Bardolff ankam, war ich eben Zeuge des wunderschönen Sturmangriffes, der dann auch die schöne Entscheidung des Tages brachte. Und nun kommt ein lustiges Nachspiel: Sowohl G.M. Schenk, als auch Oberst Bardolff wurden Candidaten des Militärischen Maria-Theresien-Ordens für diese Waffentat. Nur mit dem Unterschied, dass Schenk selbst Unterschriften zu seinem Gesuche suchte, während Bardolff's Untergebene, darunter auch ich, das von uns verfasste und gefertigte Gesuch ihm mit der Bitte überreichten, es einzureichen, was auch von Erfolg war. Schenk fand die nötigen Zeugenunterschriften, glaube ich, nicht. Er hatte den Angriff auf Komarow ja gar nicht gewollt." Auch in der anschließenden verlorenen Schlacht von Lemberg hat sich August tapfer geschlagen und ist mit dem Militär-Verdienst-Kreuz mit Kriegsdekorationen und Schwertern und in den Kämpfen der folgenden Jahre noch mit Reihe anderer Orden ausgezeichnet worden[272].

Zur selben Zeit machte Hubert von Wangenheim, als Major und Bataillonskommandeur im Königin-Elisabeth-Garde-Grenadier-Regiment Nr. 3 den Frankreichfeldzug bis an die Marne mit und wurde dort verwundet. Leopold von Renvers schreibt 60 Jahre später, in einem Brief über ihn: „Das letzte Mal war ich in den Gefechten von Saint Quentin am 28./29. August 1914 mit meinem M.G.-Zug der 1. Kompanie zugeteilt, die einen Flankensicherungsauftrag hatte. Am Morgen des 29. hatten wir den bekannten Entlastungsangriff aus Veroins abzuwehren. Ich sehe (ihn) noch deutlich vor mir, wie er für uns zeitweise brenzliche Gefecht mit einer Ruhe, um nicht zu sagen Eleganz, leitete, als ob es sich um ein Manövergefecht handelte."

Nach seiner Gesundung befinden sich beide, der preußische Major und der österreich-ungarische Major, im Frühjahr 1915 an der Ostfront, nur etwa 250 bis 300 km von einander entfernt. Der eine zwischen Görlice und Tarnow im heutigen Südpolen, der andere am Dnjestre und bei Kolomea (Kolomyja) in der heutigen Ukraine, nehmen sie an der großen deutsch-österreich-ungarischen Durchbruchsschlacht teil, die zur Rückeroberung Galiziens führt. Was sich im Frontabschnitt des Majors Hubert von Wangenheim abgespielt hat, schildert zwanzig Jahre später ein ungenannter Elisabether:

„Und so ging es denn in der Dunkelheit des Abends des 1. Mai aus der Stellung, die uns nur wenige Tage beherbergt hatte, hinaus in das Waldtal, das sich zwischen dem unseren und dem russischen Graben hinzog. An einem Abhang, ungefähr 200 Meter vor der Stellung des Gegners, blieb die Kompanie liegen, die drei Züge hintereinander bereits in der Staffelung der Angriffswellen. Gegen Mitternacht begann das Wirkungsfeuer der massierten Artillerie der Deutschen und Österreicher. Weithin leuchteten die Mündungsfeuer der österreichischen 30,5-Mörser, dumpf grollten die Abschüsse der Batterien; überall am nächtlichen Himmel sah man die Leuchtkugeln aufsteigen und drüben beim Gegner die Einschläge aufblitzen. Nun rührte sich die

---

[272] Mit dem Signum Laudis (Militär-Verdienst-Medaille) mit Schwertern, mit dem Eisernen Kreuz mit Kriegsdekorationen und Schwertern und mit dem Leopold Orden Ritterkreuz mit K.D. und Schwertern.

gegnerische Artillerie; hoch über uns hinweg gingen die Schüsse in unseren Graben und mit leichter Schadenfreude sahen wir die Holzunterstände unserer Stellungen, in denen ja niemand mehr lag, aufflammen. So wurde diese Nacht vor dem Angriff, in der jeder Nerv vor Spannung und Erwartung zitterte, für uns, die wir fast unbeteiligt in diesem grandiosen Höllenkonzert lagen, zu einem Erlebnis von unwahrscheinlicher Großartigkeit.

Und doch war alles dieses nur ein Vorspiel. Als dann am hellen Morgen das richtige Trommelfeuer erst einsetzte und Stunde für Stunde auf die gegnerischen Stellungen einhämmerte, da glaubten wir, dass wohl nichts Lebendes mehr drüben übrigbleiben könnte. Und in der Tat müssen nach den verstörten Aussagen der Gefangenen alle Grauen der Hölle über die Russen niedergegangen sein. Und dennoch hielten sie Stand! Als der Zeiger der Uhr sich immer mehr der zehnten Stunde näherte, als die Spannung der Nerven am höchsten gestiegen war, als dann um Punkt 10 Uhr das Kommando „Erster Zug! Sprung auf marsch, marsch!" diese wilde Spannung löste und die erste Angriffswelle über die Deckung hinaus ins freie Feld sprang, -- da empfing sie ein rasendes, über Erwarten heftiges Infanterie- und Maschinengewehrfeuer, und die zweite Welle rannte in die gleiche Hölle. Wir mussten feststellen, dass das furchtbare Wirkungsfeuer der Artillerie fast vollständig über den ersten russischen Graben hinweggegangen war. Während die rückwärtigen Stellungen des Gegners fast vollkommen vernichtet waren, stak die erste Linie voll von Russen, Kopf an Kopf. Hunderte von Gewehren und zahlreiche Maschinengewehre sandten ein vernichtendes Feuer auf die vorspringenden Angriffswellen der Grenadiere des 2. Bataillions Elisabeth. Und noch schwerer aus der festen Stellung von Staszkowka auf die Füsiliere des Nachbar-Bataillons und die Grenadiere des Regiments Alexander. Inzwischen hatte der Führer des 3. Zuges unserer 7. Kompanie einen parallel zu unserer Angriffsstellung gehenden Holweg ausfindig gemacht, der nur auf ganz kurze Strecken (die einzeln durchlaufen wurden) vom Feinde eingesehen werden konnte. Auf diesem Wege brachte er die dritte Angriffswelle ohne jeden Verlust bis unmittelbar vor den feindlichen Graben, während die ersten beiden Züge fast die Hälfte ihres Bestandes an Verwundeten und über 10 Tote auf dem Felde hatten liegen lassen müssen. Und dann, als wir so unmittelbar vor dem russischen Drahtverhau angekommen waren, erlebten wir etwas, was wir in der Folgezeit oft und oft, fast bei jedem Angriff immer wieder erleben sollten: Sowie wir dem Russen so nahe waren, dass man das Weiße im Auge des Gegners erkennen konnte, warf er die Waffen fort und ergab sich. Über 400 Gefangene holte alleine diese einzige inzwischen auf 120 Mann zusammengeschmolzene Kompanie aus dem gegnerischen Graben heraus. Mit zwei Mann Begleitung wurden sie nach hinten geschickt. Ein letzter Schuss fiel noch, der den Bataillonskommandeur, Major Freiherr von Wangenheim, innerhalb des Drahtverhaus mitten ins Herz traf. Der Schütze (war) der einzige noch überlebende russische Offizier.........." [273]

So fiel Hubert von Wangenheim an der Spitze seines Bataillons ganz am Anfang dieser Schlacht, am 2. Mai 1915, bei Staszkowka, einem kleinen Dorf etwa 25 km südlich von Tarnow. Und seine Frau wird mit vier Kindern Kriegswitwe. Krysia, die

---

[273] Aus „Vor zwanzig Jahren", Beilage zur Soldatenzeitschrift „Der Stahlhelm" vom 28. April 1935.

Älteste, ist beim Tod ihres Vaters gerade zwölf Jahre alt, der Jüngste, Albrecht, erst drei.

August Jordis von Lohausen hat den Krieg überlebt. Bis zum Separatfrieden von Brest-Litowsk mit Russland kämpfte er an verschiedenen Abschnitten der Ostfront. Danach war er nach der Besetzung der Südukraine vorübergehend Hafenkommandant von Odessa und später Kommandant der Bezirke Alexandrowsk und Pawlograd. Die letzten Monate des Krieges erlebt er als Oberst und Kommandant des 13. Husaren Regiments im Trentinischen, bei Caldonazzo[274] an der italienischen Front. Damals waren die Kavallerieregimenter schon lange abgesessen und machten den Krieg wie die Infanterie in Schützengräben mit oder, wie hier, im Hochgebirge. Im November 1918 hat er dann sein Regiment geschlossen nach Ungarn zurückgeführt und in Kecskemét[275] aufgelöst. Danach fuhr er, in den Ruhestand entlassen, nach Graz, wo seine Familie während des ganzen Krieges gelebt hatte.

Der Kampf als inneres Erleben

Diese militärischen Erinnerungen gehören einer Zeit an, in der Krieg für „Kaiser und Vaterland", noch als ruhmreich galt und Heldenmut, Pflichtbewusstsein, individuelle und kollektive Ehre eine wesentliche Rolle spielten. Einerseits, noch als Erbe uralter fast archaischer Kriegertraditionen, andererseits, aber auch schon als Prophet der Moderne, der Massen- und der Materialschlachten des totalen Krieges, schreibt Ernst Jünger über seine Empfindungen im Ersten Weltkrieg: „Und immer wieder, trotz allem Widersinn und Wahnsinn des äußeren Geschehens, bleibt eine strahlende Wahrheit: Der Tod für eine Überzeugung ist das höchste Vollbringen. Er ist Bekenntnis, Tat, Erfüllung, Glaube, Liebe, Hoffnung und Ziel; er ist auf dieser unvollkommenen Welt ein Vollkommenes und die Vollendung schlechthin. Dabei ist die Sache nichts und die Vollendung alles…. Der Wahn und die Welt sind eins, und wer für einen Irrtum starb, bleibt doch ein Held……

Eben noch…war ich ganz der Sohn einer alten Zeit, und es schien mir, dass übermorgen alte und heilige Symbole neuen Zielen entgegengetragen werden sollten. Aber hier scheint der Seidenglanz der Fahnen zu verblassen, hier spricht ein bitterer und trockener Ernst, ein Marschtakt, der die Vorstellung von weiten Industriebezirken, Heeren von Maschinen, Arbeiterbataillonen und kühlen, modernen Machtmenschen erweckt. Hier spricht das Material seine eisenharte Sprache und der überlegene Intellekt, der sich des Materials bedient. Und diese Sprache ist entscheidender und schneidender als jede andere zuvor."[276]

---

[274] Ort am Caldonazzo-See, etwas 20 km südöstlich von Trient.
[275] Ungarische Stadt an der Theiß, etwas 100 km südöstlich von Budapest und Heimatort des Regimentes.
[276] Aus Ernst Jünger, „Der Kampf als inneres Erlebnis", E.S. Mittler und Sohn, Berlin, 1925, Seite 110 ff.

Niederlage

Nach maßlosen Verlusten jeder Art war der Krieg im November 1918 zu Ende gegangen. Er hätte vielleicht schon früher zu Ende gehen können. Doch die Angebote Kaiser Karls I. von Österreich an Frankreich wurden dort nur zur Kriegspropaganda ausgenützt. „Noch verbrecherischer war die alliierte Ablehnung der Friedensbemühungen Amerikas, des Papstes und, mehrere Male, Deutschlands. Die Generäle keines Landes wollten anhalten. Aber der Reichstag stimmte im Frühsommer 1917 mit einer zwei Drittel Mehrheit für ‚einen Frieden des Einvernehmens und der Versöhnung'. Die wenigen Briten, die überhaupt so zu denken wagten, wurden fast wie Verräter behandelt."[277] schreibt das führende englische Wirschaftsmagazin „The Economist" siebzig Jahre später.

Der letzte Kaiser

Wie total, wie abgrundtief in Österreich der Bruch war, der dem Ende des Krieges folgte, kann man heute kaum noch nachvollziehen. Wieder ist es Stefan Zweig, der für uns an einem grauen Märztag 1919 im kleinen Grenzbahnhof von Feldkirch zum Zeitzeugen wird: „Langsam, ich möchte fast sagen, majestätisch rollte der Zug heran, ein Zug besonderer Art, nicht die abgenutzten, vom Regen verwaschenen gewöhnlichen Passagierwaggons, sondern schwarze, breite Wagen, ein Salonzug. Die Lokomotive hielt an. Eine fühlbare Bewegung ging durch die Reihen der Wartenden, ich wusste noch immer nicht, warum. Da erkannte ich hinter der Spiegelscheibe des Waggons hoch aufgerichtet Kaiser Karl, den letzten Kaiser von Österreich, und seine schwarzgekleidete Gemahlin, Kaiserin Zita. Ich schrak zusammen: der letzte Kaiser von Österreich, der Erbe der habsburgischen Dynastie, die siebenhundert Jahre das Land regiert, verließ sein Reich! Obwohl er die formelle Abdankung verweigert, hatte die Republik ihm die Abreise unter allen Ehren gestattet oder sie vielmehr von ihm erzwungen. Nun stand der hohe ernste Mann am Fenster und sah zum letzten Mal die Berge, die Häuser, die Menschen seines Landes. Es war ein historischer Augenblick, den ich erlebte — und doppelt erschütternd für einen, der als erstes Lied in der Schule das Kaiserlied gesungen, der später im militärischen Dienst diesem Manne, der da in Zivilkleidung ernst und sinnend blickte, ‚Gehorsam zu Land, zu Wasser und in der Luft' geschworen. Ich hatte unzählige Male den alten Kaiser gesehen in der heute längst legendär gewordenen Pracht der großen Festlichkeiten, ich hatte ihn gesehen, wie er von der großen Treppe in Schönbrunn, umringt von seiner Familie und den blitzenden Uniformen der Generäle, die Huldigung der achtzigtausend Wiener Schulkinder entgegennahm, die, auf dem weiten grünen Wiesenplan aufgestellt, mit ihren dünnen Stimmen in rührendem Massenchor Haydns ‚Gott erhalte' sangen. Ich hatte ihn gesehen beim Hofball, bei den Théatre

---

[277] „Still more criminal.....were the Allies' rejection of efforts for peace, promoted by America, the Pope and, several times, Germany. No countries' generals wanted a halt. But the Reichstag in mid-1917 voted by two to one for 'a peace of understanding and reconciliation'. The few Britons who dared even to think that way were almost treated as traitors." The Economist, „Attempted suicide", Millenium issue, 23rd December 1999.

Paré-Vorstellungen in schimmernder Uniform und wieder im grünen Steirerhut in Ischl zur Jagd fahrend, ich hatte ihn gesehen, gebeugten Hauptes fromm in der Fronleichnamsprozession zur Stefanskirche schreitend, -- und an jenem nebeligen, nassen Wintertag den Katafalk, da man mitten im Kriege den greisen Mann in der Kapuzinergruft zur letzten Ruhe bettete. ‚Der Kaiser', dieses Wort war für uns der Inbegriff aller Macht, allen Reichtums gewesen, das Symbol von Österreichs Dauer, und man hatte von Kind an gelernt, diese zwei Silben mit Ehrfurcht auszusprechen. Und nun sah ich seinen Erben, den letzten Kaiser von Österreich, als Vertriebenen das Land verlassen. Die ruhmreiche Reihe der Habsburger, die von Jahrhundert zu Jahrhundert sich Reichsapfel und Krone von Hand zu Hand gereicht, sie war zu Ende in dieser Minute. Alle um uns spürten Geschichte, Weltgeschichte in dem tragischen Anblick. Die Gendarmen, die Polizisten, die Soldaten schienen verlegen und sahen leicht beschämt zur Seite, weil sie nicht wussten, ob sie die alte Ehrenbezeugung noch leisten dürften, die Frauen wagten nicht recht aufzublicken, niemand sprach, und so hörte man plötzlich das leise Schluchzen der alten Frau in Trauer, die von wer weiß wie weit gekommen war, um noch einmal ‚ihren' Kaiser zu sehen. Schließlich gab der Zugführer das Signal. Jeder schrak unwillkürlich auf, die unwiderrufliche Sekunde begann. Die Lokomotive zog mit einem starken Ruck an, als müsste auch sie sich Gewalt antun, langsam entfernte sich der Zug. Die Beamten sahen ihm respektvoll nach. Dann kehrten sie mit jener gewissen Verlegenheit, wie man sie bei Leichenbegängnissen beobachtet, in ihre Amtslokale zurück. In diesem Augenblick war die fast tausendjährige Monarchie erst wirklich zu Ende. Ich wusste, es war ein anderes Österreich, eine andere Welt, in die ich zurückkehrte."[278] Kaiser Karl I. starb schon drei Jahre später im Exil auf der Insel Madeira.

Ein Frieden als Fortsetzung des Krieges mit anderen Mitteln.

Im Jahre 1815 hatten die damaligen Herrscher Europas auf dem Wiener Kongress mit Weitsicht und staatsmännischem Können einen langfristigen Frieden gesichert. Anders sah es ein Jahrhundert später, 1919 bei den „Friedens"verhandlungen in Versailles, Saint Germain, Trianon, Neuilly und Sèvres aus! Etwas Neues hatte sich in diesem verflossenen Jahrhundert langsam in die Politik eingeschlichen, das es vorher nicht oder nicht in diesem Ausmaße gegeben hatte: Abgrund tiefer Hass, Nationalitätenhass und Klassenhass! Daher war der Haupttenor dieser Friedensverhandlungen nicht Versöhnung, sondern Bestrafung, Vergeltung, Raub und Demütigung. Niemand legte ein langfristiges transnationales Projekt vor, wenn man von der Totgeburt des Völkerbunds absieht. Die Siegermächte dachten nur noch in engen trennenden Nationalstaaten, nicht weitsichtig und verbindend in Kontinenten. Und den einzigen, der auf der Siegerseite einen gewissen Idealismus und einen gewissen Sinn für Gerechtigkeit mitgebracht hatte, Woodrow Wilson, den Präsidenten der Vereinigten Staaten, überspielte man mit diplomatischem Geschick.

Das Kaiserreich Österreich-Ungarn wurde zerstückelt und weite fast ausschließlich und seit Jahrhunderten von Millionen Deutschen bewohnte Gebiete wurden der

---

[278] Stefan Zweig, op. cit., Heimkehr nach Österreich.

Tschechoslowakei, Italien, Polen oder Jugoslawien zugesprochen. Darüber hinaus stellte man Deutschland und Österreich an den Pranger und forderte unerfüllbare Reparationen. Der Same für neue Konflikte war damit gesät. Und die Ernte sollte zwanzig Jahre später pünktlich aufgehen. Wie es noch einmal „The Economist" kurz und bündig zusammenfasst: „Und 1919 das letzte Verbrechen, der Vertrag von Versailles, dessen harte Bedingungen einen zweiten Krieg sicherstellten."[279]

Auch Königin Marie von Rumänien war in Paris erschienen, um für ihr Land zu werben. Ihr Schwiegeronkel, König Carol I., war seit einigen Jahren tot und aus der einsamen, streng bewachten Kronprinzessin war inzwischen eine sich ihrer Macht, ihrer Majestät und ihrer weiblichen Reize voll bewusste Königin geworden, die ihren Mann, den König Ferdinand I., schon längst in den Schatten gestellt hatte. Sie hat dann auch auf ihre Weise in Versailles dazu beigetragen, dass ihr Land bei weitem am meisten unter den Balkanstaaten durch die Pariser Friedensverträge gewann. Rumäniens Staatsgebiet und Bevölkerungszahl verdoppelten sich, es durfte sich neben kleineren Gebieten das gesamte Siebenbürgen einverleiben. Doch auch hier waren die Grenzen willkürlich gezogen worden und so mussten fortan fast zwei Millionen Ungarn (neben Hunderttausenden von Deutschen) unter rumänischer Herrschaft leben.

Überleben oder nicht Überleben

Die Zerstückelung der alten Monarchie, war für August Jordis-Lohausen[280], wie für Millionen von Menschen, die im Staatsdienst oder in privaten Berufen in Österreich gestanden hatten, ein Trauma, welches sie nicht nur psychologisch, sondern auch wirtschaftlich in einen Abgrund warf, aus dem viele nicht mehr herauskamen. Vielleicht am schlimmsten war es für die ehemaligen Angehörigen der k.u.k. Armee.

Es gab plötzlich zu viele Pensionisten in diesem Rumpfland. Das Ehepaar Jordis-Lohausen lebten mit ihren drei Kindern, Sandra, Viktoria und Heinrich in Graz. August erhielt zwar eine Pension, die aber zum Sterben zu viel und zum Leben zu wenig war. Daher verkaufte er in einem Kiosk Andenken und Ansichtskarten für Touristen. Oder er fertigte Puzzles an -- im Kaffeehaus schenkte man ihm immer wieder Bilder aus illustrierten Zeitungen, die er, auf Sperrholzplatten aufgeklebt, mit der Laubsäge fein-säuberlich ausschnitt. Seine Puzzles waren bekannt schön und bekannt schwierig. Und er verkaufte sie. Wenn er keine Arbeit hatte, saß er viel im Kaffeehaus oder im Park. Amélie fertigte Lederkissen und andere einfache Lederwaren an. Doch zum Überleben reichte das nicht. So mussten sie sich von den meisten ihrer Teppiche und Möbelstücke trennen. Sie halfen sich, wie sie konnten! Zum Essen standen sie täglich bei einer Gemeinschaftsküche an. Dort gab es Kartoffelschalensuppe. Alle waren unterernährt.

Fünfzehn Jahre später, 1934, wurde August noch einmal, wenn auch nur ehrenamtlich, militärisch tätig, und zwar im Heimwehrkommando in Graz Die Heimwehr war

---

[279] The Economist, Millennium issue, „Attempted Suicide", December 23rd, 1999: „...and, in 1919, the final crime, the Treaty of Versailles, whose harsh terms would ensure a second war."
[280] Das „von" und sonstige Adelsprädikate sind seit 1918 in Österreich abgeschafft.

eine jener para-militärischen Selbstschutzorganisationen in Österreich, die vor allem später bei den konservativen Regierungen von Dollfuß und Schussnigg, im Kampf gegen die Sozialdemokraten und Nationalsozialisten eine zunehmende Rolle gespielt hat. Denn sowohl in Österreich wie auch in Deutschland hatten sich die politischen Parteien bewaffnet und es herrschte Bürgerkriegsstimmung. Der Bundesführer dieser Heimwehr in Österreich war Ernst Rüdiger Fürst von Starhemberg, ein Nachkomme jenes heldenhaften Verteidigers Wiens 1683 gegen die Türken. August stirbt 1939.

Hungersnot

„Zum ersten Mal sah ich einer Hungersnot in die gelben und gefährlichen Augen. Das Brot krümelte sich schwarz und schmeckte nach Pech und Leim, Kaffee war ein Absud von gebrannter Gerste, Bier gelbes Wasser, Schokolade gefärbter Sand, die Kartoffeln erfroren; die meisten zogen sich, um den Geschmack von Fleisch nicht ganz zu vergessen, Kaninchen auf, in unserem Garten schoss ein junger Bursche Eichhörnchen als Sonntagsspeise ab, und wohlgenährte Hunde oder Katzen kamen nur selten von längeren Spaziergängen zurück....Die Männer schlichen fast ausschließlich in alten, sogar russischen Uniformen herum, die sie aus einem Depot oder einem Krankenhaus geholt hatten, und in denen schon mehrere Menschen gestorben waren; Hosen, aus alten Säcken gefertigt, waren nicht selten. Jeder Schritt durch die Straßen, wo die Auslagen wie ausgeraubt standen, der Mörtel wie Grind von den verfallenen Häusern herabkrümelte und die Menschen, sichtlich unterernährt, sich nur mühsam zur Arbeit schleppten, machte einem die Seele verstört." [281]

Denn über all den politischen Entscheidungen vergaß man in Versailles, dass weite Teile Europas hungerten, oder wollte es nicht wissen. Ja, man ging so weit, dass man sich trotz des Waffenstillstands weigerte, die Lebensmittelblockade gegen die ehemaligen Feindstaaten aufzuheben. Dieser Friede wurde, um Clausewitz zu paraphrasieren, zur Fortsetzung des Krieges mit anderen Mitteln. Doch kein Krieg gegen Armeen, sondern gegen die zivile Bevölkerung. Und das sollte in künftigen Kriegen zur Regel werden.

Der später weltberühmt gewordene Nationalökonom John M. Keynes, nahm als Mitglied der britischen Delegation an den Verhandlungen teil und schreibt in seinem 1919 erschienenen Buch „Die wirtschaftlichen Folgen des Friedensvertrages": „Der Friedensvertrag enthält keine Bestimmungen zur wirtschaftlichen Wiederherstellung Europas, nichts, um die geschlagenen Mittelmächte wieder zu guten Nachbarn zu machen, nichts, um die neuen Staaten Europas zu festigen, nichts, um Russland zu retten ....Der Rat der Vier[282] schenkte diesen Fragen keine Aufmerksamkeit, da er mit anderem beschäftigt war – Clemenceau, das Wirtschaftsleben seiner Feinde zu vernichten; Lloyd George, ein Geschäft zu machen und etwas nach Hause zu bringen, was wenigstens eine Woche lang sich sehen lassen konnte, der Präsident, nur das Gerechte und Rechte zu tun. Es ist eine bemerkenswerte Tatsache, dass das

---

[281] Stefan Zweig, op.cit., Heimkehr nach Österreich
[282] Frankreich, Großbritannien, Italien und die USA

wirtschaftliche Grundproblem eines vor ihren Augen hungernden und verfallenden Europas die einzige Frage war, für die es nicht möglich war, die Teilnahme der Vier zu erwecken. Wiedergutmachung war ihr Hauptinteresse auf wirtschaftlichem Gebiet......Die Gefahr, die uns bedroht, ist daher die rasche Herabdrückung der Lebenshaltung der europäischen Bevölkerung auf einen Punkt, der für manche den tatsächlichen Hungertod bedeuten wird. (In Russland ist er bereits erreicht und annähernd in Österreich)....Die Anklage ist gegenüber dem österreichischen Frieden mindestens so berechtigt wie gegenüber dem deutschen. Das ist das Grundproblem, was vor uns liegt, dem gegenüber Fragen des Gebietsausgleichs und des Gleichgewichts der europäischen Macht unwichtig erscheinen."[283]

Erst als die öffentliche Meinung, vor allem in den USA, gegen die unmenschliche Politik der Siegermächte Sturm läuft, wird die Schaffung einer interalliierten Lebensmittelkommission im neutralen Bern beschlossen. Doch selbst dann noch weigert sich Clemenceau, einen Vertreter in dieses Gremium zu entsenden und blockierte damit seine Tätigkeit.

In dieser Not schreibt die uns aus der genialen Zeit Wiens um 1900 bekannte Berta Zuckerkandl, ihrem alten Bekannten und Schwippschwager (ihre Schwester Sophie hatte Georges Clemenceaus Bruder Paul geheiratet), einen Brief. „Georges, ich weiß, dass Du im Begriff bist, Österreich zu zerstören, weil Du es bestrafen willst. Ich weiß auch, dass du ungerecht bist, weil mein Volk für die Fehler seiner Führer nicht verantwortlich ist. Wir müssen uns beugen und unserem Schicksal ergeben. Aber......wenn Du auf Deiner Weigerung bestehst, einen Vertreter Frankreichs in die interalliierte Ernährungskommission zu ernennen, die das Leben der besiegten Völker retten soll, dann bist du persönlich für den Tod von Hunderttausenden Kindern in Österreich verantwortlich, die seit vier Jahren durch eine Blockade ausgehungert wurden. Wien, die Stadt, deren leichtfertigen Charme du geliebt hast, steht im Mittelpunkt einer Tragödie altgriechischen Ausmaßes. Nein, das kannst du nicht tun."[284] Der Brief hat Clemenceau zwar zum Einlenken in dieser einen Frage bewegt. In den langfristig noch folgenschwereren Fragen der Reparationen oder des „Gebietsausgleichs", jedoch, blieb er unnachgiebig. Auch wurden die neu entstandenen Staaten Mittel- und Osteuropas nicht gefestigt, noch die Probleme der deutschen Minderheiten geregelt.

„Wie hätte das zwanzigste Jahrhundert ausgesehen, wenn Clemenceau mit Kaiser Karl Frieden geschlossen und dieser sein Reich um den Preis einer beschleunigten Demokratisierung behalten hätte, und wenn dieses Reich nolens volens den Irredentismus Mitteleuropas hätte in Schranken halten können? Was für ein Deutschland wäre aus dem Konflikt hervorgegangen? Hätte es sich auf dieselbe Weise dem kleinen österreichischen Gefreiten ergeben, der durch den Verfall seiner Heimat traumatisiert war?" [285] Eine historische Spekulation? Natürlich! Aber sie lässt deut-

---

[283] John Maynard Keynes, „Die wirtschaftlichen Folgen des Friedensvertrages", übersetzt von M. J. Bonn und C. Brinkmann, Verlag von Dunker und Humblot, München und Leipzig, 1920, Seite 184 ff.
[284] Zitiert in Lucian O. Meysels „In meinem Salon ist Österreich" Berta Zuckerkandl und ihre Zeit, Herold Verlag Wien, 3. Auflage, 1985, Seite 197
[285] „Que serait devenu le vingtième siècle, si Clemenceau avait conclu la paix avec l'empereur Charles, si celui-ci avait conservé son Empire au prix d'une démocratisation accélérée, si cet Empire avait pu

lich werden, wie gradlinig der Weg von den Pariser Vorortverträgen zum Ausbruch des Zweiten Weltkriegs führt.

Deutsch-Österreich

Das Clemenceau so verhasste ultrakonservative, erzkatholische, monarchische Habsburgerreich war zerstört worden und Deutsch-Österreich zu einem wirtschaftlich lebensunfähigen Rumpfland geworden. („Trennt alles ab und was übrigbleibt, ist Österreich!") Die Industrie war in Böhmen und Mähren, die Landwirtschaft in Ungarn, der Zugang zum Meer in Dalmatien und Istrien. Was blieb, war grob gesehen Wien als administrativer Wasserkopf und die Alpen. „Nach aller irdischen Voraussicht konnte dieses von den Siegerstaaten künstlich geschaffene Land nicht unabhängig leben und – alle Parteien, die sozialistischen, die klerikalen, die nationalen schrien es aus einem Munde – wollte gar nicht selbständig leben. Zum erstenmal meines Wissens im Laufe der Geschichte ergab sich der paradoxe Fall, dass man ein Land zu seiner Selbständigkeit zwang, die es selbst erbittert ablehnte. Österreich wünschte entweder mit den alten Nachbarstaaten wieder vereinigt zu werden oder mit dem stammesverwandten Deutschland, keinesfalls aber in dieser verstümmelten Form ein erniedrigtes Bettlerdasein zu führen. Die Nachbarstaaten hingegen wollten mit diesem Österreich nicht mehr in wirtschaftlichem Bündnis bleiben, teils weil sie es für zu arm hielten, teils aus Furcht vor einer Wiederkehr der Habsburger; den Anschluss an Deutschland verboten anderseits die Alliierten, um das besiegte Deutschland nicht zu stärken. So wurde dekretiert: die Republik Deutsch-Österreich muss bestehen bleiben. Einem Lande, das nicht existieren wollte, wurde – Unikum in der Geschichte! – anbefohlen: ‚Du musst vorhanden sein!'"[286]

Heinrich und seine Schwestern

Im Jahre 1919 war der Jüngste der Familie, Heinrich, zwölf Jahre alt. Er verhungerte nicht, aber erkrankte schwer an Typhus. Man bangte wochenlang um sein Leben. Tag und Nacht wachten beide Eltern an seinem Krankenbett. Er überlebte und wurde im Februar 1920 zum „Aufpäppeln" nach Bern geschickt zu einer Familie, die ihm „Onkel" Moritz Schiferli gesucht hatte. Der Geist der Großfürstin wirkte immer noch nach. Die beiden Töchter, Sandra und Viktoria, waren zehn und zwölf Jahre älter, also im heiratsfähigen Alter. Doch sie hatten keine Mitgift, was damals immer noch eine sehr hinderliche Rolle spielte. Auch sie fuhren etwa zur selben Zeit zur Erholung in die Schweiz. Viktoria zu ihrem Taufpaten Moritz Schiferli. Fünf Jahre später lernte sie dort Wolf von Mülinen kennen, der sie auch ohne Mitgift heiratete -- allerdings blieb das für sie ihr Leben lang ein wunder Punkt. Sie führte fortan mit ihrem Mann ein relativ ruhiges, bürgerliches Leben, hatte zwei Töchter Elinon und

---

contenir nolens volens les irrédentismes d'Europe central ? Quelle Allemagne aurait émergé du conflit ? Se serait-elle donnée, de la même manière, à un petit caporal autrichien traumatisé par le décadence de sa patrie ?"   Alain Minc, „Antiportraits", Gallimard, Paris, 1996, Seite 120
[286] Stefan Zweig, „Die Welt von Gestern", Heimkehr nach Österreich.

Marion und starb im Jahre 1992. Sandra kam zur Erholung zu einer reichen Bürgersfamilie nach Basel. Im Gegensatz zu ihrer ruhigen, gefügigen und liebenswürdigen Schwester war sie aufbrausend, tatkräftig, unternehmend und in vielem eine würdige Nachfahrin ihrer freiheitsliebenden Großmutter Emma und Ururgrossmutter Anna Federowna. Sie war gutaussehend und ein großer Flirt, hat jedoch nie geheiratet. In den 20er und 30er Jahre führte sie im Orient ein interessantes, abenteuerliches, manchmal gefahrenreiches Leben. Beginnend mit einer Anstellung in einem Reisebüro in Zell am See, überwachte sie bald das Personal einer Nilschifffahrtsgesellschaft in Ägypten, war später Kindererzieherin bei einem ägyptischen Prinzen und lernte dann wieder als Gesellschafterin einer syrischen Prinzessin das Haremleben kennen. Eine Zeitlang überwachte sie als Gouvernante die Haushaltung des berühmten Hotels „Pera Palace" in Istanbul. Und als diese Stellung zu zwielichtig zu werden drohte, floh sie und wurde von einem christlichen Schuster im Genuesenviertel Galatas[287] vorübergehend aufgenommen. In Beirut glaubte sie, mit einem Franzosen die große Liebe gefunden zu haben, bis sie herausfand, dass dieser schon in Marseille verheiratet war. Ja, ihr Leben war abenteuerlich und es ist bedauerlich, dass sie nie ihre Lebenserinnerungen aufgeschrieben hat, bevor sie hochbetagt 1987 in Graz starb.

Schiffbrüchige

Auch die Zeit der Genies sollte mit der Zerstörung der Monarchie zu Ende gehen. In dem einen Jahr 1918 starben Julius Wagner, Koloman Moser, Gustav Klimt und Egon Schiele, letzterer, durch die allgemeine Unterernährung geschwächt, nur 28-jährig an einer Spanischen-Grippe-Epidemie. Franz Kafka überlebte diese Epidemie, doch erlag 1924 einer Tuberkulose. Zwei Jahre später starb Rainer Maria Rilke, 1929 Hugo von Hofmannsthal und wieder zwei Jahre später Arthur Schnitzler.

Josef Roth schreibt 1932: "Mein stärkstes Erlebnis war der Krieg und der Untergang meines Vaterlandes, *des einzigen*, das ich je besessen: der österreichisch-ungarischen Monarchie."[288]. Auch er gehört zu jenen unzähligen, die diesen Zusammenbruch nie verwunden haben. Und er hat sich schließlich darüber zu Tode getrunken. Josef Roth war literarisch einer der feinfühligsten Zeugen und Befürworter der alten Monarchie In einem kurzem Dokumentarfilm über den Schriftsteller, der vor dem Fernsehfilm „Der Radetzkymarsch" von Axel Corti, vor ein paar Jahren im französisch-deutschen Fernsehsender „arte" gezeigt wurde, erzählt Otto von Habsburg[289], wie die Freunde Josef Roths Ende 1938 in Paris, wo beide im Exil weilten, sehr besorgt über seine zunehmende Trunksucht, zu ihm kamen und ihn baten, dem schon sehr kranken Schriftsteller doch ernsthaft ins Gewissen zu reden. Denn sie wussten, dass Roth als überzeugter Monarchist auf „seinen Kaiser" hören würde. Otto von Habsburg hat ihn dann auch zu sich bestellt und ihm sehr freundlich, aber ernsthaft ins Gewissen geredet: „Mein lieber Roth, als Ihre kaiserliche Majestät befehlen Wir Ihnen, keinen

---

[287] Viertel von Istanbul, auf der anderen Seite der Galatabrücke
[288] Aus einem Brief an Otto Forst-Battaglia vom 28. Oktober 1932; zitiert in: Josef Roth, Briefe 1911-1939. Hrsg. von Hermann Kesten. Berlin/Köln: Kiepenheuer u. Witsch 1970. S. 240.
[289] Sohn des letzten Kaisers, Karls I.

Alkohol mehr anzurühren und die ärztlichen Anweisungen streng zu befolgen!" Josef Roth hat das auch hochheilig versprochen, aber es war zu spät. Sechs Monate später ist er mit 45 Jahren gestorben. Stefan Zweig, der ihn die letzten Jahre regelmäßig finanziell und moralisch unterstützt hatte und ihn besser kannte als kaum jemand, schrieb ihm einen tiefempfundenen Nachruf.[290] Wenige Jahre später sollte er sich selbst den Tod geben.

Die Salzburger Festspiele

Doch weder Hass noch Armut noch Demütigung können Kultur und schöpferisches Streben endgültig abtöten. Und so entsteht in dieser Stunde Null, Anfang der 20er Jahre, eine kulturelle Einrichtung, die viele heute noch mit Freude, Begeisterung und Dankbarkeit erfüllt: die Salzburger Festspiele. „Max Reinhardt und Hugo von Hofmannsthal (und Richard Strauss) hatten in den schwersten Nachkriegsjahren, um der Not der Schauspieler und Musiker abzuhelfen, die im Sommer brotlos waren, ein paar Aufführungen, vor allem jene berühmte Freilichtaufführung des „Jedermann" auf dem Salzburger Domplatz veranstaltet, die zunächst aus der unmittelbaren Nachbarschaft Besucher anlockten; später hatte man es auch mit Opernaufführungen versucht, die sich immer besser, immer vollendeter anließen. Allmählich wurde die Welt aufmerksam. Die besten Dirigenten, Sänger, Schauspieler drängten sich ehrgeizig heran, der Gelegenheit froh, statt bloß vor ihrem eng heimischen auch vor einem internationalem Publikum ihre Künste zeigen zu können. Mit einemmal wurden die Salzburger Festspiele eine Weltattraktion, gleichsam die neuzeitlichen olympischen Spiele der Kunst, bei denen alle Nationen wetteiferten, ihre besten Leistungen zur Schau zu stellen. Könige und Fürsten, amerikanische Millionäre und Filmdivas, die Musikfreunde, die Künstler, die Dichter und Snobs gaben sich in den letzten Jahren in Salzburg Rendezvous; nie war in Europa eine ähnliche Konzentration der schauspielerischen und musikalischen Vollendung gelungen wie in dieser kleinen Stadt des kleinen und lange missachteten Österreich."[291]

Heinrich Jordis-Lohausen

Augusts einziger Sohn, Heinrich, war gutaussehend und, ohne wirklich eitel zu sein, auf sein Äußeres bedacht, besonders wenn weibliche Wesen in der Nähe waren. Er war ein schöngeistiger, musischer Mensch, Künstler und Schriftsteller zugleich. Er war ein Deuter großer historischer, geopolitischer und kultureller Zusammenhänge. Hochintelligent und völlig unkonventionell, hatte er eine unbefangene Art an Fragen oder Probleme heranzutreten, die es ihm ermöglichte einfache, ganz offensichtliche Lösungen und Antworten zu finden, die anderen oft versagt blieben. Er ist später als Schriftsteller bekannt geworden. Doch ein bekannter Professor an den Wiener Kunstakademie hatte ihm auch geweissagt, als Heinrich ihm seine Aquarelle zeigte:

---

[290] Vgl. dazu Stefan Zweig: „ Menschen und Schicksal/Europäisches Erbe", S. Fischer Verlag , Frankfurt am Main
[291] Stefan Zweig, op. cit., Sonnenuntergang.

„Kommen sie zwei Jahre zu mir und ich mache Sie zu einem berühmten Aquarellisten!" Er hätte auch ein brillanter Diplomat werden können und das war damals auch sein Wunsch gewesen. Doch sowohl die Diplomatenakademie wie die Kunstakademie waren zu teuer. Sein Vater hatte nicht das nötige Geld, um seinen einzigen Sohn studieren zu lassen. So musste er nach zwei Semestern das Jusstudium abbrechen, um sich sein Leben selbst zu verdienen. Es boten sich bei der herrschenden Arbeitslosigkeit wenig Möglichkeiten. Man konnte Bankangestellter werden, doch die Finanz reizte ihn wenig und ein Leben lang in Büros zu sitzen noch weniger. So vertauschte er 19jährig im April 1926 das Dasein eines Studenten an der Karl-Franzens-Universität in Graz mit dem eines Rekruten in der Lazarettfeldkaserne des österreichischen Bundesheeres. Wir finden ihn später wieder als Leutnant der Artillerie in Stockerau, dann wieder in Graz, später, nach in Italien, Frankreich und England betriebenen Sprachstudien, auf der Generalstabsschule in Wien. Wenn er ein guter Offizier geworden ist, so war es nicht auf Grund von Draufgängertum oder heldenhafter Männlichkeit, die lagen ihm wenig, sondern, von seinem beruflichen Können abgesehen, durch die Gabe ruhig zu überlegen, zu planen und die dafür notwendige Phantasie aufzubringen. Und gerade das hat ihm und vielen seiner Kameraden später in Russland das Leben gerettet (vgl. Bild 21).

Für damalige Verhältnissee waren die Gehälter im kleinen österreichischen Bundesheer leidlich gut, und er hatte ja auch nur für sich selbst zu sorgen. Für meinen Großvater wird es eine Erleichterung gewesen sein, seinen Sohn versorgt zu wissen. Doch hat sich sein eigenes Leben deswegen materiell nicht wesentlich gebessert. Noch sechs Jahre später schreibt er zum 25. Geburtstag seines Sohns:

„Mein lieber Heinili! Diesmal ist es – glaube ich – Dein erster Geburtstag, den Du nicht bei uns verbringst! Im Geiste sind wir bei Dir und werden wir Dich an diesem Tage hier sehr vermissen. Es ist mir sehr schwer, heuer mit leeren Händen dazustehen und ist dies einer jener Momente, an dem mir die jetzigen, schäbigen Verhältnisse am nachhaltigsten zum Bewusstsein kommen. So bleibt es eben leider nur bei den Wünschen, die vor Allem darin gipfeln, dass Du gesund bleiben mögest, alles Andere ist dann leichter zu ertragen; und sonst wünsche ich Dir das Allerbeste, das die heutigen Zeiten zu bringen vermögen.

Sei innigst umarmt von Deinem Papa."

Die Weimarer Republik

Deutschland war durch die Folgen des „Friedens" unfähig wirtschaftlich wieder auf die Beine zu kommen. Und als Gustav Stresemann Anfang der 20er Jahre als Reichskanzler und später als Reichsaußenminister gegen mächtige Widerstände im eigenen Land hartnäckig um das Bestehen der Weimarer Demokratie und ihren wirtschaftlichen Aufschwung und ihre politische Stabilität kämpfte, machten ihm die Siegermächte wenig Konzessionen, die er innenpolitisch als Trumpf hätte benützen können. So ging die erste deutsche Demokratie zwar künstlerisch und literarisch in einem ungewöhnlich reichen schöpferischen Taumel, politisch jedoch im Chaos unter. Und nicht nur das Ausland war daran schuld. In Deutschland selbst haben fast alle Parteien die Demokratie zu Grabe getragen. Die Kommunisten predigten den Umsturz. Und die Konservativen wurden durch ihre naiven Versuche die Nationalsozialisten für ihre Zwecke zu benützen, selbst Mittel zum Zweck. So herrschte Anfang der 30er Jahre in Deutschland nach Milliarden-Inflation und inmitten von Millionen-Arbeitslosigkeit Bürgerkriegsstimmung. Die Milizen aller größeren politischen Parteien lieferten sich blutige Straßenschlachten. Demokratisch war das Land nicht mehr zu regieren. Im Grunde ging es nur noch um die Frage, wem die Macht zufallen würden : den Kommunisten oder den Nationalsozialisten. Als Heinrich 1932 bei seinen Meyern-Hohenberg Cousinen Sandra und Clärchen in Berlin zu Besuch weilte, hat er diese elektrisch geladene Atmosphäre miterlebt -- an einem Abend die flammende Rede eines Thälmanns auf der kommunistischen Kundgebung und am nächsten die mindestens ebenso aufpeitschende Rede eines Goebbels bei den Nationalsozialisten.

Doch das Land sehnte sich nach Ordnung und war dem zu folgen bereit, der diese Ordnung versprach. Als sich angesichts dieser explosiven Situation Großbritannien und Frankreich eines besseren besannen und einlenkten, war es für die Demokratie zu spät, eine neue Kraft hatte sich das in Deutschland herrschende Chaos zunutze gemacht und war an die Macht gekommen: Adolf Hitler. Er hatte Ordnung versprochen und er schaffte Ordnung, mit Gewalt. Er schaffte Arbeit für Millionen von Arbeitslosen. Er machte Versprechungen. Er machte Hoffnung. Er schlug mit der Faust auf den Tisch. Und ihm machte das Ausland nun die Konzessionen und ihm fielen die Trümpfe zu, die man Stresemann verweigert hatte. Das stärkte gewaltig seine Stellung und sein Ansehen in Deutschland -- und auch im Ausland. „Man kann Hitlers System nicht mögen und dennoch seine patriotischen Leistungen bewundern. Wäre unser Land besiegt, so könnte ich nur hoffen, dass wir einen ebenso bewundernswerten Meister finden, um unsere Hoffnung und unseren Platz unter den Nationen wiederherzustellen." sagte Churchill 1937 von ihm.[292] Und das weltbekannte amerikanische „Time Magazine" kürte den deutschen Diktator noch 1938 zu seiner „Person of the Year"! Deutschland wurde wieder stark. Und Hitler versuchte nun all die territorialen Ungerechtigkeiten des Diktats von 1919 wieder rückgängig zu machen, zuerst in Österreich, das immer noch in wirtschaftlicher Krise lebte, dann in der Tschechoslowakei und zuletzt in Polen. Doch ging er schon mit dem Einmarsch in Prag, und später mit der Besetzung Polens, weit über die Forderung nach Revidierung der Verträge von 1919 hinaus.

Krysia und ihre Brüder

Huberts Witwe war nach dem ersten Weltkrieg von Berlin nach Naumburg gezogen, weil das Leben dort billiger war. Trotz ihrer verschwindend kleinen Kriegswitwenpension ist es ihr dort unter schwierigen Umständen gelungen, ihre vier Kinder durchzubringen. Ihre Tochter Krysia wurde als Älteste zuerst flügge. Sie wusste, was

---

[292] "One may dislike Hitler's system and yet admire his patriotic achievement. If our country were defeated, I hope we should find a champion as admirable to restore our courage and lead us back to our place among nations." Aus Winston Churchill, "Great Contemporaries" 1937, zitiert in « The Churchill you didn't know", The Guardian, November 28, 2002, page 7.

sie nicht wollte, und das war Gutssekretärin bei Freunden oder Verwandten zu sein. Sie wollte Ärztin werden, aber hatte nicht das Geld zum Studium. Erst die großzügige Unterstützung von Tante „Genchen", die durch fünfzig Jahre hindurch in echter großzügiger Familien-Soldarität viele Großneffen und -nichten immer wieder finanziell unterstützt hat, machte es möglich. Diese Großtante Eugenia war die Witwe von Walter Christian von Wangenheim (1847 in Neu-Lobitz geboren), der in Istanbul, Sophia, Warschau und zuletzt in Buenos Aires kaiserlicher Legationsrat und Generalkonsul gewesen war. Tante Genchen hatte Musik studiert. Man sagt, sie sei eine begabte Geigerin und Meisterschülerin von Joseph Joachim an der Berliner Musikhochschule gewesen (desselben Joachim, den Amélie seinerzeit im Konzert in Wien gehört hatte). Sie hatte keine Kinder und ist 55 Jahre nach ihrem Mann erst 1958 mit 97 Jahren gestorben. Sie hatte wohl durch die Katastrophen hindurch etwas Vermögen gerettet und dank ihrer Hilfe studierte Krysia Medizin. Zwischendurch arbeitete sie immer wieder irgendwo, um Geld dazu zu verdienen. Oft hat ihr auch ihre Mutter aus ihrer spärlichen Witwenpension etwas zugesteckt, aber üppig war das Leben nie. Doch trotz eines durch Kinderlähmung verkrümmten Fußes, war sie lebensfroh und unternehmend, an allem interessiert, sehr warmherzig, temperamentvoll, emotional und eher dem sinnlichen Süden als dem kalten Norden zugewandt. So ist sie auch von der Universität Kiel bald an die Münchner und später an die Wiener Universität übersiedelt. Von ihren drei Brüdern trat Hubert bei der Kriegsmarine ein, Friedrich bei der Wehrmacht. Letzterer kam wenige Monate vor Ausbruch des Krieges bei einem Flugzeugunglück ums Leben. Der jüngste Bruder Albrecht studierte noch, als er sich aus heute immer noch ungeklärten Gründen 1932 das Leben nahm. Es war ein fürchterlicher Schlag für seine Mutter und für seine Geschwister.

Heinrich Jordis-Lohausen und Krysia von Wangenheim

Als sie einander Mitte der Dreißiger Jahre bei gemeinsamen Freunden in Wien kennen lernten, konnten sie aus finanziellen Gründen gar nicht daran denken, einen gemeinsamen Hausstand zu gründen. Krysia hatte ihr Medizinstudium noch nicht abgeschlossen und die Bezüge eines jungen Leutnants im österreichischen Bundesheer waren gerade für ein Junggesellendasein ausreichend. Doch sie trafen sich, wann immer sie konnten. Seit Hitlers perverser 1000 Marksperre für Deutsche, die nach Österreich reisen wollten, war das schwierig genug, umso mehr, als im Gegenzug auch die österreichische Regierung ihren Beamten und Militärs das Reisen nach Deutschland erschwerte. Doch Liebe macht erfinderisch und so trafen sie einander zuerst in Riezlern im kleinen Walsertal, wo österreichisches Hoheitsgebiet unter deutscher Zollkontrolle stand. Dort hatte Krysia es erreicht, in einer Lungenheilanstalt zu famulieren. In den folgenden Jahren haben sie mit wenigen Mitteln gemeinsame Reisen unternommen. Immer ein Faltboot im Gepäck, fuhren sie mit der Eisenbahn, mit dem Autobus an die italienische Riviera, oder nach Pola, und von dort durch die dalmatinischen Inseln, oder nach Venedig, wo ihnen ein vom Bundesheer gewährter dreimonatiger -- leider unbezahlter -- Sprachurlaub zu Hilfe kam.

Sie haben 1935 in Wien geheiratet. Die Trauzeugen waren August und Heinrichs bester Freund und Kamerad im Bundesheer, Karl Eibenschütz. Heinrich war katholisch getauft und erzogen worden. Doch als Freigeist stand er dem Protestantismus näher. Nicht in allgemein vorgegebenen Dogmen, sondern im individuellen, faustischen Streben suchte er sein Heil. So wurde er anlässlich seiner Hochzeit evangelisch, wie Krysia es war. Beide Brautleute waren Lebenskünstler am Rande der Gesellschaft und das verband sie. Sie waren nie in gesellschaftlichen Regeln befangen. Vielleicht hätte Krysia sich später für ihre Kinder etwas mehr Konformismus gewünscht. Doch Heinrich blieb sein Leben lang, halb Künstler, halb Schriftsteller, ein Außenseiter. Zwar war er in der Gesellschaft als anregender, interessanter und überaus charmanter Gesprächspartner gesucht und immer gerne gesehen, aber er fühlte sich ihr nicht zugehörig, weder der aristokratischen und noch weniger der bürgerlichen. Denn Geld interessierte ihn nur insofern, als er es für sein eigenes sehr bescheidenes Leben brauchte, und für das seiner Familie. Geld als Vermögen oder als Machtmittel hat ihn nie interessiert.

DAS BUCH DER ANWESENDEN

You can't go back to the country that doesn't exist anymore.
(Joseph Brodsky)

Die Erinnerung ist meine einzige Heimat.
(Anselm Kiefer)

Wenn ein Land sich nicht zu seiner Vergangenheit bekennen kann,
hat es keine Zukunft.
(Yang Jisheng)

Rückblick

Erst im Laufe dieser Reise in die Vergangenheit meiner Familie ist mir bewusst geworden, wie wenig wir eigentlich über unsere eigenen Eltern wissen, von unseren Großeltern oder noch weiter zurückliegenden Vorfahren ganz zu schweigen. Was wissen wir über ihre Kindheit, über ihre Jugend, und über alles, was sie in ihrem tiefsten Inneren bewegt hat? Was wissen wir über die Erinnerungen, Traditionen, Gedanken, Bilder, Eindrücke, aber auch über die Traumata und Ängste, die sie ein Leben lang mit sich herumgeschleppt haben? In unserer umstürzlerischen und schnelllebigen Zeit ist vieles davon verloren gegangen, vieles nicht weitergegeben worden. Wohl gab es Zeiten, wenn auch selten, in denen mein Vater gerne über sein Leben und seine Erinnerungen mit uns gesprochen hätte, doch waren wir damals meist zu sehr damit beschäftigt, uns im eigenen Leben zu behaupten, unsere Berufskarriere aufzubauen, um uns in seine Vergangenheit zu vertiefen. Heute, wo wir dazu die nötige Disponibilität hätten, leben die Eltern nicht mehr und haben nur wenig Schriftliches über ihr Leben hinterlassen. Deswegen war das Vertiefen in dieses Buch der Abwesenden wichtig, denn wie kann man die Gegenwart verstehen, sich auf die Zukunft vorbereiten, wenn man die Vergangenheit nicht kennt.

Hier beginnt nun das Buch der Anwesenden, das unsere. Wir, die noch Anwesenden, sind die Zeugen und, jeder auf seine Weise, die Mitprägenden unserer Zeit. Wir haben eine gewisse Verantwortung für seinen Inhalt mitgetragen -- wenn auch meist nur als kleines Rad in einem großen Räderwerk.

Die erste noch lebende Generation

Der Sommer des Jahres 1936 führte Heinrich und Krysia Jordis-Lohausen, meine Eltern, über Paris an die bretonische Küste -- wieder mit dem Faltboot im Gepäck. Diese Reise wurde für mich insofern bedeutsam, als ich damals in einem kleinen Hotel in der rue Sainte Anne, unweit der Pariser Oper, gezeugt wurde. Mag sein, dass dies mitbestimmend war, dass ich viel später mit dieser Stadt eine Wahlverwandtschaft verspürt und mich dort dann auch niedergelassen habe.

Ich erblickte am 3. Mai 1937 im Augustahospital in Berlin zum ersten Mal das Licht der Welt. „Hurrah! Mein lieber Heini, das hast du gut gemacht, aber natürlich ein noch größeres Lob verdient Krysia." schreibt in überschwänglicher Freude mein Großvater über die Geburt seines ersten Enkelsohnes. "Möge der Bub unter einem günstigen Stern geboren sein; Glück und Segen sei ihm beschieden!" Ich weiß nicht, ob der von meinem Großvater herbei gewünschte Stern, ein günstiger war, doch war es ein, nicht immer einfaches, aber im großen und ganzen gesehen, volles, reichhaltiges Leben, das mir da geschenkt wurde.

Ich war schon das zweite Kind. Meine Schwester Iris[293] war ein Jahr früher, am 28. April 1936, auch in Berlin, zur Welt gekommen. Meine Eltern waren nun verheiratet, aber hatten immer noch nicht genügend Geld, um zusammenzuleben.

So begann unser Familienleben eher *happy go lucky*. Meine Mutter hatte ihr Studium abgeschlossen, aber die Idee Ärztin zu werden, aufgegeben. Sie wollte sich ganz ihrem Mann und ihren Kindern widmen. Wir Kinder wohnten meist bei ihr in Deutschland, mein Vater in Österreich. Wenn sie zu meinen Vater fuhr, wurden wir entweder bei der einen oder bei der anderen Großmutter abgelegt, einzeln oder gemeinsam. Erst als mein Vater, nach dem Anschluss 1938, mit dem gesamten österreichischen Bundesheer, in die deutsche Wehrmacht übernommen und zum Hauptmann befördert wurde, verdoppelte sich sein Gehalt von heute auf morgen und seine finanzielle Situation vereinfachte sich wesentlich. Meine Eltern konnten sich nun ein großes Untermietzimmer in der Sieben-Stern-Gasse in Wien leisten. Doch wir Kinder blieben meist weiterhin bei den Großmüttern. Eigentlich gelang es meinen Eltern erst 1942 in Berlin am Kaiserdamm 89, eine gemeinsame Wohnung zu mieten und mit den alten Familienmöbeln meiner Mutter einzurichten. Doch auch „sie blieb uns nicht lange erhalten, noch haben wir viel darin gewohnt, gemeinsam überhaupt nur wenige Tage," schrieb mein Vater später darüber.

Ich wuchs die ersten zwei Jahre meines Lebens bei meiner Großmutter auf, in Gorgast im Oderbruch, östlich von Berlin, und ab 1939 dann abwechselnd in Berlin, in Schlesien, in Gorgast oder in Graz. So wurde meine Großmutter meine erste eigentliche Mutter. Sie nannte mich ihren „Spätgeborenen" und ich liebte sie als solcher. Sie starb als ich sechs Jahre alt war und es war das für mich, unbewusst, ein schwerer Verlust.

Staatsbesuche, Weltausstellung, Filme

Nur zwei knappe Jahrzehnte waren seit dem Zusammenbruch der Kaiserreiche vergangen, doch wie sehr hatte sich die Welt in der kurzen Zeit geändert. In Berlin machte gerade Mussolini Staatsbesuch bei Hitler und Lord Halifax traf ein, um die deutsch-britischen Beziehungen zu besprechen. In Paris wurde drei Wochen nach meiner Geburt die letzte Weltausstellung vor den Krieg eröffnet. Oben auf dem Trocadéro Hügel über der Seine, gegenüber dem Eiffelturm, standen sich der deutsche und der sowjetische „Pavillon" herausfordernd gegenüber. Den deutschen Bau hatte Hitlers Leibarchitekt Albert Speer entworfen. Seine neoklassische Sachlichkeit trug ihm eine Goldmedaille für vorbildliche Architektur ein. Auch sonst war Deutschland in Paris künstlerisch ruhmreich vertreten: Die Berliner Oper gab ein Gastspiel. Kaum einen Kilometer vom Trocadéro entfernt, im alten, ehrwürdigen Théâtre des Champs Élysées, gibt es auch heute noch im Foyer der zweiten Ebene in einigen Schaukästen eine Dauerausstellung mit Photos und Programmheften, welche die Höhepunkte der musikalischen und künstlerischen Darbietungen des Theaters

---

[293] Um der durch die Nationalsozialisaten geförderten Flut deutsch-germanischer Voramen entgegenzuwirken, gab mein Vater uns drei Kindern griechisch-römische Vornamen: Iris, Alexander, Konstantin.

fast hundertjährigen Bestehens wiederspiegelt. Da scheint von 6. bis 12. September 1937 auch das Gastspiel der Berliner Oper und der Berliner Philharmoniker unter der Leitung von Wilhelm Furtwängler und Richard Strauß auf, mit Aufführungen von „Die Walküre" „Tristan und Isolde", „Elektra" und „Der Rosenkavalier". Namen, die wir heute bestenfalls noch von historischen Schallplattenaufnahmen kennen, treten uns dort aus den vergilbten Programmheften entgegen: Maria Cebotari, Willy Domgraf-Fassbinder, Margarethe Klose, Helge Roswaenge, Erna Berger und viele andere. Die Erinnerung an ein Musikerlebnis auf höchster künstlerischer Ebene von deutschen Musikern geschaffen im Rahmen des Pariser Kulturlebens der damaligen Zeit. Es werden die von Furtwängler und Strauss in Paris dirigierten Opernaufführungen dem damaligen Publikum vielleicht die Hoffnung, ja Gewissheit verschafft haben, dass es im Hitler-Deutschland auch Menschen gab, die nicht die nationalsozialistischen Werte vertraten, sondern die alte deutsche Kultur aufrecht erhielten und pflegten.

Wie Yehudi Menuhin später meinte, dass „derjenige, der blieb, wahrscheinlich mutiger ist als derjenige, der wegläuft....Die Deutschen, die geblieben sind, haben die richtige Entscheidung getroffen.....Furtwängler hat viel gewagt. Er hat Hindemith verteidigt, er hat viele Mitglieder der Philharmoniker gerettet. Goldberg verdankt ihm sein Leben....."[294]

Im selben Jahr 1937 vollendete Jean Renoir[295] „La Grande Illusion" mit Jean Gabin, Erich von Strohheim und Pierre Fresnay – ein Film gegen den Krieg und für eine deutsch-französische Verständigung. Er gehört heute zu den großen Klassikern der französischen Filmgeschichte.

Anschluss

Im Jahre 1919 hatte die österreichische Regierung geschlossen den Anschluss an Deutschland gefordert. In den 30er Jahren wehrte sie sich nun entschieden dagegen, nicht gegen Deutschland, sondern gegen die deutschen Nationalsozialisten und ihre Methoden. Denn so sehr es wirtschaftlich in Deutschland wieder aufwärts ging, so sehr nahm für viele die Freiheit ab. „Schon in jenen Tagen (1933/34) sah ich die ersten Flüchtlinge. Sie waren nachts über die Salzburger Berge geklettert oder durch den Grenzfluss geschwommen. Ausgehungert, abgerissen, verstört starrten sie einen an; mit ihnen hatte die panische Flucht vor der Unmenschlichkeit begonnen, die dann über die ganze Erde ging. Aber noch ahnte ich nicht, als ich diese Ausgetriebenen sah, dass ihre blassen Gesichter schon meine eigenes Schicksal kündeten, und dass wir alle, wir alle Opfer sein würden der Machtwut dieses einen Mannes." (Stefan Zweig)

---

[294] Aus „Die Freude ist das Wesentliche", Yehudi Menuhin über Furtwängler, die deutsche Musik, Wüstenblumen und Israel, Ein Gespräch mit dem Geiger und Dirigenten von Gina Thomas, Frankfurter Allgemeine Zeitung, 20. April 1991.
[295] Jean Renoir (1894-1979), französischer Filmregisseur. Sohn des impressionistischen Malers Pierre-August Renoir.

Anfang 1938 erzwang Hitler dann den Anschluss. Und mit ihm kam die wirtschaftliche Besserung, aber auch der Parteiapparat und die Gestapo nach Österreich. „Diese Tage, da täglich die Hilfeschreie aus der Heimat gellten, da man nächste Freunde verschleppt, gefoltert und erniedrigt wusste und für jeden hilflos zitterte, den man liebte, gehören für mich zu den furchtbarsten meines Lebens."[296] schreibt Stefan Zweig im englischen Exil. Doch bei Regime kontrollierter Presse und Radio, wie viel erfuhr die breite Öffentlichkeit damals von der Wirklichkeit, die sie umgab? „Reichlich wenig!" behaupten viele Zeitgenossen. Ist das glaubhaft? Stefan Zweig meint dazu in einem anderen Zusammenhang. „Und nichts scheint mir charakteristischer für die Technik und Eigenart moderner Revolutionen, als dass sie sich im Riesenraum einer modernen Großstadt eigentlich nur an ganz wenigen Stellen abspielen und darum für die meisten Einwohner völlig unsichtbar bleiben. So sonderbar es scheinen mag: ich war an diesen historischen Februartagen 1934 in Wien und habe nichts gesehen von diesen entscheidenden Ereignissen, die sich in Wien abspielten, und auch nicht das Mindeste davon gewusst, während sie geschahen... Jeder Leser der Zeitung in New York, in London, in Paris hatte bessere Kenntnis von dem, was wirklich vor sich ging, als wir, die wir doch scheinbar Zeugen waren....Wie wenig heutzutage ein Zeitgenosse, wenn er nicht zufällig an der entscheidenden Stelle steht, von den Ereignissen sieht, welche das Antlitz der Welt und sein eigenes Leben verändern."[297]

Mit dem Anschluss wurde das gesamte österreichische Bundesheer in die deutsche Wehrmacht eingegliedert. So auch mein Vater. Er war von Jugend an deutsch-national eingestellt gewesen. Das heißt, er gehörte zu jenen Österreichern, welche den 1866 von Bismark erzwungenen Ausschluss Österreichs aus dem Deutschen Reich nie akzeptiert hatten. So wird er, wie so viele Österreicher, den Anschluss begrüßt haben. Dennoch war er deswegen kein Nationalsozialist und ist es nie geworden. Wie den meisten Deutschen und Österreichern lag auch ihm, nach der Erniedrigung des Diktats von Versailles und Trianon, an einer Rehabilitierung, erhoffte auch er ein wiedererstarktes Deutschland. Und diese Einstellung mag am Anfang des Krieges bei ihm eine Rolle gespielt haben. Aber er hielt Adolf Hitler, trotz dessen anfänglicher Erfolge im In- und Ausland, keineswegs für den richtigen Mann, die Geschicke des Deutschen Reiches zu leiten. Und als ihm die Ereignisse recht gaben, kämpfte er im weiteren Verlauf des Krieges dann nur noch für das Überleben Deutschlands und für das seiner Familie, aber sicherlich nicht für das Überleben Adolf Hitlers oder des nationalsozialistischen Regimes.

Doch noch etwas anderes, sehr spezifisches bestimmte die Haltung der österreichischen Offiziere und Soldaten – ihre historische Vergangenheit. „Das kleine Land, in dem sie leben," schreibt mein Vater später darüber, „ist ihnen Heimat, aber es erschöpft nicht ihre Aufgabe. Wenn es eine gehabt hat seit je, dann war es die, Donauraum und Deutschtum zu einem zu knüpfen; nicht trennend zwischen ihnen zu stehen – auch nicht bloß vermittelnd, sondern beide verbindend, beiden anzugehörend. Es hat – im Gefolge geschichtlicher Enttäuschungen oder in der Not feindli-

---

[296] Stefan Zweig, op. cit., Die Agonie des Friedens.
[297] Stefan Zweig, op.cit., Incipit Hitler.

cher Besetzung – zu Zeiten das eine geleugnet, zu Zeiten das andere – aber es war nur glücklich, wenn es sich nach beiden Seiten hin ausgab und verschwendete.

Es ist notwendig, das anzuführen, um zu begreifen, wieso dieselben Österreicher sich unter zwei so verschiedenen Fahnen, wie denen der beiden Weltkriege gleich hervorragend schlagen konnten – nicht etwa, weil sie gleich Landsknechten jede Gelegenheit zu raufen, willig ergriffen hätten, sondern, weil ihrer geschichtlichen Doppelrolle der Dienst unter beiden entsprach. Ohne solche Rückschau ist aber auch die besondere Tragik jenes kleinen Heeres nicht zu verstehen, das in den Jahren des Überganges ständig zwei Seelen in seiner Brust trug."[298]

Eine Ehrensache

Mein Onkel Hubert, der einzige überlebende Bruder meiner Mutter, war Marineoffizier und hatte auch in eine Marineursfamilie eingeheiratet – meine Tante Irene war die Tochter jenes Moritz von Egidy, der als Kommandant des kaiserlichen Schlachtkreuzers „Seydlitz" 1916 die Seeschlacht am Skagerrak mitgemacht und nach der Schlacht sein Schiff, obwohl schwer angeschlagen, in den Heimathafen zurückgeführt hat. Meines Onkels eigener Vater war kaiserlicher Gardeoffizier gewesen und so hatten ihn, wie viele deutsche Offiziere, die Traditionen und Ehrbegriffe der alten kaiserlichen Armee und Marine noch wesentlich geprägt. Vor dem Krieg, Anfang 1938, war mein Onkel Marineadjutant des Reichskriegsministers Werner von Blomberg. Blomberg hatte damals eben geheiratet – Hitler und Göring waren Trauzeugen gewesen. Als sich dann nachträglich herausstellte, dass Blombergs Frau eine sittenwidrige Vergangenheit hatte, fühlte sich Hitler hinters Licht geführt und verlangte Blombergs Rücktritt. Goebbels notiert in sein Tagebuch: „Er setzt den Staat und die Wehrmacht, die Ehre des deutschen Soldaten und seine eigene aufs Spiel – für eine Prostituierte. Na, das ist ein Stück." Blomberg tritt zurück und reist mit seiner Frau nach Capri.

Ebenfalls nach Italien, , „reiste am 29. Januar, auf eigene Faust, aber mit Wissen seines Oberbefehlshabers Raeder und im Nahmes des deutschen Offizierscorps, der Marine-Adjutant Blombergs, Kapitänleutnant Hubertus von Wangenheim. Er wollte seinem ehemaligen Chef die obszönen Bilder zeigen und ihn auffordern, sich scheiden zu lassen. Als Blomberg dies ablehnte, beschimpfte ihn Wangenheim als ehrvergessenen Verräter an der deutschen Wehrmacht, als Feigling und Deserteur und legte ihm vielsagend eine Pistole auf den Tisch. (Selbst der Nazi Goebbels dachte beim Fall Blomberg noch in diesen anachronistischen Ehrbegriffen – mehrmals schrieb er in sein Tagebuch, da helfe nur noch die Pistole). Was beide nicht wussten: Hitler hatte Blomberg das Versprechen abgenommen, sich aus Gründen der Staatsräson nicht zu erschießen. Nichts konnte er jetzt weniger brauchen als einen weltwei-

---

[298] Aus : Heinrich Freiherr Jordis von Lohausen, „Das österreichische Bundesheer", in „Kamerad in Feldgrau", herausgegeben im Auftrag des Österreichischen Kameradschaftsbundes, Verlag Rudolf Traunau, Wien 1956, Seite 167.

ten Skandal um einen toten Feldmarschall."[299] Als Hitler vom Alleingang meines Onkels erfuhr, soll er zum Oberbefehlshaber der Marine, Admiral Erich Raeder, gesagt haben: „Den Wangenheim schmeiße ich raus!" Worauf ihm Raeder ruhig geantwortet haben soll: "Wenn Wangenheim geht, dann gehe ich auch!" Und Wangenheim blieb, denn den Verlust eines weiteren Oberbefehlshabers konnte sich Hitler nicht leisten. Es ist aber wahrscheinlich, dass mein Onkel deswegen in der Marine keine aussergewöhnliche Karriere mehr gemacht hat. Er war Ende des Krieges Kommandant einer Zerstörerflottille. Vielleicht wollte er auch nicht mehr.

Der Anfang vom Untergang des deutschen Ostens

Als Deutschlands Forderung eines Korridors nach Danzig und nach Ostpreußen sich durch Verhandlungen mit Polen nicht regeln ließ, marschierte die deutsche Wehrmacht am 1. September 1939 in Polen ein. Glaubte Hitler wirklich, wie sein Außenminister Joachim von Ribbentrop ihm einzureden versuchte, Großbritannien würde noch einmal ein Auge zudrücken? Wollten die polnischen Militärs, auf den britischen Beistandspakt gestützt, überhaupt eine friedliche Lösung, oder glaubten sie, im Falle eines Krieges in drei Wochen siegreich in Berlin einzumarschieren? Glaubte die britische Regierung im Falle einer Kriegserklärung würde das nationalsozialistische Regime wie ein Kartenhaus in sich zusammenstürzen, wie Exildeutsche ihr einredeten? Hätte man das Unheil des Krieges noch auf andere Weise abwenden können? Historiker der nächsten Jahrzehnte werden auf diese Fragen vielleicht eine umfassendere Antwort geben können. Tatsache ist, dass Großbritannien und Frankreich kein Auge zudrückten, sondern Deutschland am 3. September den Krieg erklärten, dass das Hitler Regime nicht wie ein Kartenhaus zusammenstürzte, und dass die polnische Armee nicht drei Wochen später siegreich in Berlin einmarschierte. Und aus dem lokalen deutsch-polnischen Konflikt wurde zunächst ein europäischer und später ein Weltkrieg. Es ist bemerkenswert in diesem Zusammenhang, dass Großbritannien trotz seines Beistandspakts mit Polen, nichts gegen die Sowjetunion unternommen hat, als Stalin noch im selben September 1939 im Einvernehmen mit Hitler die östliche Hälfte Polens besetzte.

Der Polenfeldzug als solcher ging schnell zu Ende. „Blitzkrieg" nannte man das später. Noch einmal in seiner Geschichte wurde Polen aufgeteilt, diesmal zwischen dem Dritten Reich und der Sowjetunion. Eben waren noch die deutschen Minderheiten in Polen gepeinigt worden, jetzt fiel die alte Stadt Warschau in Schutt und Asche und das Leid des Krieges und der Verfolgung kam über die polnische Bevölkerung. Zehntausende wurden aus ihren Heimen vertrieben und umgesiedelt, um „Volksdeutschen" Platz zu machen. In den folgenden fünf Jahren kamen mehr als sechs Millionen Polen ums Leben.

---

[299] Karl-Heinz Janßen, « Der Skandal : Intrige oder Panne? Die Blomberg-Fritsch-Brauchitsch-Affäre in neuem Licht. In : Die Zeit/Extra, Nr. 12 vom 18. März 1988, Seite 45-47.

Schlesien

Als ich meine aller ersten Lebensbilder in mich aufnahm, hatten sich meine Mutter und meine Großmutter mit meiner Schwester und mir für fast ein Jahr, vom Sommer 1939 bis zum Frühjahr 1940 in Buchwald bei Schmiedeberg am Fuße des Riesengebirges in Schlesien eingemietet. Dort war die Luft gesünder und die Unterkunft billiger als in Berlin. In unserer ländlichen Abgeschiedenheit waren wir nur insofern von den kriegerischen Ereignissen berührt, als mein Vater an der Ostfront stand. An der Westfront rührte sich nichts. „Drôle de guerre" (ein komischer Krieg) sagte man damals in Frankreich. Hätte man die Ausweitung des Konflikts auch dann noch verhindern können? Im Westen vielleicht. Im Osten war ein Krieg zwischen den beiden totalitären Herrschern wohl schon seit langem vorgegeben. Denn Hitlers Ziele waren im Osten, die Stalins im Westen. Ihr Übereinkommen war trügerisch. Und der eigentliche Weltkrieg sollte noch kommen, mit all seinem Grauen. Und wie schon 1914-18 sollte auch jetzt wieder nationalistische Hass- und Lügenpropaganda auf allen Seiten den Krieg fast überall begleiten und vergiften. Am 20. Januar 1940 schrieb meine Mutter aus Buchwald an meinen Vater: „Da erschien Frau Kippel und wir haben besprochen, wie lange wir hier noch „nisten" dürfen. Dies ist geklärt: bis April. So werde ich die Kinder für April und Mai in Schreiberhau (gemeint war die Kinderheilstätte Lenzheim in Mittel-Schreiberhau im Riesengebirge – wir hatten im Winter Keuchhusten gehabt) anmelden und selber mal nach Berlin gehen, um Wohnung zu suchen – falls bis dahin Berlin nicht evakuiert ist. Nach dem heutigen Rundfunk haben die Engländer ja liebliche Pläne mit dieser Stadt...." Wie „lieblich" diese Pläne wirklich waren, und nicht nur für Berlin, sondern für alle deutschen Städte, konnte man in Deutschland damals noch gar nicht ahnen. Aber die Briten drohten schon damals mit Bomben, denn Terrorluftangriffe waren ein spezifischer, schon lange vor dem Krieg geplanter Aspekt der britischen Kriegsstrategie. Sie hatten die Zerstörung von Wohnvierteln zum Ziel, und ganz bewusst die der dicht bewohnten historischen Stadtkerne.

In diesen ersten Monaten des Krieges, am letzten Tag des Jahres 1939, als ich zweieinhalb Jahre alt war, starb mein Großvater August in Graz. Ich habe ihn daher leider nie bewusst gekannt.

Gorgast

Meine eigentlichen Kindheitserinnerungen fangen im Oderbruch an. Das Gut Gorgast war eine Staatsdomäne, früher einmal eine Johanniterkommende gewesen. Theodor Fontane erwähnt sie in seinem Band über das Oderland: „Alle Namen zu beiden Seiten des Flusses erinnern auch hier an Tage bitterer Bedrängnis und schwer erkauften Siegs. Zuerst Gorgast am linken Oderufer. In Gorgast war es, wo der König (Friedrich II.) seine chiffoniert aussehenden Truppen mit den glatt und wohlgenährt dastehenden Regimentern Dohnas vereinigte und sein Missfallen in die Worte kleidete: ‚Meine sehen aus wie Grasteufel, aber sie beißen.'"[300]

Fast zwei Jahrhunderte später, als wir dort weilten, war das Gut an die Herren von Rosenstiel erbverpachtet. Diese alte preußische Familie elsässischen Ursprungs hatte sich bei der Gründung der Berliner Porzellanmanufaktur einen Namen gemacht. Eine autoritäre alte Dame, Antonia von Rosenstiel, für uns Tante Tönchen, leitete den Besitz. Zu ihr kam meine Großmutter häufig als *„paying guest"* und durfte, vor allem im Sommer uns beide, meine Schwester und mich, einzeln oder gemeinsam mitbringen.

Auf der Parkseite hatte das zweistöckige Gutshaus mit seinem klassizistischen Giebel etwas Märchenhaftes -- vollkommen mit wildem Wein überwachsen, von einer Ziegelmauer und hohen Bäumen umrahmt. Den Gartenemgang überdachte eine ebenfalls dicht überwachsene Terrasse im ersten Stock. Davor fiel die Wiese gegen einen Oderarm ab, über den sich eine hochgewölbte, fast japanisch wirkende Holzbrücke spannte. Diesseits des Wassers blühten Rhododendron und Weigelien, unten am Ufer stand eine uralte, weitausladende Eiche. Weiter links den Oderarm entlang befanden sich das Gewächshaus und der Gemüsegarten und dahinter ein Eichenpark mit riesigen, uralten Bäumen. Nach etwa einem Kilometer erreichte man die offenen Felder. Jenseits der Holzbrücke dem Haus gegenüber erstreckte sich wieder ein Parkwald, in dem sich die Rosenstielgräber befanden (vgl. Bild 22).

Für uns Kinder war Gorgast in den nächsten Jahren ein herrlicher Ferienaufenthalt (vgl. Bilder 23 und 24). Ein freies Leben im Park, am Wasser, in Hof und Küche. Manchmal durften wir Kinder „Mamsell", die sich um Haus und Küche kümmerte, hinauf in den Taubenturm begleiten, wenn sie Tauben für die Mittagstafel aus den Löchern holte. Und wir durften sogar die so gefangenen Vögel zurück in die Küche tragen. Aber „Mamsell" war sehr ungehalten, wenn wir sie aus Ungeschicklichkeit oder Mitleid wieder fliegen ließen. Meine Angelversuche von der Holzbrücke herunter waren kein großer Erfolg, weil sich meine Angelhacken regelmäßig in den Seerosenblättern verfingen. Ich zog ungeschickt daran, die Leine riss und musste erneuert werden. Bis es dem Gärtnerbub leid wurde und mein Angeln ein jähes Ende fand. Da war es einfacher und aufregender den älteren Dorfjungen beim Krebsfangen im nahen Bach zuzusehen. Für seinen Krebsreichtum war ja die Oder bekannt. Fontane weiß darüber eine erstaunliche Geschichte zu berichten, die fast wie eins von Baron von Münchhausens Lügenmärchen klingt. „Im Jahre 1719 war das Wasser der Oder, bei der großen Dürre, ungewöhnlich klein geworden; Fische und Krebse suchten die größten Tiefen auf und diese wimmelten davon. Da das Wasser aber von der Hitze zu warm war, krochen die Krebse aufs Land ins Gras oder wo sie sonst Kühlung erwarteten, selbst auf die Bäume, um sich unter das Laub zu bergen, von welchen sie dann wie Obst herabgeschüttelt wurden."[301]!

Auch auf ein gesatteltes Pferd wurde ich gesetzt, fühlte mich höchst unwohl dabei und verlangte schleunigst wieder heruntergehoben zu werden. Herrlich, dagegen,

---

[300] Theodor Fontane, Wanderungen durch die Mark Brandenburg, das Oderland, Ullstein Verlag, 1974, Seite 21.
[301] Theodor Fontane, Op. cit., Seite 28

war es, mit den Erwachsenen in der Pferdekutsche meilenweit über Land zufahren, auf den langen, rechts und links mit Bäumen bepflanzen Chausseen in eins der Nachbardörfer, nach Golzow oder nach Manschnow. Den Kutscher mit seiner Peitsche, die er hin und wieder knallen ließ, bewunderte ich sehr, noch mehr imponierte mir, dass er gleichzeitig Nachtwächter war. Welch ein Glückspilz! Nicht nur durfte er den ganzen Tag kutschieren, abends brauchte er nicht einmal ins Bett gehen! Ab dem Zeitpunkt erklärte ich, wer immer mir die übliche törichte Frage stellte, was ich später einmal werden möchte: „Kutscher und Nachtwächter!" Sogar nach Küstrin, auf der anderen Seite der Oder, hat mich meine Großmutter einmal mitgenommen, doch nicht die mit dieser Stadt verbundene Katte-Tragödie bewegte mich, sondern viel prosaischer die Auslage eines Spielwarengeschäfts und der Verzicht darauf, was ich darin entdeckt hatte.

So gehören diese Aufenthalte im Oderland, in der Obhut meiner über alles geliebten Großmutter zu jenen Erinnerungen der Kindheit, von denen man sein Leben lang zehrt und Gorgast blieb für mich zeit meines Lebens „ein verlorenes, poetisch verklärtes Paradies." Ja, in zeitlicher und räumlicher Entfernung ist das Oderbruch mir fast zur mythischen Landschaft geworden. Wie schreibt doch Marion Dönhoff in „Verlorene Heimat"? „Und jedes Mal, wenn ich die alten Alleen wiedersah, die einsamen Seen und stillen Wälder, meinte ich nach Hause zu kommen. Landschaft ist eben wichtiger und gewiss prägender als alles andere." Doch in Gorgast waren es nicht die einsamen Seen und stillen Wälder, sondern der Fluss und die weite Flusslandschaft, die mich viel mehr anzogen als später die Berge. Ich habe viele Jahre danach auf andere Weise diese ganz besondere Atmosphäre großer Ströme wieder empfunden, Ströme, an deren Ufern Hochkulturen herangewachsen sind, wie am Nil, am Euphrat, am Ganges und besonders am Irawadi. Vielleicht wäre ich später einmal ins Oderbruch zurückgekehrt, um mich dort oder in der Nähe niederzulassen und an etwas Tiefvertrautes anzuknüpfen. Doch bis es dazu hätte kommen können, waren die Landschaften meiner Kindheit verloren gegangen. *„Nun bin ich manche Stunde entfernt von jenem Ort, und immer hör ich's rauschen: Du fändest Ruhe dort!"*

Rommel und das Afrikakorps

Mein Vater war während des Krieges an den verschiedensten Fronten im Einsatz gewesen: zuerst in Polen, dann in Frankreich, daraufhin in Nordafrika und schließlich an verschiedenen Abschnitten der Ostfront. Zwischendurch war er, von März bis September 1943, als Adjutant des Militärattachés der Deutschen Botschaft in Rom zugeteilt. Wir haben ihn immer nur sporadisch, mal hier oder mal dort gesehen, wenn er von irgendwoher ankam und wenig später irgendwohin wegfuhr. Dazwischen bekamen wir hübsch und phantasievoll gemalte oder gezeichnete Feldpostkarten.

Von all diesen Kriegsschauplätzen war zweifellos die Wüste Nordafrikas unter Feldmarschall Erwin Rommel der ihm zusagendste gewesen. Er war viel in Italien gereist und sprach die Sprache fließend. Sicherlich war es eine Wahlverwandtschaft, vielleicht auch ein Anknüpfen an eine Familientradition, vielleicht an die der Brentanos. Jedenfalls, wird er wohl hauptsächlich deswegen im Januar 1941 von OKW[302] als Verbindungsoffizier zu den italienischen Einheiten dem deutschen Afrikakorps zugeteilt, das man gerade zusammenstellt. Schon einen Monat später, fliegt er im selben Flugzeug wie Feldmarschall Rommel nach Tripolis. Was er dort miterlebt ist eine der faszinierernsten und zugleich eine der ritterlichsten Episoden des zweiten Weltkriegs. Er schreibt später über Rommel und über den Krieg in der Wüste:

„Wüstenkrieg ist Panzerkrieg – und zwar Panzerkrieg reinster Form, denn in dem meist völlig deckungslosen Gelände bleibt für erfolgreiche infanteristische Abwehr kein Raum. Im Kampf Panzer gegen Panzer aber entscheidet Geschwindigkeit, Panzerung und Durchschlagkraft der Geschütze....In diesen Kämpfen erwies sich Rommel als Meister des Schlachtfelds, prägte seine Persönlichkeit noch in der Niederlage das Gesicht dieses Krieges. Siegreich oft gegen alle Voraussicht und besiegt nur, wo eine drückende Überlegenheit oder versagender Nachschub seinem Erfindungsgeist keinen Ausweg mehr ließ, wurde er bei Landsern und Tommies zum volkstümlichsten General des zweiten Weltkrieges.

Zuweilen ging die sportliche Sympathie für diesen deutschen Heros der Wüste so weit, dass die britische Armeeführung sich gezwungen sah, der unerwünschten Verherrlichung eines feindlichen Feldherrn in einem Tagesbefehl ausdrücklich entgegenzutreten.

Rommel führte Krieg wie er wollte und die Besonderheit des Schauplatzes, die Entfernung von Heimat und Hauptquartier, die Abwesenheit vorgesetzter oder gleichgeordneter Dienststellen[303] gewährten ihm Vollmacht, sich sogar über manche Gepflogenheit preußischen Soldatentums hinwegzusetzen – zumal er dessen traditionellem Typ nicht angehörte, sondern einem eigenen. Dieser war wohl initiativ und draufgängerisch, aber auch süddeutsch grob und in seiner gelegentlichen Ausfälligkeit zuweilen ohne die feine Schärfe der anderen, vielleicht auch ohne deren in jahrelanger Generalstabsarbeit geklärte Überlegenheit, aber um so mehr geladen mit einer Phantasie, die auf jeden Zug des Gegners einen Gegenzug bereit hatte, und das meist so schnell, dass die Überraschung sicher war und er jede noch tragbare Unterlegenheit an Zahl durch Geschwindigkeit wettmachen konnte.

Wo immer es kritisch wurde, tauchte er auf, entwarf seinen Plan an Ort und Stelle, zerriss, wo es ihm angebracht schien, die bestehenden Einheiten, formte sie auf dem Schlachtfeld zu neuen Kampfgruppen und warf sie unter neuen Führern abermals ins Gefecht. Währenddessen rang viele Kilometer rückwärts sein Oberquartiermeister – von Rommels rasch improvisierten Befehlen oft nur mangelhaft unterrichtet, aber ständig bemüht, die Versorgung der von seinem General durcheinander gewirbelten Verbände sicherzustellen – über seinen Karten verzweifelt die Hände.

Nicht allen war Rommel ein angenehmer Vorgesetzter. Es war prachtvoll unter ihm Soldat, schwer Kommandeur, oft unerträglich General zu sein. Rang, Name und früheres Verdienst waren ihm gleich. Er schickte weg, wen er für unfähig hielt oder wer auch nur Pech hatte. Wer unter ihm diente, hatte oft nur das Ritterkreuz oder

---

[302] OKW = Oberkommando der Wehrmacht.
[303] Dem Namen nach unterstand Rommel zeitweilig weit hinter der Front liegenden italienischen Stäben, hielt sich aber nur ausnahmsweise an ihre Weisungen.

das Kriegsgericht zu erwarten. Das war vielleicht ungerecht. Aber darauf kam es nicht an. Napoleon war ähnlich verfahren und hatte, wie er, nicht Zeit gehabt, „Fälle" zu untersuchen. Wo gehobelt wird, fliegen Späne, und Rommels Verschleiß an Offizieren war enorm. Doch hielt er zu denen, die einmal sein Vertrauen gefunden hatten, und war, wo es anging, umgänglich und offen zu allen.

Seine Soldaten bewunderten und liebten ihn, uneingeschränkt, obgleich er Schonung nicht kannte, so wenig wie Furcht. Er war immer vorn. Hochaufgerichtet in seinem schon bei Mechili erbeuteten britischen Befehlswagen war er allen weithin erkennbar durch die Schirmmütze, die ihn inmitten der Tropenkleidung der anderen von jedermann unterschied.

Er war ein ritterlicher Gegner und lernte – als freundschaftlicher Bundesgenosse – mit der Zeit auch die Italiener so zu behandeln, wie sie behandelt sein wollten – mit Takt. Anfangs allerdings stand er ihren Schwächen und Eigenheiten oft ohne Verständnis gegenüber und verwechselte ihr Unvermögen zuweilen mit schlechtem Willen. Aber auch die Italiener gewöhnten sich an ihn und haben sich später unter seinem Befehl – vor allem die Panzerdivision „Ariete" unter General Baldassare – hervorragend geschlagen.

Moralischer Belastung gegenüber empfindlicher als der deutsche Soldat, waren sie widerstandfähiger gegen Durst, Hunger und Hitze. Ihre Bedürfnislosigkeit war ihre Stärke, ihr Fehler Langsamkeit – eine Folge einerseits unzureichender Ausbildung, vor allem der Reserveoffiziere, andrerseits mangelnder Entschlussfreiheit der unteren Führung......."

Doch ohne die nötigen Mittel war der Kampf um Nordafrika nicht zu gewinnen. Hitler hatte „eine Armee vollzählig nach Afrika gesandt, ohne deren zureichende Versorgung noch deren allfälligen Rücktransport sicherzustellen." So gerieten zuletzt, nach glänzenden Siegen, und als die Übermacht des Gegners zu gross wurde, nach einem langsamen, schrittweisen Rückzug, als die letzte Munition verschossen war, über 120.000 Deutsche und ebenso viele Italiener in alliierte Gefangenschaft.

„Ihr zweijähriger heldenhafter Kampf in den Wüsten Ägyptens und Libyens ist heute Legende geworden. Ausgezeichnet durch ungewöhnliche Härte und auch durch eine bis zuletzt bewahrte Ritterlichkeit wurde Deutschen wie Engländern das Erlebnis ihrer kriegerischen Begegnung auf einem Kriegsschauplatz, der das düstere Bild zerstörter Städte und Fluren, hilfloser Kinder, Frauen und Tiere nicht kannte, zur inneren Brücke und heute zur Bekräftigung ihres Wunsches die Waffen gegeneinander nicht mehr zu erheben." [304]

In den neunziger Jahren anlässlich eines der Vortrags- und Diskussionsabendessen der Frankfurter Gesellschaft in Frankfurt am Main, saß ich neben Manfred Rommel, dem Sohn des Feldmarschalls und ehemaligen Oberbürgermeister von Stuttgart. Es war ein überaus anregender Abend mit einem der geistreichsten Menschen, den ich je kennen gelernt habe. Er erzählte mir damals, dass sein Vater versucht hätte, Hitler

---

[304] Aus : Heinrich Jordis Freiherr von Lohausen, „Feldzug in Afrika und Kampf um das Mittelmeer", in „Kamerad in Feldgrau", op. cit., Seite 307 ff.

zu überreden Verstärkung nach Nordafrika zu schicken, um das Afrikakorps zu retten, doch habe er sich damals, wie bei späteren Anlässen überzeugen müssen, dass man mit Hitler nicht diskutieren konnte, weil er andersdenkende Gesprächspartner hemmungslos niederbrüllte....oder umbrachte.

Mein Vater hat das Ende des Afrikakorps nicht mehr miterlebt. Er erkrankte schon nach sechs Monaten an Gelbsucht und wurde in ein Militärspital nach Athen ausgeflogen. Nach seiner Genesung kam er an die Ostfront. Aus seiner Zeit in Nordafrika ist mir ein Brief von ihm an uns Kinder in Erinnerung geblieben: die Buntstift-Zeichnung einer Wüstenlandschaft mit Palme in einem Kuvert, aus dem ein wenig ganz feiner rötlicher Wüstensand herausrieselte. Nach seinem Tode haben wir die prachtvollen Aquarelle wiederentdeckt, die er in diesen sechs Monaten in der Wüste zwischen Libyen und Ägypten während der Kampfpausen gemalt hatte, vielleicht auch erst später im Spital in Athen, nach Skizzen oder aus Erinnerung,

Etwa fünfundzwanzig Jahre später musste ich, auf dem Rückflug von einer Mission für die OECD in Ostafrika, eine Nacht in Tripolis zwischenlanden und habe dort durch Zufall im selben Hotel übernachtet, in dem seinerzeit vorübergehend Rommels Stab untergebracht gewesen war. Auch ich habe dann, wenn auch ohne Zeichnung, ein bisschen rötlichen Wüstensand an meinen Vater nach Graz geschickt.

Erwachen

Den folgenden Winter und das Frühjahr 1942 verbrachten meine Mutter und meine Großmutter mit uns Kindern wieder in Gorgast. Es war die Zeit, in der wir zum Leben erwachten, im Spielen, im Nachdenken, im Malen, im Singen und in den Beziehungen zu Menschen und zur Natur. Vieles aus der Zeit wird uns bis auf den heutigen Tag geprägt haben. Es war auch die Zeit, in der meine Mutter uns von der bevorstehenden Ankunft eines Geschwisters erzählte.

Und es ist die Zeit der ersten vielen Fragen. „Dann wollte er neulich wissen, ob denn nicht gestorbene Menschen gleich wiedergeboren werden könnten. Ich gab das zu, aber sie müssten dann ganz wieder von vorn als kleine Babies anfangen, das schien ihm nicht ganz einzuleuchten. Sie stellen jetzt oft Fragen, die ihrem Kinderverstand nicht ganz einfach zu beantworten sind. Ob es wirklich einen Teufel gäbe? Und einen Tod? Ich bin immer ganz glücklich über all ihre Fragen und gebe mir sehr viel Mühe sie ihnen klar zu beantworten. Und so schön, dass all diese Fragen noch gar nicht belasten." Die Verwandtschaft, schreibt meine stolze Mutter an meinen Vater, sei dann auch „hingerissen begeistert von ihnen.....Sie sind alle so erstaunt über ihren Eifer dem Leben gegenüber und allen neuen Eindrücken. Und was man mit lang nicht allen Kindern kann, kann man mit ihnen sofort, sich ausgezeichnet unterhalten.... Aber das macht auch gewiss viel, weil ich immer so eisern darauf gedrungen habe, sie viel sich selber zu überlassen, um ihre Phantasie anzuregen und ihr eigenes Denken. Ich konnte es ja auch leicht, weil sie zu zweit waren."

Bei gutem Wetter sind wir meist draußen im Park, am Wasser, auf der Brücke. Wenn es regnet wird drinnen sehr phantasievoll gespielt, mit Spielzeug, das uns die Verwandtschaft in Deutschland, Österreich oder der Schweiz geschenkt hatte. Es wird auch gemalt oder gezeichnet und viel gesungen. „Jetzt fängt Iris auch an selbst erfundene Bilder zu malen. Neulich wurde ein Männlein gemalt, roter Mund, blaue Äuglein und rot erfrorenes Näschen. Und dann alle Blumen, die sie kennt.....Sehr komisch sind sie auch mit ihren Liedern. Ihr Lieblingslied, von dem sie alle Strophen wissen, ist ‚Lippe-Detmold, eine wunderschöne Stadt'. Doch neuerdings musste ich Alexander immer wieder vorsingen: ‚Zu Straßburg auf der Schanz', weil es so schön traurig ist. Ebenso liebt er die ‚Königskinder', obwohl die ihm schon fast zu traurig sind, wie er neulich erklärte.....Sie fangen jetzt wirklich, besonders Alexander, ganz nett an, Melodien zu singen und er verlangt immer wieder neue Lieder vorgesungen, die er dann rasch auswendig lernt." Auch mit meiner Großmutter haben wir viel gesungen, den Hohenfriedberger Marsch, den Elisabether Marsch aus dem Judas Maccabäus, Eichendorffs „Wem Gott will rechte Gunst erweisen", und fast prophetisch: „O wie ist es kalt geworden und so traurig öd' und leer, raue Winde weh'n von Osten und die Sonne scheint nicht mehr" – viele der Lieder aus dem Liederalbum „Sang und Klang fürs Kinderherz". Auch erzählte mir meine Großmutter damals von den Wiener Sängerknaben in ihren Matrosenanzügen und ich träumte seitdem davon Sängerknabe zu werden.

Irgendwann in dieser Zeit erschienen, wie feenhafte Gestalten aus einer anderen Welt, Tante Tönchens Verwandte Gutti von Rosenstiel mit ihren vier Kindern, Peter, Nina, Feechen und Lutz – groß und schlank, edel, fast ätherisch, ganz in weiß gekleidet, sehe ich sie noch oben an der Balustrade im ersten Stock stehen. Sie waren auf einen kurzen Besuch von ihrem Besitz Lipie in der Posener Gegend herüber gekommen. Aber gespielt haben sie nicht mit uns.

Auch meine Mutter genießt das Land und die Landschaft. „Neulich habe ich zwei wunderschöne Fahrten mit dem kleinen netten Pferdchen gemacht. Wir waren auf dem Oderdamm und es war wirklich sehr schön. Die Wiesen blühten so sommerlich bunt, die Oder war ein breites, breites Wasser geworden und weit über die Ufer getreten. Die Felder sehen seit dem letzten Regen auch viel besser aus und im Park blüht es über und über, ebenso in den kleinen Bauerngärten, und es duftet so herrlich! Und zu meiner Freude haben auch materielle Genüsse angefangen, so lange ich noch hier bin. Wir delektieren uns seit drei Tagen an den ersten Erdbeeren. Die Kinder sind natürlich selig. Gestern Abend kam die gute Tante Tönchen extra noch die Stiegen herauf und brachte ihnen welche ans Bett. Sie ist überhaupt ganz reizend mit ihnen und die Kinder lieben sie sehr. Heute meinte Alexander: ‚ich geh' zu meiner Freundin' und dann wollten sie mit ihr in den Park Blumen holen."

Doch endlos können wir in Gorgast nicht bleiben. Im Frühsommer ist dann auch unsere erste wirkliche Familienwohnung fertig, am Kaiserdamm 89 in Berlin, und wir ziehen in die Stadt. Leicht ist uns der Abschied von Gorgast nicht gefallen. „Wir müssen uns unbedingt im nächsten Jahr (in Berlin) irgendwelche Blumen in Kästen auf unseren Balkon pflanzen, denn ohne Blumen kommen die Kinder gar nicht aus. Berlin scheint ihnen überhaupt trotz dem Reiz der endlich gewonnenen eigenen Wohnung, sehr problematisch. Iris isst jetzt ganz bewusst auf Vorrat, denn in Berlin bekommen wir gewiss nicht mehr so Gutes und so viel zu essen!' meint sie." Die Wohnung in Berlin liegt im zweiten Stock. Sie besteht aus einer Diele und „vier ziemlich großen Zimmern". Eins davon wird an meine Großmutter untervermietet, da sie keine fixe Bleibe hat, wodurch die Wohnung für meine Mutter im Monat um „50 Mark billiger wird, also statt 175, -- nur mehr 125,- kostet. Das ist herrlich. Sonst wäre sie auch für uns allein zu teuer....Du wirst natürlich traurig sein," schreibt sie an meinen Vater, „dass die Wohnung in Berlin liegt und nicht in Wien, aber das ist eben vorläufig nicht zu ändern." Meine Schwester Iris sollte dann im Herbst im Westend in die Schule kommen.

Die Ausrottung der Juden und ihrer tausendjährigen Kultur in Mittel- und Osteuropa.

Um diese Zeit lief in den von Hitler beherrschten Gebieten Europas die Aktion an, welche als „Endlösung der Juden" von den Nationalsozialisten befohlen und bis in die letzten Tage des Krieges durchgeführt wurde. Dieser Judenmord hatte mit der Kriegsführung und seinen Auswirkungen wenig zu tun: „Die Vertilgung vom Menschen, die für Hitler Ungeziefer waren, hatte mit dem Krieg nur insofern einen Zusammenhang, als der Krieg zu Hause die Aufmerksamkeit davon ablenkt. Im Übrigen war sie für Hitler Selbstzweck, nicht etwa ein Mittel zum Sieg oder zur Abwendung der Niederlage."[305]

Doch war es ein Verbrechen, das jede Art von Erklärung, geschweige denn von Aufrechnung ausschließt! Die Ausrottung der europäischen Juden durch das nationalsozialistische Regime und damit die Auslöschung ihrer tausendjährigen Kultur in Mittel- und Osteuropa, ihrer Sitten und Gebräuche, und weitgehend auch der jiddischen Sprache war nicht nur ein unvorstellbares Verbrechen, es war auch ein unendlicher Verlust für die europäische Menschheits-, Kultur- und Geistesgeschichte. Dieses Verbrechen betrifft fast ausschließlich die Deutschen und was damals geschah, ist einmalig in ihrer Geschichte.

Es ist heute immer noch unfassbar, wie sich Deutsche dazu haben hergeben können, auf grausam-fanatische Art und Weise, Männer, Frauen, und, am aller schlimmsten, Kinder kaltblütig-methodisch umzubringen. Nicht zu vergessen all diejenigen, an denen Hitler und seine willigen Helfer mittelbar zu Henkern wurden, all diejenigen, denen die Flucht ins Exil gelang. Wie viele von ihnen haben sich als Deutsche gefühlt und ihre Heimat geliebt. Wie viele haben sich, wie Stefan Zweig 1942 im brasilianischen Exil, aus Verzweiflung und Aussichtslosigkeit das Leben genommen, weil sie nicht mehr Deutsche sein durften.

Doch was immer man dazu sagt, wird immer unzureichend klingen, so ungeheuerlich ist das Geschehen.

Ein französischer Freund, der Deutschland und seine Kultur sehr schätzt, hat mir einmal gesagt: „Es war wohl Hitlers größter Verrat an den Deutschen und am deutschen Geist, diese schauerlichen Verbrechen zu planen und durchzuführen und die Deutschen damit, ob sie es wollten oder nicht, ob sie es wussten oder nicht, für Generationen zu Komplizen gemacht zu haben".

---

[305] Sebastian Haffner, „Anmerkungen zu Hitler", Fischer Taschenbuch Verlag, 1981, Seite 143/144

Wir Kinder hatten während des Krieges von diesen grauenhaften Verbrechen nichts gesehen noch gehört. Wusste der deutsche Durchschnittsbürger von der Vernichtung der Juden? Und wenn ja, warum hat er sich nicht dagegen aufgelehnt? Sebastian Haffner antwortet auf diese Frage: „Natürlich sickerte von dem, was dort geschah, vieles trotzdem nach Deutschland durch. Aber wer durchaus wollte, konnte unwissend bleiben oder sich wenigstens unwissend stellen, auch vor sich selbst; und das taten die meisten Deutschen, wie übrigens auch die meisten Bürger der anderen europäischen Länder, aus denen die Juden „ausgekämmt" wurden. Etwas dagegen zu unternehmen wäre für sie alle lebensgefährlich gewesen, und außerdem hatte man ja auch einen Krieg am Halse und reichlich eigene Sorgen. Das Äußerste, was der einzelne riskieren konnte, war Nothilfe zum Untertauchen für persönliche jüdische Freunde......Das Verbrechen im ganzen zu verhindern hätte eines Aufstandes bedurft – und wie wollte man den unter Verhältnissen von Krieg und Diktatur zuwege bringen? Immerhin haben Hitlers Massenmorde bei den Verschwörern des 20. Juli als Antrieb eine ehrenrettende Rolle gespielt."[306] Als ich meinem Vater viel später dieselbe Frage vorlegte, äußerte er sich in ähnlicher Weise wie Sebastian Haffner, und fügte hinzu: „Zu einer Zeit, in der die meisten Männer an der Front waren und ihre Frauen und Kinder Nacht für Nacht, später sogar auch tagsüber, unter einem immer ausgedehnteren alliierten Bombenhagel in Gefahr liefen umzukommen, war den meisten das eigene Überleben vorrangig."

Heute glauben viele, dass der zweite Weltkrieg von Seiten der Alliierten wegen der Judenvernichtung ausgefochten wurde, und dass daher der alliierte Bombenterror gegen die deutsche Zivilbevölkerung eine Strafmassnahme gewesen sei. Das ist ein Irrtum. Zwar ist es wahr, dass die systematische Vernichtung der Juden und die großangelegte Bombenoffensive der Alliierten (die Wannseekonferenz fand am 20.1.1942 statt, das erste Flächenbombardement gegen Lübeck am 28./29. 3. 1942) fast zeitgleich abliefen, aber das eine hatte mit dem anderen nichts zu tun. Ja, die Juden selbst haben nach dem Kriege den amerikanischen und englischen Regierungen bittere Vorwürfe gemacht, nichts dagegen unternommen zu haben, obwohl sie von der nationalsozialistischen „Endlösung der Juden" unterrichtet gewesen wären.[307]

Bei Charkow eingekesselt

Mein Vater war im Frühjahr 1942 wieder an der Ostfront. Er hat später nur selten über seine Kriegserlebnisse gesprochen, hat auch kaum darüber geschrieben. Von zahlreichen auf Generalstabskarten genauest gezeichneten Schlachtenskizzen und von der Schrift über den Afrikafeldzug abgesehen, ist uns von seiner Hand eigentlich nur eine Episode aus dem Russlandfeldzug erhalten geblieben. (Eigenartiger Zufall: sie ereignet sich nur etwa 150 km nördlich von jenem Pavlograd in der Ukraine, in dem mein Großvater am Ende des ersten Weltkriegs vorübergehend Bezirkskommandant gewesen war.) Es gibt von diesem militärischen Vorfall meines Vaters

---

[306] Sebastian Haffner, "Anmerkungen zu Hitler", Seite 162.
[307] Siehe dazu : David S. Wyman, The Abandonment of the Jews, America and the Holocaust 1941-45. Mit einem Vorwort von Elie Wiesel, Pantheon Books, 1984; und: Viviane Forester, „Le Crime Occidental", Edition Fayard, Paris 2004.

detaillierten Bericht an den Kommandeur des Artillerieregimentes 188, Oberst Freiherrn von Buddenbrok. Ich habe es jedoch vorgezogen, hier seine spätere, literarischere Version dieses erstaunlichen Kriegsbegebnisses wiederzugeben.

Er war Major und Kommandeur der ersten Abteilung jenes Artillerieregimentes 188, die zusammen mit einem Infanteriebatallion bei Lichatschewo von sowjetischen Kräften eingeschlossen wurde.

„Es war im Mai 1942, unsere Front südlich von Charkow meilenweit aufgerissen. Nur jenes Bataillon, nun mehr eingekesselt, hatte um einen, etwas erhöht liegenden Bahnhof gedrängt, der Flut der rechts und links an ihm vorbeistoßenden T 34[308] standgehalten.

Im Schwerpunkt des russischen Angriffs gelegen, waren auch meine Batterien von den rings auf sie eindringenden Panzern niedergekämpft worden, die Bedienungen gefallen, die Geschütze zerstört. Übrig geblieben, inmitten eben jenes Bataillons, war nur mein Stab.

Dass wir Todeskandidaten waren, war uns ebenso klar wie unseren Belagerern, in unseren Fall mit allen Vorteilen jener, die nichts mehr zu verlieren haben. Es lag an uns, wie am liebsten wir in den nächsten Stunden oder allenfalls Tagen zu fallen gedächten, ob in auf die Dauer hoffnungsloser Verteidigung, in verzweifeltem Gegenangriff oder tollkühnem Durchbruch. Wir hatten die Wahl, sogar auf eine Art unterzugehen, die uns bis zuletzt ein Höchstmaß an Handlungsfreiheit beließ. Wir brauchten nur die Nacht abzuwarten. Da sah kein Panzer etwas.

Noch aber stand jedem Versuch auszubrechen, der letzte, uns noch bei Angriffsbeginn zugegangenen Befehl entgegen, unsere Stellung zu halten. Solange der galt, saßen wir in der Falle. Es war nicht leicht, den Bataillonskommandeur zu überzeugen, dass es sinnlos sei, sich eines überholten Funkspruchs wegen an Ort und Stelle erschlagen zu lassen. Sei das doch gerade, was sich der Gegner erhoffe: warten zu müssen, bis ihm die reife Frucht in den Schoß fiel. Er hatte Zeit. Schon seit Ende des 12. Mai war die kämpfende Front unserem Gesichtsfeld entrückt, seit dem 13. morgens die letzten aus den Rohren deutscher Artillerie kommenden Aufschläge hinter dem Horizont verschwunden. Auf Entsatz war nicht mehr zu hoffen, nicht innerhalb noch hilfreicher Frist.

Drei lange Tage sah ich mich dazu verurteilt, weit entfernte Höhenzüge nach Zeichen wieder aufflammender Gefechte abzusuchen, die Karte, soweit es ging, auswendig zu lernen, mir Namen und Lage aller darauf befindlichen Ortschaften und Wasserläufe und ihre Entfernungen voneinander auf das Genaueste einzuprägen.

Am dritten Tag endlich war es soweit. Die Munition begann auszugehen. Einen vierten Kampftag würden wir nicht überstehen. Nun mehr willigte der Bataillonskommandeur in meinen Plan ein, in Richtung der vermuteten deutschen Front durchzubrechen.

Auch hatte ich festgestellt, dass der Einschließungsring unserer Belagerer anscheinend nicht lückenlos war. Aus bestimmter Richtung hatten wir nie Feuer bekommen.

---

[308] Sowjetischer Panzertyp

Nach Einbruch der Dunkelheit, nach einem letzten, vom Bataillon noch absichtlich vom Zaun gebrochenen Feuergefecht, marschierten wir ab. Lautlos in dicht geschlossener Ordnung, meine Leute in den vordersten Reihen, ich den Kompass in der Hand, als Lotse des von mir ausgeklügelten Unternehmens, zwangsläufig an der Spitze.

Unbemerkt gelangten wir ins Freie, unbemerkt nach mehrstündigem Marsch querfeldein an die von mir zwar gesuchte, nun aber von dort fieberhaft arbeitenden russischen Pionieren hellerleuchtete Brücke. Wiederum unbemerkt, drehte das gespenstische Bataillon jäh nach rechts ab, mit der Frechheit der Todgeweihten mitten hinein in ein zwar Haus für Haus verdunkeltes, von feindlichen Truppen jedoch voll besetztes Dorf. Reichlich einen Kilometer lang lehnten vor sich hindösende, todmüde russische Soldaten an Panzern und Fahrzeugen, nicht ahnend, in welcher Gefahr sie schwebten, sollten sie unser Inkognito lüften. Stumm zogen wir an ihnen vorbei, als wären wir schon drüben im Geisterreich, und unser Vorbeimarsch das Selbstverständlichste von der Welt.

„Nje snaju!" (Ich weiß nicht!) antwortete ich seelenruhig einem russischen Wachtposten, als er mit dem Anruf „Parol!" auf drei Meter Entfernung sein Gewehr auf mich anschlug.

Nur einen Augenblick später – als wäre auch das ganz selbstverständlich – rasselte der neben mir aufgepflanzte Wolgadeutsche Dolmetscher das ihm von mir eingeschärfte Verslein herunter: Wir seien samt und sonders Tartaren, er der einzige Russe in diesem ganzen Haufen, und unser Natschalnik zum Befehlsempfang nach vorne gefahren. Dabei habe er vor lauter Eile vergessen, uns das Losungswort mitzuteilen. Wir aber müssten schleunigst weiter, um noch rechtzeitig unsere Bereitstellungsräume zum morgigen Angriff zu erreichen. Das leuchtete dem guten Mann ein. „Marsch!" befahl er und unbehindert schritten wir weiter.

Zwischenfälle solcherart gab es mehrfach, harmlose zuerst, umso ernstere jedoch, je mehr wir aus der Nacht in den Tag hineingerieten, nunmehr blutige mit bitteren, mit zum Teil sehr bitteren Verlusten. Jenes Hochgefühl aber, vom Tod auf Widerruf freigestellt, wieder nach Gutdünken über sich verfügen zu können, blieb. Da wir uns selber mehr oder minder abgeschrieben hatten, war alles weitere Spiel. Was man erst mal verloren gibt, kann man nur noch gewinnen. Stand das ähnlich nicht irgendwo in der Heiligen Schrift? ‚Verwegenheit – sagte einmal ein Marschall Napoleons – ist Weisheit in großer Gefahr.'

Als es dann mit einem Mal wieder da war, das Unerwartete, unversehens Wiedergeschenkte, da streckten wir uns, wir nun erst recht Sorglosen, mitten in dem bisher nur so nebstbei bemerkten Frühling auf einer Übersicht bietenden Kuppe des Niemandslands hin in die Sonne und holten reihum etwas von jenem Schlaf nach, den wir drei Nächte lang hatten entbehren müssen. Mochte der Feind mittlerweile aufholen, mochte die eigene Front warten, von Rechtwegen waren wir doch gar nicht mehr von dieser Welt.

Die nur dem todsicher Verlorenen zukommende Narrenfreiheit, sich seine Hinrichtung nach eigenen Gutdünken zu gestalten, hatte uns überraschenderweise gerettet."

Etwa die Hälfte des Bataillons gelangte zurück zu den deutschen Linien. Mein Vater wurde für seinen Entschluss und dessen Planung und Durchführung mit dem Eisernen Kreuz 1. Klasse ausgezeichnet.

Meine Mutter schreibt am 13. Juni 1942 an die Front: „Immer wieder wanderten die Gedanken zu Dir mit dem sehr erlösten Seufzer: ‚dass es Dich noch gibt!' …Denn schon aus den kleinen Grüssen konnte ich ja sehen, dass Allerlei los gewesen war und als ich Deinen Bericht las, da kam ich mir ein bisschen wie der Reiter über den Bodensee vor. Du scheinst gleich am Anfang der Schlacht abgesprengt worden zu sein? Aber das wird wohl einer viel späteren Zeit vorbehalten sein, dass ich das erfahre. Und jetzt sind wieder Kämpfe aus der Gegend gemeldet. Die Kinder sind so herzig und denken und sprechen viel von Dir."

Ein Bruder mitten im ersten Bombenterror über Berlin

Nur zwei Monate nachdem uns fast wie durch ein Wunder der Vater wiedergeschenkt worden war, kam am 12. Juli 1942 in Berlin mein Bruder Konstantin (Tino) zur Welt. „ Nun ist er schon über drei Wochen alt", schreibt meine Mutter im August sehr stolz an meinen Vater, „und er ist *so* herzig. Jeder der ihn sieht, ist ehrlich entzückt und man muss auch ganz sachlich feststellen, dass er süss ist." Doch wir Geschwister lernten ihn erst später kennen. Auch er wuchs erst einmal bei meiner Großmutter in Gorgast auf, weil Berlin nicht nur der zunehmenden Bombenangriffe, sondern auch der Ansteckungsgefahr wegen bald zu gefährlich wurde.

Denn im Winter 1942/43 lagen meine Schwester und ich in der Wohnung am Kaiserdamm mit Scharlach im Bett. Es war das auch die Zeit der ersten großen alliierten Luftangriffe auf die Reichshauptstadt. Doch damals war man noch wesentlich zuversichtlicher als später. Jedenfalls kann ich mich nicht an eine Panikstimmung erinnern. Vielleicht wollte meine Mutter sie auch von uns fernhalten. Wegen Ansteckungsgefahr durften wir nicht hinunter in den Luftschutzkeller, sondern blieben auch während der Luftangriffe in der verdunkelten Wohnung oben im zweiten Stock. Und als es uns dann schon besser ging, saßen meine Schwester und ich, wann immer es sich ergab, am Fenster und verfolgten, voller Spannung das nächtliche Schauspiel. Ein aufregendes Feuerwerk! Christbäume hingen über der Stadt, ferne Brände, Suchscheinwerfer bewegten sich über den dunklen Himmel, überschnitten sich und hielten in den Schnittpunkten hin und wieder einen kleinen silbernen Vogel fest. Das Böllern der Flak, das Sausen fallender Luftminen, das Explodieren der Bomben -- wir begriffen die Bedeutung all dessen nicht recht und waren nur fasziniert von dem, was uns da Nacht für Nacht gratis geboten wurde.

Die Deutschen hatten Rotterdam und Warschau zerstört, eine Reihe englischer und französischer Städte hatte durch deutsche Bomben arg gelitten. Jetzt waren die deutschen Städte dran.

Auf der Casablanca Konferenz im Januar 1943 wurde eine Verstärkung der alliierten Bombenoffensive gegen Deutschland beschlossen. Während die US Bomberflotte vor allem Tagangriffe gegen Industrie- und Verkehrsziele fliegen sollte, waren der Royal Air Force die nächtlichen Terrorangriffe gegen die Zivilbevölkerung vorbehalten.

Hundertsechzig große Städte und fast tausend kleinere Städte und Dörfer wurden bis in die letzten Tage des Krieges oft völlig zerstört. Fast die gesamte alte deutsche Stadtkultur wurde ausgelöscht, unermessliche Kunstschätze des europäischen Kulturerbes vernichtet -- darunter auch die prachtvolle gotische Altstadt Frankfurts am Main. Man kann dieses Amoklaufen der britischen Bombergeschwader heute gar nicht mehr nachvollziehen. Und doch war es kein zielloses Amoklaufen. Im Gegenteil, diese Flächenbombardements waren vom R.A.F. Bomber Command genauestens geplant. Durch Brandzeichen wurde die jeweilige Altstadt markiert, dann wurden in dem abgesteckten Areal von der ersten Bomberwelle Sprengbomben abgeworfen, um Breschen in den Häuserdächern zu öffnen, um dann durch eine zweite Bomberwelle mit Phosphorbomben Brände zu stiften. In Dresden operierte man sogar schon mit Napalmbomben. Eine Vielzahl dieser Brände der oft mit Holzbalken strukturierten alten Häuser entfachte einen Feuersturm, der Temperaturen von bis zu 1200° Celsius erreichte. Das ergab einen orkanartigen Aufwind von bis zu 160 km/h, der alles bewegliche in sich hineinsog. In solchen Fällen waren Luftschutzkeller völlig wirkungslos, weil die Menschen entweder in wenigen Minuten zu Asche verbrannten oder erstickten, weil das Riesenfeuer allen Sauerstoff verbrauchte. Nach offiziellen Schätzungen wurden während des Krieges durch diese Luftangriffe 600.000 Zivilisten, darunter 75.000 Kinder umgebracht. Vielleicht waren es viel mehr. Jedoch weniger die Zahl ist maßgeblich, als die Grausamkeit dieser Kriegsführung. [309] Verantwortlich für diese Terror-Angriffe waren Sir Winston Churchill und sein Luftmarshall Arthur Harris („Bomber-Harris"). Letzterer ist nach dem Kriege in England geadelt worden und man hat ihm noch in den 1990iger Jahren in London ein Denkmal errichtet.

In seiner Radioansprache an das deutsche Volk vom 4. September 1939 hatte der britische Premierminister erklärt: „In diesem Krieg kämpfen wir nicht gegen Euch, das deutsche Volk, über das wir nicht erbittert sind, sondern gegen ein tyrannisches und eidbrüchiges Regime...." [310]

Im Frühjahr 1942 war das Leben in der Reichshauptstadt noch relativ normal. Der eigentliche Bombenterror hatte kaum begonnen. Und trotzdem kann ich mich an einen Spaziergang in einen Park mit See erinnern, in dem schon damals grüne Tarnnetze die gesamte Wasserfläche überspannten, denen man künstliche Bäumchen aufgesetzt hatte. Ein Versuch, die Landschaft zu verändern, um die feindlichen Bomber irrezuführen, erklärte man uns.

---

[309] Vgl. dazu : Jörg Friedrich, « Der Brand », Propyläen Verlag, München 2002.
[310] "In this war we are not fighting against you, the German people, for whom we have no bitter feeling, but against a tyrannous and forsworn régime...." in: Documents concerning German-Polish Relations and the Outbreak of Hostilities between Great Britain and Germany on September 3, 1939, His Majesty's Stationary Office, London, 1939, Seite 195

Kasperltheater

Gleich hinter unserem Haus, befand und befindet sich auch heute noch der Funkturm und die ihn umgebenden offiziellen Gebäude im Diktatorenstil der 30er Jahre. Rundherum ein Park. In diesen Park durften wir hin und wieder Kasperle Theater anschauen. Sein „Traa-traa-tralala" klingt mir heute noch in den Ohren. „Wir waren in der ganz wunderschönen Sommerblumen Ausstellung am Funkturm, die ein zauberhaftes Wunder an Farben ist. Und außerdem gibt es dort im Freien ein „Kinderparadies" mit Karussell. Sie fanden es wunderschön und wollten gar nicht wieder fort. Aber das Schönste war ein wirklich sehr lustiges Kasperle Theater mit hübschen und witzigen Puppen. Alexander saß auf meinem Schoss und hat sich herrlich unterhalten, war ganz mit im Spiel und hat so gelacht. Iris konnte ich, da sie vor mir saß, nicht so genau beobachten. Nun ist das Problem für Alexander, ob Kasperle lebendig ist oder nicht. Denn man hat doch keine Hand gesehen, die ihn hält, und er hat ja auch Beine, ist also auch nicht über die Hand zu ziehen, andererseits hat er aber nur Hände wie Fäustlinge und macht immer das gleiche Gesicht. Also sie beobachten sehr gut. Er hat sich vorläufig noch mit keiner Meinung festlegen können, da für jede einige Gründe sprechen....Ich will auch noch mal mit ihnen hin, allein, weil die Blumen so wunderschön sind. Aber eher, denn dann ist Militärmusik dort, die sie auch sehr erfreut."

Wir hatten uns letztlich in Berlin gut eingelebt. Die Wohnung war sehr angenehm, der Scharlach überstanden. Meine Mutter hatte ein nettes junges Madchen aus der Ukraine gefunden, Senka, die auf uns Kinder aufpasste. Sie war auch dann in Graz noch bei uns. „Die Kinder sind glücklich in ihrem großen, sonnigen Reich und viel draußen. Senka ist lustig und vergnügt in ihrem Reich. Und alles soll wieder ein Ende nehmen und auf wer weiß wie lange!" Kaum ein Jahr haben wir in dieser Wohnung gewohnt, jetzt möchte mein Vater, dass wir der zunehmenden Bombengefahr wegen Berlin verlassen. Meine Mutter ist sehr unglücklich, wieder umziehen zu müssen.

Doch schließlich hat sie in dem Filmregisseur Rolf Hansens[311] einen Untermieter für die Wohnung gefunden und schließt mit ihm erst mal einen Vertrag auf ein Jahr ab. Eine möblierte Untervermietung, um mehr als den doppelten Mietpreis! So ganz wohl ist ihr bei dieser Transaktion nicht, denn sie schreibt: „Und Miete 450,-. Ist ja auch ganz anständig und mit 500,- wäre mir vielleicht, wenn man es irgendwie entdeckt hätte, doch der Preiskommissar auf den Hals gekommen, und ich denke auch, dass es, wenn es schon sein muss, eine gute Lösung für beide Teile ist, aber es wird mir halt ganz unsagbar schwer. Ich habe manchmal jetzt schon eine ganz entsetzliche Wut auf die Engländer, und bin schon so weit, dass ich hoffe, wir können ihnen einmal das zurückgeben, was sie hier an Herzeleid und unwiederbringlichem Schaden angerichtet haben. Wenn man hört, was im Rheinland los

---

[311] Rolf Hansen als Filmregisseur bekannt, u.a. durch „Das Schönheitsfleckchen" (1936) – erster deutscher Spielfilm in Farbe, „Die große Liebe" (1941/42) mit Zarah Leander und Grethe Weiser und „Die große Versuchung" (1952) mit Dieter Borsche und Ruth Leuwerik.

ist..."[312] Es war die erste und einzige Wohnung, die meine Mutter in ihrem Leben jemals selbst und mit ihren eigenen Möbeln eingerichtet hat. Sie hat sie niemals wiedergesehen.

Vierzig Jahre später, auf einer Geschäftsreise in Berlin, konnte ich der Versuchung nicht widerstehen, mit dem Taxi einen Umweg zu machen und das Haus am Kaiserdamm aufzusuchen. Es stand noch. Und als ich in die Eingangshalle eintrat, drang, für den Bruchteil einer Sekunde, ein unmittelbarer Erinnerungsblitz in dichtüberlagerte Gehirnteile ein, um sofort wieder zu verlöschen.

Cattolica

Anfang Mai 1943 wurde mein Vater von der Ostfront abgezogen und der Deutschen Botschaft in Rom zugeteilt. Die Luftangriffe auf die Reichshauptstadt verstärkten sich. Wir verlassen Berlin. Um uns nach der langen Krankheit wieder zu Kräften kommen zu lassen, holte mein Vater uns drei, meine Mutter, meine Schwester und mich -- mein Bruder Tino blieb bei meiner Großmutter in Gorgast – nach Italien, wo wir im Hotel Maderno in Cattolica an der Adria den Sommer verbrachten. Es waren meine ersten Eindrücke von Italien: das rege Strandleben, die Hotels, eins neben dem anderen, voller Urlauber, meist Frauen und Kinder aus Italien, wie im tiefsten Frieden; die blaue Adria, die große Fischerboote mit ihren rostroten Segeln; die Achterbahn in Rimini und die legendäre mittelalterliche Burg Gradara mit ihrer Folterkammer und der von Dante verewigten Liebestragödie der Francesca da Rimini.

In der Zeit, in der wir mit unserer Mutter an Meer weilten, zeugte mein Vater in Rom seinen dritten Sohn, meinen Bruder Heinrich. Wir sollten ihn erst kennenlernen, als wir schon fast erwachsen waren.

Nach dem Ausscheiden Italiens aus dem Krieg wurde unser Aufenthalt auch dort unsicher und wir fuhren Ende September über Südtirol nach Graz. Auch mein Vater verließ mit Schließung der deutschen Botschaft Italien und wurde wieder an die Ostfront versetzt. Zu der Zeit, nur wenige Tage vor ihrem 70. Geburtstag, war meine Großmutter in Gorgast an *angina pectoris* und einer Darmgrippe gestorben. „Krysia war nur drei Tage krank an der bösen Darmgrippe, die jetzt überall umging und ist zu unserem grossen Kummer ganz einsam im Krankenwagen auf der Fahrt ins Krankenhaus gestorben, an demselben Tage, an dem Krysia jun. nichts ahnend mit den Kindern von ihrem Aufenthalt an der Adria zurückkam.....Diese Heimkehr war erschütternd; sie hatten ja der lieben „Omutterli" so viel erzählen wollen."[313]

---

[312] Im Zuge der Operation „Züchtigung" zerstörten britische Bomber in der Nacht vom 16./17. Mai 1943 die Eder und Möhne Talsperren im Rheinland. In der dadurch ausgelösten Flutwelle kamen mindestens 1.500 Menschen ums Leben.
[313] Aus einem Brief Ihrer Schwester Alli (Adelka) von Pogrell an Wera von Wurmb, geb. von Seydlitz-Ludwigsdorf vom 30. September 1943.

Graz

In Graz finden wir bei unserer anderen Großmutter Zuflucht. Es ist nun schon die dritte Generation, die jene Wohnung in der Körblergasse aufnimmt, dieselbe Wohnung, welche sie im Juli 1914 gemietet hatte, „für die paar Monate, die dieser lächerliche Krieg dauert". Diese plötzliche Invasion ist für die alte Dame nicht einfach. Doch das Zusammenleben gelingt im Allgemeinen gut. Manchmal entstehen Spannungen, wenn sie, die ja aus einer weit zurückliegenden Welt stammt, mit der Kindererziehung meiner Mutter nicht einverstanden ist und meine Mutter sich ein Einmischen ganz entschieden verbittet.

Ich kam in Graz in die erste, meine Schwester in die zweite Volksschulklasse.

Mit meinem Vater haben wir zu der Zeit ständige Feldpostverbindung. Und wenn es auch manchmal etwas dauert, so kommen die Feldpostbriefe fast alle an. Die Briefe meiner Mutter, soweit sie erhalten geblieben, lesen sich wie ein Kriegstagebuch. Sie schildern die ständige Sorge, nicht nur um meinen Vater an der Front, sondern auch um ihre Kinder. Sie zeigen ihr emotionales Schwanken zwischen Zuversicht und Verzweiflung, zwischen halbwegs realistischer Einschätzung der Lage und propagandagenährter Wunschvorstellung.

Zwar befürchtet man auch in Graz Bombenangriffe, doch bisher fliegen feindliche Flugzeuge nur über die Stadt hinweg nach Norden. „Hier haben wir bisher drei oder viermal Alarm gehabt, aber immer nur am Tage, was aber auch grässlich ist, weil ja dann meist zumindest eins der Kinder in der Schule ist. Sie machen in der Schule immerzu Proben für den Ernstfall…. Morgen spricht der Gauleiter zu den Grazern und wird ihnen wohl nahe legen, die kleinen Kinder unter sechs Jahre mit ihren Müttern zu evakuieren. Ich hoffe nur, es wird nicht Zwang sein, denn ich will mich um nichts in der Welt von den Kindern trennen. Es hat jetzt in letzter Zeit immer wieder Alarme gegeben, bei denen feindliche Flieger die Stadt überflogen, wohl Aufklärer, denn man hat zu den Zeiten von keinen Angriffen gehört. Deshalb erwartet man hier in Luftpolizeikreisen auch Angriffe auf Graz. Und die Luftschutzmaßnahmen sind halt in keiner Weise ausreichend. Man baut zwar unentwegt, aber nichts ist bisher fertig und die meisten Keller wohl weder groß genug, noch sonst ausreichend. Nun muss ich mal abwarten, was der Gauleiter morgen sagt. Ich wünschte, ich könnte hier bleiben. Ich hab auch so Angst vor noch größerem Fremd- und Alleinsein." Doch der Gauleiter wird wohl nichts Entscheidendes gesagt haben, denn wir bleiben weiterhin in Graz. Es ist Anfang Dezember 1943.

Berlin wird zerstört

Die Entscheidung, so schwer sie meiner Mutter gefallen war, Berlin zu verlassen, hat sich als die richtige erwiesen. Denn die Nachrichten, die sie von Freunden oder Verwandten aus der Reichshauptstadt erhält, sind erschütternd. „Hubert (ihr Bruder) war während des großen Angriffs noch in Berlin, aber nicht in seiner Wohnung. Das Haus ist vollständig ausgebrannt, ebenso sein Büro. Da er nicht zu Hause war, hat er auch nichts mehr retten können. Es sind halt seine ganzen Möbel verbrannt, die von meinen Vater und Großvater stammten und gewiss noch sehr, sehr vieles sonst. Unser Haus (am Kaiserdamm) stand noch nach den ersten großen Angriffen und ich sprach mit Schmalzens und Kitty[314], deren Haus auch noch stand. Es muss ganz entsetzlich aussehen in Berlin!!! Aber jeder, der von dort kommt, ist voll der größten Bewunderung für die Bevölkerung. Der Bahnhof Zoo, der zoologische Garten, Aquarium, alle Kinos dort, Gedächtniskirche, Eden, Budapesterstraße etc., etc. alles hin. Und der Kaiserdamm soll auch ziemlich mitgenommen sein. Der Potsdamerplatz ist auch zum großen Teil hin, ebenso die Potsdamerstraße bis zur Brücke und das ganze Tirpitzufer, offenbar das ganze OKH und OKM.[315] Der Savignyplatz soll jetzt so aussehen wie der Pragerplatz, sagte Kitty. Dort stehen noch zwei Häuser. Von meinem Schneider hörte ich auch noch nichts. Dort sind noch drei Kleider von mir. Es wird einem mit der Zeit doch vieles sehr viel gleichgültiger. Aber mich hat dieser Bericht doch sehr, sehr mitgenommen, denn mag sie sein wie sie will, ich hänge doch an dieser Stadt, denn es sind die glücklichsten Kindererinnerungen mit ihr verbunden. Und diese Tausenden von Toten! Mich packt jetzt oft ein ganz entsetzliches Grausen. Wie soll dieser Winter noch werden?"

All diese Angst, Sorge und Unsicherheit ist eine schwere seelische Belastung für meine Mutter, wie für Millionen von Müttern, denen es zum großen Teil noch viel schlechter geht. Sie schläft schlecht, ist ständig müde, ihr verkrümmter Fuß macht ihr zu schaffen. Auch sind trotz Hilfe drei kleine Kinder viel Arbeit. Ihre Schwägerin Sandra überlässt ihr ein Fahrrad. „Dass ich Sandys Rad habe, ist einfach herrlich und eine ganz große Erleichterung für mich. Meine Füße haben sich schon so erholt, dass ich neulich mit den beiden Großen in Kroisbach war und über den Rosenhain mit ihnen zurückgegangen bin."

Kindertrost

Ihr großer Trost und ihre ganze Freude sind ihre Kinder. „Die Großen sind so liebevoll und zärtlich und so süß bestürzt immer, wenn ich weine. Iris tröstet mich wie man Konstantin tröstet und Alexander drückt mich nur stumm ganz fest an sich. Und Konstantin ist unser aller ganzes Entzücken und unsere Erheiterung." Vielleicht ist bei ihm die lebensfreudige Schalkhaftigkeit der Großfürstin noch einmal durchgedrungen. „Wir brauchen gar nicht in den Zirkus zu gehen, wir haben unseren keinen Clown zu Hause! heißt es immer. Er ist so komisch und hat selber so viel Humor. Und er amüsiert sich so gut und kann so herrlich fröhlich sein. Gestern hatte ihn Iris in eine große Schachtel gesetzt, einen Spagat daran gebunden und so zog sie ihn durchs Zimmer zu seiner unbeschreiblichen Seligkeit. Überhaupt liebt er die Großen und sie lieben ihn, wenn er sie auch gelegentlich recht stört und sie wütend auf ihn sind oder ihn auch ein bisschen quälen. Das alles stört die Liebe nicht. Alexander ist manchmal ein bisschen schwierig, ich denke Eifersucht, unbewusste, wegen der großen Rolle, die Konstantin spielt, wenn er ihn auch sehr lieb hat."

---

[314] Herr Schmalz war der Hausmeister am Kaiserdamm 89, Kitty von Korff eine Freundin meiner Mutter.
[315] OKH =Oberkommando des Heeres. OKM= Oberkommando der Marine

Die Lebensmittelversorgung funktioniert halbwegs. „Noch habe ich uns auch alle immer satt bekommen mit Hilfe unserer braven Hilfe, die mir immer auf den Märkten herrlich einkauft. Wir sind sogar alle hier schon dicker geworden und Mami (die Großmutter) hat mit Zufriedenheit konstatiert, dass die Löcher in meinen Backen ausgefüllt sind. Nur mit Äpfeln ist es sehr, sehr knapp." Erstaunlicherweise ist es mein Vater, der uns damals hin und wieder Pakete mit Zigaretten für meine Mutter -- er selbst rauchte nicht -- und mit Äpfeln, Fischkonserven und dergleichen zuschickt.

Senka

Die "brave Hilfe", von der meine Mutter schreibt, ist Senka, welche die ganze Zeit über in Graz noch bei uns geblieben ist. Auch sie hat jetzt große Sorgen. „Senka hat eine große Bitte an Dich, ob es Dir wohl möglich wäre, diesen Brief von ihr per Feldpost an ihre Mutter (in der Ukraine) zu schicken und Deine Feldpostnummer anzugeben, dass sie an Dich für Senka Nachrichten geben kann, weil Senka schon seit dem 9. Mai (1944) nichts mehr von ihren Eltern gehört hat und sich nun sehr um sie sorgt. Ihre Briefe kommen immer zurück. Ob Du das machen kannst, weiß ich nicht. Hoffentlich mache ich keine Dummheit, wenn ich ihn Dir schicke. Ich tu es doch lieber nicht und frag Dich hiermit erst mal, ob das überhaupt möglich und zulässig ist. Senka ist ja jetzt wieder verständig. Sie hat den ganzen Tag ganz schrecklich geheult, weil sie einen schlechten Traum hatte. (Du denkst gewiss, Eure Sorgen möchte ich haben!)" Drei Monate später besteht dann die Gefahr, dass Senka von den Behörden zur Fabrik-Zwangsarbeit herangezogen wird, denn meine Mutter schreibt: „Ich will versuchen, ob ich nicht Senka wenigstens hier zum Wohnen behalten kann. Nicht dass sie mir hilft, aber dass sie doch hier ein zu Hause hat, und ich sie nicht ganz aus den Augen verliere, denn ich hab das kleine Ding doch lieb. Wir haben doch so viel miteinander durchgemacht und ich hab doch auch ihrer Mutter gegenüber, von der wir nun so lange nichts mehr gehört haben, ein Gefühl der Verantwortung für sie. Aber ob mir das gelingen wird, ist sehr fraglich. Wenn sie wenigstens in Graz bliebe!" Senka hatte während der ganzen Zeit in Graz italienisch gelernt und ist dann eines Tages, kurz vor unserer Abreise nach Pommern, spurlos verschwunden und nicht wieder aufgetaucht. Vielleicht hat sie versucht, sich nach Italien abzusetzen. Denn was sie bei den Kommunisten erwartet hätte, wäre sie in die Ukraine zurückgekehrt oder ins nahe Jugoslawien geflüchtet, wird sie wohl gewusst haben. Wir haben, auch später, nie wieder etwas von ihr gehört. Ich hoffe, sie hat überlebt!

Vergeltung

An allen Fronten geht der Krieg weiter und man versucht sich in Graz ein Bild von der Lage zu machen. „Im übrigen sitze ich natürlich zu allen Radiozeiten am Apparat und höre voller Spannung auf die Nachrichten." In Italien ist Rom aufgegeben und die Front kriecht in nördlicher Richtung langsam näher, in der Normandie sind die Alliierten gelandet – und „ auf die russische Offensive warten wir, d.h. ich, täglich, mit Zittern!"

Und nun haben auch die Bombenangriffe auf Graz begonnen. Fast täglich, nachts oder tags oder beides, wird Alarm gegeben. Doch die Angriffe, soweit sie Graz gelten, beschränken sich hauptsächlich auf das Bahnhofsviertel und die Bahngeleise, die, kaum ausgebessert, sofort wieder zerstört werden.

Graz liegt an der Bahnstrecke nach Jugoslawien und Südosteuropa. Die Stadt selbst, vor allem die Altstadt bleibt weitgehend verschont. Doch auch heute noch bekomme ich, wenn ich irgendwo eine Sirene höre, einen Druck in der Magengrube und es kommt in mir die Erinnerung an das drohende, immer lauter werdende Brummen der sich nähernden Propellerflugzeuge hoch, an das Krachen der ersten Einschläge und an den Geruch von Baldrian, den uns unsere Mutter auf ein Stück Zucker tropfte und in den Mund schob, um uns zu beruhigen. Gestrenge Luftschutzwarte und Polizei wachten, dass nachts alles vollkommen verdunkelt ist.

„Neulich Abend ist mir etwas Schreckliches passiert. Ich hatte mein Fenster offengelassen bis zum Fensterkreuz und Licht gemacht, es war wüstes Wetter, stockfinster. Plötzlich unten lautes Pfeifen und gleich darauf lautes Gepolter an unserer Tür: Polizei! Ich bekam einen furchtbaren Schreck, denn obwohl meine Lampe verdunkelt war, hatte man doch das Licht draußen gesehen und nun wurde ich aufgeschrieben und der Polizeimann will mich anzeigen. Die ganze Nacht habe ich nicht schlafen können vor Herzklopfen und Angst, dass sie mich einsperren. Mir ist doch so etwas noch nie passiert und wird mir auch nicht wieder passieren, aber nun warte ich von Post zu Post auf eine Benachrichtigung oder Vorladung, aber bisher ist noch nichts gekommen." Es kam auch nichts, außer vielleicht einer Verwarnung.

Goebbels Propaganda lässt keinen Zweifel am Endsieg aufkommen. Auch meine Mutter hofft. „Also nun sind auch diese Würfel gefallen und die Vergeltung hat begonnen. Ich muss sagen, seit ich heute Mittag (15. Juni 1944) im Wehrmachtsbericht die so lakonische Meldung hörte, kann ich ein leichtes Grauen nicht mehr unterdrücken. Es ist ja bisher fast nichts darüber gesagt worden, aber es schaudert einem vor dem entsetzlichen Zustand, in den jetzt dieser Krieg getreten ist und vor dem, was er noch bringen wird. Aber ich bin trotzdem voller Glauben und Zuversicht, sonst könnte ich auch dies Grauen gar nicht überwinden und bannen. Wie Menschen, die nicht an einen Sieg glauben, überhaupt leben können, verstehe ich nicht!!!!" Und dann wieder Momente des Zweifels und der Verzweiflung: „Heini, liebster, komm wieder – das Leben wäre so entsetzlich leer ohne Dich und wie soll ich meinen Kleinen alles sein, jede Entscheidung allein treffen.....Heini, was ist das für eine Welt?!"

Mit Vergeltung ist der Einsatz der von Wernher von Braun[316] konstruierten „Fliegenden Bomben" V1 (Vergeltungswaffe 1) gemeint, und später der ersten funktionierenden Großraketen V2. Diese damals noch einzigartigen Waffen haben zwar Schaden angerichtet und Todesopfer gefordert.[317] Sie waren, ebenso wie die britischen

---

[316] Wernher von Braun (1912-77), deutsch-amerikanischer Physiker und Raketeningenieur.
[317] Laut „Wikipedia " haben die V1s in London 6.284 Todesopfer und 17.981 Schwerverwundete, in Antwerpen 10.145 und in Lüttich 1.414 Opfer gefordert. Die V2s haben 8.000 Menschen getötet, und es sind bei ihrem Bau durch schlechte Arbeitsbedingungen 10.000 Zwangsarbeiter ums Leben gekommen.

Terrorbomben gegen die deutsche Zivilbevölkerung, nur sinnlos grausam, aber haben, wie diese, den Verlauf des Krieges nicht einscheidend beeinflusst.

Kinderleiden, Kinderfreuden

Obwohl es uns ja im Vergleich zu anderen verhältnismäßig gut geht und wir bisher nur sehr am Rand betroffen sind, gingen die Kriegsereignisse und Zustände doch nicht ganz spurlos an uns Kindern vorüber. Wir sind jetzt oft krank, zuerst mein Bruder mit einer hartnäckigen Bronchitis. „Erst hatte Tino eine, wie es nun doch scheint, fieberhafte Bronchitis und lag zwei Tage im Bett. Er ist heute wieder auf, zwar noch etwas knarrig, aber sonst wieder zu allen schlimmen Streichen aufgelegt, die man sich denken kann. Soda fraß er, gestohlene Schlüssel warf er aus dem Fenster, so blitzschnell, dass Iris und ich nicht mehr zugreifen konnten." Dann leiden wir alle immer wieder an Darmverstimmungen. Ich selbst bekam eine schwere Grippe mit hohem Fieber, lief im Fiebertraum wild durchs Zimmer bis ich mir an einer Schrankecke die Stirn blutig stieß. Ich träumte, ich renne, so schnell ich kann, auf einem Bahndamm, verfolgt von einer Lokomotive, die immer näher kommt. Sie ist vollbesetzt mit „Tommies" (englischen Soldaten). „Vorgestern kam Alexander mit Fieber aus der Schule, das nachts anstieg und er hatte zweimal so entsetzliche Angstzustände, das ich ihn kaum beruhigen konnte. Er fuhr laut schreiend im Zimmer herum und wollte immer fortlaufen, weil die Feinde kämen mit einer langen Eisenstange und das andere Mal war es ein Schiff, ein feindliches. Er saß zitternd mit hämmerndem Herzen im meinem Arm, bis er endlich ganz wach und wieder beruhigt war. Gestern war es auch noch einmal, aber nicht mehr ganz so arg. Er kam bis in mein Zimmer und war ganz außer sich. Ich hab ihm jetzt auch von der ‚Vergeltung' nichts mehr erzählt…Lorenz (der Arzt) meinte, er sei wohl angesteckt von Konstantin, dessen Bronchitis wohl grippös gewesen sei. Na hoffentlich, denn Tino ist nicht von ihm fortzubringen, geht immer wieder zu ihm und will zärtlich mit ihm sein.

Irislein geht brav und begeistert zur Schule. Ich kann schon gar nicht mehr richtig schlafen vor Angst vor diesen grässlichen Zuständen von Alexander. Aber in der Nacht war er wenigstens ruhig. Heute war er ganz vergnügt, aber jetzt hat er wieder Angst vor dem Einschlafen. Am Nachmittag hat ihm Iris vorgelesen, das war sehr herzig. Hoffentlich bleibt sie gesund, zu trennen sind sie ja nicht."

Dafür geht es meinem Bruder wieder gut. „Tino ist ein unglaublicher Mistfratz, heute abend fand ich ihn ganz mäuschenstill auf dem Balkon und voller Genuss mit dem Kochlöffel den Rhabarber verzehrend, den ich für Alexander gekocht hatte. Er ist überhaupt so schlau und listig und einfach wild auf alles was frisch und vor allem süß ist, stielt, wo immer er kann. Kirschen steckt er mit affenartiger Geschwindigkeit in den Mund, und Kirsche und Kern sind auch schon unten. Er frisst überhaupt jetzt ungeheuer, alles was er nur bekommen kann – Brot, Wurst, Gemüse, Salat, kurz eben alles" ….hin und wieder auch Zigaretten und Tinte. „Leider hat er durch die furchtbaren Dinge, die er immer frisst, nun auch Würmer und jetzt ist die Kur eingeleitet worden. Er aß ganz brav Knoblauch, wonach er nun gräulich stinkt, und bekam eine Spritze, die er rührend brav über sich ergehen ließ." Und da Graz halt doch am

Rande des Balkans liegt, so muss man denn auch mit dem entsprechenden Ungeziefer rechnen, welches sich übrigens bis nach dem Krieg, bis zum Einsatz des amerikanischen DDTs, von einer rührenden Anhänglichkeit gezeigt hat. „Senka ist vorläufig noch hier," schreibt meine Mutter Ende August, „aber dafür haben wir wieder Einquartierung von Wanzen in ihrem Zimmer, und sie schläft jetzt jede Nacht woanders, heute hier auf der Terrasse."

Freunde, Ausflüge, Einladungen

Meine Schwester und ich waren es aus Berlin gewöhnt gewesen, ausschließlich mit einander zu sein. Wir waren so auf einander eingespielt, dass uns am Anfang in Graz das Spielen mit anderen Kindern eher langweilig vorkam. Erst im Laufe der Zeit hat sich meine Schwester in der Schule einen kleinen Kreis von Freundinnen geschaffen. In den Sommerferien führten wir dann ein sehr geselliges Leben, im städtischen Margarethenbad, bei Freunden, bei Ausflügen oder wir verwildern auf der Straße. „Die Kinder sind ungeheuer lustig und stromern herum wie die kleinen Wilden, immer halb nackt, Iris oft mit gänzlich aufgelösten Haaren. Ich glaube, Mami ist oft etwas entsetzt, aber ich finde es so schön, dass sie ihre Ferien so genießen können und nicht das Gefühl haben, dass sie in der Stadt sind. Jetzt im Sommer ist es hier wirklich schön für sie. Und es geht sehr gut, dass man nicht irgendwohin fährt. Sie werden eben auch so braun und sehr dreckig. Aber Iris hat jetzt eine Zeit der Sauberkeit und Ordnungsliebe und ist so beglückt, wenn sie so recht blitzblank ist. Alexander hat diese Ambitionen weniger." Manchmal allerdings zieht man sich besonders schön an, was dann der Großmutter große Freude bereitet. „Neulich war ich mit Tino allein, brachte erst Iris zu Gstirners, wo sie zum Geburtstag der kleinen Irmgard eingeladen war. Sie ging dorthin in einem seidenen Kleidchen von den Berner Kindern und darüber einen weißen Wollmantel auch von ihnen, sah ganz furchtbar süß und elegant aus, und kam sich auch entsprechend vor, dazu die hübschen weißen Sandalen, die Du aus Frankreich mitgebracht hast. Sie ist augenblicklich eine süße kleine Puppe und so lustig und komisch frech. Heute ist sie dafür den ganzen Tag drüben bei Gerti gewesen, barfuss und nur mit einem Luftanzug, verrauft und dreckig. Alexander ist glücklich, dass er wieder auf sein kann und freut sich auf jeden Tag, den er wieder draußen sein darf. Er ist jetzt ein rechter Straßenbub geworden, lungert herum, spuckt auf der Strasse, geht fort mit irgendwelchen anderen Buben, neulich ist er auch einfach mal Tram gefahren und kommt nur zum Essen herauf. Da er keine heilen Schuhe irgendwelcher leichten Art hat, und sie der Schuster nicht macht, so läuft er schon seit Wochen nur mehr barfuss und kommt am Abend immer unsagbar dreckig herauf, dazu kommen zerkratzte Flohstiche, also er sieht furchtbar aus!!! Aber ich finde….wenn schon!! Neulich war er mit Hansi Koscher bei Volker Dietl[318], von wo er sehr beglückt zurückkam. Wenn er nur in seiner Klasse einen netten Kameraden fände, aber da scheint gar niemand rechtes zu

---

[318] Hansi Koscher war der Hausmeistersohn der gegenüberliegenden Villa. Er ist nach dem Krieg mit seinen Eltern und seiner Schwester Gerti nach Uruguay ausgewandert. Volker Dietl war der Sohn des Generaloberts Eduard Dietl, der 1940 mit seinen Gebirgsjägern Narvik besetzt hatte und 1944 in der Steiermark bei einem Flugzeugunfall ums Leben kam.

sein, während Iris ein paar so nette kleine Mädchen hat." Für meine Schwester war das der Anfang lebenslanger Freundschaften.

Wegen ihres Handicaps ist es für meine Mutter schwierig, Ausflüge zu machen. „So lange schon habe ich den Kindern einen Ausflug versprochen, aber ich bin halt immer so müde und wage es auch gar nicht mehr wegen meiner (orthopädischen) Schuhe, denn wenn die kaputt sind, was dann??? In dieser Zeit ist mein Bein wohl schon sehr, sehr schlimm." Aber einmal hat es dann doch geklappt. „Und einmal haben wir im Bad Weyermühle gebadet, woraus uns der (Flieger)Alarm vertrieb. Wir zogen uns an und gingen dann durch den Wald weiter nach Stift Rein[319], wo wir Mittag aßen und dann eine Anhöhe hinauf, um uns einen abgestürzten Engländer oder Amerikaner anzusehen. Etwas mühsam, weil sehr steil. Es war ein schauerlicher Anblick. Alexander, natürlich höchst interessiert, hat mir genau erklärt, warum das nicht ein Bomber sein konnte, der dort abgestürzt ist. Und es ist auch tatsächlich ein Aufklärer gewesen. Beim Abstieg hat mich Alexander so schön gestützt, er war so herzig und beide so glücklich, weil es so schön war und sie mich ganz für sich hatten. Es war ein glühend heißer Tag. Wir fuhren dann am Abend mit dem Autobus zurück und waren um halb acht zu Haus."

Mein Bruder entwickelt sich. Zum ersten Mal bekommt er nun ungeheure Wutanfälle und schleudert dann seine vernichtendste Waffe gegen „Mami oder wer ihm sonst nicht passt: ‚Ameis, huntermeiss, Ä Ä!'" das heißt so viel wie : „Du elende Ameise, ich werde Dich hinunterschmeißen zu den Hühnern im Hof, damit sie Dich auffressen!" Doch was bedenklicher ist, er „hat jetzt auch solche Angstanfälle und will nicht mehr im Dunkeln einschlafen. Ich muss, wenn es noch hell ist, die Tür zu den Kindern auflassen, oder verdunkeln und die kleine Lampe brennen lassen. Auch nachts, wenn er aufwacht, muss ich gleich hell machen, bis er wieder fest eingeschlafen ist. Heut als ich ihn ins Bett legen wollte, wiegte ich ihn noch auf meinen Armen und fragte ihn, weil er wieder nicht ins Bett wollte: ‚Was hast Du denn?' Da kam die leise Antwort: ‚Anst!' Ich war so erschüttert, dass ihm das schon ein Begriff ist." Er war damals gerade zwei Jahre alt geworden. Man kann nur ahnen, was für fürchterliche Traumata diejenigen Kinder davongetragen haben, die wirklich und unmittelbar das Inferno des Bomberterrors miterlebt haben, was bei uns ja beileibe nicht der Fall gewesen ist.

Steinhaus

Nach dem Frontwechsel Rumäniens, nach italienischem Beispiel, ließ uns mein Vater im Spätsommer 1944 wissen, die Front käme nun Südost-Österreich zu nahe und wir sollten Graz verlassen. Doch konnten wir ihn nicht erreichen, um nähere Auskünfte einzuholen. Meine Mutter wendete sich deshalb zuerst an meinen Onkel Hans Jordis-Lohausen, der das Gut Steinhaus seines Schwagers Otto Eiselsberg in Oberösterreich verwaltete und dort mit seiner Frau mit seinen drei Kindern, Verena, Andreas und Heidi lebte. Er lädt uns ein, erst einmal zu ihnen zukommen. Für meine

---

[319] Barockes Zisterzienserstift nördlich von Graz.

Mutter war es nicht leicht, schon wieder umzuziehen und diesmal nicht einmal zu wissen wohin. Im November verlassen wir Graz. Die Eisenbahn fährt, die Schienen um Graz sind halbwegs repariert, -- „Ich hab mir noch alles angesehen auf der Strecke vom Bahnhof nach Gösting, es ist doch allerlei dort zerstört". Ein bequemes Reisen ist es natürlich nicht. „Es war in unserem Zug von a bis z eiskalt, dazu schloss die Tür nicht und im Gang waren zwei Fenster nur mit Pappe vernagelt. Aber man hielt es aus, ich staune jetzt oft, früher hätte ich sicher gefunden, dass man bei so etwas sterben müsste, jetzt erträgt man es eben und sagt eigentlich gar nichts dazu." Wenn meine Mutter gewusst hätte, was noch alles auf sie zukommt!

In Steinhaus werden wir gastfreundschaftlich aufgenommen. „Hans und Ditti (seine Frau) sind ganz furchtbar lieb zu uns und Hans ist so reizend mit den Kindern. Mama Eiselsberg ist reizend, so fein und gütig und hat so einen stillen Humor." Aber unser Aufenthalt ist befristet, weil das Haus schon voll ist mit einer in Wien ausgebombten vielköpfigen Verwandtschaft. Ein für meine Mutter sehr anstrengender zweitägiger Ausflug, bei eisigem Wind und Schneetreiben, von Steinhaus nach Weissenbach am Attersee, unweit dem Ort, wo in glücklicheren Tagen meine Urgroßmutter Emma mit meiner Großmutter Urlaub gemacht hatte, bleibt erfolglos. Meine Mutter hatte gehofft, dort bei ihrer Tante Siri von Progrell eine Bleibe zu finden. Doch jene Tante will oder kann uns nicht aufnehmen und außerdem sind, laut der örtlichen NSV[320] Stelle, die Aufenthaltsbewilligungen im „Gau Oberdonau" im Prinzip den ausgebombten Wienern vorbehalten. So kehrt meine Mutter sehr entmutigt wieder nach Steinhaus zurück.

„Wir sind nun noch hier und warten auf Nachrichten von Onkel Otto in Klein-Spiegel, ob er uns aufnehmen kann. Es ist ein trostloses Dasein—überall nur geduldet, weil schon alles voll ist und das jetzt vor Weihnachten. Eigentlich überkommt es mich jeden Tag und ich muss so weinen, trotzdem man hier wirklich ganz reizend lieb zu uns ist. Aber es tut mir doch schrecklich leid, dass ich nicht wenigstens bis über Weihnachten in Graz geblieben bin, das wäre vielleicht doch noch gegangen. Freilich weiß ich es nicht. Und Heinis Briefe trösten mich immer wieder, weil er es doch so dringend fand, dass wir fortgingen. Aber es ist bitter schwer!!!" schreibt sie an meine Großmutter in Graz.

Klein-Spiegel in Hinter-Pommern

Die nationalsozialistische Lügenpropaganda war so wirksam, dass man immer noch an die Wunderwaffen der letzten Minute und an den Endsieg glaubte. So kam es tatsächlich dazu, - und das kommt einem heute völlig wahnwitzig vor und zeigt die totale Desinformation im Dritten Reich—dass wir am 2. Dezember 1944 dem Angebot meines Großonkels Otto von Wangenheim folgend, quer durch Deutschland auf sein Gut Klein-Spiegel, östlich von Stargard[321], nach Hinterpommern reisten. Beim Umsteigen in Berlin blickten wir vom Bahnhof Berlin-Zoo hinunter auf das lädierte

---

[320] Nationalsozialistische Volksfürsorge
[321] Stargard liegt etwa 30 km westlich von Klein-Spiegel und etwa 25 östlich von Stettin, alle heute in Polen.

Elefantenhaus und auf die durch Bombensplitter verwundeten Elefanten im Zoologischen Garten. Auch in Gorgast machten wir Zwischenstation. Alles war dort sehr anders geworden. Meine Großmutter war seit einem Jahr tot und es war, wie wenn dieses Paradies meiner Kindheit all seinen Zauber verloren hätte. Im Park, oberhalb der Holzbrücke hatte sich hinter einem Weigelienbusch eine Maschinengewehrmannschaft des Volkssturms eingenistet und übte mit Leuchtspurmunition Zielschießen auf eine Scheibe am anderen Ufer des Oderarms.

Unser Aufenthalt in Klein-Spiegel dauerte zwei Monate. Dann war die Rote Armee auf acht Kilometer herangerückt. Doch diese kurze Zeitspanne hat mir einen kleinen, letzten Einblick in das winterliche Leben auf einem der ostelbischen Güter gewährt.

Mein Großonkel Otto hatte 1920 die Bewirtschaftung der schon erwähnten Güter Klein-Spiegel und Rahnweder von seinem Vater Ulrich Conrad übernommen. Sie erstreckten sich über etwa 8.000 Morgen, also etwa 2.000 Hektar, davon waren 959 Hektar Forst (meist Kiefern) und über 400 Hektar Moorland. Der Rest war Weide- und Ackerland. Der Nadelwald lieferte Rundholz an das moderne Guts-Sägewerk zur Herstellung von Brettern und Grubenholz für den Bergbau. Die Kartoffelernte wurde weitgehend in der zum Besitz gehörenden Kartoffelflockenfabrik zu Trockenviehfutter weiterverarbeitet oder die Schnapsbrennerei stellte daraus einen hochprozentigen Kartoffelschnaps her, der in zollverblombten Fässern veräußert wurde. Getreideanbau (Roggen, Gerste und Hafer) und Weidewirtschaft dienten der Milchkuh-, Schweine- und Pferdezucht. Gartenbau wurde zum eigenen Bedarf, aber auch für den Kleinhandel betrieben. Und schließlich sorgte die Jagd mit seinem ansehnlichen Hoch- und Niederwildbestand für einen guten Wildbret-Vertrieb. Es war mit seinem gutseigenen Verarbeitungsbetrieben eine integrierte, effizient laufende Wirtschaft.[322]

In Rahnweder bei Klein-Spiegel lag mein 1915 gefallener Großvater, er war ein der Vetter meines Großonkels, begraben und seit einem Jahr nun auch meine Großmutter. Onkel Otto war damals, als wir nach Klein-Spiegel kamen, schon über 60 Jahre alt und eine hohe, eindrucksvolle Erscheinung. Meine Schwester und ich hatten Angst vor ihm. Er hatte auch etwas furchterregendes, wie es oft Menschen an sich haben, die das Befehlen gewöhnt sind. Das Gutshaus war kein Schloss, sondern ein schlichtes Landhaus, wahrscheinlich aus dem 19. Jahrhundert, vielleicht ursprünglich älter. Umgeben war es von einem Park mit alten Bäumen, alles tief verschneit. Am Ende des Parks ein großer tiefgefrorenr Teich, deren trockenes Schilf fahl-gelb gegen die weißen Schneeflächen leuchtete. Zu Weihnachten wurden Löcher durch die dicke Eisfläche geschlagen und Karpfen für die Weihnachtstafel gefischt. An einem Morgen, es war ein wolkenloser Dezembertag, durfte ich, in dicke Pelze gehüllt und die Beine in einem Pelzsack vergraben, meinen Großonkel im Pferdeschlitten durch die flache, weiße Landschaft begleiten. Es war eisigkalt, man sah, wie die Pferde helle Wölkchen aus den Nüstern schnaubten. Ich saß etwas steif neben der mächtigen Patriarchengestalt, welcher die Kälte nichts anzuhaben schien. Er hatte seine Büchse über die Knie gelegt und hob sie nur einmal, um einen hoch über uns

---

[322] Diese Informationen sind einem Bericht von Herbert Wehrend, dem Sohn des damaligen Revierförsters von Klein-Spiegel/Rahnweder entnommen.

schwebenden Bussard abzuschießen. Viele Jahre später hat die Winterlandschaft in Volker Schlöndorffs Film „Der Fangschuss" (nach der gleichnamigen Novelle von Marguerite Yourcenar), der zum Teil auf einem Gut im tiefverschneiten Baltikum spielt, mir diese Kindheitsbilder wieder ins Gedächtnis gerufen.

Kurze Zeit sind meine Schwester und ich in Klein-Spiegel noch in die Dorfvolksschule gegangen -- ein großer Raum für alle Altersstufen, von einem Kanonenofen überheizt. Viel haben wir dort sicherlich nicht gelernt. Dafür wurden wir von den Dorfkindern wie exotische Vögel scheu bestaunt und fühlten uns nicht sehr wohl dabei.

Das festliche Weihnachten 1944 im Herrenhaus von Klein-Spiegel ist eine besondere Erinnerung. Mitten im tobenden Weltgeschehen war es, als hätte in diesem abgelegenen Dorf im tiefverschneiten deutschen Osten die Zeit für ein paar Tage stillgestanden. Im großen Saal des Guthauses standen zwei Weihnachtsbäume prachtvoll geschmückt, von Dutzenden von Kerzen erleuchtet, als wir schön angezogen hineingeführt wurden. Der eine Baum, groß und schlank, reichte bis an die Decke hinauf. Der andere, klein und rundlich, war auf einer großen Spieldose befestigt, die sich drehte und Weihnachtslieder spielte. Wir hatten solch ein Wunderwerk noch nie gesehen und waren berückt. Es musste sich wohl um einen östlichen und nördlichen Brauch handeln, der jetzt verlorengegangen ist, denn ich habe diese Art eines sich drehenden und musikmachenden Weihnachtsbaumes nur noch einmal wiedergesehen, viele Jahre später in Ingmar Bergmans Film „Fanny und Alexander", im weihnachtlichen Kinderzimmer, Stockholm 1907. „Doch wir hatten auch einen süßen kleinen Baum für uns allein, der im Kinderzimmer stand, den wir uns jeden Morgen, wenn wir noch im Bett lagen, und jeden Abend, wenn wir beteten, angezündet haben."

Meine Mutter machte sich Sorgen um meinen Vater. „Ich glaube, solange habe ich noch niemals keine Post von Dir bekommen," schreibt sie am 2. Januar 1945, „es ist noch niemals in diesem Krieg gewesen, dass ich Weihnachten und Neujahr nichts von Dir gehört habe." Doch wenige Tage danach kommt Post und sie antwortet. „In den Weihnachtstagen habe ich viel drüben gesessen bei Onkel Otto und Tante Anni. Onkel Otto hat des Öfteren eine gute Flasche aus dem Keller geholt und freut sich so, dass mir das sehr viel Spaß macht. Er hat viel erzählt, aus dem vorigen Krieg und aus seiner Studienzeit in Lausanne. Ich muss oft innerlich lachen, was diese Ostelbier für Geschöpfe sind und muss mich erst wieder sehr, sehr an diese Art gewöhnen. Der Unterschied von Österreich zu hier ist noch viel krasser als in Gorgast. Rau, rau, rau, aber herzlich und vor allem immer ehrlich!

Seit drei Tagen ist es hier weiß und die Kinder sind sehr beglückt darüber. Gestern haben wir eine große Schneeballschlacht gemacht, das war sehr lustig… Aus Graz höre ich immer von dauernden Angriffen. Es war schon richtig, dass alle so energisch darauf gedrungen, dass wir fortgehen, denn jetzt ist der ganze Bahnhof kaputt und die Strecke bis zur 4. Station auch wieder mal. Und die Menschen sollen auf dem Evakuierungsamt Schlange stehen. Wir haben es wirklich für die heutige Zeit wohl sehr gut hier, darüber bin ich mir jeden Tag klar." Doch ist es eine höchst trügerische Ruhe.

Flucht

Die örtlichen Nazibonzen hatten sich heimlich abgesetzt, aber Befehl hinterlassen, die Bevölkerung habe auszuharren, ihnen würde nichts geschehen. Und diese glaubte immer noch, der Krieg würde nicht über sie hereinbrechen. Und so blieben sie – und wir auch.

Erst im allerletzten Moment, Anfang Februar 1945, sind wir dann doch eines Nachts „mit ganz, ganz kleinem Gepäck und zentnerschwerem Herzens" abgefahren, mit dem letzten Zug der kleinen Schmalspurbahn, welche Klein-Spiegel in Richtung Stargard verließ. Die Front war auf acht Kilometer herangekommen. Man sah schon das Mündungsfeuer der Artillerie, hörte das Donnern und sah den Schein der brennenden Dörfer. Meine Mutter hatte einen Rucksack auf den Rücken, Iris und ich auch, das war alles, was wir mitnehmen konnten. Wir mussten ihr und einander die Hände geben, um im Gedränge nicht verloren zu gehen. An der anderen Hand hielt sie Tino, der erst zweieinhalb Jahre alt war. Es herrschte eisige Kälte. Meine Mutter hatte uns, ich weiß nicht wie viele Hosen, Pullover, Jacken, Mäntel über einander gezogen und jedem ein Schild um den Hals gehängt mit Name und Zielort, falls wir doch irgendwie getrennt werden sollten. Die Nacht auf dem Bahnhof von Stargard, auf dem Tausende von Flüchtlingen aus der ganzen Umgegend zusammengeströmt waren und auf einen Zug hofften, war dramatisch. Überall drängten sich Frauen und Kinder. Mir bleibt vor allem die Erinnerung an die Angst und das Grauen, die in der Luft lagen. Irgendwann nach dem Einfahren einer Lokomotive, lief wie ein Lauffeuer das Gerücht um, eine Frau sei im Gedränge unter die Räder gekommen und ihr abgetrennter Kopf wie ein Fußball durch die Luft geflogen. Von Stargard ging es erst am nächsten Tag im Viehwagen bis Pasewalk[323], wo wir abends ankamen. Wie wir in den Zug geraten sind, weiß ich nicht mehr, doch sehe ich noch das Innere des Viehwaggons vor mir, in dem wir kauerten, viele Menschen, groß und klein, eng zusammengedrängt. Alle wollten noch über die Oder, bevor die Brücken gesprengt würden. Auch habe ich den Blick nie vergessen, den ich beim Überqueren der Oderbrücke im fahlen Abendlicht durch den Spalt der nicht ganz geschlossenen Waggontür werfen konnte. Abendlicht? Oder war es der Schein der bombardierten und brennenden Stadt Stettin? In Pasewalk verbrachten wir wieder „die Nacht auf einer Bank am Bahnhof. Da wir sehr viel übereinander anhatten, konnten die Kinder, ohne sich einen Schnupfen zu holen, dort ganz gut schlafen". Auch hier herrschte Chaos, doch wurden heiße Getränke ausgeteilt „und überall halfen sehr gut HJ und BDM[324] und immer die guten Landser und Matrosen. So konnte ich in der Nacht auch eine Stunde schlafen, weil ein netter Matrose derweil auf unsere Sachen aufpasste."

Meine Mutter hatte fürs erste das Schwierigste geschafft, nämlich die Oder überquert! Ihr Bruder Hubert hatte ihr angeboten, auf seinen Bauernhof Langfeld nach Schleswig-Holstein zu kommen. Jetzt galt es noch diese Strecke zu bewältigen ohne von angloamerikanischen Tiefflieger abgeschossen zu werden, die regelmäßig auf

---

[323] Stadt in Vor-Pommern, etwas 30 km westlich von Stettin.
[324] Hitler Jugend und Bund Deutscher Mädels

Flüchtlingszüge Jagd machten. „Am nächsten Mittag ging dann ein überfüllter Zug nach Hamburg. Es sah erst trostlos aus, aber wir erkämpften uns schließlich doch noch einen Platz im Packwagen, wo wir auch die Nacht verbrachten, Iris vorn bei der reizenden jungen Zugführerin, während über uns Massen von feindlichen Fliegern nach Berlin flogen." Nach einer mühsamen Fahrt über Lübeck und Kiel erreichten wir Flensburg, wo wir noch eine Nacht auf dem Bahnhof zubrachten. Dann „kamen pünktlich um halb sechs unsere netten BDM Mädel und brachten uns eine halbe Stunde weit zum Kleinbahnhof, wo wir gequetscht, aber wieder mit netten Soldaten, auf deren Schoss Tino schlief, um 1 Uhr nachmittags in Gelting[325] ankamen." Dort holte uns mein Cousin Hubert (der Sohn des Marineoffizers gleichen Names) in einem bäuerlichen Milchwagen ab, um uns die 5 km bis Langfeld zu bringen. Meine Mutter hatte es geschafft und schreibt an meinen Vater: „Also nun bin ich endlich nach 4 Tagen und 4 Nächten Reise hier gelandet mit meinen 3 Kleinen und 3 Rucksäcken. Arm wie die Kirchenmäuse, aber es war wohl die letzte Möglichkeit mit der Bahn raus zu kommen und Onkel Otto riet mir dringend nicht mit ihm auf den Treck zu gehen, der Kinder wegen. Wie mir scheint, sind wir grad in eine relative Ebbe hineingekommen, denn es war nirgends lebensgefährlich, wenn auch natürlich überall sehr, sehr voll."

Nun waren wir in Langfeld. Dieser kleine Bauernhof meines Onkels Hubert, lag ganz im Norden Deutschlands an der Ostsee, nicht weit von der dänischen Grenze entfernt. Dort hausten seit zwei Jahren schon meine Tante Irene mit ihren vier Kindern, Hubert, Friederike, Heidi und Irmi. Sie waren in Berlin ausgebombt. Meine Mutter beschreibt das einstöckige Biedermeierhaus als „unbeschreiblich primitiv", was es wohl in gewisser Hinsicht auch war. Es gab keine Badezimmer und das einzige Klo war ein „Plumps-Klo" außerhalb des Hauses. Doch nach vier Tagen und Nächten auf der Flucht muss es uns dennoch wie ein Paradies vorgekommen sein: „Wir sind wieder sauber, schlafen in Betten und bekommen gutes Essen. Nur Tino hat einen Darmkatarrh, ist aber vergnügt, und die Grossen sind begeistert von den Kindern. Wie es weitergeht, muss mal sehen!" So sollte Langfeld bis Mitte August 1946 unser Flüchtlingsheim werden.

Vae victis

Wir waren vor dem Ärgsten bewahrt geblieben, aber es hätte auch anders ausgehen können. Wenn wir heute noch leben und ohne allzu große seelische Schäden davon gekommen sind, so haben wir das der Geistesgegenwart, der Kraft und Tapferkeit meiner Mutter zu verdanken. Dass sie es in diesem eisigen Winternächten ganz allein mit drei kleinen Kinder geschafft hat, trotz ihres durch Kinderlähmung verwachsenen Fußes, allen Gefahren zum Trotz durchzukommen, war eine unglaubliche Leistung....und natürlich auch ein wenig Glück. Wie viele haben damals Unglaubliches geleistet und nicht unser Glück gehabt. Denn die Saat von Gewalt und Ächtung, die Hitler und seine willigen Helfer im Osten Europas gesät hatten, war schnell und grausam aufgegangen. Wie viele Trecks sind, durch falsche Propaganda irregeführt,

---

[325] kleiner Ort etwas 35 km südöstlich von Flensburg

zu spät gestartet und auf den vereisten und von Flüchtlingen und der Wehrmacht verstopften Landstraßen erfroren oder von sowjetischen Panzerspitzen erbarmungslos überrollt worden. Wie viele andere sind zu Tausenden in der eiskalten Ostsee ertrunken, als ihre Flüchtlingsschiffe von sowjetischen U-Booten torpediert wurden. Oder wie viele hat in ihren Häusern in den Städten oder Dörfern bei Einrücken der Roten Armee ein grausames Schicksal ereilt. Viele davon haben nicht überlebt. Die deutsche Zivilbevölkerung war rechtlos geworden. Jeder durfte sie straflos ausrauben, misshandeln, schänden, umbringen oder vertreiben. Millionen deutscher Frauen und Mädchen, oft noch Kinder, sind damals vergewaltigt worden. Ein unmenschlicher Diktator zahlte es nun einem anderen unmenschlichen Diktator schonungslos heim und die Bevölkerung musste den Kopf dafür hinhalten. Im Westen sah es nicht viel besser aus. Angloamerikanische Tiefflieger machten Jagd auf Flüchtlingszüge oder vernichteten Frauen, Kinder und alte Leute zu Hunderttausenden in technisch genauest ausgeklügelten Bombenangriffen auf deutsche Städte. Einige Tage nach Yalta, knappe drei Monate vor Kriegsende, wurde die alte Barockstadt Dresden durch anglo-amerkanische Bomberverbände völlig zerstört. In 14 Stunden wurden mehr als 60.000 Zivilisten getötet, hauptsächlich Frauen und Kinder.[326] Und Dresden war kein Einzelfall, nur vielleicht der grausamste. Die Stadt war von Flüchtlingen aus Schlesien überfüllt und besaß praktische keine Flugabwehr.

Währenddessen, saß ein verblendeter Verbrecher tief unter der Erde in seinem Bunker, gab Befehle an Armeen, die längst nicht mehr existierten, versprach Wunderwaffen, die nie zustande kamen, und plante als letztes den deutschen Volkstod.[327]

Jetzt fahren wir gefahrvolle Wege und haben nicht Haus noch Hof noch Herd

Mein Großonkel Otto hat in Klein-Spiegel noch einige Tage zugewartet. Schließlich war es eine schwere Entscheidung alles, wofür man seit Generationen gearbeitet und gekämpft hatte, von heute auf morgen aufzugeben und vielleicht nie wiederzusehen. Doch dann haben auch er und die Dorfbevölkerung, für die er sich verantwortlich fühlte, Haus und Hof verlassen und sich mit seinem Treck auf den Weg gemacht. Meine Großtante Anni, seine Frau, schrieb später darüber: „Als am 7. Februar die ersten russischen Patrouillen in unserem Wald gesehen wurden, war dies für uns das Signal, den Treck in Bewegung zu setzen. Mit allen unseren 160 Leuten zog ich an diesem Tag mit einem Trecker, sieben mit Pferden bespannten Gummiwagen[328] und unserem leichten Jagdwagen bis nach Rahnwerder......Als wir in Klein-Spiegel vom Hofe fuhren, sangen wir ‚So nimm denn meine Hände', es war ja eine Fahrt ins Ungewisse..... Wir hatten auf dem Wagen, den wir mit unseren Leuten teilten, jeder einen Koffer, einen Rucksack, einige Decken und Federbetten, schließlich noch einen Korbkoffer, in den ich zuunterst etwas Silber, obenauf Schinken und Speckseiten

---

[326] Die Anzahl der Opfer der Angriffe vom 13./14. Februar 1945 auf Dresden ist immer noch umstritten. Man spricht oft von 35.000 identifizierten Toten, doch die Angaben über die Gesamtzahl der Toten schwankt zwischen 60.000 und 300.000.
[327] vgl. dazu Sebastian Haffner, „Anmerkungen zu Hitler", Seite 169 ff.
[328] Gemeint sind Wagen mit Gummireifen.

gelegt hatte. Das war alles. Otto blieb noch eine Nacht in Spiegel, um sich am nächsten Tag noch einmal nach dem Verlauf der Front zu erkundigen. Als er unser Haus verließ, begegneten ihm deutsche Panzeroffiziere, denen er den Schlüssel zu unserem Weinkeller übergab. Nichts war sonst zu übergeben und unser Schweizer war fassungslos, als Otto ihm sagte, dass er die Tiere nicht mit auf die Flucht nehmen könne. Er konnte es nicht begreifen. Wie sollten wir aber einige hundert Stück Rindvieh bei Winterkälte mitnehmen?

Die nächste Nacht verlebten wir bei unserem Vetter Klitzing in Grassee, nördlich von Klein-Spiegel. Otto führte den Treck bewusst zuerst nach Norden, weil wir den schon weit nach Westen vorgestoßenen Russen sonst in die Arme gefahren wären. So gelangten wir denn auf einem Umweg, aber wohlbehalten, nach mehreren Tagen auf die Autobahn. Nun kam der schwierigste Teil der Flucht, weil die Autobahn keine Auswegsmöglichkeiten bot. Durch den Massenansturm bestand die Gefahr, dass sich fremde Wagen zwischen unsere drängten und dadurch der Zusammenhalt verloren ging. Aber es ging alles glatt. Nachmittags setzten Otto und ich uns stets in unserem Jagdwagen und fuhren voraus, um für den ganzen Treck Quartier zu machen. Man kam uns überall mit großer Hilfsbereitschaft entgegen, obgleich die Häuser ja schon seit Wochen täglich mit Flüchtlingen voll belegt waren und ihre Bewohner selbst vor der Flucht standen......"[329] Die meisten der Bewohner von Klein-Spiegel und Rahnweder versuchten sich einzureden, dass es ja nur eine kurzfristige Reise sei und dass sie bald wieder zurückkehren könnten. „Wir denken zurück an unsere stille Einsamkeit, in der wir gewohnt haben. Wie gut haben wir es doch dort gehabt. Jetzt fahren wir gefahrvolle Wege und haben nicht Haus noch Hof noch Herd."[330] schreibt die Frau des Revierförsters in ihr Tagebuch. Einige Männer kehren auf Fahrrädern noch mal zurück, um auf dem Gut das Vieh zu füttern. Sie sind ja noch nicht weit entfernt. Zwei Tage später sind sie wieder zurück Lange hätten sie nicht bleiben können, denn die Front war nun schon ganz nah an Klein-Spiegel herangekommen. „Und nun erzählen sie uns von unserem Dorf, wie es dort jetzt aussieht. Die Fremdarbeiter sind nach dort geflüchtet. Sie haben die Wohnungen ausgeplündert. Die leergemachten Weckgläser liegen an den Wegrändern. Die Fahrräder sind nicht mehr da. Die Schränke in den Wohnungen stehen offen. Die Sachen liegen auf dem Fußboden verstreut. Wir hören das alles und es ist für uns schmerzlich. Aber wir wollen ja bald wieder umkehren und dann fangen wir mit dem wieder an, was wir noch vorfinden. Es wird schon alles wieder gut werden."[331] Aber je länger sie fahren, je größer die Entfernung wird, und je häufiger sie auf andere Flüchtlinge treffen, die von noch weiter östlich kommen, und deren Schicksal erfahren, desto mehr wird auch ihnen bewusst, dass etwas Endgültiges sie erfasst hat, dass sie ihre Heimat vielleicht nie mehr wiedersehen werden.

Mein Onkel hat seinen Treck vorbildlich wie eine militärische Operation vorbereitet und durchgeführt. Meist haben sie auf befreundeten Gutshöfen ein Nachtlager gefunden. In Häusern, Scheunen, Ställen. Doch manchmal ist schon alles voll belegt,

---

[329] Anna Frfr. von Wangenheim, Flucht mit dem Treck aus Pommern, in Schicksalsbuch I des Sächsisch-Thüringischen Adels, 1945, C.A. Starke Verlag, Limburg an der Lahn, 2005, Seite 558/9
[330] Aus dem Fluchtbericht von Ida Wehrend, der Frau des Revierförsters von Klein-Spiegel.
[331] Idem

dann müssen sie auf den Wagen hockend notdürftig die Nacht verbringen. Jeden Sonntag ist Ruhetag für die Menschen und für die Pferde. Räder müssen repariert werden, Hufe beschlagen. Und so ist dieser Treck ohne Verluste mit allen seinen Leuten über die Oder gekommen. Aber viele andere Trecks haben es nicht mehr geschafft. Westlich der Oder hat die kleine Schicksalsgemeinschaft angefangen sich aufzulösen, jeder der Dorfbewohner von Klein-Spiegel und Rahnweder hat sich dort hingewandt, wo er mit seinen Angehörigen bei Freunden oder Verwandten weiter westlich unterzukommen hoffte. Viele der Männer und Jungen werden im letzten Moment trotz ihres Alter oder trotz ihrer Jugend noch zum Volkssturm eingezogen. Viele davon sind nicht zurückgekehrt, wie der Revierförster Wehrend. Mein Onkel und meine Tante gelangen nach drei Wochen Fahrt mit einem Teil des Trecks nach Kenz, in der Nähe von Stralsund, und als die Russen sich auch dort näherten, ziehen sie weiter und kommen Anfang Mai mit einem Traktor und einem Anhänger auch in Langfeld an. Sie haben bis 1948 als Flüchtlinge dort gelebt.

Als Epilog zum Kapitel Klein-Spiegel noch folgende erstaunliche Geschichte: Fast 50 Jahre später war ich bei meinem Vetter Joachim von Wangenheim in Wiesbaden zum Abendessen eingeladen und wir sprachen über unsere Flucht aus Hinterpommern, als er folgendes erzählte: Anfang Februar sei er als junger Offizier mit einer Artillerieabteilung auf dem Rückzug durch die Gegend und irgendwann an einem Gutshof vorbeigekommen. Alles wäre verlassen gewesen, alle Türen hätten offen gestanden. Er hätte es als das Wangenheim'sche Rittergut Klein-Spiegel sofort wieder erkannt, da er einige Jahre zuvor dort einmal zu Besuch gewesen sei. Da ihnen aber die Russen auf den Fersen waren, hätte er nicht die Zeit gehabt, sich aufzuhalten. Etwas weiter seien sie dann in einem Gehölz in Stellung gegangen, und er, als Artilleriebeobachter, auf einen Baum geklettert. Als dann sowjetische Panzer in den Gutshof einfuhren, habe er im richtigen Moment von oben das Artilleriefeuer der Batterie eingewiesen. Auf diese Weise sei Klein-Spiegel zerstört worden......

Heute ist die ganze Gegend um Klein-Spiegel und Rahnwerder polnischer Truppenübungsplatz. Die Gutshäuser, die Dörfer und die Friedhöfe sind dem Erdboden gleich gemacht. Das Land liegt brach. Eine Jahrhunderte alte mühsam erkämpfte Kultur ist verschwunden.

Vertreibung

Wir waren in Schleswig-Holstein gelandet und blieben dort bis August 1946. Schleswig-Holstein wurde britische Besatzungszone. Diejenigen, aber, die nach ihrer Flucht in der späteren sowjetischen Besatzungszone geblieben waren, mussten den Becher des Leidens bis zur Neige leeren.

Der 14-jährige Willi Haseleu aus Jakobshagen, Kreis Saatzig, der allein geflohen und erst in Mecklenburg auf den Treck meines Onkels gestoßen war und dort auf seine Familie warten wollte, schreibt über sein Schicksal und das der Familie B. aus Rahnwerder:

„10.03.1945. Bei dem Treck vom Gut Klein Spiegel (Freiherr von Wangenheim) in Kenz, südlich von Barth angekommen.

Dort sind die Gutsarbeiterfamilien aus Rahnweder und Klein Spiegel und Lehrer Vögeler aus Rahnweder mit seiner Frau einquartiert, die ich von meinen Besuchen in Rahnweder kenne.

13.03.1945. Famile B. aus Rahnweder in Bartelshagen südwestlich von Barth Kreis Franzburg-Barth gefunden, Quartier bei Familie Steffen. Ich bleibe dort und schreibe an meinen Vater, der in Dänemark Soldat ist und teile ihm meine Adresse mit und dass ich weiß, wo Mutter und Jürgen sind.

!5.03.1945. Die Trecks von Unverferth, Darberkow, Korth ziehen auf der Reichstraße 105 weiter in den Westen. Da ich immer noch auf Mutter und Jürgen und auf Antwort von Vater warte, bleibe ich bei B.s in Bartelshagen.

März/April 1945. Als die Fronten von beiden Seiten näherkommen—am 30. April sind die Amerikaner in Wismar—überlegen wir, ob wir auch nach Westen weiterziehen sollen. Als es heißt, dass bei den Amerikanern viele Neger sind, und diese schlimmer als die Sowjets wären, sind wir geblieben.

02.05.1945. Einzug der Russen in Bartelshagen. Endlose Kolonnen von Panjewagen, meist im Trab. Die Russen auf den Wagen schießen auf alles, was sich bewegt, auch auf Hühner und Tauben. Abends das Dorf voller Russen, die Jagd auf Frauen machen.

Rückkehr: 03.05. Mit dem Treck von B.s, zusammen mit allen anderen Flüchtlingen, in Richtung Oder gefahren. Die Russen haben alle Flüchtlinge in ihre Heimatorte zurückgeschickt. Flüchtlinge erhalten am Fluchtort keine Lebensmittel mehr.

Auf der Rückfahrt Richtung Oder ständige Plünderungen der Treckwagen durch Russen und polnische Fremdarbeiter, die auch Richtung Oder fahren. Nachts Vergewaltigung der Frauen.

Weil die Russen und Polen immer Trab und Galopp fahren und die Pferde nicht füttern, wurden unsere Pferde beschlagnahmt und ausgetauscht. An der Oder angekommen hatten wir statt zwei guter Pferde nur noch ein lahmes, eine magere Kuh und einen leeren Treckwagen. Unterwegs müssen wir auf Befehl der Russen tote Soldaten und totes Vieh vergraben. Manche Soldaten, insbesondere SS-Leute sind grausam zugerichtet. Offensichtlich nach der Gefangennahme erschlagen. Das Vieh liegt noch angekettet in den Ställen, ist aufgedunsen und voller Maden.

11.05. Heinrich B. (1 Jahr alt) in Storkow, Kreis Templin auf der Fahrt verhungert und gestorben. Im Straßengraben begraben.

13.05. Bei Greifenhagen ostwärts über die Oder gefahren.

Zwangsarbeit: Seit dem 14.03.1945 haben die Polen die Gebietshoheit über die deutschen Gebiete östlich von Oder und Neiße.

15.05. Die Polen verbieten in Pyritz die Weiterfahrt in Richtung Stargard und treiben uns nach Groß Rischow an der Südspitze des Madüsees und zwingen uns zur Arbeit in der Landwirtschaft. Pferd, Kuh und Wagen werden beschlagnahmt........Wir bekommen nichts zu essen und müssen uns aus allen Ecken in den verlassenen

Häusern, Ställen und Scheunen, soweit noch nicht von Polen bewohnt, was zusammensuchen, aus den alten Kartoffelmieten vom Vorjahr verfaulte Kartoffeln, Rüben usw. Alle haben Durchfall und werden immer schwächer, auch wegen der schweren Landarbeit.

Zusammen mit anderen Jungen musste ich Kühe hüten und die Pferde versorgen. Weil die Wasserleitung kaputt war, mussten wir die Pferde zu einem außerhalb des Dorfes liegenden Bach zum Tränken führen. Einmal legte sich ein Pferd hin und wollte nicht wieder aufstehen. Wir hatten furchtbare Angst und trauten uns nicht zurück. Das Pferd bekam dann ein gesundes Fohlen und alles war gut. Die Frau des polnischen Ortskommandanten gab uns zur Belohnung undefinierbare Linsen zum Essen, die ich wieder ausgebrochen habe.

<u>Vertreibung und Vegetieren in der Ostzone: 26.06.1945.</u> Wir müssen Groß Rischow innerhalb zwei Stunden zu Fuß mit Handgepäck verlassen. Opa B. (85 Jahre alt) nicht gehfähig auf hölzerner Schubkarre mit Eisenrad geschoben (von Tante Martha, Tante Anna, Werner B. und mir abwechselnd). Auf dem Marsch werden wir von polnischen Soldaten bewacht. Wir bekommen nichts zu essen und nichts zu trinken. Die Soldaten schießen mit der MP in die Kirschbäume, die an der Straße stehen und essen die heruntergefallenen Kirschen. Wir dürfen keine aufheben und müssen die liegengebliebenen Kirschen zertreten. Es ist schwül und gewittrig und alle haben Durst. Nach einem Gewitterschauer bilden sich auf der Straße Wasserpfützen. Wer daraus trinken will, bekommt einen Fußtritt. Nachts werden wir in Scheunen gesperrt und die Polen holen sich die Frauen. Weil ich lange Haare hatte, seit der Flucht keinen Friseur gefunden, hielt mich ein Pole für ein Mädchen. Nachdem er sich überzeugt hatte, dass ich ein Junge war, bekam ich einen Fußtritt und konnte gehen.

<u>29.06.</u> Vor der Notbrücke in Greifenhagen stauen sich die Heimatvertriebenen, die von Norden, Osten und Süden kommen Die Polen filzen uns noch einmal, nehmen uns das Allerletzte und prügeln uns über die Brücke westwärts.

Bei Greifenhagen, westwärts der Oder, lagern Tausende von Kranken und Schwachen, ohne Verpflegung, ohne ärztliche Versorgung, ohne sanitäre Einrichtungen und Transportmittel, dazwischen auch Tote. Jeder, der kann, versucht weiter zu kommen, raus aus dem großen Haufen Elend.

Es gibt keine Organisation und keine Verwaltung, jeder ist sich selbst überlassen.

<u>05.07.</u> Wegen Erschöpfung sind wir in Bergholz bei Locknitz liegen geblieben, der Bürgermeister meldet uns nicht an und wir kriegen kein Brot. Wir stehlen Kartoffeln von den Feldern, obwohl sie noch nicht reif sind. Wir finden auch einen liegengebliebenen Bahnwaggon mit alten meist verfaulten Kartoffeln vom Vorjahr. Alle bekommen Durchfall.

<u>07.07.</u> Weil Günther B. Lungenentzündung bekommt, werden wir vorläufig angemeldet und bekommen Brot.

<u>12.07.</u> Opa B. (85 Jahre alt) in Bergholz verhungert und gestorben.

<u>14.07.</u> Opa B. beerdigt.

30. 07. Tante Anna B. (48 Jahre alt) in Bergholz verhungert und morgens um 3.30 Uhr gestorben. Der Todeskampf dauerte die ganze Nacht (starkes Herz).

01.08. Tante Anna B. in Bergholz beerdigt.

19.08. Weil die Lage in Bergholz hoffnungslos ist, beschließen wir zu versuchen, in Bartelshagen unterzukommen.

20.08. Werner B. und ich gehen zu Fuß nach Pasewalk zum Bahnhof.

21.08. Wir fahren mit dem Zug von Pasewalk bis Altwillershagen und gehen zu Fuß bis nach Bartelshagen und fragen bei Steffen, ob wir alle kommen können. Weil wir Läuse haben, schlafen wir in der Scheune im Stroh.

22.08. Wir fahren mit der Bahn nach Barth und gehen nach Kenz, wo die Leute von Klein Spiegel waren, mit denen Tante Martha bekannt war.

23.08. Wir gehen von Kenz nach Bartelhagen zurück.

24.08. Wir fahren zurück nach Bergholz.

27.08. Wir werden mit dem Pferdewagen nach Pasewalk gefahren.

28.08. Mit dem Zug von Pasewalk nach Kenz bei Barth gefahren.

03.09. Suchanträge gestellt.

10.09. Tante Martha (42 Jahre alt) in Kenz verhungert und gestorben. Furchtbarer Todeskampf (starkes Herz) wegen der Sorge um ihre fünf Kinder (4 bis 14 Jahre alt) und um den vermissten Mann. Dieser kam vor Kriegsende zum Volkssturm, wurde verwundet und ist in einem russischen Gefangenenlager in Schneidemühl verhungert.

13.09. Tante Martha in Kenz beerdigt.

September 1945. G.s aus Belzig und Tante Maria P. aus Berlin haben sich gemeldet und holen die B.schen Kinder Günther, Werner, Erika, Horst und Karlheinz ab. Die Kinder werden aufgeteilt: Günther und Werner zum Bauern, Erika zu Tante Maria nach Berlin, Horst zu Familie Sch., Karlheinz zu G.s" Damit endet der Bericht.

Das ist das Schicksal nur einer Familie, aber ähnlich erging es Millionen von Menschen. So begann die größte Volksvertreibung der Weltgeschichte. Heute würde man sagen: die größte ethnische Säuberung -- – von den Siegermächten beschlossen und, soweit schon durchgeführt, nachträglich gut geheißen. Dabei sind 15.5 Millionen Deutsche (11.5 Millionen in Schlesien, Pommern, Ost- und Westpreußen), 3.5 Millionen in der Tschechoslowakei und 500.000 auf dem Balkan) enteignet und vertrieben worden.[332] Etwa zwei Millionen Deutsche sind bei dieser „ordnungsgemäßen und humanen Überführung" ums Leben gekommen. Die übrigen mussten sehen, wie sie in einem völlig zerstörten Rumpfdeutschland oder in Österreich ein Unterkommen fänden. Wie sagte doch Chamberlain? „Wir kämpfen nicht gegen euch, das deutsche Volk, gegen das wir nicht verbittert sind." Doch das war längst vergessen. Währenddessen verleibt sich Stalin Ostpolen ein und die dortige polnische Bevölkerung (etwa

---

[332] Zitiert in der Tageszeitung „Le Monde", Paris, 6. September 2003. Seite 6.

1.2 Millionen Menschen) wird auch aus ihrer Heimat vertrieben. ….. in das „frei" gewordene Ostdeutschland.

Man hört heute häufig, vor allem auch in Deutschland selbst: „Ja, wenn Deutsche getötet, zerbombt oder vertrieben worden sind, so ist das ihre Schuld – sie haben ja schließlich damit angefangen!" Das heißt so viel wie: *sie* hätten nicht das Recht, sich als Opfer zu fühlen, und was immer man *ihnen* angetan hat, sei kein Verbrechen. Solche Argumente sind gefährlich, denn wer so denkt, leistet einer Justiz Vorschub, die mit Recht nichts mehr zu tun hat, es sei denn, mit dem Recht des Stärkeren. Und es bedeutet, der Sieger macht sich zu eigen, was er vorgibt, zu bekämpfen.

Langfeld

Mein Vater macht die letzten Monate des Krieges mit seinem niedersächsischen Artillerieregiment den Rückzug der Wehrmacht durch Ungarn bis nach Österreich mit.

Feldpostbriefe brauchen nun drei bis vier Wochen bis an die Front, aber kommen erstaunlicherweise immer noch an. Mein Vater macht sich Sorgen, ob Langfeld westlich genug gelegen sei, oder ob die Rote Armee vielleicht auch dort noch hinkäme. „Ich hoffe so sehr, dass sie die Oder hier oben werden halten können, denn es wäre zu grässlich wieder fort zu müssen" schreibt ihm meine Mutter Mitte März. Und zwei Wochen später: „Vorläufig ist es jedenfalls ganz unmöglich (wieder wegzufahren), weil die Kinder viel zu zart sind. Alexander besonders sieht zum Umpusten aus. Tino will ich morgen ein bisschen aufstehen lassen. Aber er hustet schon wieder so….An den Verlust meiner Sachen hab ich mich schon bis zu einem gewissen Grade gewöhnt, nur Schuhe fehlen mir ganz furchtbar!"

Von Langfeld aus versucht meine Mutter auch mit Freunden und Verwandten wieder Kontakt aufzunehmen und bekommt Nachricht aus Berlin. „Kitty schrieb es ginge dort auf den Bahnhöfen furchtbar zu. Und dann die fast täglichen Angriffe. Eben wieder die übliche Ansage des Abends (im Radio) vom Anflug auf Berlin. Abend für Abend und dazwischen immer noch Terrorangriffe am Tage. Dort muss jetzt schon eine rechte Hölle sein. Noch keine Nachrichten haben wir über Rosenstiels (gemeint sind die Rosenstiels aus Lipie). In Gorgast ist es wohl traurig. Tante Tönchen verließ es, als es an andern Ende in Brand geschossen wurde." Sie starb wenige Monate später.

Überleben

Und Ende März schreibt meine Mutter an meinen Vater: „Wie lange werden wir noch Briefe schreiben können, von denen man annehmen kann, dass sie den Empfänger im Süden erreichen? Wird es noch 8 Tage dauern? Dann sind wir abgeschnitten voneinander." Die Stimmung ist auf einem Tiefpunkt angelangt – Hoffnungslosigkeit! Das in jeder Hinsicht primitive Leben und vor allem „diese <u>entsetzliche</u> Seuche, die wir nicht und nicht los werden. Es ist gewiss eine echte Ruhr. Die Kinder, bis auf Irmi, waren schon auf und fingen an, etwas mehr zu essen, aber heute liegen

Hubert, Alexander und Heidi bereits wieder und laufen. Und aussehen tun wir alle! Alexander macht mir die größte Sorge, er sieht einfach durchsichtig aus und ist so verhungert. Wie sollen wir sie nur wieder hinkriegen. Und die Rationen werden kleiner. Und immer mehr Menschen strömen auf einen immer kleineren Raum zusammen. Wir werden hier auch noch jemanden mehr aufnehmen müssen....Aber die Kleinen sind trotz allem immer noch sehr vergnügt. Tino ist trotz aller körperlicher Klapprigkeit voller Energie und Temperament. Alle müssen jetzt möglichst viel schlafen, um den Mangel an Nahrung etwas auszugleichen.

Wir rechnen hier mit englischer Besatzung. Und hier glaubt man, dass der Russe bis zum Kanal gehen wird, das andere zu Dänemark fallen soll. Ich stehe diesen Ansichten etwas skeptisch gegenüber. Hoffentlich kommt nur hierher nicht auch noch der Russe...Und sollte jetzt unser Untergang im Rate der Götter beschlossen sein, so kann man halt auch nichts machen. Nur erflehe ich mir dann einen raschen Tod für uns alle, man ist jetzt zu sehr bis obenhin gefüttert mit grausigen Todesarten... Bitte nimm alles nicht zu tragisch -- es ist auch viel die Übermüdung. Uns geht es ja relativ noch immer sehr gut. Hoffentlich bekomme ich wenigstens doch noch einige Briefe von Dir." Doch wie meine Mutter es vorausgesehen hatte, reißt der Kontakt hier ab. Eine lange schwere Wartezeit setzt ein. Dazu ist, trotz des guten Einvernehmens meiner Mutter mit ihrer Schwägerin Irene, das Zusammenleben im gemeinsamen Gesamthaushalt auf engem Raum, bei den Krankheiten der Kinder und der schwierigen Ernährungslage nicht immer einfach.

Letzter Einsatz

Mein Onkel Hubert von Wangenheim hatte den größten Teil des Krieges auf Zerstörern im Raum von Brest bis Narvik mitgemacht. Ende des Krieges war er Kommandant einer Zerstörerflottille. Als solcher nahm er im April/Mai 1945 als letzter Einsatz an der Rettungsaktion teil, „bei der die Kriegsmarine durch einen großangelegten Transporteinsatz mehr als zwei Millionen Deutschen aus dem Osten den Weg in die Freiheit bahnte.

Zunächst griffen die Zerstörer selbst in die Landkämpfe ein oder gaben den großen Schiffen („Prinz Eugen", „Lützow", „Leipzig", „Schlesien" u.a.) Feuerschutz, während diese mit ihrer weitreichenden Artillerie in die Landkämpfe im Raum Cranz-Gotenhafen-Danzig eingriffen und das Vorrücken der Roten Armee verzögerten, um Zeit zum Abtransport der Flüchtlinge zu gewinnen. Dann schützten die Zerstörer, Torpedoboote und andere Einheiten die Einschiffung der Flüchtlinge, gaben den Konvois aus voll beladenen Passagier-, Lazarett- und Frachtschiffen auf ihren Fahrten in den Westen Geleitschutz und nahmen selbst Flüchtlinge an Bord. Wenig später, am 15. April nach heftigen Bomberangriffen der Sowjets auf die Flüchtlingsschiffe, stand Hubert um Mitternacht auf der Brücke seines Zerstörers Z 34, als er plötzlich durch sein Nachtglas zwei sowjetische Schnellboote wahrnahm, die aus etwa 500 m Entfernung zwei Torpedos auf den Zerstörer abfeuerten. Beim sofort gegebenen Alarm nahm der Zerstörer zu langsam Fahrt auf, drehte nicht schnell genug, und wurde achtern so sehr getroffen, dass er nach weiteren heftigen Sturzbomberangriffen nach Swinemünde abgeschleppt und notdürftig ausgebessert werden musste.

Mit den noch intakten Zerstörern seiner Flottille nahm Hubert weiter an den Flüchtlingstransporten teil. Noch am 7. Mai, zwei Tage nach der Teilkapitulation in Dänemark und Schleswig-Holstein, lief er ein weiteres Mal mit den letzten beiden Booten (Z 38, Z 39) seiner Flottille, zusammen mit fünf Zerstörern anderer Flottillen, fünf Torpedobooten und anderen Einheiten nach Hela[333] aus. Trotz der Gefahr, selbst in sowjetische Gefangenschaft zu geraten, nahm der Verband bis zum 8. Mai früh noch 20.000 Flüchtlinge und Soldaten an Bord, die am 9. Mai, bei Inkrafttreten der bedingungslosen Kapitulation der deutschen Wehrmacht, in Glücksburg (in Schleswig-Holstein) ausgeschifft werden konnten."[334]

Nach dem Krieg, in der Marine der BRD, wurde Hubert am Ende seiner Karriere im Rahmen der NATO Admiral und Befehlshaber der Seestreitkräfte in der Nordsee. Er starb im Jahre 1973.

---

[333] Hafenstadt an der Spitze der Halbinsel Hela, welche die Danziger Bucht teilweise von der Ostsee trennt
[334] Aus Karl-Hartmut von Wangenheims Beiträgen zur Wangenheim'schen Familiengeschichte.

Kriegsende und Nachkriegszeit --Wirre Zeiten und ein Sich-Wiederfinden

Kriegsende

In Langfeld sehen wir noch den Anflug zum allerletzten alliierten Großluftangriff. Er ist Kiel bestimmt. An einem sonnigen Aprilmorgen, in endlosen Geschwadern, eines nach dem anderen, unzählbar, brummen die feindlichen Bomber über Langfeld hinweg gegen Süden.

Sie furchen lange Kondensstreifen durch die Luft. Als sie endlich verschwunden sind, ist der Himmel bedeckt und von Kiel bald nicht mehr viel übrig.

Wenige Tage später hören wir im Radio, dass sich Hitler in seinem Bunker umgebracht habe und weniger Tage später, dass der Krieg zu Ende sei. Das Rumpf-Deutschland wird in vier Besatzungszonen geteilt, in der jeweils Sowjets, Amerikaner, Briten und Franzosen herrschen. Die überlebende Bevölkerung wird, je nach der Ideologie der jeweiligen Besatzungsmacht, „umerzogen".[335] In unserer ländlichen Abgeschiedenheit geht das ohne Umwälzungen über die Bühne. Keine Kampfhandlungen, keine fremden Truppen. Langfeld kommt in die englische Besatzungszone, doch am Land sehen und spüren wir nichts von den Besatzern.

Wie ich schon erwähnte, war mein Onkel Hubert Ende des Krieges Kommandant einer Zerstörerflottille. Von Langfeld aus sehen wir diese Flottille an einem grauen Maitag die Küste entlang nach Süden gen Kiel zur Übergabe an die Alliierten fahren. Mein Onkel gerät damit in britische Kriegsgefangenschaft und wird ein Jahr später entlassen.

Viel weiter südlich, in Salzburg, gerät mein Vater etwa zur selben Zeit in amerikanische Kriegsgefangenschaft, aus der er einen Monat später entlassen wird. Doch erst drei Monate später kommt der briefliche Kontakt wieder zustande.

Zusammenbruch

Der Krieg ist zu Ende, das „Germaniam esse delendam" vollzogen. Der Sieg über Deutschland und die Deutschen war ebenso total und bedingungslos wie der Krieg es gewesen war. Das Deutsche Reich, wie es seit 800 Jahren, seit der Zeit der Hohenstaufen Kaiser, bestanden hatte, hat 1945 aufgehört zu existieren. Deutschland hat in diesem dreißigjährigen europäischen Selbstvernichtungskrieg, zwischen 1914 und 1945, ein Drittel seines Hoheitsgebietes[336] und an die 15 Millionen Menschen verloren.

Zwar war die Gefahr eines faschistischen Europas gebannt, doch gehörte es nun nicht mehr sich selbst. Der Krieg hatte de facto zu einem Sieg Stalins und Roosevelts über die Europäer geführt. Die eine Hälfte des Kontinents war dauerhaft unter

---

[335] Vgl. dazu : Ernst von Salomon, « Der Fragebogen », Rowohlt Taschenbuchverlag, Hamburg, 1961
[336] Vgl. dazu: Manfred Weinhold, Deutschlands Gebietsverluste 1919-1945, Arndt Verlag, Kiel, 1999.

sowjetisches Joch geraten – das heißt ganz Osteuropa, Polen mit eingeschlossen, um dessen willen der Krieg begonnen hatte. Und die andere Hälfte, das heißt Westeuropa, war von den Vereinigten Staaten dominiert, das nunmehr einzige Land, das der neuen Macht der Sowjetunion die Stirn bieten konnte. Denn Großbritannien, war erschöpft und tiefverschuldet, sie hatte in Asien das Gesicht verloren, ihr Weltreich zerfiel und ihre Flotte beherrschte nicht mehr die Meere.

Mit diesem Zusammenbruch ist die Geschichte der Deutschen zwar nicht zu Ende gegangen, doch was in diesen dreißig Jahren Weltkrieg, und besonders in den letzten Jahren und Monaten, geschehen war, war so unfassbar, war so umwälzend, dass nichts nachher mehr so war wie vorher. Konnte es gar nicht sein – weder politisch, noch wirtschaftlich noch kulturell. Vor allem hatten die Deutschen den Glauben an Deutschland und an sich selbst verloren. Und neue Generationen wuchsen in dieser neuen Gesinnung heran. Viele waren aus ihrer Heimat vertrieben worden. Vielen war es unangenehm, ja, fast peinlich, deutsch zu sein. Viele gingen ins Ausland und blieben dort. Viele andere, dagegen, die nun nicht mehr an die Segnungen und hohlen Versprechungen des Nationalismus glaubten, in was immer für einer Form, begannen im Laufe der nächsten Jahre ihre Hoffnung auf Europa zu setzen – sofern sie sich nicht im Provinzialismus ihrer jeweiligen Bundesländer abkapselten. Doch so weit ist es noch nicht. Zuvor, unmittelbar nach dem Krieg, ging es für fast alle ums nackte Überleben.

Muttersorgen

Langfeld ist inzwischen voll gestopft mit Flüchtlingen, darunter viele Kinder. Das Überleben ist nicht einfach, das Leben muss organisiert werden. „Wäsche, dann Sirupkochen, dann Sauerkrautschneiden, dann das Einmieten von Futter, dann muss der Garten in Ordnung gebracht werden, morgen muss ich wieder für alle kochen, diese Proportionen!!! Dann muss man 3 km fahren, um irgend etwas zu besorgen. Dann jeden Tag eine halbe Stunde Holz haken. Na, so geht das weiter. Ja, hier wird schon seit Monaten für den Winter vorgesorgt." Natürlich werden auch die Kinder eingespannt. „Morgens, wenn Alexander aufsteht, versorgt er mich immer erst mit Feuerung für den Herd, muss dann die Milch holen und am Sonnabend die Teppiche klopfen. Iris kann mir jetzt ja nicht mehr so viel helfen, was mir sehr, sehr fehlt." Denn sie geht jetzt wieder in die Schule. „Dann muss genäht werden für die Kinder, unentwegt gestrickt. Du glaubst gar nicht, was das für eine Arbeit ist, wenn plötzlich alles fort ist und man jeden Lumpen zusammen nähen muss. Nichts haben wir mehr. Jetzt habe ich glücklich einen Schuhschein, aber ich komme nicht zum Schuster! Er wohnt 30 km entfernt, das macht man hier eben mit dem Rad. Aber das kann ich einfach nicht schaffen. Bahn geht nicht, Fuhrwerk bekommt man nicht bei den Bauern – ich werde den Schein noch verfallen lassen müssen. Dann die Schuhe der Kinder! Kein Mensch macht sie heil. Alexander läuft jetzt in einem Paar Damensportstiefel herum, die kaputt sind." Da hilft dann nur Tauschhandel, sofern man etwas anzubieten hat. „Jetzt habe ich hier von jemandem Stoff gekauft, den versuche ich nun einzutauschen gegen Stiefel für Alexander. Aber ich hab ja auch sonst nichts mehr zum Tauschen." Und dann muss Heizmaterial für den Winter beschafft werden. „Alle sind hier mit Holz sammeln, schlagen, sägen, hacken beschäftigt. Es sind die schönen Bäume aus dem Garten." Und dennoch reicht es nicht aus, denn als die kalte Jahreszeit kommt, werden Anziehsachen, die nass sind, nicht mehr trocken, weil nur mehr sonntags geheizt werden darf.

Die Ernährungslage hatte sich im Sommer glücklicherweise verbessert. „Iris und Tino sind fett wie kleine Schecken, futtern aber auch mit ungeheurem Genuss und großem Appetit. Alexander ist eher schmal, er ist eben auch sehr groß." Doch wie die Versorgung im Winter aussehen wird, ist keineswegs gewiss. „Wir haben noch nicht eine Kartoffel, auch keine Aussicht welche zu bekommen."

Kinderfreuden

Bei so viel Arbeit und bei so vielen Kindern kommt für uns keine Langeweile auf. Langfeld ist wunderschön gelegen, etwas erhöht, sodass man am Horizont immer den blauen oder grauen Streifen der Ostsee sieht. Im Sommer, wenn wir nicht im Haus oder bei der Ernte mithelfen müssen, verbringen wir die Freizeit am Strand – er ist ja nur 1 km entfernt. Dort lernen wir in dem recht kalten Wasser schwimmen. Oder wir machen lange Wanderungen über die flachen, oft moorigen Koppeln bis zur „Birk", einem Wäldchen, in das wir nicht eindringen dürfen, weil dort noch Blindgänger lägen. Dafür sammeln wir überall auf den Wiesen die dünnen Silberstreifen, welche die angloamerikanischen Bomber abgeworfen hatten, um etwaige Radarstationen irrezuführen.

Im Herbst hat die Schule wieder angefangen – die Dorfschule im benachbarten Pommerby. Man kann sie leicht zu Fuß erreichen. Es ist wieder eine Einheitsschule, in der mehrere Klassen in einem Raum zusammen unterrichtet werden. Mir bleibt die Erinnerung an die Geschichte- und Geographiestunden. Ob das noch Restbestände des nationalsozialistischen Lehrplans sind oder uralte lokale Traditionen, weiß ich nicht. Jedenfalls habe ich damals unglaublich viel über die Germanen und ihre alten Helden- und Göttersagen gelernt. Über Baldur und Beowulf, über Loki und Fafner, über Wotan und Freya – die faszinierenden Mythen der alten Edda. Und das liegt nahe, sind doch, wie man mir erklärte, alle Orte, die in „by" endeten, wie das benachbarte Nieby oder Pommerby, Stätten germanischer Hünengräber, und liegen die Reste der legendären Wikingerstadt Haithabu (oder Haddeby) nur etwa 50 km weit entfernt an der Schlei.

Neben der Schule bilden wir uns fort, offensichtlich nicht immer mit großem Erfolg. „Leider hab ich bei den Grossen jetzt die Hoffnung aufgeben müssen, dass sie Dein Zeichentalent geerbt haben, sie machen keinerlei Fortschritte. Iris hat lediglich einen guten und sehr leichten Stil und Tino erzählt so lustig plastisch und anschaulich. Alexander ist bestimmt musikalisch."

Gelbsucht

Der Wunsch meines Vaters, dass wir bald nach Österreich zurückkehren, erfüllt sich nicht. Einerseits, ist die Steiermark, und damit Graz, bis Juli 1945 sowjetische Besatzungszone, und andrerseits, ist das Transportwesen in Deutschland noch zu chaotisch. So kommt mein Vater uns im Winter in Langfeld besuchen. Nach der langen Trennung ist es eine große Freude und eine große Aufmunterung für meine Mutter. Während der Zeit malt mein Vater eine Reihe winterlicher Aquarelle vom Strand von Falshöf, vom Leuchtturm und von der nördlichen Landschaft mit ihren Riedgedeckten Bauernhäusern.

Kaum ist er wieder weg, legen sich mehrere Kinder in Langfeld mit Gelbsucht ins Bett. „Es war bitterkalt, als der Oststurm tobte. Irislein liegt nun die dritte Woche, sieht aus wie eine süße kleine Chinesin, ist aber jetzt im Abblassen und quietschfidel, und ich denke, Ende der Woche kann sie aufstehen. Sie hat jetzt einen wahren Löwenhunger, den ich aber – Gott sei Dank – noch immer stillen kann. So hoffe ich, dass sie bald doch wieder alles aufgeholt haben wird." schreibt meine Mutter Mitte März 1946. „Alexander hat auch eine Woche gelegen. Was ihm fehlte, war nicht klar, wohl auch eine ganz leichte Gelbsucht. Ich habe mich auch mit ständiger Übelkeit geplagt, scheine aber jetzt darüber hinweg zu sein. Inzwischen war Tino meine Stütze und ist täglich mit Heidi zu Struwes gewandert, zum Teil laut singend. O, was ist er komisch! Voll brüllender Kraft und Frechheit, wie Hubert meinte: unser bestes Stück. Und gefräßig! Prima Bursche! Dabei süß, immer bereit zu lachen." Er ist sehr gewachsen und schmal geworden und ihn erwischt bald darauf wieder eine „nicht unerhebliche fieberhafte Bronchitis".

Von Übersiedeln kann unter diesen Umständen keine Rede sein. „Im ganzen glaube ich, dass wir unter den jetzigen Verhältnissen auch immer noch hier, jedenfalls fürs erste, am besten aufgehoben sind. Ein warmes Zimmer haben wir noch immer. Und verhungern lassen wird man uns hier nicht. Den Gürtel werden wir uns halt alle jetzt ein bisschen enger schnellen müssen. Mit großer Sorge denke ich, dagegen, an die Menschen in den Städten, die Brotrationen sind sehr klein, aber wo nichts ist.... Und das Deprimierende ist ja, dass dieser Zustand, wie das Radio gestern kundgab, und wie ich es auch als sicher schon immer voraussah, 18 Monate dauern wird. Der nächste Winter wie nicht um ein bisschen besser werden, eher schlimmer."

Prekäre Existenzen in unruhigen Zeiten

Überall versuchen die ehemalige Offiziere und Soldaten, soweit sie nicht kriegsgefangen oder verschollen sind, sich eine neue Existenz aufzubauen. Mein Vater lebt zu der Zeit in Salzburg und hält sich vorübergehend durch Dolmetschen und durch den Verkauf von Kitscharktikeln über Wasser.

Seit mein Onkel Hubert Anfang 1946 aus der Kriegsgefangenschaft entlassen ist, wird der Hof in Langfeld richtig bewirtschaftet. Er war ja nie Bauer gewesen, muss also alles, unter Mithilfe von Onkel Otto und des Nachbarn und Großbauern Svensen und durch landwirtschaftliche Abendkurse „von der Kiepe auf" lernen. „Hubert und Irene sind von Morgen bis zum Abend tätig und sehr fleißig." Es ist nur eine kleine Wirtschaft, aber sie gedeiht. Eine Kuh, die „Hilde" heißt, liefert Milch, ein Schwein „Mariechen" gibt es auch – ich kann mich nicht erinnern, dass es jemals geschlachtet wurde -- und außerdem einige Gänse, vor denen wir Kinder Heidenrespekt haben, sowie einige Hühner. Und das Pferd „Rosinante" zieht im Sommer die Heu- und Strohfuhren in die große Scheune.

Auch das Kapitel unserer Berliner Wohnung findet seinen endgültigen, traurigen Abschluss: „Eigentlich wollte ich Dir heute etwas besseres mitteilen, aber die Post hat mir heute einen für mich sehr betrüblichen Brief gebracht. Schmalz schreibt: ‚Leider muss ich Ihnen mitteilen, dass von Ihren Sachen keinerlei mehr existiert. Sämtliche Wohnungen sind in Büros umgewandelt (von der britischen Besatzungsmacht) und daher alle Möbel weggeschafft. Aber keiner weiß wohin. Im Keller sieht es eben so traurig aus, denn die Keller sind geöffnet und sämtlicher Inhalt entwendet worden.' Nun hast Du wirklich eine bettelarme Frau! Es war ja nicht viel zu erwarten, aber geheult habe ich doch, denn eine kleine Hoffnung auf irgend ein bisschen, hatte ich doch gehabt. Und mit Deiner Kultur der Armut kann ich mich noch nicht recht abfinden." All ihre Möbel, all ihre Bilder, und — was sie besonders schmerzt – all ihre Bücher sind weg.

Abschied vom Norden

Das Frühjahr vergeht, ohne dass sich eine Transportmöglichkeit nach Österreich ergibt und wir Kinder freuen uns wieder auf den Sommer und das Leben am Strand. „Sie müssen jetzt auch viel helfen, neulich am Sonnabend vor Pfingsten mussten sie erst die Wege putzen von Unkraut, dann Heu wenden und schließlich Disteln stechen. Sie sind schon ganz schön braun geworden, besonders die beiden Jungens. Und am Teich bauen und pantschen sie. Ich kann Dir gar nicht sagen, wie schwer mir der Abschied hier wird, wenn ich an die Kinder denke. So gut und mit so reizenden kleinen Kameraden werden sie es so bald nicht wieder haben. Iris und Friederike sind auch zwei so gute Freundinnen und ein Gegickel und Gegackel ist das den ganzen Tag und ein Getobe. Nie wird ihnen die Zeit lang, ganz im Gegenteil. Tino ist immer sehr besorgt um mich. Allerdings weniger, wenn es ums Essen geht. Da denkt er doch zu aller erst und sehr ausgiebig erst mal an sich. Dann ist Iris immer sehr entsetzt. Aber sonst liebt sie ihn, so wie wir alle. Wenn die Großen sich auch manchmal über seine Frechheit beklagen. Er ist ein ungeheurer Rüpel. Im übrigen scheint er doch sehr musikalisch zu sein. Er summt alle Lieder, die er hört, vor sich hin, nur kann er Text und Melodie noch nicht vereinen."

Die Transporte nach Österreich sind angelaufen und irgendwann müssen wir dann doch Abschied nehmen. Eineinhalb schwierige und schöne Jahre haben wir in Langfeld zugebracht. Nun übersiedeln wir, Mitte August 1946, mit vielen anderen österreichischen Müttern und Kindern, jeder mit seinem Handgepäck in einem riesigen Fernlaster mit einem ebenso riesigen Anhänger vom nördlichsten Teil des deutschen Sprachgebiets bis in den südlichsten. Nach einer zum Teil gespenstischen Tag- und Nachtfahrt durch die Ruinenstädte Deutschlands und auf Straßen, an deren

Rändern man noch die Spuren des Endkampfes sehen kann, erreichen wir zwei Tage später Graz.

Meine Großmutter

Das Bundesland Steiermark und seine Hauptstadt waren vorübergehend russische Besatzungszone gewesen bis Briten und Sowjets es gegen Thüringen tauschten. Bei unserer Ankunft war Graz schon lange englisch geworden -- zu unserem Glück.

Während der russischen Besatzung war meine Großmutter zu ihrer Nichte Ria nach Salzburg geflüchtet. In der Zwischenzeit hatte eine ihrer Freundinnen, eine höchst energische alte Dame, die sich von den Rotarmisten nicht ins Bockshorn hatte jagen lassen, die Wohnung in Graz erfolgreich mit dem Hinweis verteidigt, da käme noch eine fünfköpfige Familie aus Deutschland zurück. So bekam sie keine Einquartierung, weder von Soldaten noch von Flüchtlingen, und stand uns zur Verfügung, als wir ankamen. Das war bei der damaligen Wohnungsnot und dem Massenvertriebenenstrom aus Jugoslawien und Ungarn, ein enormes Glück.

Meine Großmutter stand oben auf dem Treppenabsatz mit ausgestreckten Armen, als wir die Stiegen hoch kamen. Sie freute sich sehr ihre Enkelkinder wiederzusehen. Auch im Folgenden war sie lieb und half, wo sie konnte, nähte uns aus Stoffresten oder aus alten Uniformteilen mit sehr viel Geschick Hosen und Kleider, wie sie Jahre vorher ihre Puppe „Lili" beschneidert hatte. Aber man merkte, sie war mit dieser neuen Welt nicht einverstanden und auch nicht immer mit ihren Enkeln. Die Welt hatte sich auch zu sehr verändert, war zu hässlich geworden im Vergleich zu der, die sie gekannt. Wie hätte sie diese Zeit auch verstehen können, war sie nicht aufgewachsen, als ihre Urgrossmutter, die zierliche, gerade noch im 18. Jahrhundert gebürtige Biedermeier-Dame Sophie Fermepin des Marteaux noch lebte? War sie nicht mit ihrem Großvater Löwenfels im großem Stil auf Reisen gegangen, war bei den Coburger Prinzessinnen in der Rosenau zu Gast gewesen, in den Malerateliers des kaiserlichen Wiens ein- und ausgegangen und hatte die Pracht der alten Monarchie noch kennengelernt? Wie hätte sie sich nach diesem zweiten schrecklichen Zusammenbruch noch zurechtfinden können? Sie konnte und wollte es vielleicht auch nicht. Den Winter verbrachte sie noch bei ihrer Tochter Viktoria in der Schweiz, aber auch dort wurde sie nicht mehr glücklich. Als eine der letzten ihrer Generation starb sie ein Jahr nach unserer Ankunft in Graz im August 1947. Mit ihr verschwand die letzte unserer Großeltern und damit für uns die letzte lebende Erinnerung an das 19. Jahrhundert.

Wieder Graz

Graz, in der so viele meiner Vorfahren gelebt hatten, ist auch heute noch eine bezaubernde alte Kulturstadt. Immer ein wenig abseits gelegen, abseits der großen Reiserouten, abseits der großen Politik und abseits der Geschichte. Und doch war sie einmal, im 16. Jahrhundert, Mittelpunkt und kaiserliche Residenz gewesen. Dieser Residenzcharakter hat sich in einigen Prunkbauten erhalten, welche das malerische

Bild der bürgerlichen Altstadt krönen. Zum großen Leidwesen der Grazer Bürger (und des meinen!) musste die eindruckvolle, nie eroberte mittelalterliche Burg auf dem Festungsberg über der Stadt unter den Friedensbedingungen Napoleons 1809 geschleift werden. Nur durch hohe Ablösezahlungen konnten gerade noch der Glockenturm und der Uhrturm vor der Zerstörung bewahrt werden. Im weiteren 19. Jahrhundert hatte Graz „seinen" Erzherzog Johann. Dieser ungewöhnliche Kaisersohn, gleichzeitig gesamtdeutscher Reichsverweser in Frankfurt am Main, steirischer Volksprinz und früher Vorläufer des Naturschutzes, der eine Postmeisterstochter aus dem Salzkammergut geheiratet, der sozusagen das Ländlich-Volkstümliche hoffähig gemacht, hat für die Steiermark und seine Hauptstadt Graz viel getan.

Ich habe dieser beschaulichen und gleichzeitig rührigen Stadt unendlich viel zu verdanken. Sie wurde für mich zur zweiten Heimat, die mir das meiste von dem vermittelt hat, was man zum Heranwachsen, zum Erwachsenwerden braucht – die Schulung, die Bildung, das Selbstvertrauen und eine gewisse geographische Kontinuität, die ich vorher nie gehabt hatte.

Zum ersten Mal Familienleben

Zum ersten Mal seit ihrem Bestehen lebte nun unsere Familie, mein Vater, meine Mutter und wir drei Kinder unter einem Dach, zusammen mit meiner Großmutter. Die Nomaden waren vorübergehend sesshaft geworden. Meine Eltern hatten schon die schweren Jahre nach dem ersten Weltkrieg mitgemacht und in der turbulenten Zwischenkriegszeit, so weit es die Umstände erlaubten, versucht eine Existenz aufzubauen. Kaum elf Jahre war es her, dass sie geheiratet hatten. Doch nichts war von ihren Plänen, ihren Hoffnungen und Träumen, von den Früchten ihrer Anstrengungen übrig geblieben. Wieder mussten sie ganz von vorne anfangen. Das war hart.

Wahrend dieses Jahres 1946 wurden die nationalsozialistischen Hauptverbrecher in Nürnberg abgeurteilt. Aber die für jede echte Versöhnung unumgängliche alle Staaten umfassende *purificatio memoriae* fand weder damals noch später statt, trotz einiger mutiger Anläufe.

Doch man hatte wenig Zeit darüber zu grübeln. Es galt zu überleben. Immerhin hatten meine Eltern das Glück, mit ihren Kindern den Krieg überlebt und ein Dach über dem Kopf zu haben. Mein Vater war 39 Jahre alt und musste nun eine neue Existenzgrundlage aufbauen, was nicht einfach war. Wie oft während dieser ersten Jahre in Graz – ohne dass wir Kinder viel davon mitbekamen – machten sich meine Eltern Sorgen, wie sie den täglichen Lebensunterhalt bestreiten sollten. Als erstes nahm mein Vater als Hilfsarbeiter am Wiederaufbau des Grazer Bahnhofs teil. Doch dort behielten sie ihn nur einige Monate. Er war auch kaum dafür geschaffen. Daraufhin war er eine Weile in der steirischen Industrie- und Handelskammer angestellt, bis er durch Vermittlung seines Vetters Hans, Vertreter für Steiermark und Kärnten, d.h. Handelsreisender einer Textilfirma in der Oststeiermark wurde. Doch er hat diese Tätigkeit gehasst, sie lag ihm so wenig wie alles Kaufmännische. Erst im Jahre 1948 fand er eine wahre neue Berufung, als der damalige Direktor des österreichischen Rundfunks in Graz, Otto Hofmann-Wellenhof, ihm eine Sonntagmorgen Sendung übertrug. Für diese Sendung hat er in den folgenden Jahren bis 1955 über hundert biographische Skizzen geschrieben und vorgetragen, über Maler, Philosophen, Dichter, Musiker, Staatsmänner oder andere Berühmtheiten der Weltgeschichte. Und „die von ihm verfassten Vorträge der Sendereihe ‚Wir denken an...' gehören zu den wertvollsten und beliebtesten Programmbeiträgen." schreibt Hofmann-Wellenhof im Nachwort zu dem Bändchen, in dem 1954 „eine kleine Auswahl aus der Fülle dieser meisterhaften Arbeiten" veröffentlicht wurde.[337]

Hunger

Wie mein Vater und seine Schwestern nach dem ersten Weltkrieg, litten auch wir anfangs in Graz unter Hunger. Die Lebensmittelmarken, die uns zugeteilt wurden, und was man dafür kaufen konnte, reichten nicht aus, um heranwachsende Kinder entsprechend ihren Bedürfnissen zu ernähren. Wurde jemand vom Arzt als besonders unterernährt befunden, wie das bei mir einmal der Fall war, so bekam er einige zusätzliche Lebensmittelmarken, die gerade ausreichten, um damit einen Laib Brot zu kaufen. Meine Mutter half sich wie sie konnte. Vor dem großen Mietshaus in der Körblergasse, in dem wir wohnten, befand sich eine verwilderte Grünfläche. Dort wuchsen Bäume und Sträucher, aber auch massenweise Brennnesseln, die wir für den abendlichen Suppentopf ausrissen. Ebenso wie die Holunderbeeren, aus denen Saft und Marmelade gekocht wurde. Griesbrei mit Holundersaft wurde damals ein von uns Kindern besonders geschätztes Gericht. Weniger geschätzt war die Polenta, die wir jedoch bis zum Überdruss zu essen bekamen: Morgens Polenta mit Kaffee, mittags Polenta mit Salat und abends den Rest der Polenta in der Pfanne mit Margarine wieder aufgebraten. Noch im März 1947 schreibt meine Mutter: „Zum Glück haben wir bis auf weiteres jetzt für beide (großen Kinder) eine Ausspeisung, hoffentlich behalten wir sie weiter, denn das ist doch eine große Erleichterung für mich,' wenn ich weiß, dass die beiden wenigstens eine gute Malzeit im Tag haben, denn sie sind schon immerzu hungrig." Soweit ich mich erinnern kann, handelte es sich dabei um eine Schulausspeisung.

Doch die schwierige Lebensmittelsituation schloss ein reges gesellschaftliches Leben der Erwachsenen nicht aus. Zwar konnte man niemanden zum Abendessen einladen, aber man traf sich *„après souper"*, machte Besuch bei alten Freunden und lernte neue kennen. Man unterhielt sich, diskutierte, ging zu kleinen Konzerten im Palais Meran, wo u.a. Stella Stejskal Marx[338] Lieder sang, oder zu Vorträgen in der Neuen Galerie. Wir Kinder waren daran nicht direkt beteiligt. Doch wurden wir zu Hause durch Gespräche mit den Eltern oder gelegentlich auch mit Gästen in unseren Interessen angeregt. Es erweiterte unseren geistigen Horizont.

---

[337] Heinrich von Lohausen (als Pseudonym verwendete Abkürzung), „Literarische Essays", Verlag Stiasny, Graz, 1954.
[338] Joseph Marx (1882-1964), österreichischer Komponist und Musikwissenschaftler, erster Rektor der Hochschule für Musik in Wien, später Prof. für Musikwissenschaften an der Universität Graz. Berater der Atatürk-Regierung zum Aufbau des türkischen Konservatoriums für Musik.

Schicksale

Von den Verwandten und Bekannten in Deutschland bekamen wir zu der Zeit meist wenig erfreuliche Nachrichten. Das Überleben im Winter in Langfeld war schwer. Wochenlang herrschten Temperaturen bis zu minus 15°, ohne Schnee und mit eisigem Ostwind. Die Saaten wurden weitgehend ausgefroren, in den Mieten froren die Kartoffeln ein, in den Ställen die Pferdeäpfel und in den Schlafzimmern die Nachttöpfe. Strom gab es anfangs täglich nur morgens und abends, dann überhaupt nur mehr jeden zweiten Tag, berichtet mein Onkel Hubert Anfang März 1947.

Auch andere Verwandten machen Schweres durch. „Meine Tante Loeben[339] ist nun auch aus Schlesien ausgewiesen worden, und kam Ende November im Viehwagen an, ohne Sitz, ohne Liegegelegenheit. Neun Tage und neun Nächte ohne warmes Essen. Völlig ausgeraubt, ohne Geld. Mein Onkel ist gleich gestorben, noch im Lager, mein Onkel Bülow musste sofort ins Krankenhaus wegen vollkommener Entkräftung. Jetzt ist sie mit Bülows in einem kleinen Ort in Thüringen, wenigstens bei guten Leuten, die ihr nachts eine Wärmflasche ins Bette legen, weil das Zimmer nicht zu heizen ist – bei minus 28° draußen. Von Mamsell aus Gorgast bekam ich neulich mal einen Brief, sie erzählt, dass Gutti (von Rosenstiel) bei einer polnischen Familie als Magd arbeite, von ihrem Mann keine Spur. Sie hat dort Haus und Garten und Geflügel zu versorgen, was oft weit über ihre Kräfte geht. Zweimal war sie schwer krank, einmal todkrank. Die so liebevolle, geliebte, verwöhnte, reiche Gutti! Was sind das alles für Schicksale!" schreibt meine Mutter in einem Brief. Auch Gutti von Rosenstiels Kinder haben viel durchgemacht und sind erst später, jeder für sich, in den Westen gelangt. Wir haben sie Ende der 50iger Jahre erst in London und später in München erst richtig kennen gelernt. Guttis Mann ist Ende des Krieges von den Polen grausam umgebracht worden.

Um diese Zeit bekamen wir auch eine völlig unerwartete und letztlich sehr sympathische und fröhliche „Einquartierung" in Graz. Es läutete eines Tages an der Wohnungstür und als wir sie öffneten, stand da ein völlig verhungerter, hünenlanger Landser in zerschlissenem Soldatenmantel. Er stellte sich als Dieter Hartmann vor und erzählte, er käme aus russischer Kriegsgefangenschaft und bäte um Aufnahme. Wie sich herausstellte, hatte er seinerzeit in Russland unter meinem Vater gedient und war irgendwann in russische Gefangenschaft geraten. Sein Heimatort war Hannover, aber er hatte immer vorgegeben, Österreicher zu sein, weil er zurecht annahm, dass österreichische Soldaten früher entlassen würden als deutsche. So hat er dann einige Monate lang bei uns gehaust, meine Mutter hat ihn „aufgepäppelt", so weit es ihr möglich war, und er war für uns Kinder ein beliebter, einfallsreicher und humorvoller „Spielkamerad". Bis er eines Tages eine Gelegenheit wahrnahm, zu seinen Eltern nach Hannover heimzukehren.

---

[339] Gemeint ist Gabriele (Gela) von Loeben, geb. von Pogrell, eine Schwester meiner Großmutter.

Ferien in Pörtschach

In den beiden Sommern 1947 und 1948 war die ganze Familie einige Wochen bei „Tante" Marie Allnoch in einer Villa in Pörtschach am Wörthersee zu Erholung eingeladen. Unsere reizende Gastgeberin und ihre zum Teil schon erwachsenen Söhne stammten aus Kroatien[340] und waren durch unseren Großonkel Camillo und unsere kroatischen Verwandten mit den Eltern gut befreundet. Ende des Krieges hatten sie aus ihrer Heimat fliehen müssen. Und von allen Besitzungen war ihnen nur die Villa in Pörtschach geblieben. Dort nahmen sie uns nun in reizender Gastfreundschaft auf. Pörtschach war damals noch kein Fremdenverkehrsort wie heute. Das Seeufer war viel wilder, das Baden weniger reglementiert, es gab wenige Autos und die ruhige, malerische Atmosphäre des Sees nicht durch Touristenrummel gestört. Wir gingen meist „am Spitz" baden, einer kleinen Landzunge, die sich in den See hinausschob, wo uns keine Menschenseele störte. Dort saß dann auch mein Vater auf einem Mäuerchen über dem Wasser – wie seinerzeit sein Urgroßvater Löwenfels am Attersee – und malte Aquarelle. Stunden lang übte er in immer neuen und immer vollkommeneren Versuchen, Steine unter Wasser darzustellen. Es waren für uns Kinder, und auch für meine Eltern, sorgenfreie Ferien.

Lebensmittel waren damals in den Städten immer noch Mangelware. Aber den Bauern am Land ging es inzwischen wieder recht gut. Es kam daher nicht selten vor, dass die Städter aufs Land „hamstern" gingen, um sich zu versorgen. Und genau solch eine Unternehmung haben auch wir einmal mit „Tante" Illa, der Schwester von „Tante" Marie Allnoch, mit ihrem Sohn Fritz und Lo, seiner Verlobten, von Pörtschach aus unternommen. Es war ein denkwürdiger Ausflug. Geschichte wiederholt sich ja bekanntlich hin und wieder und so trifft das, was Stefan Zweig über das „Hamstern" nach dem ersten Weltkrieg schreibt, auch durchaus auf unser Erleben nach dem zweiten Weltkrieg zu. „Bei dem allgemeinen Niederbruch der Moral dachte kein Bauer daran, seine Butter, seine Eier, seine Milch zu den gesetzlich festgelegten ‚Höchstpreisen' abzugeben. Er hielt, was er konnte, in seinen Speichern versteckt und wartete, bis Käufer mit besserem Angebot zu ihm ins Haus kamen. Bald entstand ein neuer Beruf, das sogenannte ‚Hamstern'. Beschäftigungslose Männer nahmen eine oder zwei Rucksäcke und wanderten von Bauer zu Bauer, um illegal Lebensmittel aufzutreiben, die sie dann in der Stadt zum vierfachen oder fünffachen Preise verhökerten." -- oder wie in unserem Fall, zur eigenen Versorgung einkauften. Da aber das gängige Papiergeld vielfach rasch an Wert verlor, kehrte man bald „zum primitiven Tauschwesen zurück. Durch das ganze Land begann ein grotesker Handel. Die Städter schleppten zu den Bauern hinaus, was sie entbehren konnten, chinesische Porzellanvasen und Teppiche, Säbel und Flinten, photographische Apparate und Bücher, Lampen und Zierat; so konnte man, wenn man in einen Salzburger Bauernhof trat, zu seiner Überraschung einen indischen Buddha einen anstarren sehen oder einen Rokokobücherschrank mit französischen Lederbänden aufgestellt finden, auf den die neuen Eigner mit besonderem Stolz sich viel zugute

---

[340] Einer ihrer Vorfahren, Alois Freiherr Allnoch von Edelstadt, hatte sich 1848/49 im Kampf gegen die aufständischen Ungarn als Festungskommandanten von Budapest besonders ausgezeichnet.

taten. ‚Echtes Leder! Frankreich!" protzten sie mit breiten Backen." [341] Was wir damals eingetauscht haben und gegen was, weiß ich nicht mehr. Viel wird es nicht gewesen sein.

Und noch eine Erfahrung geht auf Pörtschach zurück. Fritz Allnoch schenkte mir damals zwei seiner eigenen Jugendbücher. Das eine, die Biographie des berühmten Rennfahrers Bernd Rosemeyer, von seiner Frau, der Pionierfliegerin Elly Beinhorn geschrieben, das andere, eine Autobiographie Rudolf Caracciolas, des wohl erfolgreichsten deutschen Rennfahrers der Zwischenkriegszeit. Diese beiden Bücher haben bei mir zu einer anhaltenden Begeisterung für Formel 1 Rennen geführt. Jahre lang habe ich sie immer wieder mal gelesen und später dann die schnelllebigen Karrieren der bekanntesten Nachkriegs-Rennfahrer von Juan Manuel Fangio über Jochen Rindt bis zu Ayrton Senna und Michael Schumacher voller Spannung mitverfolgt. Ja, ich habe es mir nicht nehmen lassen, als ich in den 1990iger Jahren nach Frankfurt am Main versetzt wurde, auf der Autobahn Frankfurt-Darmstadt zum Gedenkstein bei Km 508 zu pilgern, dorthin, wo Bernd Rosemeyer beim Versuch den Geschwindigkeitsrekord seines Freundes und Konkurrenten Caracciola zu überbieten, 1938 tödlich verunglückt ist.

Das Akademische Gymnasium

Mein Bruder Tino war gerade vier Jahre alt, als wir nach Graz kamen. Der plötzliche Wechsel wird für ihn nicht einfach gewesen sein. Wir „Großen" verschwanden bald einen großen Teil des Tages in der Schule. Und es gab nun keine kleinen Cousinen mehr, mit denen er hätte spielen können. Auch war das Leben in einer Stadtwohnung nicht dasselbe wie das freie Dasein am Land (vgl. Bild 24).

Meine Schwester war gleich bei unserer Ankunft in Graz ins Lichtenfels-Gymnasium gekommen und hatte dort zu ihrer großen Freude auch ihre Freundinnen von vor ein paar Jahren wiedergetroffen. Ich kam erst nach einem Jahr Volksschule, im Herbst 1947 ins Akademische Gymnasium am Tummelplatz. Diese inzwischen längst staatliche, ausgezeichnete Lehranstalt war von Erzherzog Karl II. von Innerösterreich 1573 als Lateinschule der Jesuiten gegründet worden und feierte 1948 stolz sein 375jähriges Bestehen. Ich war damals gerade in die 2. Klasse aufgestiegen und durfte beim Festakt im Grazer Stephaniensaal, wie andere meiner Klassenkameraden, als Sopran im Chor „Die Himmel erzählen die Ehre Gottes" aus Joseph Haydns Oratorium „Die Schöpfung" mitsingen.

Dieses Gymnasium hat mir eine humanistische Bildung vermittelt, Geschichte, Literatur, und antike Sprachen -- acht Jahre Latein, sechs Jahre Altgriechisch, und erst am Schluss vier Jahre Englisch. Aber auch die Naturwissenschaften kamen nicht zu kurz. Ich habe es nie bereut, einen Teil der antiken Literatur im Original so lange und so gründlich kennen zu lernen. Es war ein Grundstock zu einer Allgemeinbildung, die mir immer noch wichtig ist, selbst wenn ich diesbezüglich heute unter Jugendlichen bestenfalls als Dinosaurier freundlich bestaunt werde. Wir dagegen

---

[341] Stefan Zweig, op. cit., Heimkehr nach Österreich.

waren damals, ich möchte fast sagen, davon besessen, uns Wissen anzueignen. Das ging so weit, dass wir untereinander in der Schule Frage-und-Antwort-Wettspiele veranstalteten, wer mehr weiß auf den Gebieten Geschichte, Musik, Literatur, Kunst oder Naturwissenschaften. Und keinen Moment dachten wir in diesem Streben, ob und wie uns das später einmal im beruflichen Leben weiterhelfen könne. Das war nicht vorrangig. Es war aber auch kein Sport, kein leerer Wettkampf, noch ein modisches „Eager-beaver-culture-vulture"-tum. Es ging um die Befriedigung einer echten, unersättlichen Wissbegier.

Und als ich am Ende meiner Gymnasialzeit, nach einem in den USA verbrachten Schuljahr, den versäumten Lehrstoff in einigen Monaten aufholen musste, und dadurch Platons „Apologie des Sokrates" nicht von Woche zu Woche in langsamen, stockenden Abschnitten, sondern mit Hilfe meines für alte Sprachen viel begabteren Mitschülers Heinz Brunner im griechischen Urtext in einem durchlesen konnte, war das nicht mühselige Schinderei, sondern reines geistiges Vergnügen.

Sicherlich war vieles von dem, was ich las, lernte und „wusste", nicht gründlich durchdacht, aber – um mit Stefan Zweig zu sprechen -- „es hat mir eine Leidenschaftlichkeit zum Geistigen ins Blut getrieben, die ich nie mehr verlieren möchte, und alles, was ich seitdem gelesen und gelernt, steht auf dem gehärteten Fundament jener Jahre." [342]. Es hat eine intellektuelle Neugier in uns geweckt, die uns das spätere Leben so ungleich anregender und interessanter gemacht hat.

Kulturträchtige Jahre

Fernsehen gab es damals natürlich nicht, von Internet ganz zu schweigen. Daher wurde uns nicht nur die Schule, sondern auch die Stadt Graz zu einer reichen Quelle. Und die Stadt war groß genug, um viel zu bieten, und klein genug, um keine logistischen Schwierigkeiten aufkommen zu lassen. Fast alles, was für uns wichtig war, konnten wir mit dem Fahrrad erreichen. So ging das Verlangen mehr zu lernen, mehr zu wissen, mehr zu sehen und mehr zu hören, sehr bald weit über den Rahmen der Schule hinaus.

Prof. Riehl[343] war damals Kunsterzieher und Kunsthistoriker am Landesmuseum Joanneum[344] in Graz, und hatte dort für Vortragsveranstaltungen und Ausstellungen moderner Kunst die „Neue Galerie" gegründet. Durch mehrere Jahre hindurch sind meine Schwester und ich, einmal in der Woche abends, zu seinen Vorträgen gepilgert, um in Wort und Bild (schwarz-weiß Diapositive) mehr über die Kulturen der Azteken, der Inka, der Chinesen, der Hindu und anderer Völker zu erfahren. Ein anderer Professor (Köhler), der ebenfalls mit den Eltern befreundet war, brachte uns in einer Vortragsreihe Goethes „Faust" näher. Und wenn ich das faustische

„Werd ich zum Augenblicke sagen:
Verweile doch! Du bist so schön!

---

[342] Stefan Zweig, op. cit., Die Schule im vorigen Jahrhundert.
[343] Hans Riehl (1891-1965), österreichischer Kunsthistoriker und Philosoph.
[344] Von Erzherzog Johann 1811 gestiftetes steirisches Landesmuseum in Graz.

Dann magst Du mich in Fesseln schlagen,
Dann will ich gern zugrunde gehn."
auch erst Jahrzehnte später verstanden habe, so haben diese Vorträge doch mein Interesse an diesem grundlegenden Werk geweckt und durch all die Jahre wachgehalten.

So sehr wir uns auch hin und wieder gestritten haben, wenn meine Schwester und ich mit demselben Interesse zu all diesen Veranstaltungen stiefelten, wir waren ein gutes Team. Und diese Gemeinsamkeit hat unser Verstehen vertieft.

In diese Zeit fallen auch zwei Lichtbild-Vorträge des Zoologen und Nobelpreisträgers Karl von Frisch über die Rund- und Schwänzeltänze, die Honigbienen zur Weitergabe von Erkenntnissen über gefundene Nahrungsquellen im Bienenstock aufführen. Sie haben vielleicht den Samen für meine viel spätere Imkertätigkeit gestreut. Diese Vorträge fanden in der alten, ehrwürdigen Grazer Karl-Franzens-Universität statt, die mir dann einige Jahre später, während meines Jus-Studium, zur *alma mater* werden sollte. „Von da fuhren wir nach Graz, der Hauptstadt der Steiermark; dort gibt es eine sehr alte und berühmte Universität." schrieb schon Carlo Goldoni im 18. Jahrundert.[345]

Theater

Das Grazer Schauspielhaus war sicherlich nicht eine der ersten Bühnen des deutschen Sprachraums, aber es hatte ein gutes ständiges Ensemble und inszenierte in jeder Spielzeit eine beachtliche Anzahl moderner und klassischer deutscher sowie ausländischer Theaterstücke. Da Stehplätze nicht teuer waren, wurden wir regelmäßige Besucher. Doch auch als Schauspieler wurde ich tätig. Als Heinz Gerstinger von der Grazer Hochschülerschaft 1949 Georg Kaisers „Das Floß der Medusa" auf einer kleinen Amateurbühne zur Aufführung bringen wollte, hat er sich in unserer Gymnasialklasse eine Reihe von Mädchen und Buben „ausgeborgt", um die Kinder-Nebenrollen zu besetzen. Durch diese Aufführung wurde ich dann für die Grazer Städtischen Bühnen „entdeckt", denn man suchte für die Titelrolle in Terence Rattigans „Der Winslow Boy" einen Kandidaten. Ich muss wohl überzeugt haben, denn ich wurde nicht nur für den Winslow Boy, sondern kurz darauf noch einmal für eine kleinere, aber wesentliche Rolle in Emmet Laverys „Die erste Legion" engagiert. Es war eine anregende und lustige Zeit, einige Monate lang, mehrmals in der Woche, auf den Brettern zu stehen, die die Welt bedeuten, und hinter dem Rampenlicht im dunklen Raum ein erwartungsvolles Publikum zu spüren (vgl. Bild 25). Ich fühlte mich bald vor wie hinter den Kulissen sehr wohl und wurde als Zwölfjähriger zum Maskottchen der Schauspieltruppe. Namen wie Ernst Therwal, Helmut Ebbs, Eugen Eisenlohr, Hans Dolf, Heribert Just, Hanns Obonya, Raoul Fischer, Norbert Ecker, Inge Rosenberg, Roswitha Posselt wirkten damals in Graz. Ich behielt später den Kontakt mit einigen von ihnen aufrecht, habe allerdings nie mit dem Gedanken gespielt, selbst einmal Schauspieler zu werden. Nach einer der ersten Aufführungen

---

[345] Carlo Goldoni, op. cit., Seite 78.

wurde ich am folgenden Morgen zum gefürchteten Prof. Dr. Tremel, dem Direktor meines Gymnasiums zitiert, der mich ziemlich barsch aufforderte, ihm zu erklären, was das zu bedeuten habe. Ich hatte niemanden in der Schule von meiner neuen Tätigkeit unterrichtet, geschweige denn um Genehmigung gebeten. Letztere wurde mir dann aber nachträglich gnädig erteilt, vorausgesetzt, dass meine Leistungen in der Schule nicht darunter litten. Im Grunde war der Direktor stolz, dass nun gerade jemand aus seinem Gymnasium öffentlich im Schauspielhaus auftrat. Von meiner bescheidenen Gage konnte ich mir am Ende meiner „Schauspielkarriere" das kleine Philips Radio kaufen, das ich mir immer gewünscht hatte. Es sollte mir jeden Abend vor dem Einschlafen hinter seiner leuchtenden Plexiglasfassade noch ein wenig klassische Musik zuführen. Sehr viel Schönes habe ich durch diese abendlichen Serenaden kennen gelernt.

Opern und Konzerte

Noch wesentlicher als die Stücke im Schauspielhaus waren uns die Aufführungen in der Grazer Oper. Für eine Stadt von damals etwa 250.000 Einwohnern besaß Graz nicht nur ein ausgezeichnetes Opernensemble, sondern war auch für viele Sänger und Sängerinnen, wie für Ljuba Welitsch, Otto Edelmann, Herta Töpper, oder Oskar Czerwenka, ein wichtiges Sprungbrett in ihrer weiteren Karriere. Einen grossen Teil dessen, was wir an Opern kennengelernt haben, verdanken wir jener Zeit. Unermüdlich standen wir erst Stunden lang um Stehplätze an und versuchten dann beim Öffnen der Tore im üblichen Wettlauf bis vorn an die Rampe zu gelangen, wo man nicht nur besser sah, sondern sich auch aufstützen konnte. Denn drei Stunden frei stehend Musik zu hören ist kein uneingeschränktes Vergnügen. Aber auch das waren wir bereit hinzunehmen, wenn es nicht anders ging. Von Mozart und Beethoven bis Verdi und Wagner, von Lortzing und Rossini bis Strauss und Puccini haben wir gehört und aufgesogen. Wenig hätte ich mir träumen lassen, dass ich 60 Jahre später Opernkritiker und Paris-Korrespondent Musikzeitschrift *Operapoint* in Köln werden würde.

Mindestens ebenso wichtig wie die Oper waren uns die Konzerte im Stefaniensaal. Schon als Elfjähriger, mit weißem Hemd und Krawatte, kurzen Flanellhosen, langen Kniestrümpfen und schwarzen Schuhen, nahm mich meine Mutter manchmal mit und besiegelte damit ein inneres Bedürfnis, das ich bis heute nicht verloren habe. Es fing an mit Solistenkonzerten – das erste, so weit ich mich erinnern kann, war ein Chopin Rezital des französischen Pianisten Alfred Cortot. Und es folgten später, dann schon allein oder mit meiner Schwester, wieder meist vom Stehplatz aus, die ganze Fülle der Orchesterkonzerte. Das Grazer Philharmonische Orchester war gut und hatte als Chefdirigenten Karl Randolf. Aber das Besondere in jeder Saison waren die Gastdirigenten, die zu den berühmtesten ihrer Zeit gehörten. Von dem aus Graz stammenden Karl Böhm ganz zu schweigen, gaben u.a. Hermann Scherchen, Volkmar Andreae, Clemens Krauss, Hans Knappertsbusch, Eugen Jochum, Sergiu Celibidache, Josef Keilberg (mit den Bamberger Symphoniker und Wilhelm Backhaus als

Solist), Herbert von Karajan[346] Gastaufführungen. Und ich habe es Wilhelm Furtwängler nie ganz verziehen, dass er es einige Monate vor seinem langerwarteten Gastkonzert in Graz vorgezogen hat, zu sterben. Eugen Jochum verehrte ich ganz besonders. Und als 1949 davon die Rede war, er solle als Chefdirigent nach Graz verpflichtet werden, habe ich ihm, als zwölfjähriger Drei-Käse-Hoch, einen Brief geschrieben, um ihn wissen zu lassen, wie sehr es mich freuen würde, wenn er dies Angebot annähme. Er hat mir auch sehr freundlich darauf geantwortet, dann aber, zu meinem Kummer, meinen Rat nicht befolgt und es vorgezogen, sich beim Bayrischen Rundfunkorchester zu engagieren. Ich finde heute noch, er hat damit einen Fehler gemacht.

Aber nichts hat mich so hingerissen wie die Liederabende der bezaubernden Irmgard Seefried und der hoheitlich-schönen Elisabeth Schwarzkopf. Nicht nur die beiden herrlichen Stimmen und die wundervolle Interpretation, nicht nur der unwiderstehliche Charme der beiden Sängerinnen hatten es mir angetan, sondern auch das Wundervolle der menschlichen Singstimme an sich und das Einmalige des Kunstliedes, das ich durch diese Abende kennen und lieben lernen sollte. Ist es für den Dichter eines Gedichtes höchste Kunst einem so kleinen Werk Inhalt und Atmosphäre zu verleihen, so bedarf es im selben Maße eines großen Komponisten im Lied ein Kleinstkunstwerk auf höchster musikalischer Ebene zu schaffen. Lieder sind für mich einer der höchsten und intimsten Kunstformen der abendländischen Musik geblieben, denen ich in der Folge persönlich viel Zeit gewidmet habe. Denn so wenig ich mich als Schauspieler berufen fühlte, so gerne wäre ich, hätte ich die entsprechende Stimme dazu gehabt, ein großer Sänger geworden. Wie sehr habe ich auch später noch große Sänger und Sängerinnen, wie Dietrich Fischer-Dieskau und Gundula Janowitz, und viel später Cecilia Bartoli, Andreas Scholl, Mathias Goerne oder Ermonela Jaho gehört und bewundert!

Ein russischer Märchenfilm

Ins Kino gingen wir selten. Doch einer dieser seltenen Kinobesuche ist mir in Erinnerung geblieben, weil mich damals schon das Symbolisch Magische von Volksmärchen anrührte, das mich viel später dann zum Märchenerzähler in Pariser Spitälern werden liess. Es war 1947 oder 1948 im Schubert-Kino am Färberplatz und man gab einen Märchenfilm aus der Sowjetunion, der durch seine visuelle Schönheit und zauberhafte Atmosphäre zu Recht das Epithet „märchenhaft" verdient: „Die steinerne Blume". Erst Jahrzehnte später konnte ich meine nur noch vage Erinnerung an diesen Film untermauern, als ich eines Tages unter den Ausverkaufsbüchern beim Hugendubel in Frankfurt am Main ein Exemplar von „77 Märchenfilme" fand, aus dem das folgende Zitat entnommen ist: „Bereits 1946 drehte Alexander Ptuschko den Farbfilm *Die steinerne Blume/Kamenny zwetok*, die Verfilmung einer Sammlung von Märchenerzählungen aus dem Ural von Pawel Bashow. Die Herrscherin des Kupferberges, der geschickte Danilo, seine Braut Katja und das Reich der Steine, in das

---

[346] Von Karajan hieß es damals, dass er beim Tänzer und Mimen Harald Kreutzberg Stunden nehme, um die Ästhetik seiner Arm- und Handbewegungen zu vervollkommnen.

Danilo gerät und wo er von den wertvollen Steinen und der Schönheit ihrer Besitzerin verführt wird, all das sind Gestalten und Motive einer wahrhaft märchenhaften Welt. Der Film mit seinen eindrucksvollen farblichen Lösungen zeugen davon, dass Ptuschko die besten Qualitäten eines Trickfilmkünstlers in sich erhalten hatte, andererseits zu einem nicht weniger interessanten Spielfilmregisseur geworden war……..Er (der Film) wurde zu einem Klassiker des Genres, bestimmte nicht nur über lange Jahre die Ansprüche und Erwartungen des Märchenfilm-Publikums, sondern wurde auch Vorbild für die sich entwickelnde Märchenfilm-Produktion der sozialistischen Länder. So dürfte zum Beispiel in den DEFA-Film *Das Kalte Herz* von 1950 manche Anregung aus Ptuschkos Film eingegangen sein."[347] Leider habe ich diesen zauberhaften Film nie wiedergesehen.

Sport und Sommerferien

Ja, es waren für unsere Entwicklung wichtige, kulturträchtigen Jahre in Graz. Doch wir waren keine Blaustrümpfe. Das übrige Geschehen um uns herum wurde deswegen nicht ausgeschlossen. Wir nahmen an Schwimmwettbewerben gegen andere Schulen teil, spielten Tennis (erbärmlich schlecht!) und machten das Jugendsportabzeichen in Leichtathletik. Und während wir die ersten Jahre den langen Weg ins Gymnasium noch zu Fuß zurücklegten, so bekamen wir, sobald die Eltern es sich leisten konnten, Fahrräder und waren ab dem Zeitpunkt kaum noch anders unterwegs. Und als der Moterrad-Europameister Martin Schneeweiß 1947 in Graz sein letztes Rennen fuhr und tödlich verunglückte, oder wenn Lionel Hampton das erste Jazz-Konzert im ehrwürdigen Stephaniensaal gab, waren auch wir unter den Zuschauern.

Wenn schon am frühen Morgen ein Hitzedunst über der Stadt lag und man von unserem Küchenbalkon aus die Hügel am Horizont nur noch hellgrau und schemenhaft wahrnam, dann wussten wir, es würde ein heißer Badetag werden. In der von der Nacht noch kühlen Wohnung herrschte dann die ganz eigene verdunkelte Sommeratmosphäre. Denn die Jalousien waren heruntergelassen, um diese Kühle zu bewahren. Meine Mutter hatte an solchen Tagen meist „Schneemilch" gemacht und in der Speisekammer kühl gestellt, soweit das ohne Kühlschrank[348] möglich war. Wir nannten das „kühl wie im Sommer". Doch diese Schneemilch, eine Art Vanillesauce mit darauf schwimmenden geschlagenem Eiweißinseln, gab es erst nachmittags. Den größten Teil des Tages verbrachten wir Kinder im Margarethenbad, ein in der Nähe gelegenes Freibad, das der Treffpunkt aller Freunde und Freundinnen war. Und es störte uns wenig, dass das Wasser im Hauptbassin, je länger der Wasserwechsel zurücklag, an Wärme und „Konsistenz" zunahm. Wir „köpfelten" in diese grüne Brühe, schwammen, spielten auf der danebenliegenden Wiese Ball, bräunten uns und genossen die Ferien.

---

[347] „77 Märchenfilme", herausgegeben von Eberhard Berger und Joachim Giera, Henschel Verlag Berlin, 1990.
[348] Kühlschränke gab es damals noch nicht oder wir konnten uns keinen leisten.

Meine Schwester hatte im Gymnasium ihren Kreis von Freundinnen weiter ausgeweitet. Und so kam es, dass sie einen Sommer längere Zeit bei ihrer Freundin Dagmar Dennig etwas außerhalb von Graz eingeladen war. Es war ein an die umgebenden Felsenhügel angelehntes Anwesen mit viel Grund rundherum, auf dem man sich richtig austoben konnte. Ich hatte keine richtigen Freunde, und war deswegen froh, dass mein Bruder Tino und ich jeden Tag hinauskommen durften. Das bedeutete, mit der Tram bis zur Endstation Andritz zu fahren und dann noch etwa 2 km auf der Landstraße zu wandern. In diesen Stunden vielleicht sonst nicht alltäglicher brüderlicher Eintracht, wurde ich zum ersten Mal für meinen Bruder zum Märchenerzähler und erfand aus dem Stegreif während der täglichen Wanderungen endlose fantastische Geschichten von Räubern, Piraten, Indianern und wilden Abenteuern.

Salzburg

Ganz allein lernte ich im Frühsommer 1950 Salzburg und seine Festspielatmosphäre kennen. Meine Tante Sandra, die meine Taufpatin war, hatte mich eingeladen. Als ich sie damals kennen lernte, war sie schon eine würdige, ältere Dame – „ein alter Barocksessel", wie sie selbst von sich zu sagen pflegte. Beim amerikanischen Militärgeistlichen in Salzburg, Father Newer, als Übersetzerin und Sekretärin tätig, war sie durch ihn zum katholischen Gauben übergetreten. Von ihrem orientalischen Abenteuerleben oder von ihrer beruflichen Tätigkeit im von der Deutschen Wehrmacht besetzten Paris während des Krieges waren nur noch Erinnerungen übriggeblieben, die sie mir jedoch nicht anvertraute.

Sie hatte damals nicht in der Stadt selbst, sondern im kleinen Barockschlössl Söllheim an der Straße ins Salzkammergut eine kleine Wohnung gemietet. Dieses Herrenhaus aus dem 17. Jahrhundert lag nicht weit von den Geleisen und der Station einer regelrechten Spielzeugbahn, die damals noch die Stadt Salzburg mit dem ehemaligen kaiserlichen Sommeraufenthalt Bad Ischl verband. Diese ungemein romantische Schmalspurbahn ist inzwischen längst eingestellt worden. Ein Überrest stand später noch als Ausstellungsstück neben dem Salzburger Bahnhof. Damals dagegen war dieses Unikum mit seiner kleinen fauchenden Lokomotive und seinen winzigen Waggons meine tägliche Verbindung zwischen Söllheim und Salzburg. Während meine Tante tagsüber im Büro arbeitete, wanderte ich allein durch die engen Gässchen der alten Erzbischofsstadt, sah in die vielen Kirchen hinein, stand andächtig vor Mozarts Geburtshaus, ging im Mirabellgarten spazieren, fuhr zum höchst weltlichen erzbischöflichen Lustschloss Hellbrunn hinaus und erfuhr dort viel über das wilde Leben des Wolf Dietrich und Marcus Sitticus[349], genoss die Aussicht von der eindruckvollen Festung Hohensalzburg und fühlte mich unglaublich frei. Die Festspiele hatten noch nicht begonnen, aber der Touristenstrom setzte schon ein, obwohl er im Vergleich zu heute damals noch sehr erträglich war. Der Domplatz war abgesperrt, denn man probte schon den traditionellen „Jedermann". Doch durch die Arkaden konnte und durfte man hinter der Absperrung stehend von der Seite zusehen. Ich hatte sogar mit einigen gleichgesinnten Jugendlichen offene Türen in der anliegen-

---

[349] Erzbischöfe von Salzburg im 16./17. Jahrhundert.

den Residenz gefunden, im großen Saal im ersten Stock ein Fenster geöffnet und genoss von dort oben den Blick über die ganze Bühne vor der Domfassade. Helene Thimig, die Witwe Max Reinhards, der ja bekanntlich mit Hugo von Hofmannsthal und Richard Strauss die Salzburger Festspiele gegründet hatte, führte Regie. Sie probten eine Szene zwischen dem Teufel, der katzenhaft vom Tänzer Harald Kreutzberg dargestellt wurde und dem Jedermann Attila Hörbigers. Es war sehr eindrucksvoll zu sehen, wie eine grosse Aufführung zustande kommt.

Jeden Tag kehrte ich am späten Nachmittag mit der Bimmelbahn nach Söllheim zurück und verbrachte den Abend mit meiner Tante. Zehn Tage dauerte dieser Aufenthalt. Ich weiß nicht, ob ich mir dessen damals voll bewusst geworden bin -- meine Tante hatte mir ein sehr schönes Geschenk bereitet.

Wien

Auch Österreich war nach dem Krieg, und bis zum Staatsvertrag von 1955, in vier Besatzungszonen eingeteilt. Der östliche Teil des Landes war sowjetisch, der westliche jeweils amerikanisch, britisch oder französisch. Nur die Bundeshauptstadt Wien war, wie Berlin, von allen vier Siegermächten gemeinsam besetzt.

Ein mehrtägiger Aufenthalt in der Bundeshauptstadt gehörte zum Lehrplan der österreichischen Mittelschulen. Und das kam auch uns zugute. Für mich war es der erste Aufenthalt in einer Stadt, die für viele meiner Vorfahren so wichtig gewesen war. Aber davon wusste ich wenig und die Stadt hat mir damals auch keinen nachhaltigen Eindruck hinterlassen. Wir wurden in der Jugendherberge untergebracht und besichtigten tagsüber die Sehenswürdigkeiten der alten Kaiserstadt, besuchten eine Vorstellung im Theater in der Josefstadt und fuhren hinaus nach Schönbrunn.

Wien hatte besonders in den letzten Monaten des Krieges sehr gelitten, wenn auch ungleich weniger als Berlin. Doch einige Jahren waren seitdem vergangen, die Stadt atmete nicht mehr die „Dritte-Mann"- Atmosphäre, wenn auch viele Häuserlücke noch nicht wieder gefüllt, der Stephansdom, das Burgtheater und die Staatsoper noch nicht wieder aufgebaut waren.

Das Land um Wien rundherum, d.h. das Bundesland Niederösterreich, war sowjetische Besatzungszone, die man von Graz mit dem Zug kommend am Semmering betrat und durchqueren musste, um nach Wien zu gelangen. Nun waren die Sowjetsoldaten wegen ihrer Unberechenbarkeit und Willkür bekannt, das Überschreiten dieser Zonengrenze daher immer mit einem leichten Druck in der Magengrube verbunden. Immer wieder gab es Zwischenfälle und ein solcher ereignete sich auch, als wir am Semmering ankamen. Unsere Klasse hatte sich auf mehrere Coupés verteilt. Im unsrigen saß außerdem noch ein sehr korrekt aussehender Herr, vielleicht ein Geschäftsmann oder Rechtsanwalt, der beruflich nach Wien reiste. Als nun der Zug hielt und ein russischer Soldat unser Coupé betrat, um die Ausweise zu kontrollieren, hielt er sich mit uns Kindern nicht lange auf. Den Ausweis unseres Mitreisenden jedoch betrachtete er lange und genau, schaute den Mann, der blasser und blasser wurde, immer wieder forschend an und forderte ihn schließlich auf, ihm zu folgen. Dem Armen schlotterten die Knie, er gab uns noch schnell seine Visitenkarte, damit wir im Notfall seine Frau verständigen könnten, stieg aus und verschwand im Bahnhofsgebäude. Der Zug wartete, eine halbe Stunde, eine dreiviertel Stunde. Nach fast einer Stunde sahen wir endlich unseren Mitreisenden mit unsicherem Schritt aus der Bahnhofshalle treten und auf unseren Waggon zutorkeln – reichlich betrunken, aber sichtlich erleichtert. Wie wir im Lauf der Weiterfahrt aus ihm herausbrachten, hatte der Russe beim Kontrollieren seines Ausweises festgestellt, dass der Mann an dem Tag Geburtstag hatte, und fand das eine ausgezeichnete Gelegenheit, ausgiebigst mit Wodka darauf anzustoßen.

Reisen

Ende der 40iger Jahre brauchten meine Eltern dringend frische Eindrücke von „draußen", direkte Kontakte mit Verwandten, Freunden, ehemaligen Kameraden. Als „Lastenausgleich" für die verlorenen Möbel in der Wohnung in Berlin hatte meine Mutter 1.000,-- DM erhalten. Mein Vater hatte aus alten Wehrmachtsbeständen irgendwo billig einen VW-„Kübel", einen jener unverwüstlichen Wehrmachts-Volkswagen erstanden (vgl. Bild 25). Damit fuhren wir im Sommer 1951 vom Süden bis in den hohen Norden der BRD, von Stadt zu Stadt, von Freunden und Verwandten zu Freunden und Verwandten, bis hinauf nach Langfeld. Meine Eltern saßen vorn, wir drei Kinder hinten. Meist fuhren wir ohne Verdeck durch die Landschaft, denn ich kann mich nur an herrliches Sommerwetter erinnern. Glücklicherweise, denn das Plachendach des alten „Kübels" war nicht ganz dicht, und rechts und links hätte es sowieso hereingeregnet. Alle paar hundert Kilometer ging irgendetwas kaputt. Ja, Pannen waren so regelmäßig, dass ich noch Jahre später fest davon überzeugt war, das sie zum ganz normalen, fast alltäglichen Schicksal eines Autofahrers gehören. Und dennoch habe ich später als Student, als mein Vater sich längst modernisiert und in London weilte, dies inzwischen im Stadtbild einmalige Fahrzeug noch bis 1961 für meine Fahrten in Graz und Umgebung benützt.

Für meine Eltern war diese Reise durch die BRD eine Orientierung, ein sich und andere Wiederfinden, eine geistige und seelische Bestandaufnahme nach dem vollkommenen Zusammenbruch. Für uns Kinder war sie anregend und amüsant, bis auf die Zeitspannen, in den wir aufgefordert wurden, uns „mit Anstand zu langweilen", während die Erwachsenen sich endlos unterhielten.

In den Städten, die wir durchquerten, war der Schutt weggeräumt, die „Trümmerfrauen" hatten ihre Sisyphusarbeit vollendet. Der Wiederaufbau hatte begonnen. Doch die Stadtbilder waren meist noch trostlos. Besonders Nürnberg blieb mir in Erinnerung mit seinem nun übergroßen Hauptmarkt vor der Sebalduskirche. Das einheitlich mittelalterliche Stadtbild dieser ehemals größten gotischen Stadt Deutschlands, Geburtsort von Dürer und Hans Sachs, war unwiederbringlich zerstört. In anderen deutschen Städten sah es nicht besser aus. Doch die Wirtschaft des Landes war langsam wieder in Schwung gekommen. Und sogar die Briten hatten eingesehen, dass ihre Demontagen in der von ihnen besetzten Zone sich als ein Bumerang erwies. Als ich zweieinhalb Jahrzehnte später für die Lloyds Bank International in London arbeitete, erzählte mir einer meiner älteren englischen Kollegen, dass er seinerzeit Mitglied eines jener Teams gewesen sei, die von Fabrik zu Fabrik zogen, um deutsche Industrieanlagen zwangszudemontieren und deutsche Patente zu übernehmen, um sie dann in England wieder einzusetzen. Doch man hätte in England mit diesen fremden, zum Teil schon veralteten Anlagen und Patenten nur mittelmäßige Erfolge erzielt, während die deutschen Unternehmen dadurch gezwungen wurden, neue Erfindungen zu machen und sich – insbesondere seit dem Anlaufen des Marshallplans – mit der modernsten Technologie auszustatten.

Doch diese Probleme bewegten uns Kinder nicht. Wir waren hauptsächlich daran interessiert, so schnell wie möglich nach Langfeld zu kommen. Und der kurze Aufenthalt dort war dann auch ein freudiges Wiedersehen mit den Cousins und Cousinen, dem Bauernhof, der anglischen Landschaft und mit dem Strand von Falshöft.

Im folgenden Sommer stand eine Reise in die Schweiz auf dem Programm. Ich lernte zum ersten Mal das „Land" der Großfürstin und die Berner Verwandtschaft kennen, die uns reizend gastfreundschaftlich aufnahm, als wir, immer noch mit unserem „Kübel", reichlich verstaubt, vor dem Haus meines Onkels Wolf und meiner Tante Viktoria von Mülinen in der Beatusstraße 20 vorfuhren.

Diese Reisen zeigten mir neue Horizonte auf. Und nur wenige Jahre später habe ich dann selbständig meine Flügel ausgebreitet, um, wie so viele Jordis vor mir, neue Brücken zu schlagen.

Jahrhundertmitte -- Gärung, Sichtung und Kalter Krieg, erste Initiativen zur Einigung Europas

Ein Friedensvertrag mit Deutschland kommt nie zustande. Doch die Politik der Siegermächte einer Schwächung und Demütigung Rumpfdeutschlands und der West-Deutschen weicht, vor allem auf amerikanischer Seite, der Erkenntnis, dass in dem sich immer stärker abzeichnenden Gegensatz der westlichen Alliierten mit der Sowjetunion und dem Weltkommunismus eine starke Bundesrepublik Deutschland für die Sicherheit des Westens notwendig ist. Und zum ersten Mal seit dem Mittelalter wird Westeuropa wieder zunehmend als Ganzes gesehen.[350]

1947.

Die USSR gründen den Kominform der kommunistischen Parteien. Britisch-Indien zerfällt in mehrere unabhängige Staaten, darunter Indien, Pakistan und Burma – Millionen werden vertrieben und heimatlos. Demontageliste für Westdeutschland mit 918 Werken (1949 werden 159 Werke von der Liste gestrichen). Währungsreform in Österreich.

Literatur Nobelpreis an André Gide. Wolfgang Borchert „Draußen vor der Tür", Albert Camus „Die Pest", Thomas Mann "Doktor Faustus". Hans Werner Richter gründet die Gruppe 47. Gustav Gründgens Generalintendant in Düsseldorf.

Max Planck „Scheinprobleme der Wissenschaft" und Wilhelm Röpkes „Das

Kulturideal des Liberalismus".

Marino Marini schafft die Plastik „Reiter", Henry Moore die „Familiengruppe".

Maria Callas beginnt ihre Karriere.

Thor Heyerdahl unternimmt die „KonTiki" Expedition.

Fund von Bibelhandschriften am Toten Meer.

In England kommt das Cocktailkleid auf.

1948.

Brüsseler Vertrag zwischen Frankreich. Großbritannien und Benelux über wirtschaftliche Zusammenarbeit und kollektiven Beistand, besonders gegen Deutschland (Aufnahme der BRD und Italiens erst 1954 erwogen). Mahatma Gandhi wird ermordet. Berliner Blockade und Luftbrücke. USSR erklärt Entlassung deutscher Kriegsgefangener für beendet (1,9 Mill. entlassen), doch finden weitere Entlassungen noch bis Mitte der 50er Jahre statt. Die USA-Europahilfe durch den Marshallplan (ERP) beginnt[351]. Ein jüdischer Staat wird in Isreal gegründet mit David Ben Gurion als erster Ministerpräsident. Währungsreform im Rumpf-Deutschland.

---

[350] Die folgenden Informationen sind entnommen aus: Der neue Kulturfahrplan, Hgb. Prof. Werner Stein, F.A. Herbig Verlagsbuchahndlung, München, 2004
[351] In den folgenden Jahren werden vergeben: an Großbritannien 4450 Millionen., an Frankreich 3100 Mill., an Italien 1300 Mill., an Westdeutschland 1000 Mill., an Holland 785 Mill. und an 13 andere Länder 3540 Mill. US Dollar.

Literatur: Nobelpreis an T.S. Eliot. J.P. Sartre "Die schmutzigen Hände", Bertolt Brecht „Herr Puntila und sein Knecht", Norman Mailer „Die Nackten und die Toten", Karl Jaspers "Von der Wahrheit" und Martin Buber „Moses", in den USA Kinsey Report über Sexuellverhalten. Die Freie Universität Berlin gegründet.

Malerei: Erich Heckel „Bildnis des Otto Dix", Gabriele Münter „Wolken über Murnau". Le Corbusier baut einen Wohnblock in Marseille.

Film: Lawrence Olivier verfilmt „Hamlet", Orson Welles „Macbeth", Vittorio de Sica „Die Fahrraddiebe".

Musik: Benjamin Britten „Bettleroper", Cole Porter „Kiss me, Kate". Die Langspielplatte wird erfunden. Rasche Entwicklung des UKW Rundfunks.

Ferdinand Porsche konstruiert den „Porsche 356"

1949.

Im Rumpf-Deutschland wird die Deutsche Bundesrepublik (westliche Besatzungszonen) und die Deutsche Demokratische Republik (sowjetische Besatzungszone) konstituiert. Theodor Heuss wird erster Bundespräsident, Konrad Adenauer erster Bundeskanzler der BRD, Wilhelm Pieck und Otto Grotewohl bekleiden die entsprechenden Ämter in der DDR. Britische Demontagen führen zu örtlichen Unruhen. Titos Jugoslawien erwirkt Unabhängigkeit von Moskau. USSR verfügt über Atomwaffen. Gründung des Nordatlantikpakts (NATO)--BRD wird erst 1954 aufgenommen. Mao Tse-tung erobert ganz Kontinentalchina

Literatur Nobelpreis an William Faulkner. Gottfried Benn „Trunkene Flut", Christopher Fry „Die Dame ist nicht fürs Feuer", Graham Green „Der dritte Mann" (Film mit O. Welles), George Orwell „1984", Nelly Sachs „Sternverdunklung". Bertolt Brecht und Helene Weigel gründen das Berliner Ensemble.

Malerei: Kokoschka Ausstellung im MOMA in New York. Deutscher Gewerkschaftsbund gegründet. „Frankfurter Allgemeine Zeitung" erscheint. Astrologische Katastrophen- und Weltuntergangs-Psychosen in Deutschland.

1950.

Schuman-Plan zur Vereinigung der Schwerindustrie in Frankreich, Italien Benelux und BRD ratifiziert (Montanunion). BRD wird Mitglied des Europarats. Atlantikrat beschließt gemeinsame westeuropäische Streitmacht. Ludwig Erhard erstrebt freie Marktwirtschaft für BRD. Deutsch-Amerikanischer Wirtschaftsvertrag. Beginn des Korea-Krieges. Schwere Kämpfe in Indochina zwischen französischer Armee und aufständischen Vietminh. Beistandspakt zwischen Rotchina und USSR. Rotchinesische Truppen besetzen Tibet. Beginn der McCarthy-Untersuchungen in den Vereinigten Staaten. Aufhebung der Lebensmittelrationierung in der BRD. 3,87 Millionen versorgungsbedürftige Opfer beider Weltkriege in Rumpf-Deutschland. 988.000 Witwen, 1.25 Millionen vaterlose Kinder und 1,5 Millionen Arbeitslose in der BRD. Weltbevölkerung: etwa 2,33 Milliarden.

Literatur Nobelpreis an Bertrand Russel. Ignazio Silone, Arthur Koestler, André Gide, Louis Fischer, Stephan Spender, Richard Wright „The God that failed", eine

antibolschewistische Kritik ehemaliger Bolschewisten. Hermann Broch „Die Schuldlosen", Ernest Hemingway „Über den Fluss und in die Wälder", Eugène Ionesco „Die kahle Sängerin", Ernst Wiechert „Missa sine Nomine". C.G. Jung „Gestaltungen des Unbewussten".

Malerei: Wiener Schule des phantastischen Realismus in der Malerei mit E. Brauer, E. Fuchs, R. Hausner, W. Hutter, und A. Lehmden. Hans Arp „Evocation d'une femme", Jackson Pollock „Bild 9", Oskar Kokoschka „Theodor Heuss", Henri Matisse malte die Kapelle von Vence aus.

Musik: Hindemith „Harmonie der Welt", Gian-Carlo Menotti „Der Konsul", Olivier Messiaen „Turangolila-Symphonie". Internationales Bach-Jahr.

Jean Cocteau „Orphée" (Film). Köln-Mülheimer Hängebrücke (größte in Europa).

1951.

Die Republik Indien beendet als erstes Land den Kriegszustand mit Deutschland. Die West-Alliierten beenden den Kriegszustand mit der BRD. Konferenz in Washington: Außenminister der USA, Großbritanniens und Frankreichs wünschen die Einbeziehung eines demokratischen Deutschlands auf der Grundlage der Gleichberechtigung in eine europäische Gemeinschaft und eine Mitwirkung Westdeutschlands an der Verteidigung des Westens. Theodor Körner wird österreichischer Bundespräsident nach dem Tode Karls Renners. Gesetz der Alliierten Hochkommission über deutsches Auslandsvermögen (1945 auf 40 Md. RM geschätzt) erklärt alle deutschen Ansprüche für erloschen.

Literatur Nobelpreis an Pär Lagerkvist. Heimito von Doderer „Die Strudlhofstiege", William Faulkner „Requiem für eine Nonne", Hermann Hesse „Späte Prosa", Ernst Jünger „Der Waldgang", Agnes Miegel „Der Federball", Tennessee Williams „Die tätowierte Rose", Marguerite Yourcenar „Ich zähmte die Löwin". Th.W. Adorno „Minima moralia", Simone de Beauvoir „Das andere Geschlecht", Romano Guardini "Die Macht", Herbert Kühn " das Problem des Urmonotheismus", José Ortega y Gasset „Vom Menschen als utopischem Wesen".

Malerei: Georges Braque „Mädchenkopf", Lionel Feininger „Mondgewebe", Fernand Léger „Bauarbeiter", Emil Nolde „Lichte Wolken überm Meer".

Musik: Hans Werner Henze Klavierkonzert „Jack Pudding", Arthur Honegger 5. Symphonie „Monopartita", Darius Milhaud 4. Klavierkonzert, Igor Strawinsky „The Rake's Progress".

Filme: Elia Kazan „Endstation Sehnsucht", Vincente Minelli „Ein Amerikaner in Paris".

1952.

Der französische Außenminister Schuman wendet sich gegen eine Aufnahme der BRD in den Atlantikpakt (NATO). Wiedergutmachungsabkommen zwischen BRD und Israel. Elisabeth II. wird Königin von Großbritannien und Dwight D. Eisenhower Präsident der USA. Wiener Stephansdom neueröffnet.

Literatur Nobelpries an François Mauriac. Samuel Beckett „Warten auf Godot", Max Brod „Der Meister", Friedrich Dürrenmatt „Die Ehe des Herrn Mississippi", Giovanni Guareschi „Don Camillo", Peter Bamm „Die unsichtbare Flagge", Ernest Hemingway „Der alte Mann und das Meer", Niko Kazantzakis „Die letzte Versuchung", Eugene O'Neill „Eines langen Tages Reise in die Nacht", Ezra Pound „Translations", John Steinbeck „Die wilde Flamme", F.F. von Unruh „Treschkow". Norbert Wiener „Mensch und Menschmaschine", Darmstädter Gespräche über „Mensch und Technik".

Malerei : Francis Bacon „Hund", Sonya Delaunay "Komposition", Raoul Dufy "Mozart", Pablo Picasso „Paloma schlafend", Georges Rouault „Flucht nach Ägypten".

Musik: Boris Blacher „Preußisches Märchen", Werner Egk „Allegria", Gottfried von Einem „Tod und Auferstehung einer Ballerina", Paul Hindemith „Cardillac", Ernst Krenek" Brasilianische Symphonietta", Carl Orff „Sommernachtstraum", Francis Poulenc „Stabat Mater", Sergej Prokowjew „Symphonie der Jugend". Populäre Schlager: Blue Tango, O mein Papa.

Filme: H.G. Clousot „Lohn der Angst", John Huston „Moulin rouge", Erich Engel „Der fröhliche Weinberg", Arthur Maria Rabenalt „Alraune".

Die Entwicklungen und Erfindungen auf technischem und technologischem Gebiet sind in der Mitte des 20. Jahrhunderts schon so vielfältig, komplex und spezialisiert, dass sie hier nicht mehr angeführt sind. Jedoch werden gerade diese technologischen Entwicklungen, vor allem im Verkehrs- und Kommunikationswesen, die Welt in den folgenden 50 Jahren zunehmend „globalisieren".

Epilog: Europa – Einigung oder Untergang

Die Welt hatte sich geweitet. Sie stand uns plötzlich offen, zumindest die westliche Welt. Und Gelegenheiten sie zu erfahren, boten sich, wenn man sie ergreifen wollte.

Mein Bruder ist in Österreich geblieben und Arzt geworden, wie meine Mutter es gewesen war. Meine Schwester ließ sich als graphische Künstlerin in Deutschland nieder. Mich zog es sehr bald hinaus in die weite Welt. In dem damals immer noch zerstörten und verarmten Europa übten die Vereinigten Staaten, übte der *American Dream* auf die Jugend eine große Anziehung aus. Es war der Traum der Weite, des Reichtums, des Fortschritts, der in vielen Bereichen „unbegrenzten Möglichkeiten".

Zwanzig Jahre lang sollte mich dieser Traum immer wieder in seinen Bann ziehen – Anfang der 50iger Jahre ein Jahr lang als Gastschüler in einer *highschool* und bei einer sehr gastfreundlichen amerikanischen Familie in Coldwater, Michigan, Mitte der 60iger Jahre als Stipendiat an der Harvard Universität, und wenige Jahre später als Mitarbeiter der Chase Manhattan Bank in New York. Vielseitige und wesentliche Lebenserfahrungen verdanke ich den Vereinigten Staaten. Wie damals so mancher Europäer dachte auch ich ernstlich daran, mich im faszinierenden New York niederzulassen. Die vielbegehrte *green card* besass ich – es wäre also möglich gewesen. Doch im Laufe der Jahre hatte, beim näheren Hinsehen, der *American Dream* viel von seinem Glanz verloren. Überdies seien ja – wie mir mein Vater zu der Zeit einmal eindringlich schrieb – Auswanderer der ersten Generation doch nur hübsche ‚Schnittblumen', die nirgends mehr Wurzeln haben. Und schließlich war ich durch meine Kindheit und Jugend in Deutschland und Österreich, durch meine Aufenthalte in Italien, Schweden, Spanien, England und Frankreich viel mehr von Europa geprägt geworden als ich es gedacht hatte. In den USA fehlten mir die hohen romanischen Kirchen Burgunds, die mehrstimmigen Messen eines William Byrds oder die Gemälde eines Caspar David Friedrich.......

So kam es, dass ich schließlich doch nach Europa zurückkehrte – nach London, Brüssel, Frankfurt am Main und vor allem, als dritte Heimat, nach Paris.

Inzwischen war auch West-Europa wieder neu erstarkt und hatte sich von der amerikanischen Vormundschaft weitgehend gelöst. Ja, die westeuropäischen Nationen hatten aus den Erfahrungen ihrer verheerenden Selbstzerstörungskriege gelernt. Sie hatten begonnen zusammenzuarbeiten und im Laufe der Jahre sogar angefangen, nationale Interessen gesamteuropäischen Zielen hintanzustellen. Es war ein mühsamer und steiniger Weg. Aber trotz immer wieder unüberwindlich scheinender Schwierigkeiten, schien Europa langsam Wirklichkeit zu werden. Nach 150 Jahren nationalistischer Exzesse entstand über den einzelnen Nationalstaaten wieder eine supranationale Instanz. Und wie die Einigung Deutschlands hundert Jahre zuvor ein Ziel gewesen war, so wurde es für viele jetzt die Einigung Europas.

Dennoch nicht alle waren optimistisch. Im Jahre 1987 organisierte das Daiwa Research Institut in London ein Symposium, zu dem auch ich als Zuhörer eingeladen war. Das Thema lautete „Die Neunziger Jahre", eine Vorschau auf das, was uns im nächsten Jahrzehnt erwarten würde. Der Hauptsprecher war Alt-Bundeskanzler Helmut Schmidt. Seine Rede war anregend, konkret, ja fast prophetisch. Denn er sah unter anderem schon damals voraus, dass sich die Welt in den 90iger Jahren mit dem islamistischen Extremismus werde auseinandersetzen müssen. Als er jedoch auf Europa zu sprechen kam, sagte er nur: „Europe won't be. For the Europeans will never get their act together!" Bestürzt über so viel Pessimismus habe ich ihn nach seinem Vortrag darauf angesprochen und er hat mir folgendes geantwortet: „Schauen Sie, wir Deutschen, die für Europa bereit sind, können – aus Gründen, die sie erraten werden – nicht allein die Initiative ergreifen. Großbritannien und Frankreich, dagegen, sind noch zu sehr intakte Nationalstaaten. Und Persönlichkeiten, wie De Gaulle, die sich darüber hinwegsetzen könnten, gibt es nicht mehr." Das schien mir bedauerlich und bedrohlich. Doch dann kam der Zusammenbruch des Sowjetischen Reiches. Und wenig später begannen die ersten osteuropäischen Staaten an die Tore der EU zu klopfen. Es folgte Maastricht und einige Jahre später die Einführung des Euro. Eine Abfolge sehr positiver Entwicklungen, wie es schien. Hatte sich Helmut Schmidt in seiner Einschätzung vielleicht doch geirrt?

Als aber im Folgenden eine Anzahl der neuen osteuropäischer Mitgliedsstaaten, welche die jahrzehntelange schrittweise Integration und die damit verbundene „Supra-Nationalisierung" West-Europas nicht mitgemacht hatten, frische ultra-nationalistische Impulse durch die EU schickten; als daraufhin einzelne EU Mitgliedstaaten um politischer oder wirtschaftlicher Vorteile willen eine einheitliche europäische Politik verschiedentlich torpedierten; und als schließlich die Volksabstimmungen über eine notwendige neue EU Verfassung in Frankreich und in den Niederlanden, und drei Jahre später in Irland, mit einer klaren Absage an den weiteren Zusammenschluss Europas endeten, schien es, als habe Helmut Schmidt doch recht behalten: „Europe won't be! The Europeans will never get their act together!"

Inzwischen sind weitere Generationen herangewachsen. Was hieße das für sie, für ihre Kinder und Kindeskinder? In einer Zeit, in der die heutigen Giganten, die USA und Russland, langsam von erwachenden Giganten wie China und Indien überholt werden, wäre ein politisch uneiniges Europa bestenfalls zum Absinken in Bedeutungslosigkeit verdammt. Für Europa gibt es eigentlich nur mehr die Alternativen Einigung oder Untergang. Dennoch scheint es, als treten heute, und in verstärktem Maße seit den schweren Wirtschaftskrisen ab 2007, nationale Eigeninteressen und grundsätzliche Gegensätze innerhalb der Union immer stärker in den Vordergrund. Aussenpolitisch spricht Europa als Union selten aus einem Munde und ihr Gewicht und ihre politische Glaubwürdigkeit in der Welt sind beschränkt. Über kurzfristigen Zielen sehen viele ihrer Politiker nicht die drohenden Gefahren, die sich am geopolitischen Horizont zusammenbrauen. Oder wollen sie nicht sehen.

Ob wohl Europa noch einmal einen außergewöhnlichen, weitblickenden Staatsmann hervorbringen wird, und ob die Europäer es zulassen werden, dass er sie wach rüttelt, bevor es zu spät ist? Wird sich Europa noch weiterhin in der Welt behaupten können? Oder hat das neue globalisierte Jahrtausend den endgültigen „Untergang des Abendlandes" eingeleutet?

Paris, im März 2014

Danksagung

Folgenden Personen bin ich für ihre Hilfe bei der Vorbereitung zu dieser Familienchronik besonderen Dank schuldig:

Konstantin Jordis-Lohausen, Graz, für den Zugang zu den von ihm verwahrten Familiendokumenten;

Elinon von Heeren, geb. von Mülinen, Buchs, für die Fahrten ins abgelegene Trub und in die Elfenau, und für ihre persönlichen Familienerinnerungen; ihr und ihrer Schwester **Marion Thormann, geb. von Mülinen, Bern,** für Briefe und Dokumente über das Leben der Großfürstin Anna Federowna;

Karl-Hartmut von Wangenheim, Jülich-Stetternich, und **Hubert von Wangenheim, Frankfurt am Main,** für wesentliche Dokumente, und Hinweise zur Wangenheim'schen Familiengeschichte;

Andreas Jordis-Lohausen, Salzburg, und Reinhart Frhr. von Stockmar von Wangenheim, Coburg, für zusätzliche Familiendokumente;

Senatsrat i.R. Mag. Markus Lechner, Salzburg, Obmann des Rainerbundes Salzburg, für die Genehmigung eine Reproduktion des Gemäldes Alexander Ferdinands von Jordis als Titelblatt zu verwenden;

Maximilian und Hannah Jordis-Lohausen, Wien, für wichtige Anregungen und für das Ausforschen verwendeter Zitate;

Gertraude und Harald Bachmann, Coburg, für ihre reizende und unschätzbare Hilfe bei meiner Suche nach Löwenfels Briefen, Dokumenten und für ihre Erklärungen von verschleierten Gegebenheiten und Zusammenhängen;

Herbert Wehrend, Seester, sowohl für seine Beschreibung des Gutsbetriebs Kleinspiegel, als auch für seine freundliche Genehmigung, den Fluchtbericht seiner Mutter auszugsweise wiedergeben zu dürfen;

Willi Haseleu, Blankenheim, für die Genehmigung seinen Bericht über die Vertreibung aus Pommern in diese Schrift aufnehmen zu dürfen.

Georg Ewalt, Antiquar, Frankfurt am Main, für wertvolle Quellen und Quellenhinweise;

Dr. Klaus Sartorius-Thalborn, Baden bei Wien, für zahlreiche Dokumente über die k.u.k. Armee;

Horst Gehringer, Leiter des Staatsarchivs Coburg, für Briefe aus dem Staatsarchiv und die Genehmigung sie zitieren zu dürfen,

Walter Lambert vom Österreichischen Staatsarchiv Wien, für wertvolle Quellen und Informationen.

All documents, which I found at the **Royal Archives, Windsor Castle, England,** have been used with permission of **Her Majesty Queen Elisabeth II.**, for which I am very grateful. I am indebted to **Miss Pamela Clark, Registrar of the Royal Archives, Windsor Castle,** and to her staff for having prepared and permitted my access to these documents.

And last, but by no means least, je remercie **Bernard Lortholary, Montolieu, France,** pour ces précieux conseils éditoriaux dont il a le secret.

Bildhinweise

Titelbild und Bild Nr. 4: Portrait des *Feldmarschallleutnant Alexander Ferdinand von Jordis*, um 1800. Das Gemälde befindet sich in der Feste Hohensalzburg.

Bild Nr. 1: *An der Schmidstube und an der Butterwaage in Frnakfurt am Main 1872* Lichtdruck von Nöhring & Frisch in Lübeck nach einer Zeichnung von Peter Becker, im Familienbesitz.

Bilder Nr. 2, 5, 6, 11, 14, 15, 17-25: Familienbilder oder -Photos im Familienbesitz.

Bild Nr. 3: *Bettina Brentano*, Radierung von Ludwig Emil Grimm (um 1800).

Bild Nr. 7 : *Totalansicht von Coburg*, Lithographie von Max Bückner aus dem Buch *Ansichten von Coburg*. Riemann, Coburg 1857.

Bild Nr. 8: Herzog Ernst I. von Sachsen-Coburg und Gotha, Lithographie von Franz Hanfstaengl, 1841.

Bild Nr. 9: *Grossfürstin Anna Federowna von Russland*, Gemälde von Élisabeth Vigée - Le Brun, 1795/6. Dieses Gemälde ist während des 2. Weltkriegs zerstört worden.

Bild Nr. 10: *Die Elfenau* Aquarell von G. Lory, um 1820. Dem Buch: Alville, *La vie en Suisse de S.A.I. la Grand-Duchesse Anna Federowna,* Bern 1943, entnommen.

Bild Nr.12: *Herzog Ernst II von Sachsen-Coburg und Gotha*. Photographie um 1885.

Bild Nr. 13. *Eduard von Löwenfels,* Bleistiftzeichnung von Emma von Meyern-Hohenberg, 1891, im Familienbesitz.

Bild Nr.16. *Graz*, kolorierter Stich im Familienbesitz.

ANHANG I – STAMMTAFELN

Stammtafel I

Genealogie Jordis – Brentano
(vereinfacht)

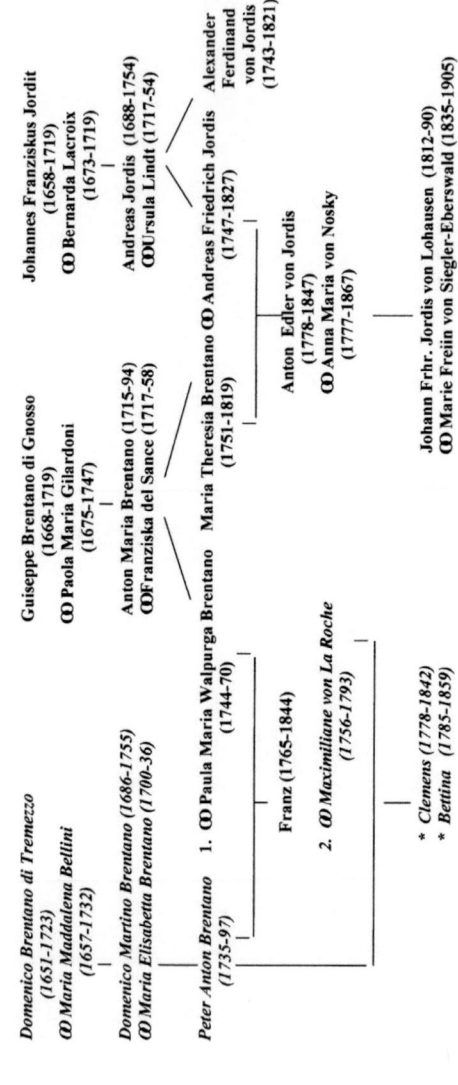

Stammtafel II

Die Kinder und Kindeskinder des Johann Freiherrn Jordis von Lohausen (vereinfacht)

Johann Frhr. Jordis von Lohausen (1812-90) ⚭ Marie Freiin Siegler von Eberswald (1835-1905)

- **Melanie (1858-1939)**
  ⚭ Wilhelm Graf Attems-Petzenstein (1848-1916)
  - Isabella (1880-1964)
    ⚭ Viktor v. Angeli (1877-1914)
  - Gisela (1878-1956)
    ⚭⚭ Otto Frhr. v. Baillou (1874-1911)

- **Otto (1859-1940)**
  ⚭ Emilie Fröhlich Edle von Fröhlichthal (1868-1942)
  - Maria (1892-1982)
  - Johann (Hans) (1894-1984)
    ⚭ Margarethe Freiin v. Eiselsberg (1894 – 1993)
    - Verena (*1935)
    - Adelheid (*1939)
    - Andreas (*1940)
    - Ulrich (*1946)
  - Margarethe (1897-1976)

- **Camillo (1866-1944)**
  1. ⚭ Natalie Kussevich de Spamobor (1868-1927)
    - Camilla (1893-1950)
      ⚭ Ernst Frhr. v. Gemmingen (1890-1970)
      - Natalie (*1915)
      - Hubert (1916-75)
      - Yvette (1918-78)
    - Yvonne (1895-1965)
      ⚭ Nikolaus v. Kiepbach-Haselburg (1886-1964)
      - Natascha (*1922)
      - Henriette (*1923-72)
      - Emil (1925-42)
      - Marcel (*1928)
    - Hedda (1897-1976)
    - Lia (1904-87)
      ⚭ Radovan v. Kukuljevic (1893-1950)
      - Sinda (*1925)
      - Ambros (1927-59)
      - Carmen (*1928)
      - Dubravca (*1943)

  2. ⚭ Elisabeth Gräfin Attems-Petzenstein (1875-1944)

- **August (1867-1939)**
  ⚭ Amélie Freiin v. Meyern-Hohenberg (1873-1947)
  - Alexandra (Sandra) (1895-1987)
  - Victoria (1897-1992)
    ⚭ Wolf Graf v. Mülinen (1891-1979)
    - Elisabeth Manon (Elinon) (*1926)
    - Marion (*1928)
  - Heinrich (1907-2002)
    ⚭ Krysia Freiin v. Wangenheim (1903-83)
    - Iris (*1936)
    - Alexander (*1937)
    - Konstantin (Tino) (*1942)

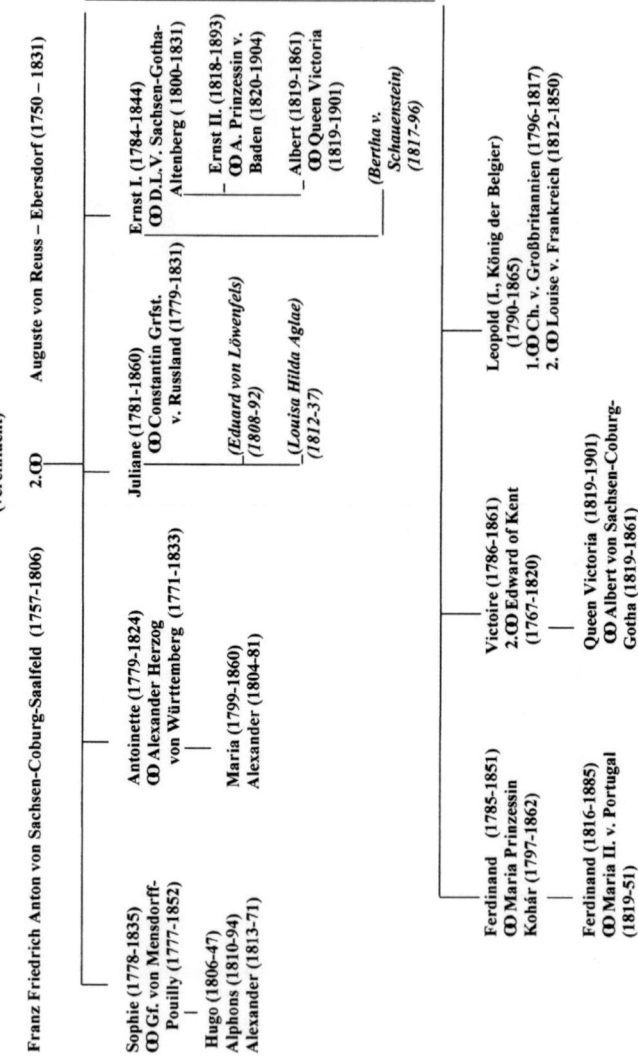

Stammtafel IV

Genealogie Fermepin - Rousell

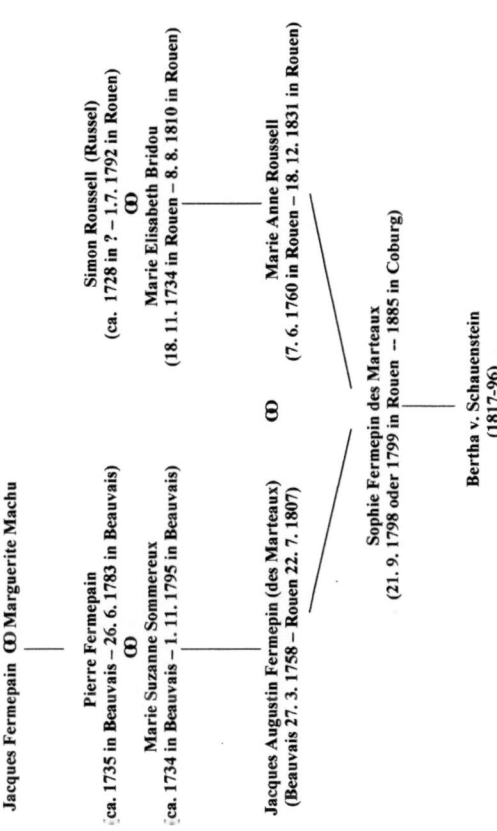

Jacques Fermepain ⚭ Marguerite Machu

Pierre Fermepain
(ca. 1735 in Beauvais – 26. 6. 1783 in Beauvais)
⚭
Marie Suzanne Sommereux
(ca. 1734 in Beauvais – 1. 11. 1795 in Beauvais)

Simon Roussell (Russel)
(ca. 1728 in ? – 1. 7. 1792 in Rouen)
⚭
Marie Elisabeth Bridou
(18. 11. 1734 in Rouen – 8. 8. 1810 in Rouen)

Jacques Augustin Fermepin (des Marteaux)
(Beauvais 27. 3. 1758 – Rouen 22. 7. 1807)

⚭

Marie Anne Roussell
(7. 6. 1760 in Rouen – 18. 12. 1831 in Rouen)

Sophie Fermepin des Marteaux
(21. 9. 1798 oder 1799 in Rouen – 1885 in Coburg)

Bertha v. Schauenstein
(1817–96)

Stammtafel V

Die Kinder und Enkelkinder des Eduard von Löwenfels und der Bertha von Schauenstein

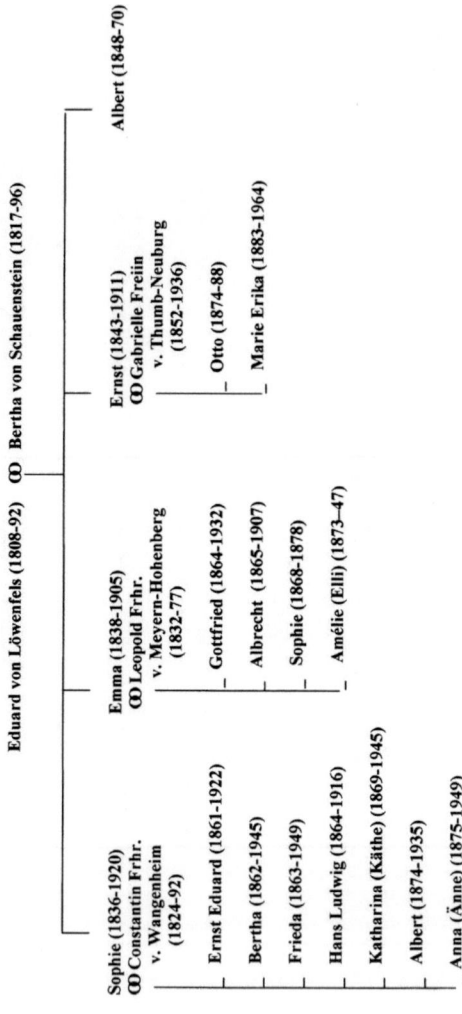

Eduard von Löwenfels (1808-92) ⚭ Bertha von Schauenstein (1817-96)

- Sophie (1836-1920)
  ⚭ Constantin Frhr.
  v. Wangenheim
  (1824-92)
  - Ernst Eduard (1861-1922)
  - Bertha (1862-1945)
  - Frieda (1863-1949)
  - Hans Ludwig (1864-1916)
  - Katharina (Käthe) (1869-1945)
  - Albert (1874-1935)
  - Anna (Änne) (1875-1949)
- Emma (1838-1905)
  ⚭ Leopold Frhr.
  v. Meyern-Hohenberg
  (1832-77)
  - Gottfried (1864-1932)
  - Albrecht (1865-1907)
  - Sophie (1868-1878)
  - Amélie (Elli) (1873–47)
- Ernst (1843-1911)
  ⚭ Gabrielle Freiin
  v. Thumb-Neuburg
  (1852-1936)
  - Otto (1874-88)
  - Marie Erika (1883-1964)
- Albert (1848-70)

Stammtafel VI

Die Nachkommen des Leopold Freiherrn von Meyern-Hohenberg
(vereinfacht)

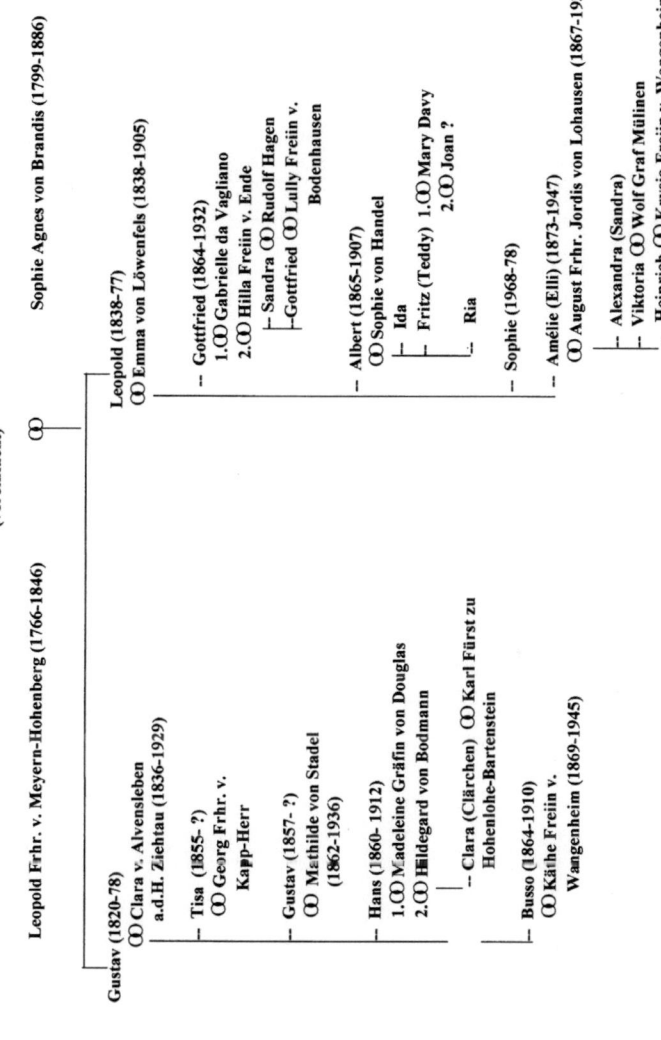

265

Stammtafel VII

Die Genealogie der Freiherrn von Wangenheim in Pommern
(vereinfacht)

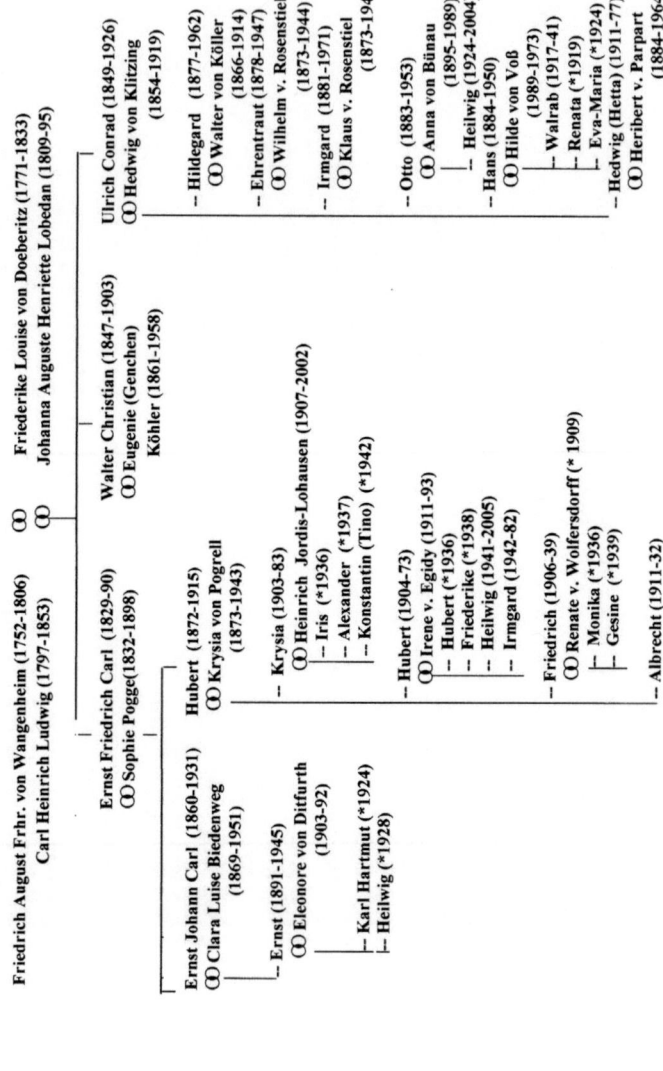

266

Anhang II -- Bilder

AN DER SCHMIDSTUBE UND AN DER BUTTERWAAGE
IN FRANKFURT AM MAIN
1872

Maria Theresia Jordis, geb. Brentano

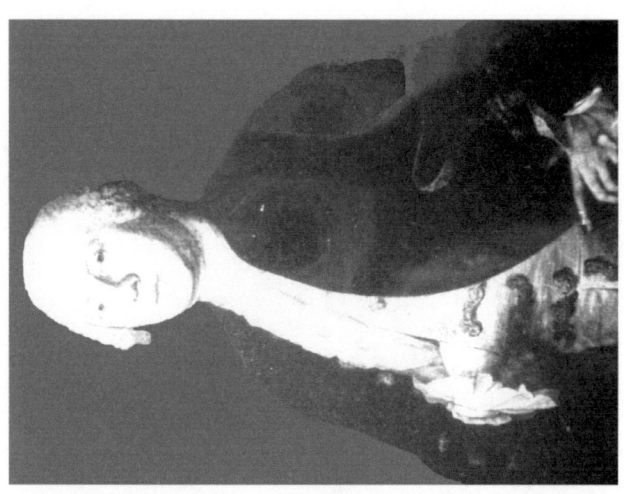

Andreas Friedrich Jordis

Bettina Brentano

Alexander Ferdinand von Jordis
(nach einem Gemälde in der Feste Hohensalzburg)

Anton von Jordis

Anna Maria von Jordis
geb. von Nosky

Marie Frfr. Jordis von Lohausen
geb. Freiin von Siegler-Ebersfeld

Johann Frhr. Jordis von Lohausen

Coburg

Grossfürstin Anna Federowna von Russland
geb. Prinzessin Juliane von Sachsen-Gotha-Saalfeld
(nach einem Gemälde von E. Vigée Le Brun)

Die Elfenau

Herzog Ernst I. von Sachsen-Coburg und Gotha

Sophie Fermepin des Marteaux als alte Dame

Herzog Ernst II von Sachsen-Coburg und Gotha

Bertha von Löwenfels, geb. von Schauenstein

Eduard von Löwenfels

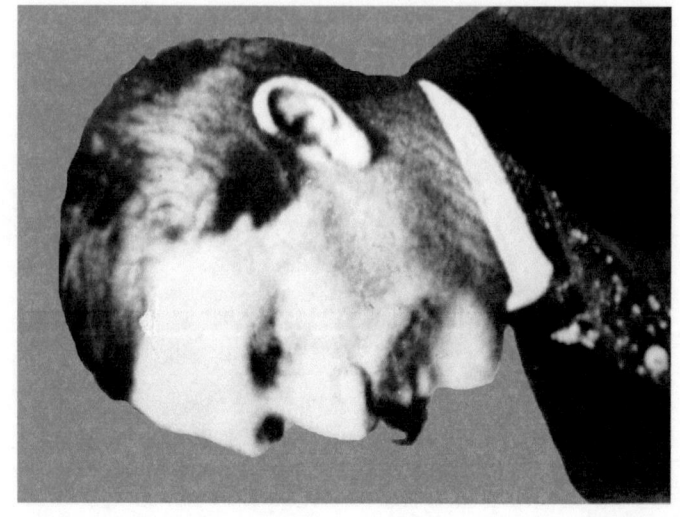

Leopold Frhr. von Meyern-Hohenberg

Emma Frfr. von Meyern-Hohenberg
geb. von Löwenfels

**Amélie Frfr. Jordis von Lohausen
mit der Kronprinzessin von Rumänien**

**August Frhr. Jordis von Lohausen
mit seinem Sohn Heinrich**

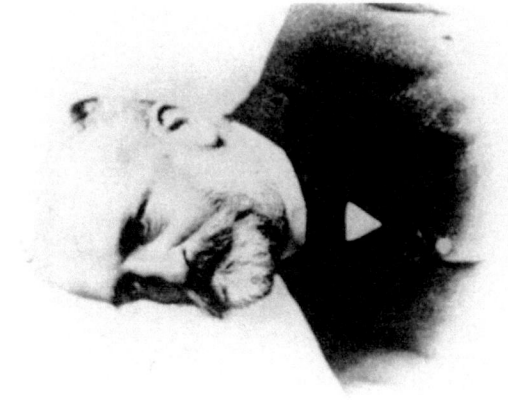

Ernst Friedrich Karl
Frhr. von Wangenheim

Sophie Frfr. von Wangenheim
geb. Pogge

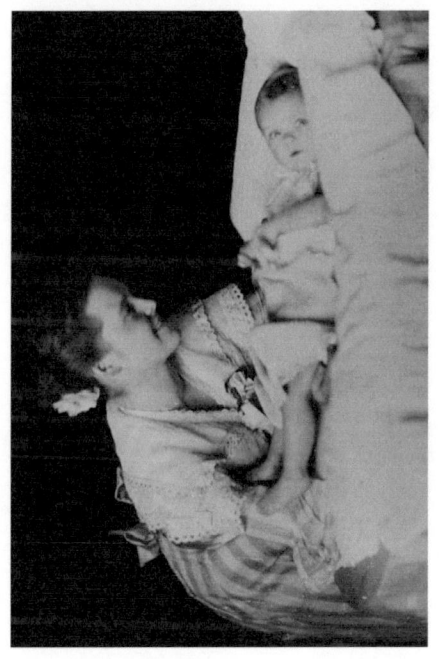

Hubert Frhr. und Krysia Frfr. von Wangenheim, geb. von Pogrell, mit einem ihrer Kinder

Heinrich Jordis-Lohausen

Gorgast

Krysia Jordis-Lohausen, geb. Freiin von Wangenheim, mit ihren Kindern Iris und Alexander.

Iris und Konstantin Jordis-Lohausen

Der *Winslowboy* im Grazer Schauspielhaus
(mit Heribert Just)

Auf Reisen mit „Kübel" und Faltboot